中国教育科学

ZHONGGUO JIAOYU KEXUE

2013年

第3辑

中国教育学会教育学分会　组编

人民教育出版社

·北京·

图书在版编目（CIP）数据

中国教育科学. 2013年. 第3辑 / 中国教育学会教育学分会组编；郭戈主编. —北京：人民教育出版社，2013.8
ISBN 978-7-107-27218-9

Ⅰ.①中… Ⅱ.①中… ②郭… Ⅲ.①教育科学—中国—文集
Ⅳ.①G40-03

中国版本图书馆CIP数据核字（2013）第181581号

人民教育出版社 出版发行
网址：http://www.pep.com.cn
北京汇林印务有限公司印装 全国新华书店经销
2013年8月第1版 2013年8月第1次印刷
开本：787毫米×1 092毫米 1/16 印张：15.75 字数：340千字
定价：30.00元

中国教育科学

目　录

2013 年第 3 辑

联系电话
010-58758980
传真
010-58758991
电子邮箱
zgjykx@ pep. com. cn
邮编地址
100081 北京市海淀区
中关村南大街 17 号院 1 号楼

大家论坛

教育学原理

教学理论

大学研究

问题研究

黄　济　1921年生，山东即墨人。原名于鸿德，1948年去解放区后改用现名。1946年入北京师范大学教育系学习，曾在华北大学任班行政、中国人民大学任教员。1952年回北京师大工作，历任讲师、副教授、教授、博士生导师。1998年离休后继续任教和做科研工作。1991年开始享受国务院政府特殊津贴至今。曾任《中国大百科全书·教育卷》教育科学分支副主编，国务院学位委员会第二届教育学、心理学学科评议组成员，中国教育学会教育学研究会（现教育学分会）第二、三、四届副理事长，北京市教育学会第二、三届副会长，《教育研究》杂志学术顾问等。长期从事教育科学的教学和科研工作，主要著作有《教育学》、《教育哲学》、《教育哲学通论》、《历史经验与教育改革》、《国学十讲》、《诗词学步》等；主编有《中国传统教育哲学思想概论》、《当代教师百科》、《中华文化经典导读丛书》、《中国教育传统与教育现代化基本问题研究》（与郭齐家教授共任主编）、《现代教育论》（与王策三教授共任主编）；发表论文逾百篇，其中有的被《新华文摘》等刊转载；出版《雪泥鸿爪——黄济教育文集》；主要著作获国家图书奖和教育部、北京市教育科学优秀成果一等奖。

《在中小学如何开展国学教育》导读

【编者按】黄济先生是我国当代一位德高望重的教育学家，在教育哲学、教育学原理、中国传统文化教育等领域作出了重大贡献。先生治学严谨，通晓古今，教书育人，不断耕耘，其学堪为人师，其行当为世范。近十多年，黄济先生致力国学研究，倡导国学教育，成绩卓著。今年又以93岁高龄为本辑刊撰写了三万言的《在中小学如何开展国学教育》，其间反复斟酌，数度修改，精益求精，令人感佩。该文以及同时配发的石中英教授评介黄济先生教育学术成就的论文，可以让我们领略到这位受人尊敬的教育学者、教育仁者的大家风范和学术功力。

在中小学如何开展国学教育

黄 济

【摘要】在中小学如何开展国学教育？这是当前进行国学教育实验需要认真思考和处理的重大问题。在中小学开展国学教育，需要解决三个问题：第一，什么是国学？对国学概念的形成和沿革予以概述。第二，国学包含哪些内容？中国国学内容博大精深、卷帙浩繁，对其中的经、史、子、集的重要经典，一一进行简介和评说；并对其中的天命、人性、历史、政治和教育等方面的基本观点进行比较分析。第三，如何教授国学？在中小学阶段开展国学教育要树立正确方向、回归原意，去粗取精，有分析和联系实际地学；能否搞好国学教育的关键在教师，教师对国学应有较全面的了解和灵活的运用。

【关键词】国学；中小学；国学教育；回归

中小学进行国学教育实验，最近几年似乎已经达到了全国普及的程度。现就我所知，提供一些资料和意见，供实验学校参考。

一、什么是国学

“国学”的名称，是相对于“西学”而言的，是在西学东渐之后才出现的名称，但国学是自古至今的客观存在。所谓国学也就是“中学”，更具体而言，从狭义上讲，是指长达数千年来形成的中华文化典籍，所以“国学”，就是由文字记载的中华文化典籍的总称。中国是有五千年的文明古国，遗留给后人的文化典籍浩如烟海，在“国学”发展之后，必然会出现对国学的分类要求。对这些文化典籍如何分类？就其历史沿革而言，大致可作如下归类。

1. 最早的国学分类，应是孔子所编纂和施教的“六艺”。《史记·孔子世家》中提出：“孔子以六艺（《诗》、《书》、《礼》、《乐》、《易》、《春秋》）教弟子。”由于《乐经》失传，汉设“五经博士”，“五经”便流传后世。这是对“国学”最早的分类，所以最早的国学主要是指“经学”。对古代文献进行整编，编《诗》、《书》，正《礼》、《乐》，注《易经》，修《春秋》，是孔子的伟大贡献。

2. 春秋战国时期，出现了“百家争鸣”，促进了学术大繁荣。这样在“经学”之外，又出现了“子学”，诗文得到很大的发展。班固在《汉书·艺文志》中根据刘歆的“七略”，即“辑略”（相当于总目录）、“六艺略”、“诸子略”、“诗赋略”、“兵书略”、“术数略”、“方技略”，对国学进行了分类，共收书38种、596家、13 269卷。每略中有总序，每家之后又有小序，对先秦的学术思想的源流演变做了简明的论述，是我国最早的目录学文献。至南宋王俭又做《七志》分类，是沿袭以上七类而有所增减。书已失传，不再赘述。

3. 嗣后最主要的分类是《四库全书》，将“国学”概括为经、史、子、集四部。首创经、史、子、集四部分类法的应是《隋书·经籍志》，但将其进行整编，使其完善、系统和充实的，应是清代由纪昀等所编纂的《四库全书》。全书共收书3 503种、79 337卷，广泛地收集了当时存在的图书。《四库全书》不但校编了各册图书的原文，而且增加了“目录提要”，以指导对该书的学习。

《四库全书》应视为图书大全，但有的不利于封建统治者要求的，即被剔除不录，或进行删改，直至禁令销毁，因而可能有的属于重要文献也被毁掉。《四库全书》对少数民族的文献、故事、民歌等也尚未收集在内，这方面的工作也需待补遗。

此外，也有根据国学的性质进行分类的，如姚鼐将国学分为义理之学、考据之学、词章之学。曾国藩又增列经世之学，成为新的四分法，但都未推展开来。

4. 从《四库全书》到“七科”之学，是清末“西学东渐”后图书分类学的新发展。清末废科举、兴学校，西学东渐，“四库之学”渐废，“七科之学”兴起。“七科之学”系指文、理、法、农、工、商、医七科，其中包含了数、理、化、文、史、哲、政、经、法、地、农、工、商等现代科学分类。随着科学的发展，新学科的出现，科学分类越来越多，也越来越细，今天又有多少学科，如何分类，很难备举。

下面简单地分析一下“国学”与“文、史、哲”的关系。“国学”中包含文、史、哲，但“国学”又包容不了“文、史、哲”，“文、史、哲”也代替不了“国学”。这是在两种不同思想体系下的分类。鲁迅对《史记》的评价是“史家之绝唱，无韵之离骚”。学《史记》主要是学史，但又可以用来学文，同时也包含有哲学、经济学多科思想在内，但它又代表不了现代的文、史、哲分科。因此，有人主张将文、史、哲列入“国学”之中，是难以实现的。学“国学”主要的还应按照经、史、子、集的分类来学。在中小学的国学教育，主要体现在对古典诗文的学习，特别是文的学习，这在我们现有中小学“语文”课本中已有较好的体现。

二、国学包括哪些内容

国学典籍，浩如烟海，又是用文言写成的，而且有的文字如韩愈在《进学解》中所说的：“周诰殷盘，佶屈聱牙”。像这样“佶屈聱牙”的文字，岂只是“周诰殷盘”，在上古的书中可以说比比皆是。没有一定的文字学基础，是难以读懂上古的经典的，而且有的还是真伪混杂，莫衷一是。因此，在中小学中所进行的国学教育，只能是从中选其浅显易懂的，而且要结合学生的年龄特征和知识水平做些解读，随着学生年龄的增长和知识水平的提高而逐步加深。

在《三字经》中，对于当时学校的学程及其所学的内容曾做了一些安排，从《小学》学起，到“四书”、“诸经”，再到“诸子”和“诸史”，诗文的学作参与其间，并贯彻始终。所有这些，在当时都是为了学习为人和处事，并为参加科举考试做准备。

在今天的中小学中，国学教育应当涉及哪些内容呢？

中小学学习国学，应从蒙养教材学起，同时学习诗文；在诗文学习中，包括了经、史、子、集等多方面的内容，以选学为主逐步加深和提高。为此，在当前中小学语文课本中诗文学习的基础上，再编选一套为中小学生进行国学教育的参考教材或补充读物，应是进行国学教育的一项重要任务，我们准备进行这项工作。如何使学生将国学学好，关键还在于教师。为此，以下对国学所涉及到的一些主要经典进行简述和评说，主要是为教师在进行国学教育时作参考的。

（一）蒙养教材

1.《弟子规》

在当前中小学的国学教育中，多从《弟子规》学起。《弟子规》是清人李毓秀所撰，原名《训蒙文》，后经贾有仁修订，改名《弟子规》。它以《论语·学而》篇中孔子所讲的“弟子入则孝，出则弟；谨而信；泛爱众，而亲仁；行有余力，则以学文”为纲，加“总叙”，分为五个部分，用三字一句、两句一韵编成的一本较为浅显，而且通俗易懂的儿童读物。其中包含了为人子弟在家、在外、待人、处事等应遵循的行为准则和道德规范。为清廷定为蒙学必读的教材，曾经盛行一时，被誉为“开蒙养正最上乘”的读物。今天在儿童以至成人教育和行为中遇到一些道德问题，因而《弟子规》便成为蒙养教育中的一本重要教材，广泛地进行和传播。

在《弟子规》的五部分中，有关孝悌的论述最多也最细，这也是大家重视这本书的出发点。本书是对青少年进行敬老爱幼教育的重要教材。但在讲述孝道时，本书有的地方过分遵守了旧时忠孝的规范，其中有的也难以施行于今日，甚至有的也不完全符合孔子论孝道的思想。如在“亲有过，谏使更”，在谏而弗听之时，要求做到“号泣随，挞无怨”；这同《孝经·谏诤篇》中所讲的不尽相同，如“父有争子则身不陷于不义。”“当父不义，子不可不争于父，否则从父之令又焉得为孝乎?”大家可以对比起来读一读。《新二十四孝》的出版，也可以拿来结合讲读。

《弟子规》的最后部分，写得比较全面和深刻，其中所讲一些读书法，如“读书法，有三到，心、眼、口，信皆要”；“心有疑，随札记，就人问，求确义”，等等，都是有益的读书方法。最后，还以“勿自暴，勿自弃，圣与贤，可训致”作结，指出只要自强自励，最终必定是学有所成，功有所得，人有所立。

2.《三字经》

《三字经》是蒙养教材“三、百、千”中最主要的一本。“三、百、千”即《三字经》、《百家姓》、《千字文》，是旧时学校蒙养教育中的主要教材。明代著名学者吕坤曾说：“初入社学八岁以下者，先读《三字经》以习见闻，读《百家姓》以便日用，读《千字文》以明义理”。其言虽简，但基本上勾画出了这三本读物的不同特点和作用。

《三字经》，南宋王应麟著（另说区适子著等），全书共一千余字，用三言韵语写成，朗朗上口，易读易记。其中，包括了各类知识和典故，渗透着深邃的伦理道德和知识典故等多方面的教育，如对人生修养、伦理纲常、名物常识、经史子集、历史掌故、人物故事等等，无所不备，阐发了为学和为人多方面的要求和教育，最后以鼓励儿童勤勉好学作总结，是一本儿童小百科全书。其中，除了所宣扬的伦理纲常需要检点以外，不仅其知识性值得肯定，其编纂技巧也值得借鉴。

《三字经》的内容，大致可分为五个部分。第一部分，从“人之初，性本善”到“弟于长，宜先知”，从儒家的性善论讲到家教与学校教育的要求与范例，贯彻了以孝悌为本的儒家仁本思想。第二部分，从“首孝弟，次见闻”到“此十义，人所同”，介绍了生活中的一些名物及生活常识。从识数开始，联系到与数有关的一些基本知识，如“三才”、“三光”、“三纲”，“四时”、“四方”，“五行”、“五常”，“六谷”、“六畜”，“七情”，“八音”，“九族”，“十义”，一一做了表述。既识数，又认字，包括了多方面的知识；既有知识，又有道义；渗透着“三纲”、“五常”等伦理道德观念；把文与道结合起来。第三部分，从“凡训蒙，须讲究”到“文中子，及老庄”，介绍了学子的学程及其所学的有关典籍的基本内容。在这一部分中，本应该把下一部分的读“诸史”也包括在内，但由于这部分内容较多，所以将读史列为单独部分来讲。在这一部分中，从学《小学》开始，对“四书”、“诸经”、“诸子”都一一做了阐述。这一部分内容较深，对初学者只能做浅近的介绍和说明，留待日后做进一步的解读。第四部分是关于读史的阐述，从“经子通，读诸史”到“通古今，若亲目”。对全部二十四史的世系和传承关系做了系统的说明（宋以后的诸史为后人所补），不仅指明了其中的传承关系，还对其中的重要人物和大事作了交待。用了三百余字，写了中国五千年的文明史，上起尧舜，下迄民初，给了读者一个全面系统的概貌。有的只用了几个字或十几个字，便把其中的传承关系及主要事故讲得清清楚楚，如“北元魏，分东西，宇文周，与高齐”，把北魏由拓跋氏改姓元而称为“元魏”，北魏又分裂为东魏和西魏，宇文觉灭西魏建立北周，高洋灭东魏建立北齐，最后统一于隋。寥寥四句，内含很多，脉络极为清晰。今天有多少知识青年说不清中国历史的传承关系，应该认真读读《三字经》的这一部分。第五部分，从“口而诵，心而惟”到“戒之哉，宜勉力”，是《三字经》的最后部分。在这一部分中，用了不少典型的人和事，描述了勤奋好学、功成业就的诸多故事，还用了一些鸡犬和鸟虫的事例，如“犬守夜，鸡司晨”，“蚕吐丝，蜂酿蜜”等来催人奋进。《三字经》就是用这些事例来激励幼学者奋发有为，去追求“扬名声、显父母”的人生境地，虽然其中体现着“学而优则仕”的传统观念，但对于激励后进仍有着积极意义。

3.《百家姓》

《百家姓》也是旧时学校中一本极为通行的读物，其中包括了五百余姓，内有三十左右复姓，用四言韵语写成，便于背诵和记忆，以此来增广儿童的生活知识，也便于应用。在讲述《百家姓》时，可以根据学生的姓氏，进行一些寻根的教育，以加强学生对自己姓氏的认知和荣誉感。在讲复姓时，也可以给学生讲讲，有的复姓来自少数民族，如“赫连（Hèlián）”出自匈奴族；“尉迟（Yùchí）”出自鲜卑族；“单于（Chányú）”原属匈奴的领袖称谓，后沿用为姓氏；“拓跋（Tuòbá）”原出自鲜卑族，在北魏时期便改拓跋复姓为单姓元；“万俟（Mòqí）原是鲜卑族的一个部落，后作为姓氏；如此等等。在向学生介绍这些姓氏时，也可以说明，中华民族是由多民族组成的“大家庭”，这对加强民族团结也大有裨益。

总之，一本《百家姓》，不仅可使学生学习知识，增广见闻，还可以通过寻根提高对自己姓氏的了解，以增强自豪感。扩而言之，通过姓氏寻根，还有利于增强民族团结，并有助于增强全球华人的归宗意识。

4.《千字文》

《千字文》是在“三、百、千”中较深的一本。所谓“读《千字文》以明义理”，是有道理的。在内容方面，它包括了天文、地理、社会、历史、伦理、教育等多方面的知识，而且包括了大量的典故。在写作技巧上也颇有讲究，全书大部分是两句相对，对遣词、组句、对仗、押韵等都极为讲究。这不只是便于幼学者诵读，对将来学习经典和学作诗词也打下了初步基础。根据我受私塾教育的自身体验，开始只读《三字经》、《百家姓》，对《千字文》只背不讲，或多背少讲，讲只讲些对幼学者浅显易懂的，如“知过必改，得能莫忘”；“尺璧非宝，寸阴是竞”；“祸因恶积，福缘善庆”；等等。有的也同所学的《三字经》联系起来讲，如把“吊民伐罪，周发殷汤”同《三字经》中所学的“汤伐夏，国号商”，“周武王，始诛纣”联系起来解读，“吊民伐罪”一句，比《三字经》所讲的“伐”与“诛”的意义更深。总之，《千字文》的学习，是在随着学生年龄的增长和知识水平的提高而逐步加深理解的。

前面是蒙学阶段对“三、百、千”学习的简单介绍，除此之外，诗文的学习应同时进行，并且在文的学习中注意选学一些“寓言”故事。

如果要对中小学的国学教学强为分段的话，小学阶段，主要以教学蒙养教材为主，同时兼学一些短浅的诗文；初中阶段，可以选读“四书”篇章，并兼学诗文；高中阶段，可以对“诸经”和“诸子”进行选读，同时选学一些较深和较长的诗词和文赋。诗文的学习要贯串中小学的全部学习阶段，在诗词的学习和写作中可兼学一些“声律启蒙”。

关于历史的学习，在小学阶段，除学习《三字经》的“读诸史”外，还可以通过历史和语文的学习进行。有关“诸史”的介绍，见后，此略。

下面我们再对“四书”、“诸经”、“诸子”的学习做些简介。

（二）“四书”

“四书”即《论语》、《孟子》、《大学》、《中庸》，是旧时学校必读之书，其中尤以《论语》为主。“四书”在《十三经注疏》中是列入“诸经”之中的，我们这里把它单列出来，是因为它是学习“国学”的基础，也较为易学。学习的顺序，一般是按《三字经》中所讲的《论语》、《孟子》、《大学》、《中庸》的安排来学。我们这里改按《论语》、《大学》、《中庸》、《孟子》的顺序来解读，目的在于说明它们之间的传承关系及其发展。

1.《论语》

《论语》是一本语录体的经典。《汉书·艺文志》说它是“孔子应弟子、时人及弟子相与言，而接闻于夫子之语也”。也就是说，它是孔子和学生以及学生之间并与当时的其他人员互相交谈的一部语录体的文献，由其弟子及再传弟子整理而成（因为其中有关曾参和有若等的话，不称其名，而称为子，证明应是曾参和有若的弟子所记）。《论语》是记录孔子言行的主要经典，也是儒家的首部论著，其中包括教育、哲学、伦理、道德和政事等多方面的内容，是孔子有关进德修业和人生目标修己、安人的主要言行录。孔子除少数时间从政外，绝大部分时间是从教的，无论是从政还是从教，都与他的修己、安人的目标有关。孔子虽然从政不得志，却留下了许多有关从政的主张，如“为政以德”（《论语·为政》），“政者正也”（《论语·颜渊》），“博施于人，而能济众”，等等，都是经验之谈和警世之语。

由于孔子几乎终生在从教，因而对教育的贡献特别大。他提出了“有教无类”（《论语·卫灵公》）的教育宗旨，推进了文化下移；大办私学，打破了“学在官府”的限制；广招弟子，培养了弟子三千，贤者七十二，广泛地传播了文化教育。他为了以“六艺”教弟子，编《诗》、《书》，正《礼》、《乐》，注《易经》，修《春秋》，为后世留下了一套完整的中国古代文化典籍。他以“学不厌，教不倦”的精神，为后世留下了因材施教、启发教学、学思结合、言行一致等丰富的教育经验，并树立了爱生如子、教学相长的“万世师表”的伟大形象。一部《论语》是一部为人处世、为学从政的小百科，所以赵普称其为“半部《论语》可以定天下”，不为过分。

上面我们已经提到，旧时私塾对“四书”的学习，一般按《三字经》所提出的顺序进行，即《论语》、《孟子》、《大学》、《中庸》。我们今天从他们传承的顺序来讲，即孔子传之曾子，曾子传之子思，子思的门人传之孟子；以此将“四书”学习的次序改为《论语》、《大学》、《中庸》、《孟子》。看看这样讲，是否更能说明其间的传承关系，也请大家考虑。

2. 《大学》

《大学》原为《礼记》中的一篇，宋代将其和《中庸》两篇从《礼记》中提出，与《论语》、《孟子》合编为“四书”，成为宋代以后学校教育的主要读物，也是科举考试的重要内容。

《大学》相传为曾子所作，其内容是相对“小学”而言的，不是讲洒扫、应对、进退之事，而是讲成人进德、修业的任务。《大学》提出了“三纲领”：明德、亲民、止于至善；“八条目”：格物、致知、诚意、正心、修身、齐家、治国、平天下；而“以修身为本”，前四条是为修身打基础，后三条是修身的施展。《大学》将孔子修己安人的思想具体化了。《大学》分为“经”、“传”两部分。朱熹在《大学》的注释中指出，《大学》首章“经”的部分，“盖孔子之言，而曾子述之。”后面解读“经”义的十章称为“传”，“则曾子之意，而门人记之也。”也就是说，《大学》的“经”是孔子的话，为曾子所述；《大学》的“传”是曾子之意，为其门人所记。

《大学》多论修、齐、治、平之事，特别是在“治国平天下”章中所讲的有关为政和理财的思想，如“民之所好好之，民之所恶恶之，此之谓民之父母。”“唯命不于常，道善则得之，道不善则失之。”“生财有大道，生之者众，食之者寡；为之者疾，用之者舒；则财恒足矣。”以及“财聚则民散，财散则民聚”；“货悖而入者，亦悖而出”；等等，都可以供今日的为政和理财者参考。孙中山先生称它为“中国的政治哲学”，是指出了其要害问题。其治国、平天下的思想，为历代仁人志士所追求。曾子也被尊为“宗圣”。

3. 《中庸》

一般认为，《中庸》一书出自孔子之孙子思之手。如果说《大学》是政治哲学，《中庸》则更偏重理性哲学。《中庸》的首章，就概括提出：“天命之谓性，率性之谓道，修道之谓教”。将天道、人性和教育三者的关系，做了概括的说明，并以“诚”字来说明天道，把人格之天引向理性之天，为后世的理学（以“理”代“诚”）奠定了基础，因而思孟学派便成为后世理学之宗。子思也被尊为“述圣”。

天道属“诚”，“诚者，天之道也”。“诚”在这里不只是一个道德的范畴，也是宇宙的本原。“诚之者，人之道也”，人性又受命于天，“率性之谓道”，这样“天人合一”就更有了理论的根据。以“诚”来解释天道，并未完全否定神的主宰，人还是受命于天的。如何把天道与人性实现出来，就要通过教育，“修道之谓教”。教育的根本任务就是要教育人持中、用和，“致中和，天地位焉，万物育焉。”这样就可以使万事万物各得其所，各得其养和各得其长。《中庸》还阐述了“和而不流”，这是对先秦“和、同”之辩和孔子的“和而不同”思想的延伸和发展，不再赘述。

《中庸》在教育上，不仅提出了智、仁、勇三者是“天下之达德”，还进一步阐明“好学近乎智，力行近乎仁，知耻近乎勇”，并认为“知斯三者，则知所以修身；知所以修身，则治所以治人；知所以治人，则知所以治天下家国矣”。这又同《大学》所讲的“三纲领”、“八条目”中的“修、齐、治、平”的思想联系了起来。所谓“唯天下至诚，为能经论天下之大经，立天下之大本，知天地之化育。”《中庸》还提出五步学习法：“博学之，审问之，慎思之，明辨之，笃行之”，成为传统教育中最概括和精辟的学习原则和方法，至今甚至永远将不失其理论光辉和指导作用。《中庸》还从哲理的高度论述了治国、平天下的“九经”思想。这样，便将《大学》中的治国、平天下的条目，更加具体化和向前推进了一大步。《中庸》一书，是将中华的“持中”和“用和”的传统思想，做了全面和更深入的阐释。

《大学》和《中庸》属于《礼记》中的两篇，《礼记》被列为“诸经”，因而它们也属于经书。

4. 《孟子》

《孟子》也是儒家中的一部主要经典。它是由孟子所述，并由其弟子万章、公孙丑等所记，载有孟子与其弟子及他人的问答和孟子的各种活动，包括政治、伦理、哲学、教育等多方面的内容。孟子是继孔子之后另一位伟大的教育家。由于孟子受业于子思的门人，其思想形成为“思孟学派”，并成为后世理学之宗师，因而孟子便被称为“亚圣”，其书也被列入诸经之中。

《孟子》一书的内容，就其主要思想而言，可以概括为以下三大方面，即施仁政、性善论、教育观。从其首章“孟子见梁惠王”，即提出了他的施仁政的思想，主张实行王道，反对霸道，要求“保民而王”、“与民同乐”（《孟子·梁惠王上》），甚至提出“民为贵，社稷次之，君为轻”（《孟子·尽心下》）等重要思想。主张制民之产，认为有恒产而后有恒心，要给人民以土地，使用人民要“不违农时”（《孟子·梁惠王上》）；对吊民伐罪的汤伐桀、武王伐纣大加颂扬等等；都是他的政治思想中的光辉点。

在人性问题上，明确提出了性善论，认为恻隐、羞恶、辞让、是非之心，就是仁、义、礼、智的发端；由此出发，强调要不失“赤子之心”（《孟子·离娄上》）；要“尽心”、“立命”，以达到“知天”的境界（《孟子·尽心上》）。认为“万物皆备于我矣”（《孟子·尽心上》），所以“学问之道无他，求其放心而已矣。”《孟子·告子上》）等等。所有这些思想，不仅发展了儒家“人性论”的思想，并为后世理学以至心学的形成奠定了基础。

在教育思想方面，《孟子》也有着光辉的论述；主张“养心莫善于寡欲”（《孟子·尽心下》）；要善于“养浩然之气”（《孟子·公孙丑上》）；主张“盈科而后进”，““学不躐等（《孟子·尽心上》），反对揠苗助长（《孟子·公孙丑上》）；主张专心致志，刻苦锻炼，以完成天降大任的使命（《孟子·告子下》）。总之，在孟子看来，

"教亦多术"，"不屑之教诲也者，是亦教诲之而已矣（《孟子·告子上》）。把教育看成是君子有"三乐"之一（《孟子·尽心上》）；并认为"君子之所以教者五"（《孟子·尽心上》）；等等。

《孟子》一书，也将《论语》及《大学》、《中庸》的语录体，进而发展成为论文体，其文风气势磅礴，情感奔放，而且以善辩著称。在《孟子》一书中，有着大量的寓言，如"舍生取义"、"揠苗助长"、"专心致志"、"学不躐等"，等等，都是留传后世具有重大教育意义的寓言故事。当然，孟子和其他大师一样，也不能不带有某些历史局限性。他竭力宣扬王道，坚决反对霸道，在当时来说，已是不合时宜之论，所以周游列国而终不见用。对不同学派杨朱、墨翟的批判，也有过分而不妥当之处。诸如此类的问题，都需要做实事求是的分析。

全部"四书"，给了我们进德、修业和修己、安人的智慧和功能，是取之不尽、用之不竭的宝贵财富。"四书"也如同其他的经书一样，既有普适性，也有局限性，在学习时也需要进行去粗取精的工作，才能更好地使其古为今用。

（三）诸经

根据旧日私塾教育的经验，在学完"四书"之后，就开始学习"诸经"。如同《三字经》中所说"《孝经》通，"四书"熟，如'六经'，始可读。'经'既明，方读'子'，撮其要，记其事。"在今天的中小学里，主要是在高中，对"诸经"和"诸子"选学一点，使学生读一点中国最古老的文献，增加一点对国学常识性的全面了解，应是在中小学进行国学教育的一项重要的措施。下面对"诸经"和"诸子"做些简介，以供教师教学参考。

"诸经"，究竟是六经还是五经，主要是《乐经》的有无问题，从古至今尚属阙疑。根据孔子所教的"六艺"来说，"六经"应包括《诗》、《书》、《礼》、《乐》、《易》、《春秋》。汉代设五经博士，开始称经，但无《乐经》。《乐经》可能原即无书，只有章，如"子在齐闻《韶》"，说明作为歌颂大舜的乐章《大韶》是有的；其他的乐章如尧的《大咸》，禹的《大夏》，汤的《大濩》，武王的《大武》，再加上黄帝的《云门大卷》（见《周礼·春官·大司乐》），都说明了古有乐章。乐无书，是原来就没有？还是为秦火所焚？古文经学与今文经学就有两种不同的主张，都有待专家去考评。但《荀子》有《乐论》，《礼记》有《乐记》也可作为了解古代乐理论的补遗。

现在我们只能就现存的"五经"做些简介："五经"包括《诗》、《书》、《易》、《礼》、《春秋》，在体例上有诗、有文，但大都是文。在"五经"之外，还对《孝经》做些简介。

1.《诗经》

《诗经》是我国最早的诗歌总集，据说由孔子所删定，共三百零五首，即《论语·为政》中所说的"诗三百，一言以蔽之，思无邪"。《诗经》就其内容来说，有风（十五国风）、雅（小雅和大雅，简称二雅）、颂（周颂、鲁颂和商颂，简称三颂）

三类；就其体例来说，有赋、比、兴三体。“风”多来自民间，所以有“采风”之说，其中有不少是反映民间疾苦的，如《硕鼠》、《黄鸟》等；“雅”、“颂”多为统治者宴会和祭礼的诗歌，多出于文人之手，是为统治者歌功颂德的，如《鹿鸣》、《维天之命》等。在体例上，“赋”是直陈其事，如《氓》；“比”是以他物作类比，如《硕鼠》；“兴”是先言他物以引其所咏之事，如《关雎》；也有的二体与三体兼用，如《伐檀》即是兴与赋兼用，甚至还有比。

《诗经》就其作用来说，根据孔子所说，《诗》可以“兴、观、群、怨”，可以多识鸟兽草木之名（《论语·阳货》）；“不学《诗》无以言”（《论语·季氏》）；孔子说他的教育工作是“兴于《诗》，立于《礼》，成于《乐》”（论语·泰伯》。在全部“四书”中，所引“《诗》云”的地方很多，也可以说明儒家对《诗经》教的重视。《诗经》多属四言，并注意押韵，也为后世古诗歌的形成与发展打下了基础。

2.《书经》

《书经》，既是经，又是史，也可算作最早的中国史书。它记载了尧、舜二帝和夏、商、周三代的一些史事。有典、谟、训、诰、誓、命等各方面的内容。其中《禹贡》、《洪范》等篇，分别提到了“九州”山水和“五行”问题。这两篇在中国地理和哲理等方面都有极其重要的意义，也应是学习的主要内容。《书经》中有的篇章虽有今古文之别和真伪之争，但仍不失其重要的史学参考价值。

《书经》的语言是“佶屈聱牙”，确属难读难懂，但为了了解中国远古的历史，还得下功夫啃这块硬骨头。因此，我们希望选出少数篇章，让高中生了解和体验一下中国的古代文字，如《尧典》首段：“曰若稽古帝尧，曰放勋，钦明文思安安，允恭克让，光被四表，格于上下。克明俊德，以亲九族；九族既睦，平章百姓；百姓昭明，协和万邦，黎民于变时雍”。这段话的大意是：“根据上古史的考察，帝尧，名放勋，他深思远虑，办事极为恭谨，恩被四方和天地之间。施行仁德于九族，使九族和睦；推及于百姓，使百姓昭明；广被于万邦，使黎民百姓都能做到和善相处。”像这样的文字，不经过译文是很难读懂的。这只是举例，差不多全部《书经》都是这样“佶屈聱牙”的文字，或许当时就是这样的官方语言。

3.《易经》

《易经》是我国古代人问吉凶的卜筮之书，其中也反映出先民的一些唯物的观点和辩证的思维方法，因而也是一本极重要又难读的最古老的奇书。《易经》以阴阳组合排出“八卦”（乾、坤、巽、震、坎、离、艮、兑，代表着天、地、风、雷、水、火、山、泽八种物质），又将“八卦”重叠组成六十四卦，以此来说明宇宙间万事、万物的实质及其相互关系，其中含有对立和统一及其变化和发展的朴素的唯物观点和辩证的思维方法。

《易经》包含“经”和“传”两部分。“经”有卦辞、爻辞；“传”是解“经”的，共有十种，称为“十翼”：包括《彖》上下、《象》上下，《文言》、《系辞》上下、《序卦》、《说卦》和《杂卦》。读《易经》，既要读“经”，又要读“传”。现以

“乾”、“坤”两卦为例，对《易经》做些解读。乾代表天，主阳，主刚；坤代表地，主阴、主柔。乾卦的“象曰”：“天行健，君子以自强不息”。坤卦的“象曰”：“地势坤，君子以厚德载物。”清华大学的校训“自强不息，厚德载物”，就来源于此。乾卦的六爻，以龙为例，从“初九”到“九五”，以“潜龙无用”到“见龙在田”，再到“或跃在渊”，直到“飞龙在天”，上升到了极点；再上升到“上九”，就是“亢龙有悔”，说明事物发展到极点，就会由盛到衰。由正面走向反面的辩证发展过程，这就是《易经》的精粹。但《易经》既然是一部卜筮之书，其中也难免存有迷信和神秘难解的思想。如“坤卦”的卦辞是：“坤：元亨，利牝马之贞。君子有攸往，先迷后得主，利。西南得朋，东北丧朋。安贞，吉。”“坤卦”的主导思想是讲柔顺，承天。但其中的“先迷后得主”，“西南得朋，东北丧朋”，用于卜筮则可，用于哲理就难解读。

《易经》是一部最古老的经典，汉设“五经博士”，将《易经》列为诸经之首。《易经》在国外也有广泛的影响。德国哲学家、科学家莱布尼兹当他读到《易经》时，极为高兴，并认为他的二进制可以在《易经》中看到端倪。韩国的国旗就是选取《易经》中的“太极”和“乾、坤、坎、离（天、地、水、火）”四卦所组成。

4. “三礼”

“三礼”包括《周礼》、《仪礼》和《礼记》，统称《礼》。孔子当年以《礼》教弟子，主要是《周礼》和《仪礼》，而不是《礼记》。因为《礼记》成书于战国到西汉，最后由戴德和戴圣叔侄二人编纂而成，称为大戴《礼记》和小戴《礼记》。后世广为流传的《礼记》，是由戴圣最后删定的小戴《礼记》。

《周礼》相传为周公所作，主要内容是政治制度，后世的“六官”和“六部”就是从这里沿袭来的。《仪礼》是夏、商、周三代以来，主要是先秦时期的礼仪汇编，包括了吉、凶、军、宾、嘉各种礼仪在内。《礼记》是儒家的主要经典之一，其中包括了礼制、礼仪和礼论等多方面的问题，即与礼有关的政治、哲学、道德、文艺、教育等多方面的内容，其中不少是有关孔子的言论和行动的。如《礼记》《礼运》篇中的“大同”思想，一直是仁人志士的社会理想目标；《檀弓》篇中的《苛政猛于虎》，更为贪官污吏敲起了警钟；《乐记》篇详细地论述了乐理和乐教，弥补了《乐经》之缺佚。《学记》篇，更是对儒家教育理论和教育经验的系统总结。如此等等，不胜枚举。因此，《礼记》一书便成为“五经”中《礼经》的代表作和必读之书。

5. 《春秋》

《春秋》本是鲁国的一部编年史，它记述了春秋时期各国的主要事件及其代表人物等，言简意赅，只作纪实。但在周室衰微，礼崩乐坏，战乱频仍，僭越成风之时，臣弑其君者有之，子弑其父者亦有之。孔子为了正名分，维系当时的伦理纲常，对《春秋》进行了笔削褒贬，以体现“君君，臣臣，父父，子子”的伦理纲常。所以孟子说：“孔子成《春秋》，而乱臣贼子惧。”（《孟子·滕文公下》）为后世史学创立了“春秋笔法”。

“三传”（即《左传》、《公羊传》《谷梁传》），是对《春秋》经的具体的阐明，其中尤以《左传》较为详尽。现仅以《郑伯克段于鄢》为例，来说明它是如何通过孔子改作，左丘明作传，来进行口诛笔伐的：“段不弟，故不言弟；如二君，故曰克；称郑伯，讥失教也。”通过这样的表述，批评了郑庄公的不成兄，公叔段的不成弟，用了“克”字来说明他们之间的斗争，已不是兄弟之间的矛盾，而是如同两国国君之间的战争。孔子就是用这样的论断来维系当时的伦理纲常的，使当时的“乱臣贼子”知所警戒，以正纲纪。

“三传”，特别是《左传》，在中国文学史上对散文的发展，也起着重大的推进和发展的作用。《公羊传》与《谷梁传》，虽然在史料方面不如《左传》，但在维系“大一统”和有关“三世说”方面，也有其独特的贡献和影响。

6.《孝经》

《孝经》，也是历代所重视的一本儒家经典。汉代提出以孝治天下，将每个皇帝名字的前面冠以“孝”字，如“孝文帝”“孝武帝”等。《孝经》被列为幼学必读之书，孔子倡导仁，有若说“孝弟也者，其为仁之本与!”（《论语·学而》）将“孝”视为“仁之本”，可见“孝”在儒家教育中的重要地位。

《孝经》传说是孔子向曾子陈述孝道之作。《孝经》“第一章”即记述了孔子所说的“夫孝，德之本也，教之所由生也。……夫孝，始于事亲，中于事君，终于立身。”为人子者，小至于身体发肤的保护，大至修身行道，扬名于世，都与孝道有关，孝道已渗透到修身、齐家、治国、平天下的全部修己与治人之中。

在学习《孝经》时，不可忽视对《谏诤章》的学习。其中讲到：国有诤臣，则可以使国家兴旺而“不失其国”，家有诤子，则可以使父母在有过时“不失于不义”。也就是说，国有诤臣则国兴，家有诤子则家旺。这样做，还可以使孝道不至于走上愚忠、愚孝的歧路。

《孝经》一书，其中有的内容已经不能通行于今日，只能取其要旨。“新二十四孝”的出版，可以为《孝经》的学习作参考和补充。

（四）诸子

在旧时教育中，“诸子”列于“诸经”之后，但是有许多思想上的闪光点是在“诸子”之中。就以《荀子》与《孟子》相比，虽有“经”、“子”之分，但《荀子》并不比《孟子》逊色。法家和兵家，不为后儒所重视，甚至兵家还未列入“九流十家”之中，但兵家对后世的影响，以及在国外的传播，并不在“十家”之下。现就春秋战国时期“诸子”中的主要的数家，做些简介。前面讲“四书”与“诸经”，是以书见人；现讲“诸子”，略改体例为以人见书。

1. 管子

管子，名夷吾，字仲，常称为管仲；谥号敬，又称为管敬仲。管仲应属于哪家？一向有着不同的见解。《管子》一书，旧传为管仲所作，据考证为稷下学者所汇总，其中包含有管仲的遗说和思想。管仲是春秋初期的人物，其生卒年月待考，但他早于老子和孔子是无疑的。有人把管仲列为道家，因为他主张自然天道观；有人把他列入前期法家，与后期法家合称为“管商学派”；也有人把他列入兵家，因为他对富国强兵有许多建树，并辅助齐桓公九合诸侯，成为五霸中第一个霸主；把礼仪廉耻视为国之四维，又同儒学接近。总之，管仲的思想，带有“齐文化”开放性和综合性的特点。他是春秋初期的思想家、政治家和军事家。在《国语·齐语》中记有他的事迹。

《管子》一书包含他的政治和军事思想：他划分国都为二十一乡，各乡设官吏管理，改食邑制为俸禄制；乡里组织为军事编制，使“卒伍整于里，军旅整于野”，“察能授官”。设盐官、铁官，发展煮盐业、铸造业，并加强农业的经营，使齐国国富民强。他提出“仓廪实则知礼仪，衣食足则知荣辱”，把“礼仪廉耻”视为“国之四维”，强调“四维不张，国乃灭亡”的训戒。其思想和主张，含有丰富的朴素的唯物观点和辩证方法；他以“尊王攘夷”的口号，不费一兵一卒之力，九合诸侯，辅助齐桓公称霸于天下。孔子对他这一点曾作了充分的肯定，而且称其为“仁者”；并认为“微管仲，吾其被（同披）发左衽矣”（《论语·宪问》）。当然，孔子也批评他为“管仲之器，小哉”。（《论语·八佾》）对一个历史人物的言行，也只能取其善者而用之。

2. 老子和庄子（简称“老庄”）

老子，姓李，名耳，谥聃，也称为老聃，是春秋时期的大思想家。其生卒年月不详，早于孔子，相传孔子曾问礼于老聃。老子《道德经》提出“道法自然”（《道德经》第25章）的宇宙观，是对先秦宇宙本体论的一大突破和创新。对人生的要求是“致虚极，守静笃”（《道德经》第16章），清静淡泊，归真返璞等人生理想。在政治上提出“无为而治”和使民“自化”等一套治国安邦的策略和方法。

在《道德经》中包含有丰富的辩证思维方法，提出“反者道之动，弱者道之用”（《道德经》第40章），“祸兮福之所倚，福兮祸之所伏”（《道德经》第58章）等，说明事物对立面的相互依存和转化的道理，并对弱能胜强、柔能克刚、“不敢为天下先，故能成器长”（《道德经》第67章）等进行了辩证的论说。所有这些，都是道家在哲理方面的重大贡献。他的“无为而治”的政治理想，也为后世的执政者广为采用。

庄子，名周，是战国时期的思想家，老子思想的主要继承者。《庄子》一书共33篇，分为内篇、外篇和杂篇。他将老子的“无为而治”发展为绝对的无为，将老子的辩证法发展为极端的相对论，所作的《逍遥游》、《齐物论》、《养生主》等重要篇章，要求人们去追求“无己”、“无功”、“无名”等最高境界，以启示人们彻底摆脱私欲的束缚，达到思想的真正解放。在《养生主》篇中以“庖丁解牛”的故事，要求人们学会养生之道，不要以“有涯”去追求“无涯”，要做到“缘督以为经”，以“保身”和“全生”。所以庄子的思想，无论是积极方面，还是极消极方面，都对中国的哲学思想和人生观产生着巨大的影响。后世常常把“老”、“庄”并称，但其间是同中有异。

在《庄子·天下》篇中，讲了先秦诸子的许多言论，是非常宝贵的历史资料。

老子至汉代被尊为道教的教主，《道德经》被奉为主要经典。庄子在唐代被封为“南华真人”，《庄子》一书被尊为《南华真经》。当然，道教与道家虽有一定的联系，但还不是一个思路和要求，一是作为教旨来信奉，一是作为哲理来宣讲。

3. 墨子

墨子，名翟，是墨家的创始人，战国时期的思想家和政治家，为接近“农与工肆之人”的士。初学儒家，后来由于不满儒家的繁文缛节，弃儒成为独立学派，广招来自社会底层的人为弟子，组成了一个有严格组织纪律的社团，即墨家。有平民意识，有游侠作风，与儒家并列为“世之显学”（《韩非子·显学篇》）。其所著之书，称为《墨子》，包括了《墨辩》。

墨子提出兼爱、非攻、尚贤、尚同、天志、明鬼、非乐、非命、节用、节葬等多种主张，如在《兼爱》中提出“兼相爱，交相利”，反对“别相恶，交相贼”；在《尚贤上》中对选贤任能做了一系列规定，并提出“官无常贵，而民无终贱”的平权思想；主张“非攻”，不仅有言而且有行，如在《公输》中详细地记述了墨子“止楚攻宋”与公输盘的论辩与表演，既有理论，又有技术表演。《墨子》提出了“三表法”，即“有本之者、有原之者、有用之者”：“上本之于古者圣王之事”，“下原察百姓耳目之实”，“废（发）以为刑政，观其中国家百姓人民之利”（《墨子·非命上》），至今仍不失其为政的光辉准则。他的执政思想，虽有的与当时的纲常相违，但他为民的游侠作风，连孟子也认为是“虽摩顶放踵，利天下为之”（《孟子·尽心上》）。

墨家提出的《墨辩》或《墨经》，其中保存有不少的古代科技资料和逻辑思想。现以《墨辩》中有关“故”（即事物的原因和条件）的阐释，来说明其逻辑思想。“故”分为“小故”和“大故”：“小故”，“有之不必然，无之必不然”；“大故”，“有之必然，无之必不然”（见《经说上》，根据孙治让注改）。此即是说，凡事要明其“故”，根据客观条件办事，方能有成。

4. 荀子

荀子，名况，字卿，汉人为避宣帝名询讳，改称为孙卿。他是战国晚期的著名思想家、政治家和教育家，是儒家的别派。曾三为稷下学宫的祭酒（主持人），其思想带有“齐文化”的特点，是儒家思想向法家的转化。其弟子甚多，法家的韩非、李斯都曾受业于他。孔子讲仁，孟子讲义，荀子讲礼，但其所讲的礼已倾向于纪，含有法家的法纪在内。其所著《荀子》，不仅内容丰富，说理透彻，而且包含了许多历史典故。书中所提出的性恶论，人定胜天的天命观，都是“破天荒”的重大思想，以此在教育观上也有许多新的思路。因为“人之性恶，其善者伪也。”伪就是人为，就需要下一番改造的功夫。人性虽恶，但经过教育改造，“涂之人可以为禹”（《性恶篇》）。

荀子打破了殷周以来的人格之天的传统观念，提出了唯物主义的天命观，认为

“天行有常，不为尧存，不为桀亡”，说明天是按照自然规律在运行。将“天人合一”发展为“天人相分”，要发挥人的能动性，“制天命而用之”（《天论篇》），以实现“天有其时，地有其财，人有其治”，各司其能。这在当时来说，是一种极为难能可贵的思想。

在教育观上，从其性恶论出发，极为重视教育与环境的影响和改造作用，所谓“蓬生麻中，不扶自直；白沙在涅，与之俱黑”（《劝学篇》）。在学习中要做到“入乎耳，箸乎心，布乎四体，形乎动静”，把学与思、知与行密切结合起来。他还提出“闻之不若见之，见之不若知之，知之不若行之，学至于行之而止矣”（《儒效篇》）。即在学习中要将各种感官的功能都调动起来，并做到知行合一。他强调“学不可以已”的学无止境地去追求，以实现“青，取之于蓝，而青于蓝”（《劝学篇》）的目标，也表现出他对青年一代的殷切要求和寄予厚望。《荀子》中的《礼论篇》和《乐论篇》，对于“礼”的发展、“乐”的传承都起到了重要作用，是两篇重要文献。荀子是学术上集大成的重要人物。

荀子不仅学识渊博，而且文风具有特色。荀子的为文，多为骈句，而且著有《赋篇》，为后世赋作的产生起了发蒙作用。

荀子被视为儒家的别派，在中国封建社会后期以理学为主导的正统思想统治下，荀子的思想只是在少数人中传播；直到晚近，《荀子》的研究，才被提上日程，这对中国学术的发展产生了不利影响。

5. 韩非子

韩非子是战国末期法家的集大成者。《韩非子》一书，是后人所编韩非的论著，其中有的篇章在当时已有流传。讲到法家，可以划分为前期和后期，前期法家包括管仲、子产、李悝、吴起等。李悝所著《法经》是法家最早的一部经典。但使法成为完整的理论，并在实际中发挥巨大作用的，主要是后期法家商鞅、韩非、李斯等，而以《韩非子》为最完整。

在法家中也存有不同的派别和主张，如商鞅重法，申不害重术，慎到重势，韩非分析了三家的得失，将法、术、势统一起来，写成了一部完整的法典。在法家思想指导下，秦国实施了以法为教，以吏为师，奖励耕战，厉行赏罚，使秦国很快富强起来，最终消灭了六国，建立起君主有无上权威的中央集权大帝国，并为后世统治者所效法。

韩非的社会历史观也是比较进步的，他将社会发展分为上古、中古、近古和当今几个发展阶段，认为社会是在不断前进的，主张“世异则事异”，“事异则备变”（《韩非子·五蠹》）的历史发展观和社会改革论。上述思想都为后世的改革家所采用。在中国长期的封建社会发展的历史上，统治者和改革家常常是儒法并用，“王霸道杂之”或“外儒内法”，法家思想仍在发挥着作用。

韩非口讷，不善言谈，却善于为文，其所著《说难》、《孤愤》、《五蠹》等文，传至秦国，为秦王政（即后来的秦始皇）大为赏识。《韩非子》中，多寓言故事，如

“自相矛盾”、“郑人买履”、“买椟还珠”、“守株待兔”、“老马识途”“滥竽充数”等等，在先秦文学中堪称首位。其“寓言”久传不衰，以至于今。

6. 孙子

孙子包括孙武和孙膑，但主要是指孙武。孙武是春秋末期兵家，其所著的书，称为《孙子兵法》。孙膑据说是孙武的后代，与孙武相距一百多年，应属战国中期兵家，其所著的书称为《孙膑兵法》。后面主要讲孙武及其所著的《孙子兵法》。

孙武，生于齐国安乐（今山东惠民）。后入吴，被吴王阖闾任为大将，所以也称“吴孙子”。孙武为吴国“西破强楚，北威齐、晋”，对吴国称霸起了重要作用。他所著的《孙子兵法》，共十三篇，首篇为《始计篇》，开宗明义就指出：“兵者，国之大事，死生之地，存亡之道，不可不察也。”并指出决定战争胜败的基本因素为“五事”和“诡道十二法”。所谓五事：“一曰道，二曰天，三曰地，四曰将，五曰法”，道是指战争的最高法则和政治功能，天指天时，地指地利，将指将帅，法指战略战术。他认为“凡此五者，将莫不闻，知之者胜，不知者不胜。”诡道主要是讲用兵之法，兵不厌诈。所以说“兵者，诡道也。故能而示之不能，用而示之不用，近而示之远，远而示之近，利而诱之，乱而取之，实而备之，强而避之，怒而挠之，卑而骄之，佚而劳之，亲而离之。攻其不备，出其不意。此兵家之胜，不可先传也。”这十二条诡道，在我们的游击战或正规战中也广为采用。在《谋攻篇》中提出“知彼知己者，百战不殆”和“不战而屈人之兵，善之善者也”等重要的战略思想，成为兵家的圭臬。总之，一部兵书充满了对用兵的各种情况的应对及其战略和战术的论述，充满了辩证的思维方法。曹操为此书写了《孙子序》，称之为“吾观兵书战策多矣，孙武所著深矣。”

《孙子兵法》，在后世不仅应用于军事，而且广泛应用于社会生活中的多个领域；它不仅在中国，而且在世界上久负盛名，广为传播。

（五）儒、道、墨、法四家的若干基本观点

前面就中华传统文化发展中的经与子做了概述，下面就先秦时期儒、道、墨、法四家有关天命观、人性论、历史观、政治观、教育观等几个主要方面做些概述与评说。恩格斯在《自然辩证法》中，曾经高度评价了古代希腊在哲学思想方面的伟大贡献，指出：“在希腊哲学的多种多样的形式中，差不多可以找到以后各种观点的胚胎和萌芽。”以此来评价中国春秋战国时期各家的思想和文化繁荣，是有过之而无不及的。现以儒、道、墨、法四家为主，就上述五个方面的主要观点做些比较和评析。

1. 天命观

根据其主要观点，可以分为人格之天与自然之天两大不同主张。

儒家秉承了自殷周以来人格之天的观点，把上天视为最高的人格之神，他主宰着人间的一切。如“天佑下民，作之君，作之师”（《书经·泰誓》）。汤伐桀，武王伐纣，都是“恭行天罚”。（《书经·汤誓》、《书经·泰誓》）根据上天的意志行事，就可以使国泰民安，得福免灾。

在孔子的思想中，对天命已有所保留，如“子罕言利，与命与仁。”（《论语·子罕》）子贡也讲过：“夫子之文章可得而闻也，夫子之言性与天道，不可得而闻也。”（《论语·公冶长》）但孔子对天命并未放弃，在“君子有三畏”中，第一畏还是“畏天命”。（《论语·季氏》）因而子思在《中庸》首章，就指出“天命之谓性，率性之谓道，修道之谓教。”将天命和人性及教育全部贯连起来。他又提出“诚者天之道也”，为宋明理学把天命视为天理打下了基础。

墨子的天命观也是神化的，在《天志中》提出“天为贵，天为知”，天是有意志的、有人格的最高主宰者，并把敬天命和实行兼爱联系起来，儆戒统治者要行仁义，做圣王，反对别相恶，交相贼，以实行“天志”。

首先提出自然之天的应推老子。老子在《道德经》第25章中提出“天法道，道法自然”的观点，但他在“天”之上又加上了一个“道”。什么是“道”呢？他认为道是“有物混成，先天地生。寂兮寥兮，独立不改，周行而不殆”的“无状之状，无物之象”（《道德经》第14章），是视之不见，听之不闻，不能直接感知的东西。其语言深奥，较为难解。

真正将天命释为自然之天的应是荀子。荀子在《天论篇》中提出“天行有常”，天是按照自然规律在运转的。天和人的关系，不是“天人合一”，而是“天人相分”，各行其是，各显其能。天、地、人各有其所能和所不能，如“天能有物，不能辨物；地能载物，不能治人”（《荀子·礼论篇》）；人却能“制天命而用之”，指出“大天而思之，孰与物畜而制之；因天而颂之，孰与制天命而用之”。（《天论篇》）这在当时来说，是非常难能可贵的见解。

2. 人性论

概言之，人性论大致有性善论、性恶论、性有善有恶论、性无善无恶论、性三品论，对后世影响较大的是性善论和性三品论。孟子主张人性善，荀子主张人性恶，石硕主张性有善有恶，告不害主张性无善无不善；至于性三品，是当时已有上、中、下之分。对于上、中、下，是从人的智力来划分的，还是从人的社会等级来划分的，虽有不同的解释，但实际上已经隐含着等级的观念在内。

孔子讲过：“性相近也，习相远也。”，“唯上智与下愚不移”（《论语·阳货》）。在孔子这段话里，提出了一个很重要的问题，就是“性”与“习”的关系。对于孔子所说的“上智”与“下愚”以及“中人以上，可以语上也；中人以下，不可以语上也。”（《论语·雍也》）大多数学者都是从人的智力不同来解释。但孔子也曾讲过：“生而知之者，上也；学而知之者，次也；困而学之，又其次也；困而不学，民斯为下矣”。（《论语·季氏》）其中最后一句，就不是指智力的差异，而是指社会等级的差别。这就为以后“性三品”分为圣人之性、中人之性和斗筲之性的分等找到了根据。

在人性问题上，有生理属性还是社会属性的不同出发点：孟子与告子关于人性之争，其中就含有对生理属性与社会属性的不同含义。告子讲的“性无善无不善”是指人的生理属性，即所谓“生之谓性”，“食色性也”。孟子在批判他的时候，所讲的仁、义、礼、智，都是人的社会属性。由于出发点不同，因而其争论也就难有共同的结论。从人的自然属性来说，有无性善与性恶的因素存在，也就是孟子所说的仁、义、礼、智的发端，即所谓恻隐、羞恶、辞让、是非之性善因素存在？另外，有无荀子所说的“目好色，耳好声，口好味，心好利，骨体肤理好愉佚”（《荀子·性恶篇》）的性恶因素存在？至今还是一个值得研究的课题。但从性善论和性恶论引申出来的“内省”与“外烁”两条教育路线，是各有其可取之处的，而且还在现实中施用。

至于性三品，从汉代董仲舒将它解释为“圣人之性，中民之性，斗筲之性”开始；韩愈又提出“性情三品”，并使二者互相对应，各分为上、中、下，认为“上焉者，善焉而已矣；中焉者，可导而上下也；下焉者，恶焉而已矣”（韩愈《原性》），以此来划分人的社会等级性。在今天看来，这种“性三品”的思想是应当摒弃的。

我们应当发扬孔子所提出的“性相近也，习相远也”的思想，在育人方面加强工作，使上智者早日成才；对弱智者也应尽力培育成为对社会有用的人，以实现人的社会平等。

3. 历史观

在历史观方面，可以概括为进化论、退化论、循环论三种不同的观点，也可以分为“法先王”和“法后王”两种不同的主张。

儒家是“法先王”的，“祖述尧舜，宪章文武”，是其重要的历史观点。在儒家看来，尧舜之世，是“天下为公”的“大同”社会；到夏、商、周三代，便成为“家天下”的“小康”社会；到春秋战国时期就成为战乱频仍、僭越成风的乱世；是一代不如一代，应是社会发展的退化论者。其中孟子提出“五百年必有王者兴”的观点，社会又是在一治一乱、乱后趋治的循环之中发展着，也可算是循环论者。这种思想也成为后世的“合久必分、分久必合”的理论根据。

道家从“无为而治”的思想出发，提出“小国寡民”的社会理想，也应属于社会发展的倒退论者。

主张“法后王”、社会进化论的，从荀子开始直到法家韩非子都持这种观点。荀子提出要“法后王，一制度，隆礼义”，主张“百家之说，不及后王，则不听也”（《荀子·儒效篇》）。荀子虽然也讲“隆礼义”，但他所说的“礼”，已不完全是“周礼”之礼，带有法治的思想在内，“隆礼义”是为“一制度”服务的。韩非子进一步提出要效法当世之“新圣”，他将社会分为上古、中古、近古和当今几个发展阶段，主张“世异则事异，事异则备变”（《韩非子·五蠹》）。社会是随着历史的发展而不断地前进和改革着的。

上面讲到儒家把社会发展视为从“大同”到“小康”是社会倒退论，但不能抹煞孔子在《礼记·礼运》篇中所描述的“天下为公”的“大同”之世和“三代之英”的“小康”社会的一些重要思想。如在“大同”中所提出的“天下为公”的一些思想和举措，一直为后世的先进政治家所追求，包括孙中山提出的“天下为公”、“世界大同”，以及中国共产党所追求的社会理想，都可以从中择取有益的启示。其中所讲的“小康”社会的某些思想，从概念到内容也有的可为今天所用。

当然，马克思主义的社会发展观，不是从空想得来的，而是根据生产力与生产关系、经济基础与上层建筑的分析得来的。这是我们不能强求于古人的。

4. 政治观

中国历史上的思想家，大都是政治家，因为“学而优则仕”与修身、齐家、治国、平天下是联系在一起的。儒家为了实现其修己以安人的理想，把从政视作“不仕无义”的社会责任感，甚至“知其不可而为之”。墨家为了实现他们的主张，如同孟子所说的，是“摩顶放踵，利天下为之”。道家主张“无为而治”，但在一定的情况下（如在大的战乱之后），无为甚于有为。法家主张“以法为教，以吏为师”，励行耕战，结果使秦代建立起君权至上、中央集权的大一统中国，为我国长期的封建社会所施行。

以儒法为主，在政治观上大致有以下几个问题可供讨论。

第一，德治与法治。儒家重德治，法家重法治。孔子讲“为政以德”（《论语·为政》），孟子主张施行仁政于民，人治重于法治。法家则强调“不别亲疏，不殊贵贱，一断于法。”（《史记·太史公自序》）如果能将二者适当地结合起来，使情理兼顾，也可能使德与法在政治上发挥更大的作用。

第二，王道与霸道。儒家重王道，法家重霸道。宣扬王道，反对霸道最力的莫过于孟子。孟子见梁惠王就大讲实行王道的仁义，反对实行霸道来利国和强兵。当齐宣王问他有关齐桓、晋文之事的时候，他坚定地回答：“仲尼之徒，无道桓文之事者。”（《孟子·梁惠王上》事实上并非如此。孔子就赞扬过管仲相桓公称霸天下的事）荀子主张“隆礼尊贤而王，重法爱民而霸。”（《荀子·天论篇》）韩非子集法家之大成，将法、术、势统一起来，建立起完整的法治思想，秦始皇用之而统一中国。后世君王不少人是外儒内法，“王霸道杂之”的。如汉武帝接受董仲舒的建议“罢黜百家，独尊儒术”，以求统一思想，但他所实行的都是法家的霸道主张。

第三，关于民主的问题。从历史发展来说，民主是在社会出现了阶级和国家之后产生的问题，其中包含为民做主和以民为主的不同表现或不同发展阶段。历史上的贤君、循吏的功绩，就是为民做主，包括了“吊民伐罪”的义举。从为民做主到以民为主，是民主发展的更高形式，但到了今日也没有完全和完整的实现，因为这其中是需要多种条件的。资产阶级大喊民主，但其选举的丑闻也不断出现，你争我夺，贿选拉票等等，都是常见的事。其民主安在？无产阶级提出“民主集中制”，它可以保证稳定、团结和力量的发挥。但如果集中过多，或者集中不当，也会对民主造成损伤。这方面的教训也曾经出现过，应引以为戒。由此可见，民主包含着形式和实质两个方面，资本主义国家的两院制和社会主义国家的民主集中制都是民主的形式，其实质应是能否代表广大人民的利益，而不是为了某一集团甚至某一阶级的私利。

5. 教育观

中国有着重视教育的优良传统。《易经》蒙卦的《彖曰》提出“蒙以养正，圣功也”，把教育视作神圣的事业，养正应从婴幼儿做起。

教育是社会发展中的一个重大问题，除了自身有相对独立性之外，与上面所论述的四个方面都有着密切的联系，甚至有的是决定性的联系。先秦各家，由于世界观、人生观和社会观的不同，在教育上也就有着各自不同的主张。道家主张归真返璞，淡泊宁静，以葆天年，不以人害天。墨家主张兼爱、非攻，身体力行，虽“摩顶放踵，利天下而为之”。法家主张“以吏为师，以法为教”，严行法纪，以此来统一思想和行动。儒家则主张“修己安人”，以教育来“化民成俗”，实现其“治国、平天下”的社会理想。

在中国古代历史上，对教育贡献最大的是儒家。中国出了一位孔夫子，是中国人民的骄傲！他终生从事教育工作，他以“有教无类”为宗旨，广招弟子，普施教育。他总结出了一套完整的教育经验，不仅保留在《论语》一书中，还系统地记述在《礼记·学记》一篇中，其中讲述了教育的本质和作用，教育的目的、制度和内容，特别是其中所汇总的一套“善喻”的教学原则和方法，至今仍不失其光辉。《学记》应是世界上最早的一本体系比较完整的“教育学”。今天孔子学院在全球的普遍建立，更将儒家的教育思想和教育经验推向了全世界。

（六）诸史

关于诸史的学习，《三字经》指出：“经子通，读诸史，考世系，知终始”，已言之备详。旧时的私塾，对于读“诸史”的学习，除读点历史纲鉴外，多将历史的学习纳入文选的学习中。如学习《左传》、《国语》、《战国策》，特别是《史记》，都列入古文学习之中。现就史书的名称和体例，做些简介，以作为教师讲授历史的参考。

史有正史和野史之分，从其体例来分，就其大者而言，可以分为“纪传体”、“编年体”和“纪事本末”三种。这些都属于正史之列。扩而言之，《书经》一书，既是“经”，又是“史”，是一部记述远古的史书。这在前面已经讲到，不再赘述。所以有的学者提出“凡文皆史”之说。甚至在诗的学习中也有史料可取，其中有的即是“史诗”。现将上述的三种体例，分别做些简述。

1. 纪传体

从《史记》开始，将其内容分为本纪、世家、列传、书、表五类，共计一百三十篇。到《汉书》进一步简化为纪、传、志、表四类。一部二十四史基本上是按这一体例编纂的，其中有的稍有变动，如无表或缺志。下面再对其标目做些简述。

关于“本纪”（或简称“纪”）：“纪”是史书的世系大纲，犹如今日的公元某年记事。“本纪”一般是写帝王的传记，也是一代史事的纲要。在《史记》中，司马迁为项羽也写了《项羽本纪》。因为首入关灭秦的，不是刘邦，而是项羽。这是司马迁的史德的重要表现。

关于“世家”：《史记》为什么在“列传”之外设“世家”？一是因为记述春秋

战国时期各国的建立和发展情况，只写“列传”包容不了各国的概况，于是才有“世家”与“列传”之分。二是把“列传”中的一些重要人物，如孔子、陈胜（名涉）、萧何、张良等都写为“世家”，以示其比“列传”为重。这里需要提到的是司马迁将陈胜、吴广写为“世家”，这是对他们起义的充分肯定和重要评价。因为首起反秦的，不是项羽，更不是刘邦，而是陈胜和吴广所领导的九百人在大泽乡的起义，以及而后所建立的“张楚”政权。仅凭写《陈涉世家》这一点，又可以说明司马迁的史德。这件事再加上为项羽写“本纪”，如果这两件事让汉武帝知道，将不是宫刑，而是要杀头的。

关于“书”：《史记》有“八书”。“书”是关于礼、乐、律、历等的专论，其中把“河渠”、“平准”也列入“八书”之中。《河渠书》是讲水利工程的，从大禹治水讲到汉代修水利，充分体现出他对人民的关怀。《平准书》是我国史书中最早的经济史专著，详细地总结了历史经验，论证了经济发展与国家兴衰的关系，体现出他为国为民的重要经济思想。

关于“表”：“表”是用来表述“本纪”中的细目，一般是以年为限，列表记事。但在《史记》中还有以月为限的，如“秦楚之际月表”，其中所记的是在秦时农民起义军陈胜、吴广所建立的“张楚”政权当时复杂的反秦斗争事迹。因为当时的变化太快，事实太多，为此才作“月表”。

《史记》不仅是一部宏伟的史书，也是一部杰出的文学著作，正如鲁迅所说的是“史家之绝唱，无韵之离骚”。

2. 编年体

史书的编年体早期已有雏形，如《春秋左传》、《竹书纪年》等大致也是以编年写成的。但多系断代史，内容简略，有的已亡佚。而跨度大，内容广，体系完整，论述丰硕，应属司马光主持所编撰的《资治通鉴》一书，因而它便成为编年体史书的代表作。史书之最，应属“两司马”（司马迁与司马光）。

在《资治通鉴》成书之前，司马光已经编撰了从战国到秦二世的《通志》八卷，于治平三年（1066 年）进呈宋英宗。英宗对此书倍加赏识，于是为司马光特设书局，令他扩大范围，继续进行编撰。司马光便在其助手刘恕、刘攽和范祖禹的通力协作下，历时十九年，在宋神宗元丰七年（1084 年）编成，初名《通志》和《历代君臣事迹》。神宗阅后，赐名《资治通鉴》。全书共有二百九十四卷，又根据剩余的资料，编成《通鉴考异》三十卷和《通鉴目录》三十卷，以备查阅和检索之用。全书以年为经，以事为纬，将历史上的重要事件和历史人物合为一体，创立了“通鉴史学”新体。它以“纪传体”为基础，用纪年对史实加以系统整理，使人物和历史融为一体，使历史更加系统化完整化。

《资治通鉴》是供资治而作，书中采取“善可为法，恶可为戒”的政治观对历史事件和人物加以评说，其中的“臣光曰”，表明司马光对人对事的评述，大多数是比较客观、公正、准确的。但有的也限于司马光的保守思想，有一定的局限性，与《史记》相比较为逊色。《资治通鉴》内容的取材，多于政治、军事，略于经济、文化，也是此书之偏。

该书行文生动优美、结构谨严，文笔精辟、简明，对问题写得绘声绘色，脍炙人口，不失为优秀的文学佳作。不记怪异、离奇故事，也是本书的一大特色。

《资治通鉴》问世之后，又有多本的续资治通鉴问世，其中清代毕沅的《续资治通鉴》，撰述了宋、辽、金、元四朝的共四百余年的历史，二百二十卷，是在《资治通鉴》之后的又一部历史长卷，也是对史学的又一重大贡献。

3. 纪事本末

"纪事本末"是在"纪传体"和"编年体"之外，以故事立目的一种史书体例。现以《通鉴纪事本末》为例，做些简介。

《通鉴纪事本末》，为南宋袁枢所编。他以《资治通鉴》为蓝本，分事立目，编撰成《通鉴纪事本末》，树立了史学的另一种体例。这样便构成了"纪传体"、"编年体"和"纪事本末"的史学三体。

《通鉴纪事本末》以《资治通鉴》为根据，用故事的形式进行撰写，分为二百三十九目，附六十六目（附是指在某条目下还分别列目附有专述的有关人和事）。现以"宦官亡汉"条目为例做些说明。在这一条目中附有"党锢之祸"和"董卓之乱"两个条目，其中详细地记述了宦官如何专政，制造了两次党锢之祸。何进为谋诛宦官，召董卓入京；董卓入京后，又如何专横跋扈，形成了董卓之乱，以及董卓被杀等事；特别在董卓死后，如何暴尸于市，并在其脐上设炷，燃点竟日等等，言之颇详。将这两方面的故事放在一起来讲，把外戚与宦官之争讲得比较系统和具体，以形成读者全面了解宦官亡汉的梗概，补充了有关这方面的细节。

但是，《通鉴纪事本末》也并非是完善无缺的，如有的时代的条目似乎过少，如在战国与秦部分，战国只有"三家分晋"一条，秦也只有《秦并六国》和《豪杰亡秦》两条。这也可能是受《资治通鉴》的影响。

在《通鉴纪事本末》之后，又有多本"纪事本末"问世，如《宋史纪事本末》、《元史纪事本末》、《明史纪事本末》等，不再赘述。

《清史》正在编撰中，作为廿五史的"清史"，如何吸取上述三体的特点，编出一部在体例上既有传承，又有创新的新史来，大家正在翘首以待。

（七）诗文

诗文的学习，是对中小学生进行国学教育的主要内容，以上所讲的几个方面，都可以包容在诗文学习之中。我初步翻阅了人民教育出版社编写出版的中小学语文课本，在这方面已有较好的体现。

中小学生学"国学"首先是从诗文的学习开始，特别是诗歌的学习。许多"儿歌"是专为幼儿编写的，这是大家所熟知的。浅近的古诗歌（如骆宾王的《咏鹅》："鹅，鹅，鹅，曲项向天歌。白毛浮绿水，红掌拨清波。"），不但小学生可学，幼儿园的孩子也可以背。如果在讲的过程中，配上一张挂图，或做演示，则更将学得生动活泼。对于小学生来说，若能向他们介绍一下，这是骆宾王童年时写的一首诗歌，也可能会启发儿童的创作欲望，起到很好的教育作用。

在诗文的教学中，需要根据学生的年龄和知识的增长，由浅入深地选材和讲解。诗有各种分类，如田园诗、山水诗、送别诗、言情诗、咏史诗、爱国诗、哲理诗，等等。随着学生年级的提高，可以分类做些学习和指导；从诗的学习到词和曲的学习，都应有些。遇上节日的来临，也可选学一些歌咏节日的诗词，这是一种很有意义的学习和教育。在诗的学习中，随着学生年龄的增长和知识水平的提高，可以培养学生练习写作，就是“顺口溜”也好。在学习与写作的过程中，结合习作讲些《声律启蒙》的韵律知识，也是可以试行的。

文也有各种分类。对于低年级的学生来说，除了学习蒙养教材（如《弟子规》、“三、百、千”）外，选学些“寓言”故事也是必要的。其他如纪传、论辩、记叙、序跋、传志、碑铭、哀祭、诏奏、家教、游记、杂文，以及科技文摘等等，都可以根据实际情况进行选学。从文到赋的学习，也可以在高年级选学一点，把诗与文的学习连接起来。赋从其形式来分，又有“骈赋”和“文赋”之分，“骈赋”，是从头到尾都用骈体写成，一般是四、六句，要讲求对仗、平仄、押韵等，如王勃的《滕王阁序》就是一篇极为规范的骈赋。“文赋”是散文与骈文兼用，如苏轼的《赤壁赋》，可作为“文赋”的代表作。在赋的发展后期，写“文赋”的较多，因为它为文更显得生动活泼，情理并茂。

诗有古诗与律诗之分，文有古文与今文之别。律诗要学，古文也要懂，因而我在这篇文稿中把经、史、子、集一一做了概述。上起尧舜、下至清末民初的著作都有所涉及，包含了五千年的中华文化，企望给中小学的教学提供一些“国学”的常识。但称得上的“国学”学习和研讨，应当放到高等学校，甚至是国学院中去进行。在中小学中学习“国学”，只能是为日后的专业学习打点基础。现在让我们根据上面所提到的经、史、子、集几个方面，来审视一下我国当前中小学语文课本中的诗文选读，看看如果要给中小学生、特别是高中学生一个比较完整的、全面的，却是常识性的对“国学”的了解，应当补充哪些内容，以完成中小学学生学习“国学”的基础知识要求。为此，我们准备在当前中小学语文课本中诗文学习的基础上，再编纂一本古典诗文的学习教材，以供教师教学和学生学习时参考和选用。

诗的发展，由“诗”到“词”到“曲”，是中国诗坛上的三大奇葩。再由曲发展为杂剧，将触角伸向民间，昆曲与京剧成为戏剧中的两大剧种，至今常演不衰，而且从国内走向国外。文的发展，由散文到骈赋，再到小说；小说有长篇（如四部“古典小说”）和短篇（如“三言”、“二拍”、《聊斋志异》）等，其中有文言、白话和半文半白的不同。一部《红楼梦》，把文与诗、词、曲做了有机的结合，使中国文学的发展攀上世界顶峰。所有这些，都可以做些介绍和选学一点，作为课内，或是课外读物，有条件的学校也可以就此设“校本课程”。

三、如何教授国学

在中小学对学生进行国学教育，是一项很艰巨的创造性工作。现提出以下几点设想，供教师教学参考。

（一）要树立正确的方向

所谓方向问题，也就是在学生中要抓好哪几方面的教育问题。

1. 进行爱国主义和民族自豪感的教育

中国是一个有五千年文明历史的古国。在五千年的进程中，我们的先辈为我们创造了灿烂的文化，文化典籍浩如烟海。中华民族是一个勤劳勇敢、富于革命性和创造性的民族，在历史上虽然有分有合，那只是民族间的内部斗争，是改朝换代的问题。在近代史上，针对列强的侵略，救亡图存的斗争风起云涌，保住了五千年的历史和文化发展从未中断过。这在世界文明古国中尚属罕见。中华民族今天又以英勇的姿态屹立在东方，中华儿女为建设中国特色的社会主义进行着创造性的工作，力争为世界的和平发展和文明进步多作重大贡献。所有这些，都是对学生进行爱国主义教育和树立民族自豪感的主要教育内容。

2. 树立学生修己安人的社会责任感

《大学》把教育概括为“三纲领”、“八条目”（这在前面已经讲到，此略），以修身为本，扩而为齐家、治国、平天下。《礼记·礼运》篇中提出的“天下为公”、“世界大同”的思想，尊老、扶幼、关心残疾和孤独群众的种种措施和行动，都成为历代仁人志士所遵循和追求实现的人生目标和政治思想。要与民同乐；要“先天下之忧而忧，后天下之乐而乐”（范仲淹：《岳阳楼记》）；要“乐以天下”，“忧以天下”（《孟子·梁惠王上》）；把孔子提出的“修己以安人”，“修己以安百姓”《论语·宪问》），作为人生的理想目标；等等。所有这些思想，都可以用来树立学生的社会责任感。

3. 推行道德教育，提高学生公民素质，加强自身的道德修养

全部中华经典，特别是儒家的经典，几乎都可以用来进行道德教育，以提高学生的公民素质和道德修养。中国有着人文教育的传统，文与道是结合在一起的。孔子对自己的要求就是：“德之不修，学之不讲，闻义不能徙，不善不能改，是吾忧也。”（《论语·述而》）应是我们进行道德修养的示范。《弟子规》是根据孔子的训示编写成的一部青少年的道德经。今天所以对它特别重视，就是为了提高青少年的道德修养，提高公民素质。

4. 加强“和为贵”的教育，提高学生对和平外交政策的认知

用中国儒家传统的“和为贵”思想和“王道”精神，以及《墨子·公输》篇中止楚攻宋的故事等，来对学生进行和平外交政策、加强国际关系的教育，也应视为青少年的重要教育内容之一。在近代，中国曾经受过帝国主义列强无数的侵略和压迫；

在八年的抗日战争时期，更备受日寇的残酷压榨和蹂躏。中国今天站起来了，并屹立于东方。我们多次强调我们再强大也绝不称霸，绝不会以邻为壑，也绝不会以自己的国体强加给别人。我们尊重每个国家根据人民的意愿结合本国的实际来选择自己的国体和政体。我们实行以邻为伴，与邻为善，坚决执行“和平共处五项原则”来处理国际关系。用以上所述，来培养学生的国际主义思想，也应视为国学教育的一项重要任务和内容。

以上是我所想到的对中小学生进行国学教育的几个带有方向性的问题，提供教师进行教育时作参考。

（二）要回归原著和原意，不要任意发挥和臆测

“我注六经，六经注我”，是讲授国学的禁忌。教授国学常常会遇到对古文释义和解读的难题，出现见仁见智的问题，从古至今，不乏实例。为此，就需要力求回归原意，从多方面去寻求根据，从作者的整体思想去求得解答。如孔子关于仁者“爱人”（《论语·颜渊》）的释义：当樊迟向孔子问“仁”时，孔子简要地回答是“爱人”；但孔子在他处还讲到“泛爱众，而亲人”（论语·里仁》），说明爱是有差等的。另外，还讲到“唯仁者，能爱人，能恶人”（论语·里仁》），说明爱是有原则的。并在子贡问曰：“乡人皆好之，何如?”子曰：“未可也。”“乡人皆恶之，何如?”子曰：“未可也。”并强调指出：“不如乡人之善者好之，其不善者恶之。”（《论语·子路》）因为孔子对“老好人”“乡愿”，是批评为“德之贼也”（《论语·阳货》）。由此可见，儒家讲“爱”是有原则、有差等的，这同墨家所讲的“兼爱”是不尽相同的。在当时的历史条件下，儒家所讲的“爱”是可行的，墨家所讲的“兼爱”是一种理想，无法全部实现。但都可以供我们今天在大讲“爱”时作参考。

再举一个例子，来讲读这个问题。老子在《道德经》第五章中讲到：“天地不仁，以万物为刍狗；圣人不仁，以百姓为刍狗。”如何理解这段话，从古至今，有不少歧义。“圣人”怎么会“以百姓为刍狗”呢？为此，如何解读老子所讲的“不仁”和“刍狗”，就成为一个大问题。老子主张归真返璞，还万物以自然状态，不要人为地去进行改作，是解读这段话的重要的思想根据。对什么是“刍狗”，有人把它解释为祭祀时用茅草扎得像狗，在祭祀完毕之后就将它烧掉。其实“刍狗”就是指的事物的原型。关于“仁义”，老子曾讲过“大道废，有仁义”（《道德经》第18章），行仁义和遵循自然之道是有矛盾的，因而才有“天地不仁”和“圣人不仁”的主张。所谓“不仁”，也就是不要任意去加工，以伤害其原型，如同本章最后两句所讲的“多闻数穷，不若守其中”。这样来理解是否符合老子这段话的本意？请考虑！

从以上两个例子中，说明要读懂原著，有的是煞费功夫的，不能任意臆断，需要对原文做深究和全面的研讨。“我注六经，六经注我”的做法，是应当引以为戒的。

（三）不应打乱中小学的教学计划

对中小学生进行国学教育，应是在现有的教学计划中做些补充，除课内进行外，应更多地利用课余时间，或早读等见缝插针地来进行，有条件的学校可以设“校本课

程”。总之，是“锦上添花”，而不是“越俎代庖”。学习国学也不能代替学习西学，学文更不能压缩学理，否则将得不偿失。必须明确在中小学中，特别是在初中和高中时所学的数、理、化、生，是今后进行专业学习的重要基础，如果错过了这个时间，而后再行补学是很难的。这是培养一个全面发展的现代化的人的重要基础，所以要把古与今、文与理、中与外做好全面安排。

在中小学进行国学教育，要注意培养学生的学习兴趣，防止加重学生的负担。

（四）要去粗取精

国学经典是历史的产物，其中的精华具有普适性；它既然是历史的产物，有的就难免具有历史的局限性，甚至还有明显的阶级性，因而教授国学必须有选择、有分析，而且要理论结合实际。比如，在孔子所讲的“孝”中有“父母在，不远游，游必有方”（《论语·里仁》）一章。“不远游”今天已经做不到，但“游必有方”还是可行的。子女远去，应当有个固定的正当的地方，在外面要同父母多一些联系和慰问也是应该做到的。至圣先师孔夫子留给了我们极为丰富的宝贵历史遗产，但也不能要求他的每一句话都是普遍真理，如他所讲的“唯女子与小人为难养也，近之则不孙，远之则怨。”（《论语·阳货》）在当时的历史条件下，或在特殊的背景下，这样讲是无可厚非的，但不能适用于今日，置之可也，又何必为这个问题去争论呢？

学习古代文献，还有一个“古为今用”和联系实际的问题。习近平总书记最近用了三句诗词来说明我国的过去、现在和未来：过去是“雄关漫道真如铁”（毛泽东：《忆秦娥·娄山关》），今天是“人间正道是沧桑”（毛泽东：《七律·人民解放军占领南京》），未来是“长风破浪会有时”（李白：《行路难》）。仅仅用了三七二十一个字，把一个苦难的旧中国和当今的发展及未来的希望讲得明明白白、清清楚楚，为我们树立了一个学习国学的范例。我们就是要用科学的发展观来教育青少年勿忘过去、勿愧现在和勿负未来。

（五）妥善处理诗文学习中背与讲的问题

在国学的教授中，长期存在着背与讲的不同使用的关系问题。列宁在批判旧时学校的缺点时，用了八个字“呆读死记，强迫纪律”（《青年团的任务》）。这确是旧时学校教育中存在的缺点。儿童正在“长知识，长身体”的时候，利用他们记忆力强的特点，有的背过的东西，可以终身不忘。因此，让儿童背一些诗文，随着年龄的增长，知识经验的丰富，逐步加深理解是可以的。但也应当做到尽其可能做些结合学生实际的讲解，以防止“呆读死记”或出现“张冠李戴”之弊。（某小学五年级学生把背诵的“老吾老以及人之老，幼吾幼以及人之幼”，解释为“活到老，学到老”。这个例子就令人深思）我们应当尽力做到读与讲的恰当结合。

（六）中小学生能否学好国学关键在于教师

我们介绍了经、史、子、集多方面的内容，主要是供教师教学时作参考。要使学生学懂，首先教师要懂；教师讲的有多深多透，与教师对教材的掌握、理解和灵活运用有密切关系。为此，我们编撰了一套《中华文化经典导读丛书》，和一本“导读”

的导读《国学十讲》（已由江苏教育出版社出版），以供教师使用。我们还准备编一本国学学习参考资料，以供教师选用。教师在教学中，要注意全面掌握国学的概貌，加强其中有关问题的前后串连，如在讲《千字文》中的“吊民伐罪，周发殷汤”时，可与《三字经》中的“汤伐夏，周号商”，“周武王，始诛纣”等联系起来讲。再如讲“四书”时，可将《论语》中的“修己安人，修己以安百姓”，“博施于民，而能济众”，与《大学》中的修身、齐家、治国、平天下，《中庸》中的治天下国家有“九经”，《孟子》中的施仁政、行王道，“民为邦本”等联系起来讲，以加深学生对儒家治国安邦思想的全面掌握。另外，还可以对各家各派以比较的方式来讲，如对儒、道、墨、法等各家做比较，对道家的老、庄和儒家的孟、荀做比较，等等，以加深学生对问题的理解促使他们创造性地学习。总之，教材是死的，教法是活的，“教亦多术”，教必有法，教无定法，关键在于教师的全面掌握和灵活运用。

最后还须强调说明，本人对国学的理解和处理难免有不全甚至不当之处，渴望专家和教师在使用时予以指正！

（责任编辑　石筠弢）

石中英 1967年生，安徽寿县人。北京师范大学教育学部部长、教授、博士生导师，教育部"长江学者"特聘教授。兼任国务院学位委员会第六届学科评议组（教育学）成员、北京市第四届学位委员会委员、中国教育学会中青年教育理论工作者分会理事长、中国教育学会教育学分会教育哲学学术委员会副主任。主要研究领域为：教育基本理论、教育哲学、基础教育改革等。目前主要从事价值教育哲学及中小学价值教育的实践研究，主持教育部"长江学者"特聘教授资助项目"社会转型时期中小学价值教育理论与实践"及教育部哲学社会科学研究重大课题攻关项目"社会主义核心价值体系融入国民教育的路径、方法创新研究"、教育部基教二司委托项目"普通高中性质、任务和培养目标的论证"等研究项目，先后出版《教育学的文化性格》、《知识转型与教育改革》、《教育哲学》、《教育哲学的责任与追求》、《公共教育学》（主编）、《诸子选读》（第一主编）等著作，发表学术论文一百多篇。

《黄济先生对中国教育学术的贡献》导读

黄济先生对中国教育学术的贡献

石中英

【摘要】 本文首先分析了黄济先生走上教育学道路的心路历程，认为幼年时期八九年私塾学习的经验为黄济先生的教育学思考提供了深厚的传统文化资源；小学教员的经历直接影响了他中学毕业时期的人生道路选择；华北大学的学习经历奠定了他从事马克思主义教育学研究的世界观和方法论基础；1978年以来蓬勃发展的社会主义建设事业为他教育学梦的实现提供了强大的思想动力；对国家和民族真挚深厚的感情与矢志不渝的热爱为其教育学工作提供了根本的价值指引。其次从教育学观、教育哲学观、教育本质观、教育目的观、现代教育观、传统文化教育观以及教育研究方法论等七个方面分析了黄济先生的教育学思想，并指出它们的独特价值和贡献。最后从总体上讨论了黄济先生对中国教育学术的贡献，认为黄济先生是国内解放后较早学习、传播和研究马克思主义教育思想的人，是一位真正的马克思主义教育学家；是改革开放以来我国教育哲学学科重建和发展的开拓者和引领者，为有中国特色教育哲学学科的建设作出了历史性贡献；是北师大教育学科尤其是教育学原理学科的积极建设者与核心成员，对于新时期全国教育学科的建设与发展也作出了多方面的贡献；是建国后不同历史时期中青年教育学者的良师益友，在教书育人和学术研究方面树立了光辉的榜样。

【关键词】 黄济；中国教育学；教育哲学；学风

四十年来画竹枝，日间挥写夜间思，冗繁削尽留清瘦，画到生时是熟时。

这是我国清代著名书画家郑板桥晚年在自己的画作《竹石图》上自题的一首诗，表现其一生画竹艺术经验的感悟和追求，蕴含着深刻的艺术和人生哲理。“四十年来画竹枝”，说明他一生爱竹、画竹、咏竹，从未停止过。“日间挥写夜间思”形象地描述了他画竹实践的勤劳、丰富和投入，专心致志，心无旁骛。该句还说明，郑板桥画竹，不单单是力求画中竹子的形似、神似，更重要的还在于作品融进了自己的思考、趣味、格调和理想追求。“冗繁削尽留清瘦”一方面表达了他在画竹艺术上的美学理念——删繁就简，另一方面也表达了他对于艺术和人生真谛的追寻——远离浮华，彰显本真。一个“留”字生动地反映了画家在艺术和人生方面一以贯之的朴素、自然与超脱。“画到生时是熟时”一句则表达了画家虚心学习、勤于实践、永不自满、不断自我反思与超越的精神。尽管画家一生画竹无数，但每次画竹都像第一次画竹那样仔细、认真、投入，想来令人感佩。这里我引述和讨论这首郑板桥的自题诗，并非为了文学的缘故，而是为了用它来表达我对黄济先生一生学识和人品的认识。我觉得再也没有什么文字比郑板桥的这首诗更能准确地反映黄先生一生炽热的教育情怀和矢志不渝的教育学追求。事实上，我第一次知道这首诗也是在黄先生的家里，在他家的书房中悬挂着由黄先生自己题写的这首诗。黄先生后来在课堂上或私人谈话中，也经常引述这首诗并向我们解释它所蕴含的深刻人生哲理。为了帮助读者更好地了解郑板桥这首诗的意蕴与黄先生教育学生涯在精神气质方面的相通性，下面我从三个方面加以叙述和分析，供广大读者在学习研究黄先生教育学思想时参考。

一、黄济先生的教育学心路历程探寻

教育学是研究教育问题、揭示教育规律、追求教育智慧的学问，具有鲜明的实践特性。从世界教育学界的情况来看，大凡走上教育学道路的人，都有自己或长或短从事教育实践的历史，对教育实践的社会意义有着强烈的内在认同。与历史上或同一时期其他的教育学者一样，黄先生走上教育学道路，与他自己的家庭背景、所生活的时代及早年从事教育工作的经历也分不开，在民族和国家民运多艰的大背景下折射了他热爱教育事业、矢志教育报国的人生理想和价值追求。

根据黄先生的自述，他生于1921年7月，是中国共产党的同龄人。6岁多或7岁时父亲送他到一位秀才开办的教馆里读私塾，初始学习过《三字经》、《百家姓》、《千字文》等，稍长时开始诵读《论语》、《孟子》等古典著作。黄先生在私塾中学习了八九年，打下了良好的古文功底，一生对于中国古代的典籍如数家珍。这段经历一方面为他后来的教育学研究提供了丰富的传统文化思想资源，另一方面也培养了他对待传统文化的客观立场和态度。在私塾学习期间，黄先生也从自己的老师那里感受到了“创造性教学”的魅力和“爱生如子”的师德，奠定了他对于教师职业的初步理解，并在自己后来一生的教育生涯中发扬光大。例如，在回忆跟随塾师朱子勃老师学习的经历后，黄先生总结说：“我非常感谢朱老师为我所打下的古文基础。朱子勃老师给我的不仅是知识，而且有爱生如子的品德，还有那学古而不泥古，尊儒而不排他的创新性和批判精神，这些都是我终生受用不尽的。”①

1936年春天，黄先生由私塾转入即墨县里考院小学五年级读书，开始接受现代教育。“在考院小学的学习，我不但学到了一些现代化新的科学知识，而且受到了一些新思想的熏陶，从封建教育迈向资本主义教育。”②这段时间的学习，初步打开了黄先生的视野，使得他能够逐渐地从更高更大的视野来审视自己的人生和未来的理想。

①② 黄济著：《黄济口述史》，北京师范大学出版社2010年版，第20页。

这一段时间的教育，“在教育内容上有了新的转变，更为重要的是在思想上，已经从原有的封建家庭那一套枷锁中挣扎出来，似乎在我的面前又呈现出一个新的世界，在黑暗的屋子中透出了一线光明。”“个人生活，民族存亡，都摆在了我的面前，逼迫着我去思考和选择。”① 正是在考院小学一些爱国和进步教师的影响下，1938 年初夏，当家乡山东即墨沦陷后，在一位教师的推荐下，黄先生报名参加了一支家乡的游击队，在游击队里做政训工作。黄先生在这支游击队里工作，尽管时间不长，但是受到了最真实的抗日教育、爱国主义教育，奠定了黄先生一生对于国家和民族的热爱与忠诚。

1939 年春天，黄先生经人介绍进入著名的青岛礼贤中学读书。这一段的学习和思考在黄先生的一生中留下深刻的印象，产生终身的影响。黄先生在多次谈话中述及自己青春的峥嵘的中学岁月。礼贤中学前身叫礼贤书院，1900 年由德国人创办。黄先生入学时，礼贤中学的主持人是德国人黎德（译名）。他利用当时德国与日本的关系，以“未正式开学”为名，关门授业，避免日本人的骚扰。在德日轴心国关系的保护下，一些具有爱国之志的教师汇聚到学校，唤醒同学们的社会责任感和国家使命感。“在这所闭门授业的私立学校中，可以安心读书，更可以谈论国事，甚至可以谈论抗日。……正因为如此，礼贤中学的学生在抗日战争期间，不少人从‘沦陷区’奔向国民党统治的‘后方’，去寻求抗战之路。到解放战争期间，又有不少同学从国民党统治区奔向解放区去寻找光明之路。”黄先生 2001 年在自己 80 寿辰时写了一首《七律·明志与自励》，其中有一句是“一生两投任评说”，所表达的就是在礼贤中学进步教师的影响下，黄先生参加抗日、追求进步的一生。“两投”即是指他自己在抗日战争时期投奔国民党统治区，在解放战争时期又从国民党统治区投奔华北解放区。②“任评说”有两层含义：一是作者自己坚信自己所走过道路的正确性，即坚信自己在民族危亡之际与当时无数进步青年一样走上抗日之路的正确性，坚信自己在解放战争时期摆脱国民党统治走向华北解放区的正确性；另一方面是对建国以后历次政治运动中作者因其一生“两投”而蒙受种种怀疑与批判的总回答。总的来看，从考院小学到礼贤中学的学习经历，已经逐步地使黄先生从一个旧社会、旧家庭的长子转变为一位关心国家和民族命运的进步青年。

1941 年礼贤中学毕业后，为维持家庭生活，黄先生回到自己的母校充任小学教师，教授三年级的国文、算数学科，担任班主任工作。这是黄先生教育生涯的开始。从那时算起，黄先生已经在杏坛耕耘了 70 多年，真是中国教育界的榜样和楷模。据他自己回忆，初为人师，并不容易。“因为没有受过师范教育，开始时不会当教师，特别是不会教小学低年级的学生。一堂课按照语文内容去讲，用不到半课时就讲完了。”③对于初登讲台的年轻老师来说，这真是一个常见而又恼人的问题。经过向别人

①③ 黄济著：《黄济口述史》，北京师范大学出版社 2010 年版，第 21、31 页。

② 黄济著：《雪泥鸿爪——黄济教育文选》，北京师范大学出版社 2001 年版，第 1 页。

请教和反复练习，黄先生渐渐地掌握了基本的教学技巧，并逐渐使用得得心应手，教学工作也颇有成就。第二学期，黄先生被提升为五年级的教师，教授国文、算数并担任班主任。进入第二学年，黄先生又继续担任毕业班的教师并担任班主任，学校对其重视程度可见一斑。在小学，只有工作最认真负责且有成绩的老师才被委任为毕业班教师。由于考院小学处于沦陷区，难免会有一些奴化的教育，这使得黄先生心里非常不爽，觉得在沦陷区小学当教员，“有愧国家和民族”。在这种思想的驱动下，黄先生不久即与另一同事离开母校，转赴国民党游击区的何陋乡小学任教。这种不在沦陷区执教的态度鲜明地表达了黄先生从教之初朴素的价值立场和爱国情怀。但是，在游击区任教并不容易，“由于日寇经常下乡扫荡，学校不得安宁，隐蔽、停课是常有的事。”① 1943 年 7 月，黄先生便结束了自己短暂的小学教员生活，告别家乡，通过敌伪封锁，远赴安徽阜阳国统区寻找新的人生道路。

在阜阳，黄先生被保送进入山东省第一临时中学。进入该校学习的都是一些从山东沦陷区逃出来的青年人，深切地关心着国家和民族的命运。山东第一临时中学的生活是艰苦的，经常缺衣少粮，学习和生活设施简陋。尽管如此，该校还是聚集了一批进步的教师，他们的一言一行对于青年学生来说起到极大的教育作用。据黄先生回忆说，“当时的临中生活，虽食糠粝，铺草席，但有良师的教诲，益友的砥砺，在学业上的长进，又今非昔比，所以是贫而乐，居而安，学业与思想都有长足的进步。”②在山东第一临时中学学习期间，黄先生参加了进步学生社团“尖兵社”，并响应当时国民党政府“青年从军”的号召，参加了青年军。这两件事情尽管都发生在国统区，但是从当时抗日的整个形势和青年人的心态来说，还都是进步的，后来历史也给予了公正的评价。1945 年春，黄先生从山东第一临时中学毕业，参军入伍。在毕业前夕，他写了一篇《自传》，回顾了自己的家世和已经走过的道路，对国家和民族危机表达了深切的关怀，对当时的教育现状进行了激烈的批评，并初步确立了自己教育报国的志向，读来令人动容。摘抄如下：

> 余以家世不幸，经济困窘，备尝就学之难与失学之苦；且以厕身小学教员故，对我国教育之流弊，多为目见。以吾县而论，地区已奴化，故无复赘；即游击区虽大倡‘教育救国’之口号，广设学校，名为普遍，而教育之本质，已江河日下矣。……由于教育之不振，横遭社会之鄙视，于是失学者日增，即求学者亦所得无几也。故名为提倡，而实则贻误青年，于救国奚补哉？余深感教育之落伍与自身之不幸，故愿竭力以学教育，从事教育，希能予贫寒无告而失学者以求学之机，使无感就学之难与失学之苦。此余之宿志。③

正是由于有了这样的志向和教育责任感，1946 年，黄先生从青年军复员后，选择了到当时的北平师范学院（今北京师范大学）教育系学习。“当时之所以选择北京

①② 黄济著：《黄济口述史》，北京师范大学出版社 2010 年版，第 30—31、33 页。
③ 黄济著：《雪泥鸿爪——黄济教育文选》，北京师范大学出版社 2001 年版，自传。

师范大学主要有两个理由：其一是以前做过教师，并认为教育清高；其二是看透了国民党军政的腐败，绝不沾边。”① 当时，黄先生也可以去北京大学教育系读书，但他认为北大教育系更多地是培养教育界的官吏，而自己又无意为官，只想做个教员，和青年人交朋友，最终选择了北师大。在北师大学习期间，黄先生的思想更加进步，与同班同学共同发起成立“农村教育研究会”，力图在振兴农村教育、服务农村建设方面有所贡献；参加了反对国民党特务杀害进步同学的抗议游行和静坐活动，表达对国民党政府的义愤；参加了进步同学组织的合作社，逐渐远离了自己曾经加入的青年军组织。1948 年 7 月，在地下党的介绍下，黄先生同当时许多进步的青年一样，奔赴华北解放区，开始了他一生中最光明的生活，奠定了他后来贯穿一生的马克思主义世界观、人生观和价值观。

进入华北大学后，黄先生先在第一部“政治教育部”第九班学习，学习内容是形势政策、哲学、党史等内容。这些内容的学习，对黄先生的思想产生很大触动。“在华北大学一部几个月的学习中，使全体同学的思想、观点有很大提高，初步确立了政治观和人生观的基础。…为今后的工作和人生打下了初步的基础。”②九班的学习毕业后，黄先生又到第二部教育系学习，希望毕业后去中学做教师。二部学习不久，1949 年 3 月黄先生就随学校进入北平（今北京市），结束了学习生活，分配工作，任华北大学教七班的班行政（即班主任工作），后任教三班的班行政，正式开始其大学教师的生涯。迄今为止，黄先生在高教战线上工作也已经超过整整一个甲子。1950 年春，华北大学改名为中国人民大学，设教育学教研室，黄先生即任教育学教研室教师，开始其教育学教学和研究的生涯。当时人民大学教育学教研室有一位苏联专家叫波波夫，指导人民大学的教育学科建设，给黄先生提供了难得的学习苏联教育学的机会，使他成为我国解放后较早系统学习和研究苏联教育学的学者。1952 年 3 月，我国高等教育系统开始院系调整，辅仁大学、燕京大学、人民大学等高校的教育系都成建制地合并到北师大。这样，黄先生在时隔四年之后又回到了母校工作，身份由学生变为教师。从当时到现在，黄先生已经为北师大教育学科服务了 61 年！

黄先生自己在口述史中把自己在北师大工作前后的 60 多年划分为两个阶段：前 30 年（1949—1978 年）和后 30 年（1978—2008 年）。他把前 30 年叫做“风雨大洗礼”，把后 30 年叫做“花甲展新姿”。这种区分主要是从其政治待遇和人生感受上来划分的。从政治待遇上说，在前 30 年的绝大部分时间里，黄先生由于其家庭出身和曲折的追求进步和爱国的历程，政治上始终受到怀疑甚至批判、打击和摧残。“从肃反开始，到‘文革’结束，肃反、反右、批修、整党、四清，直到‘文革’，受审查和挨批判几乎无一幸免。到‘文革’，更是算‘总账’、住‘牛棚’，受尽了各种屈辱

①② 黄济著：《黄济口述史》，北京师范大学出版社 2010 年版，第 42—43、52 页。

和摧残，但也经受了无数的锻炼和考验。”① 在这种严峻的政治斗争中，黄先生对于组织上审查的问题实事求是，不掩盖，不回避，不诬陷，保持了一个共产党员和教育学者高尚的情操和气节。最后强加于黄先生头上的各种罪名终获平反昭雪，为他全身心地投于社会主义教育科学事业创造了政治条件，提供了强大的精神动力。从专业发展方面说，后 30 年是黄先生专业发展成果最为丰硕的 30 年，发表了近 200 篇论文，独立撰写、主编和联合主编了十几本的专著、教材、百科全书、丛书等，获得了多项国家级和省部级学术奖励，培养了大量的本科生、硕士生和博士生，也为一线教师和校长提供了高质量的理论培训，展现了一位教育学者丰富而多彩的人生画卷，为祖国的教育科学事业作出了多方面的杰出贡献，真正实现了他年轻时教育报国的夙愿和梦想。

回顾黄先生迄今为止所走过的教育学道路，我们既可以从中看到时代的印记，也可以从中感受到他孜孜不倦的追求。总的来说，幼年时期八九年私塾学习的经验为黄先生的教育学思考提供了深厚的传统文化资源，使其带有鲜明的中国特色；小学教员的经历直接影响了他中学毕业时期的人生道路选择；华北大学的学习经历奠定了他从事教育学研究的世界观和方法论基础；历次政治运动中的不公正对待磨炼了他作为一名教育学者忠诚、坦荡和严于律己、宽以待人的人格；1978 年以来蓬勃发展的社会主义建设事业为他教育学梦的实现提供了强大的思想动力；对国家和民族真挚深厚的感情为其教育学工作提供了根本的价值指引。

二、黄济先生的教育学术思想举要

黄先生是一位勤劳而又多产的教育学者。自 1950 年在《中华教育界》发表《体罚和自觉纪律》一文以来，黄先生公开发表的论文近 200 篇，出版的著作 10 多部，涉及教育工作的方方面面。因此，想在一篇文章中全面地分析和讨论黄先生的教育学思想是难以办到的。这里，也只能选择其中一些作者认为是重要的文章、著作和学术观点加以概述、介绍和分析，而更全面、更专门和更深入的研究留待将来。

（一）教育学观

教育学观是教育学者对于教育学这个学科领域的总认识，在整个教育学术活动中起着明显的指导和支配作用。一个教育学者总有自己的教育学观，并且在自己一生的学术生涯中不断地重新认识和重构自己的教育学观。黄先生从 1950 年在人民大学教授教育学课程以来，在人大和北师大各种形式的课堂上讲授的教育学课程不计其数，自然也会对于“教育学是什么”或教育学的学科性质等元教育学问题有自己的认识。

1963 年，北京师范大学出版社出版了黄先生所著的《教育学讲授纲要》一书。在该书绪论中，黄先生对教育学的研究对象和学科性质提出了明确的观点。“教育学

① 黄济著：《黄济口述史》，北京师范大学出版社 2010 年版，第 2 页。

研究的对象，简言之，就是教育这一社会现象，就是研究教育的规律性的科学。”①基于这种认识，黄先生提出，“教育学是一门社会科学”②。这个观点，简洁而明确。根据这个判断，黄先生认为在任何社会历史阶段，“超阶级”、“超政治”的教育学是不存在的。教育学天然地具有政治性，在阶级社会里有阶级性。在强调教育学的“政治性”、“阶级性”或“党性”的同时，黄先生并不否认教育学的“科学性”与“继承性”，强调“在教育学研究中，必须贯彻调查研究、实事求是的精神，创造性地运用观察、实验、座谈讨论、研究教育工作的文件、教育经验的总结和学生的作业等方法，揭示社会主义教育的客观规律性”，强调“从社会主义教育的实际需要出发，一手向古，一手向外，批判地继承教育史上的一切优秀教育遗产，使其为社会主义教育服务，丰富社会主义教育学的内容”，建设“既具有高度的革命性，又具有高度的科学性的社会主义教育学。”③考虑到当时的学术环境，应当说，黄先生提出这种教育学观，既是深刻的，也是具有学术勇气的，反映了当时教育学界对教育学学科性质认识能够到达的理论高度④。

对于教育学学科性质的上述认识一直指导着黄先生的教育学活动，成为指导他教育学研究的知识信念。40 多年后，他新撰了《教育学十讲》，收录在人民教育出版社出版的《中国当代教育论丛》的《历史经验与教育改革》一书中，就教育学的十个基本问题进行了新的阐述。在“教育与教育学”一讲中，他除了继续坚持教育与教育学的社会性质外，还从其他角度对教育学科的性质提出了两个新的看法：一是“教育学是教育经验的理论形态和思维概括”⑤；另一个是“教育学又是一门实践性很强的科学”⑥。前一种看法分析了教育学与教育经验之间的区别与联系，把教育学看成教育经验的理论概括，并因而有别于朴素的教育经验。黄先生尽管重视教育经验在教育实践活动中的价值，但也提醒人们注意教育活动中经验主义的局限性。“克服经验主义的根本方法就是提高教育的科学理论水平，使教育学能反映教育规律，逐步成熟起来”⑦。后一种看法，表明了教育学的实践特性。黄先生对此十分强调，认为“教育实践是教育理论的源泉。……没有教育实践和教育实验，绝不会出现教育理论，也不会有教育的改革和创新。”因而，教育学“时时处处都要倾听实践的呼声。”⑧作为

①②③ 转引自黄济著：《历史经验与教育改革》，人民教育出版社 2006 年版，第 224、226 页。

④ 黄济先生的这些观点，对我的博士学位论文有直接的影响。我的博士学位论文研究的题目就是教育学的学科性质，经过系统的理论分析，最后提出了“教育学的文化性格”这个观点。这个观点的实质内容是：教育学不是一类纯粹的事实科学，而是一类价值科学；价值因素在教育问题提出、概念使用、教育思维、理论建构等教育研究活动中发挥着不可或缺的作用。这个观点与黄先生有关教育学是“社会科学”、在阶级社会中具有阶级性和党性的论断是具有内在一致性的。可惜，当时在进行博士学位论文写作中，未能深入地分析黄先生的这些观点。否则，我的博士学位论文中有关教育学学科性质的论述就会更加丰富、更加有力。如今，国内教育学界有关教育学的学科性质的讨论仍然在继续。希望论者有时间认真研究一下黄先生及其他老一辈学者们的见解，不要从零开始。

⑤⑥⑧ 黄济著：《历史经验与教育改革》，人民教育出版社 2006 年版，第 3、9 页。

⑦ 黄济著：《雪泥鸿爪——黄济教育文选》，北京师范大学出版社 2001 年版，第 327 页。

当前中国教育学界老一辈专家，黄先生的这些论述对于当今如何开展教育研究和如何培养教育学青年人才都具有重要的启示意义。目前，北京师范大学教育学部有关本、硕、博等各类教育人才培养模式的改革就是建立在黄先生“教育学是一门实践性很强的科学”的命题及其具体理解的基础之上的。他还和其他同志共同主编了人教版全国统编的中师教材《教育学》、《小学教育学》，分别发行数百万册，为教育学的普及和传播发挥了重要作用。

（二）教育哲学观

在国内教育学界，一谈起黄济先生，人们往往会称其为著名的“教育哲学家”。此说不谬。然而，黄先生最早是从事狭义的教育学或教育基本理论研究与教学的，直到1979年全国教育科学规划会议之后，这种情形才有所转变。1979年后，黄先生在继续从事狭义的教育学或教育基本理论研究与教学之外，根据北师大教育系的工作安排，进入了一个新的领域——教育哲学领域，并取得了丰硕的成果。

黄先生的教育哲学思想丰富多彩。这里主要介绍和分析他的教育哲学观，即对于教育哲学学科的基本认识。从历史上看，不同的哲学和教育哲学派别有不同的教育哲学观，彼此之间有不小的差别。对此，黄先生在《教育哲学》、《教育哲学通论》等著作中均有陈述与分析。在综合分析各家教育哲学观之后，基于马克思主义的哲学立场，黄先生给教育哲学下了个定义：“以辩证唯物主义和历史唯物主义为指导，对教育中的一些根本问题，从哲学的高度进行研究和探讨，从中找出一般规律，作为教育理论和实际的指导。”① 这一定义申明了黄先生对教育哲学的几个最基本认识：第一，中国的教育哲学研究，应当以马克思主义哲学特别是其辩证唯物主义与历史唯物主义为指导；第二，教育哲学研究的对象应当是教育中的根本问题，也就是说，应当从教育实际问题出发，而不是从哲学理论出发；第三，教育哲学的价值取向也是实践的，不是为了哲学而哲学，而是为着实际问题的解释和解决的，为着教育实践的改进的。基于这三点认识，黄先生还明确提出教育哲学学科的其他性质：独立性——教育哲学应当成为一门独立的学科，而不是其他学科的附庸；基础性——教育哲学是教育学科中一门基础理论学科，带有方法论性质；交叉性——教育哲学是哲学与教育学的交叉学科，是哲学与教育学的有机集合。这些有关教育学科基本性质的认识，在20世纪80年代中期以来我国教育哲学学科建设中都产生了广泛和深刻的影响，奠定了中国教育哲学研究的哲学立场和实践品格，为在教育哲学与教育实践之间建立起密切联系提供了认识论上的指导，有助于防止我国教育哲学研究走上脱离实践的歧途②。

① 黄济著：《教育哲学》，北京师范大学出版社1985年版，第16页；《教育哲学通论》，山西教育出版社1999年版，第319页。

② 这个弊端在英美和欧陆的教育哲学研究中是一个比较突出的问题。与我国教育哲学研究注重实践、走进实践、服务实践不同，英美和欧陆教育哲学研究总体上强调“回到哲学”，在研究过程和理论叙述上过于强调其作为哲学分支学科或应用学科，忽视对教育实践的困难、问题和追求的回应。

基于上述认识，黄先生还对中国教育哲学的任务提出了自己的主张：“（1）对教育理论与实践中的一些根本问题，从哲学的高度，即从方法论的高度给予理论上的阐明；（2）对教育史上和当前教育实际中有争议的问题，做出科学的分析和评论；（3）根据教育发展的趋势和新的技术革命的要求，对教育中提出的新课题做出回答，对未来的教育做出科学的预测。”① 根据这些论述，注重“根本问题”的研究，是教育哲学区别于其他教育学科研究的显著特征；对“有争议问题”展开哲学的分析，是教育哲学的时代使命；及时回应教育发展和新技术革命带来的挑战，并展望“未来教育”的发展，明确提出了教育哲学工作的“未来意识”或“未来向度”。黄先生的哲学论述尽管是在30多年前提出来的，但是对于当前中国教育哲学的研究来说，仍然具有指导意义。平心而论，如今的教育哲学研究与30多年前相比，无论是其哲学视野的多样性程度还是其研究问题的丰富性程度，抑或是其著作出版和论文发表的数量，都是30多年前不可比拟的。但是，就黄先生提出的教育哲学三个基本任务而言，究竟完成的如何呢？如今教育哲学界的工作是否紧紧围绕着教育理论与实践中根本问题来进行？是否对当下教育改革发展中一些有争议的问题进行了严谨的科学分析？是否对全球化、社会转型、信息技术革命、促进教育公平与质量等这些社会、教育和技术发展的新趋势进行了回应，并提供了新的教育理想？这些都有待于教育哲学界的同人们进行进一步的反思。

（三）教育本质观

教育的本质问题是教育理论和实践的一个基本问题，20世纪70年代末以来，我国教育学界有关教育本质问题的讨论还具有思想解放的作用。在教育本质问题的大讨论中，不同的人提出了不同的观点，有代表性的如“教育的本质是上层建筑”、“教育的本质是生产力”、“教育的本质是培养人的社会活动”等等。这些观点各有其立场和方法论基础，也都能从马克思主义经典作家的有关论述及教育实践活动的丰富性中找到一些依据。作为这场学术讨论的亲历者，黄先生也发表了有关教育本质认识的几篇文章，集中阐明自己的观点。不过，与其他一些侧重表达自己教育本质观的论者不同，在这场讨论中，黄先生似乎并不特别在意自己最后提出了一个什么样的教育本质观，或者自己被归入哪一个学术阵营，他最属意的是“如何科学地阐明教育的本质问题”②，也就是教育本质认识的方法论问题。这确是一位教育哲学家在面对教育论争时通常采取的立场和态度。

教育本质是教育这一社会活动的根本规定性，对于教育本质的认识属于教育性质认识的范畴。如何认识教育这一社会活动的根本性质呢？在教育本质大讨论过程中，

---

① 黄济著：《教育哲学》，北京师范大学出版社1985年版，第15页。

② 黄济著：《雪泥鸿爪——黄济教育文选》，北京师范大学出版社2001年版，第32页。“如何科学地认识教育的本质”？这确实是教育本质研究中需要反思的一个重要问题。提出一种教育本质观并不难，难的是如何为自己的方法论做辩护。自20世纪80年代以来，我国教育学界有关教育本质的认识可谓非常丰富，但是从方法论上说，一些主张确实缺乏明确的和有力的方法论支持。

不少的论者从某种特定的立场如生产力、生产关系、文化或抽象的人本身出发，提出单一的教育本质论，即大家所熟知的“教育的本质是生产力”、“教育的本质是上层建筑”、“教育的本质是培养人的社会活动”之类的观点。这种从某一特定社会或人的立场提出的教育本质论，明确固然明确，但从其理论倾向上说，具有很强的排他性，彼此之间争论得比较厉害。置身于这样的学术讨论中，黄先生认为，在方法论上，教育本质问题的讨论，应当从教育与社会和人的关系的全局中加以讨论，不能将三者分开，孤立地加以讨论。“讲教育的本质和教育的功能，应当把教育与社会和人的三边关系讲清楚。”① 就是讨论教育与社会的关系，也不能割裂教育与政治、经济、文化等社会要素的关系。此外，黄先生认为，有关教育本质的讨论，还应该考虑到教育作为社会活动的历史继承性和相对独立性。从这种方法论出发，黄先生对那种简单地将教育的本质定义为“生产力”、“上层建筑”、“培养人的活动”等观点进行了批判，对于那种将教育与社会的关系视为“外部关系”、“工具关系”，将教育与人的关系或个体身心发展的关系视为“内部关系”、“本体关系”的观点也表示了自己的不同意见。就黄先生自己的教育本质观而言，他坚持教育是一种“培养人的社会实践活动”，既是社会生活的永恒范畴，又是历史范畴；既与社会的政治经济文化等因素有着密切的联系，又反映着人自身发展的要求，还具有相对的独立性和历史继承性。他明确提出在研究教育本质问题时，要对教育、社会、人三者的关系进行历史的、社会的和具体的分析，开展缜密和全面的思考，反对单一的、抽象的和僵化的教育本质观。

（四）教育目的观

教育实践是目的性实践，教育目的在整个教育实践活动中起着导向和激励的作用，教育目的的实现程度也是评价教育实践活动水平高低和质量好坏的根本标准。教育学家们对教育目的的论述主要是回答“教育培养什么样的人”这一教育实践活动的根本问题。从内涵上看，教育目的的回答包含两部分：一是教育实践活动所要培养的人的总体规格；二是教育实践活动所要培养的人的素质结构及关键素质。尽管不同的人都可以提出自己的教育目的观，但通常情况下，教育目的一般是指国家的教育目的，它通过国家的教育方针政策得以表达和规定。教育学者对于教育目的的研究一方面包括了对国家教育目的的分析和解读，另一方面也基于个人的实践、观察与思考提出自己理想中的教育目的。

在培养人的总体规格方面，建国以来党和国家的方针有过不同的表述，主要的两个是 1957 年毛泽东在《正确处理人民内部矛盾的问题》讲话中提出的“我们的教育方针，应该是受教育者在德育、智育、体育几方面都得到发展，成为有社会主义觉悟的有文化的劳动者”，以及 1992 年在《中国教育改革和发展纲要》中提出的“培养德智体全面发展的建设者和接班人”。（着重号为笔者所加）这两个表述，从总体上

① 黄济著：《雪泥鸿爪——黄济教育文选》，北京师范大学出版社 2001 年版，第 30 页。

回答了我国的教育要培养什么样的人。但是，如何理解这两个表述中的“劳动者”、“建设者与接班人”的概念，关系到党和国家教育方针的落实和整个教育事业发展的方向。理解上的偏差往往导致实践中的摇摆甚至错误。黄先生基于对历史经验的观察和分析，在1980年就撰文认为：“‘劳动者’，作为社会主义社会成员的本质特征来说，似乎是无可非议的。但是如果把劳动者只理解为工农，而排斥知识分子于劳动者之外，作为一个总的教育目标就要发生大的问题。但是，从教育方针对‘劳动者’所下的定语来看，也只能是把‘劳动者’理解为是工农劳动群众，可以说得通，如果说培养有社会主义觉悟有文化的知识分子，在逻辑上就说不通了。”黄先生认为，“劳动者”这个总体规格的表述确实有些模糊，在“文化大革命”期间还被少数人利用，以售其奸，他建议用一个其他的表述来以替代，如“社会主义一代新人”等。对于20世纪90年代党和国家教育方针中新使用的“建设者和接班人”这个表述，黄先生一方面肯定了它的时代性，另一方面鉴于历史的经验和教训，也试图努力地阐明其含义和相互关系。确实，当年在这个表述出台以后，教育界就有议论，“建设者和接班人之间是什么关系?”“它们是一类人还是两类人?”，“建设者和接班人是不同层次的教育目的吗？把大部分青少年培养成建设者，少数人培养成接班人?”针对这些困惑或疑问，黄先生认为，“建设者和接班人不应是层次关系，可以看作是对业务和政治的不同要求，在青年一代的身上，应同时具备。因为青年一代是社会主义建设的中坚，是祖国的未来，都应当既是社会主义的建设者，又是革命事业的接班人，把社会主义事业进行到最后胜利。”① 鉴于“建设者和接班人”的提法今天依然在党和国家的教育方针中使用，黄先生20多年前的这个观点对于教育界准确理解与正确执行党和国家的教育方针依然具很强的现实性。

关于教育目的中培养人才的素质结构，黄先生基于马克思主义人的全面发展理论认为，应当在全面发展教育中注重美育和劳动教育。关于美育的必要性和紧迫性，黄先生提出，“当代，美育已成为当务之急。从积极意义上说，它可以促进人的和谐和全面发展，塑造一个完美的人格；从消极意义上来说，它是为了解决物质文明和精神文明发展的不平衡，医治某些国家出现的所谓‘发达病’。因此，当前无论是社会主义国家，还是资本主义国家，都把美育放在一个突出的地位上。”②正是看到了美育在人格完善和社会发展方面的巨大意义，黄先生提出“美育在各育中的地位，已经不再是附属的了，而是独立的。”③关于劳动教育是否要单独提出来并列入全面发展教育的内容当中，在我国教育学界一直有争议。黄先生从教育与生产劳动相结合的立场出发，结合青少年身心发展需要和造就社会主义新人的需要出发，认为还是应当单独提出来并纳入全面发展教育内容当中。“在组织劳动中加强学生的思想品德教育，增强

①②③ 黄济著：《雪泥鸿爪——黄济教育文选》，北京师范大学出版社2001年版，第138、172、173页。

劳动实践，建立劳动观点和形成劳动习惯，培养学生热爱劳动和劳动人民的思想品质”① 是培养全面发展的人的内在要求，也是贯彻落实教育与生产劳动相结合的体现。在谈到劳动教育的主要内容时，黄先生提出，劳动教育“首先应当是生产技术教育，而且是与大生产相结合的生产技术教育”②，因此，在实施劳动教育过程中，要尽量增加生产劳动中的科学技术含量。其次，要注重在劳动教育中开展思想道德教育，把劳动教育中的生产技术教育与道德教育有机结合起来。“以劳动中的道德教育取代生产技术教育，这不是马克思体脑结合的现代生产劳动的观点；相反的，只重视生产技术教育，而排斥生产劳动中可能进行的道德教育，也是一种执一而排他的片面观点。”③

关于教育目的中培养人才的关键或基本素质，黄先生先后提出“革新精神”、“开放思想”、“合作思想”、“未来理想”、“创新精神”等，以彰显教育目的的时代特征。1983年邓小平同志为景山学校题词“教育要面向现代化，面向世界，面向未来”后，黄先生根据“三个面向”的要求，结合国际学者的一些观点，提出一代社会主义新人应具备的核心素质：革新精神、开放思想与未来理想。谈到革新精神时，黄先生指出“这是一代新人应当具备的基本素质，它不仅是一个知识和认识的问题，也是一个思想和品德的问题。革新精神，是和保守、守旧思想相对立的。一个有革新精神的人，从学习到工作，从生活到思想，都有一套新的方式和方法，他的思维具有高度的敏捷性和精确性。……一个具有革新精神的人，一定是敢想敢干、有勇气独辟蹊径、有能力开拓新领域，敢于标新立异，想前人所未想，做前人所未做的事。”④谈到“开放思想”，黄先生提出，“树立开放思想，立足本国，放眼世界，这是新时代向一代新人所提出的客观要求。为此，在人们的思维方式上，也应当有新的转变，要改变思维的参照系，而扩大思维的空间范围，努力从过去那种狭隘的、封闭型的思维方式中解放出来，使之变为宽广的开放型；从纵向比较转为横向比较。”⑤在谈到“未来理想”时，黄先生认为，“我们不但要放眼世界，还要着眼未来，这才能使我们的现代化更有方向性。作为新中国的一代新人，必须有未来的准备和崇高的理想。”⑥在谈到“合作思想”时，黄先生认为，“学会合作，是现代人必须具备的又一基本品质。现代人应是一个有主体性的人，又应是一个有合作品质的社会人。”“总而言之，一代新人所具备的素质，概括起来说，就是要有创造精神。……如果我们不能培养出具有创造精神的一代新人，党和国家就没有希望。”⑦黄先生以上有关教育目的中关键素质的论述，极大地丰富了马克思主义人的全面发展理论，丰富了党和国家教育方针中有关教育目的的解读，反映了中国社会改革开放和社会主义现代化建设事业对一代新人的热切期盼，也淋漓尽致地表达了一位教育学者在教育目的研究方面敏锐

---

①④⑤⑥⑦ 黄济著：《雪泥鸿爪——黄济教育文选》，北京师范大学出版社2001年版，第137、141、142、143、144页。

②③ 黄济著：《历史经验与教育改革》，人民教育出版社2006年版，第108页。

的时代观察和巨大的教育热忱。

（五）现代教育观

2010年，《国家中长期教育改革和发展规划纲要（2010—2020年）》正式颁布实施，绘制了中国当前和今后教育改革和发展的蓝图。这个规划纲要明确提出，到2020年，我国要基本实现教育现代化，完成百年来中国教育由传统教育向现代教育过渡的历史使命。从理论上说，教育现代化的实现过程，就是教育现代性的增长过程，或者说，就是传统教育向现代教育的转型得以实现的过程。黄先生对于现代教育和教育现代化的论述，正是从这种历史的逻辑出发加以论述的。

20世纪80年代以后，伴随着教育本质问题的大讨论，现代教育的研究也渐成主流，吸引了许多的教育学者加入进来。从研究的视角和提出的核心观点来说，大致有下面几种：一种是从现代社会的视角来定义现代教育，将现代教育定义为与现代社会尤其是现代社会生产力发展水平（机器大工业生产）相适应的一种教育形态，意图强调"现代教育"与"古代教育"社会基础特别是生产力基础的根本差别；一种是从思想体系来区分的，将赫尔巴特或凯洛夫为代表的教育思想体系称为"传统教育"，将以杜威为代表的教育思想体系称为"现代教育"，意在强调现代教育的某些思想特征，如"学生中心"、"活动中心"或"以直接经验为中心"等；还有一种在方法论上是对上述两种划分标准和两种现代教育观的调和，力图把上面两种观点杂糅在一起。不管采取哪一种视角和观点，在当时的论者当中有一种比较普遍的倾向，即将"传统教育"、"古代教育"直接等同于"旧教育"，斥之以"保守"、"落伍"、"陈旧"，主张要彻底地摒弃或改革；将"现代教育"直接等同于"新教育"，褒之以"进步"与"先进"，恨不得一夜之间实现教育的现代化。

与这些视角、观点或倾向明显不同，黄先生在论述传统教育时指出，"传统教育作为一个广泛的时代范畴来看，是有一个很长的历史发展过程的：有古代的传统教育，有资产阶级的传统教育，有当代的传统教育，还有苏联的传统教育等不同的形式。"① 这种分析，实际上提出了传统教育的多样性的问题，有利于纠正一些论述中单一的或同质的传统教育观。在论述现代教育概念时，黄先生也采取了类似的立场，认为"在现代教育的概念中，不但包含近代、现代和当代的几个不同发展阶段的教育内容和教育手段，还有资本主义和社会主义不同的社会制度下对教育的不同要求和目的在内。"②这个论述，同样揭示了现代教育的阶段性、社会性，有利于纠正一些论述中单一的或同质的现代教育观，将现代教育的理解与实践置于具体的社会历史情境中来进行。正是基于对传统教育和现代教育概念的上述分析，黄先生不同意把现代教育与传统教育绝对割裂开来并人为地对立起来，以至于造成在讨论现代教育时"以一种片面性代替另一种片面性"的误区，转而致力于寻找传统教育与现代教育的内在联系，致力于探讨传统教育的现代化之路。这也说明，黄先生不是把现代教育看成是一

①② 黄济著：《雪泥鸿爪——黄济教育文选》，北京师范大学出版社2001年版，第60、61页。

个静止的、有待实现的目标，而是将其看成是一个在“传统—现代—未来”以及不同社会背景下两个维度上依赖丰富多彩的教育实践逐渐展开与实现的过程。

现代教育不是海市蜃楼，而应该建立在传统教育的深厚基础之上。正是基于这种认识，黄先生有关现代教育的讨论更多地不是就现代教育论现代教育，而是聚焦在传统教育如何通过现代化的过程走向现代教育。1995 年，黄先生发表了《关于传统教育现代化的几点思考》① 一文，对传统教育中的精华与糟粕进行了深入的批判性分析，对中国传统教育现代化的历程及其经验教训进行了历史回顾和总结，并就如何改革传统教育、推动教育现代化进程提出了意见和建议。在总结历史经验时，黄先生提出了教育领域“救亡与启蒙”的关系问题。他虽然不认为在传统教育现代化进程中救亡教育与启蒙教育是对立的，并且明确指出，“在救亡的过程中，思想启蒙也在不断发展和深入”，但是他也同时指出，在中国传统教育现代化的过程中，救亡是主要任务，启蒙的任务“长期得不到完善解决”。“在今天，虽然救亡的任务已经不存在了，但独立自主、屹立于世界先进民族之林的任务，仍然存在；如何结合时代特点深入发展民主与科学，尚待继续努力，切不能以浅近的政治任务影响对科学与民主以及理想目标的追求。”② 他和王策三先生主编了《现代教育论》（人教社出版，先后入选教育部研究生教学推荐用书和国家级规划教材）。2003 年，他和郭齐家先生共同主编出版了《中国教育传统与教育现代化基本问题研究》一书，再次指出，“救亡与启蒙，本来是相辅相成的，救亡离不开启蒙，启蒙又推动着救亡向前或向新的方向发展。……但救亡和启蒙也不都是同步前进的，有时为了救亡而启蒙，因而‘五四运动’时期提出的‘科学’与‘民主’两大任务，一直至今还需要结合时代特点而努力去完成。”③ 这两段论述，从新的角度论述或诠释了的教育现代化的价值使命，在物质功利主义价值取向大行其道的今天，具有极端的重要性。

（六）传统文化教育观

如前所述，黄先生少年时曾有八九年的时间在私塾中跟随老师学习一些传统学科，打下了传统文化的好功底，奠定了对于传统文化最初的态度④。后来，黄先生在颠沛流离、饱受屈辱的成长过程中，又一直勤于学习和思考，在传统文化修养方面达

① 黄济著：《关于教育传统现代化的几点思考》，《北京师范大学学报》（社会科学版），1995 年第 5 期。

② 黄济著：《雪泥鸿爪——黄济教育文选》，北京师范大学出版社 2001 年版，第 107 页。

③ 黄济、郭齐家主编：《中国教育传统与教育现代化基本问题研究》，北京师范大学出版社 2003 年版，第 184 页。

④ 在谈到自己的私塾学习给自己的深刻影响时，黄先生在完成《国学十讲》一书的撰写后曾说，“在此我还怀念我的私塾老师朱子勃先生。他虽是清末秀才，我县宿儒，但他思想不老化、不固执，他学古而不泥古，尊儒而不排他。他给予了我中国古典文化的有益知识，培养了我为文、赋诗的初步能力，更指点了我对于古代文化遗产的分析态度，他为我八九年的私塾教育画上了一个句号。我之所以有今日，大都来自朱师。其爱生如子、谆谆教诲的形象，使我终生难忘。”见黄济著：《国学十讲》，江苏教育出版社 2010 年版，前言第 3 页。

到了很高的境界。凡是有幸跻身于黄先生门下学习、研究，或是有缘和黄先生聚谈的人，都能够深切地感受到黄先生对于中华传统文化的热爱和博学。劳凯声教授曾经叙述过他本科时期的一个故事，可以用来印证黄先生对于传统文化经典的精通程度。“记得一次聊天，先生问我曾就读于哪所中学，我回答说上海位育中学，先生想了想，说道：‘哦，这是取自《中庸》里的一句话：中也者，天下之大本也；和也者，天下之达道也。致中和，天地位焉，万物育焉。‘位育’即取自这句话中的两个字’。对经书熟悉至此，真的令人钦佩。”① 正是受益于对传统文化的熟悉和精通，黄先生在教育学研究中引用起古代经典著作时得心应手，近年来还就传统文化教育包括社会关注的国学教育问题进行了专门的研究，提出了许多值得重视的观点和建议。

1990 年，黄先生发表《简论对中国传统文化的认识和态度》一文，系统地表达了他的传统文化教育观。在这篇文章中，黄先生把进行传统文化教育，弘扬优秀传统文化，看成是提高民族自尊心、自信心和自豪感，向青少年学生进行爱国主义教育的重要内容。在谈到如何正确认识和开展传统文化教育时，黄先生提出了应有的三种态度：“持分析的态度”、“持对等的原则”、“要进行积极的反思”。黄先生认为，“任何一个民族的文化，都不可能全优或全劣，有精华，也有糟粕，有所长，也有所短，而且有自己的特点。这就要求我们对它持分析态度，扬长避短，去粗取精，做到批判继承，古为今用。”② 从这种态度或立场出发，黄先生提出，“弘扬不是复古，继承不是简单地搬用，而是一个吸收、改造、创新和发展的过程”③。比如，对待中国古代“天人合一”的思想，既要看到其有强调天人相谐的一面，也要看到其有神秘甚至迷信的一面，不能简单化地全盘否定或全盘肯定。在处理与国外其他文化比较的问题时，黄先生则提出“对等原则”，建议在开展文化比较时要注意时间、范围上的对等，不能抛开时间、范围等孤零零地进行。例如，针对有人通过比较说中国文化落后、封闭，黄先生认为不能简单地、武断地进行断言说中国文化与西方文化比较起来落后、封闭，而应该具体分析中国文化在什么时期落后、在哪些方面封闭，不能把中国文化某一阶段某一方面的特点当成是中国文化的全部特征，这样就容易犯历史虚无主义的毛病。黄先生动情地说，“不加分析，笼而统之得出‘中国文化落后’论，把中华民族的优良文化传统一笔抹煞，把中国人民的国民性涂得一团漆黑，灭自己的志气，长别人的威风，数典忘祖，于国于民何益?”④关于积极的反思态度，黄先生的解释是：“反思过去的目的在于激励现在，以提高我们改革的紧迫感和责任感，迎头赶上去。”⑤积极的反思区别于消极的反思，消极的反思就是认为一切不如人，陷入“文化悲观主义”的负面情绪当中。比如，有的人在反思中国传统文化后得出一个结

① 劳凯声：《〈黄济口述史〉读后感言》，见黄济著：《黄济口述史》，北京师范大学出版社 2010 年版，第 1 页。

②③④⑤ 黄济著：《雪泥鸿爪——黄济教育文选》，北京师范大学出版社 2001 年版，第 84—85、85、87 页。

论：中国传统文化缺少创造性基因。这种观点不仅是片面的，而且是非常有害的。试想一下，假如这个研究的结论能够成立，中国民族岂不是过去不可能、现在不可能、将来也不可能培养出创新人才?！要想培养出创新人才，除非进行对传统文化进行“基因手术”，或者干脆移植别种文化的创造性基因。这是多么荒谬且有害的观点。

近年来，我国中小学校出现了传统文化教育热，并且以一种新的面貌出现——国学教育。已愈九十高龄的黄先生对此十分关心，不仅积极了解中小学校开展传统文化教育或国学教育的实际情况和问题，而且自己也开始将研究的重点转移到传统文化经典的重新阅读、考证、诠释、介绍和教育上来，独撰了《国学十讲》，主编了“中华文化经典导读”丛书①，修订了早前出版的《诗词学步》（北京师范大学出版社）等著作，发表了《如何看待“国学热”》、《再谈如何看待“国学热”》、《三论“国学热”——关于国学学科的建制和学习中遇到的问题》等系列论文，非常清醒地就如何看待传统文化教育热和国学热等发表了自己的独立见解。在这方面，黄先生总的态度是：传统文化热或国学热，有点热度是好的，但是不能热过了头，要把握好度，“防止发高烧”。之所以说要有一点热度，是因为在黄先生看来，中华民族有着五千年悠久的文明和用之不竭的文化宝藏，“作为一个中国人，对于国学一无所知，或知之甚少，甚至有的还数典忘祖，无论如何也是说不过去的。”② 之所以说不能“热过头”更不能“发高烧”，是因为在黄先生看来，任何的文化遗产，都是历史的产物，不免带有历史的和阶级的局限性，因此在继承和弘扬的时候，应该“持科学的态度和辩证的方法，并与时俱进地加以吸收”，不可囫囵吞枣，良莠不分。黄先生对于当前一些学校或校外教育机构让3岁孩子去读《论语》，7岁儿童去学《易经》，还有的强迫学生对《三字经》、《百家姓》、《女儿经》等启蒙读物倒背如流等做法持明确的批评态度，对于一些学校组织年满18岁的高中生穿上长袍、去孔子像前举行成人礼的做法也不赞成。对于一些学校开展古诗文实验，黄先生也提醒要多注意与青少年儿童的身心发展需要相结合，更不能为了搞实验而压缩现代课程（如语数外、理化生等）的学习时间，否则就是厚古薄今，得不偿失。此外，黄先生还就如何开展传统文化学习和教育工作提出了许多积极的意见和意见，如“要用去粗取精的科学分析方法”、“要持严谨、负责的态度”、“要建立相互切磋的优良学风”，以及“细做文字考证”、“力求回归原义”、“以儒家为主，兼顾其他诸家”等等。这些意见和建议，不啻是预防和治疗我国传统文化或国学教育热“热过头”、“发高烧”的良药。

（七）教育研究方法论

方法论的问题是每一位教育学者都回避不了的问题，方法论信念构成教育学者知识信念的一部分。谈到教育研究方法论，作为新中国较早接触、学习和研究马克思主

① 该丛书由凤凰传媒集团江苏教育出版社2011年出版，共包括《蒙学新读》、《四书解读》、《诸经品读》、《诸子选读》、《文赋释讲》、《小说别裁》、《诗词赏析》、《曲剧品评》等八卷。

② 黄济著：《国学十讲》，江苏教育出版社2010年版，第270页。

义教育思想的学者，黄先生早在1963年出版的《教育学讲授提纲》的绪论中就提出，“只有建立在辩证唯物主义和历史唯物主义基础上的马克思主义教育学，才第一次成为真正科学的教育学”①，申明了他对教育研究方法论的基本观点，即以马克思主义思想为指导。这个方法论信念是黄先生及那一时期我国教育学者的普遍信念，也贯穿黄先生一生的教育学研究工作当中②。对于马克思主义作为教育研究的方法论，黄先生总的态度是：一要坚持，二要发展，三要反对一些简单化倾向。

关于坚持马克思主义方法论的指导，黄先生认为，这不仅仅因为马克思主义是我们党和国家的主流意识形态，更重要的是因为马克思主义提供了正确理解社会、人和教育关系的理论视角。

> 马克思主义的产生，是人类思想史上的革命变革，第一次给教育这个社会现象以历史唯物主义的科学解释，用辩证唯物主义和历史唯物主义对教育中一些根本问题，如教育的本质问题，人的本质问题和人的全面发展问题，教育与生产劳动相结合的问题等等，给予了科学的解释和回答，使教育学的发展进入了一个崭新的历史阶段。③

正是基于这种深刻的理论认识，黄先生认为，“在当前文化多元化的形势下，各种观点和方法纷呈，向我们严峻地提出问题；马克思主义的方法论，辩证唯物主义和历史唯物主义，是否还能对我们的教育科学研究工作起指导作用？我们的回答是肯定的。”④坚持马克思主义在教育科学研究中的指导地位，不仅仅是因为马克思主义对于教育学科来说依然具有强大的解释力和指导力，也是回应当前教育研究中一些错误方法论倾向的需要。黄先生敏锐地观察到，“当前，在教育科学中相对主义和自然主义的理论极为盛行，值得我们思考，辩证唯物主义和历史唯物主义为解决这些问题提供了一把钥匙。”⑤

关于在教育研究中发展马克思主义方法论的问题，黄先生进行了比较系统的分析和论证。他区分了两种问题：一是如何对待马克思主义经典作家的教育思想问题；二是如何对待马克思主义方法论在教育研究中面临挑战的问题。关于前一个问题，黄先生又区分不同情况，提出不同的策略。第一种情况是，对于那些马克思主义经典作家论述过的在现实教育活动中仍然起作用的原理，要参照时代状况，结合中国实际加以创造性地贯彻；第二种情况是，对于那些马克思经典作家没有直接讲过但是确实已经包含在其完整思想体系之中的内容，应该加以阐释和发展，如马克思主义的德育思想；第三种情况是，对于那些马克思主义经典作家虽然已经讲过，但因时代局限强调不够的地方，应该放在更加突出的位置加以研究；第四种情况是，对于由于时代和国

---

①④⑤ 黄济著：《历史经验与教育改革》，人民教育出版社2006年版，第225、9页。

② 比较起来，如今的一些教育研究者，或者根本没有什么方法论的意识，或者什么方法论时髦就炫耀什么方法论，内心里缺少一种坚定的、始终如一的方法论信念。两相比较，当今的中青年学者确实应当在提升方法论素养、坚定方法论信念上多多努力。

③ 黄济著：《教育哲学通论》，山西教育出版社1999年版，第649页。

情限制，马克思主义经典作家没有论述到的问题，也应该根据马克思主义的立场、观点和方法加以研究①。关于后一个问题，黄先生主要分析了新技术革命、新出现的一些带有方法论性质的学科如系统论、控制论、耗散结构理论等以及其他一些哲学方法论带来的挑战。黄先生对于马克思主义方法论如何在迎接这些挑战的过程中发展自身，给予了实事求是的分析，提出了很多有创造性的见解。例如，在谈信息技术革命带来的挑战时，黄先生一方面引述了马克思、恩格斯对于科学技术社会作用的高度评价，讨论了国外一些学者如托夫勒、松田米津等人有关信息社会教育和理想人格的见解，指出后者对于马克思主义有关人的发展和现代教育观念的补充作用，但同时也指出："他们的根本问题是从'技术决定论'思想出发，提出了一些在资本主义社会不可能完全实现的问题。……更有甚者，是妄图把在资本主义社会制度下产生的一些问题，如精神空虚、道德堕落、吸毒、酗酒、卖淫、凶杀等等，也寄希望于通过新的技术革命而彻底消灭，这是根本不可能的。"② 应当说，这一见解既是自觉应用马克思主义方法论分析信息技术革命给教育带来挑战的结果，也是对信息时代马克思主义教育思想学说的一个发展或补充。在谈到源于自然科学的方法论和 20 世纪一些新的哲学流派给马克思主义方法论带来的挑战时，黄先生也是一方面充分肯定这些新兴理论或哲学主张带给马克思主义方法论的新鲜内容，另一方面也希望可以找到一种能够使得它们彼此之间能够相融的方法。他说："马克思主义是开放的，而不是封闭的，它对于一切先进的科学和方法，永远持吸收的而不是排斥的态度，以此来促进自己的发展。"③"我们主张把马克思主义方法论，同其他学科的方法论，以及各种具体的教育科学研究方法，组成一个多层次的教育科学研究方法体系，来加深和扩宽教育科学的研究方法。"④

在谈到坚持和发展马克思主义方法论时，黄先生还强调，要注意区分和反对一些简单化的倾向。教育研究中应用马克思主方法论指导时确实存在一些简单化倾向，其主要表现是：教条化，即把马克思主义经典作家有关教育的论述奉为权威，作为评判其他教育正确与否的标准；本本主义，即对教育实践的认识不从实际出发，而是从经典作家的一些论述出发，在研究和工作中满足于寻章摘句；形而上学，用片面的、静止的和孤立的眼光来看待马克思主义方法论，将马克思主义方法论与其他人类的一些思想成果对立起来，在研究过程中持极端的立场和态度：要么是马克思主义的，要么就是反马克思主义的；要么马克思主义是万灵良药，要么马克思主义一文不值。黄先生认为，以上这些倾向，无论是对于马克思主义还是对教育研究本身，都是有害的，应该引起教育学界的注意。

---

① 黄济：《关于教育科学研究方法论的几点思考》，载《江西教育科学》，1998 年第 1 期；参见黄济著《雪泥鸿爪——黄济教育文选》，北京师范大学出版社 2001 年版，第 70—79 页。

② 黄济著：《历史经验与教育改革》，人民教育出版社 2006 年版，第 217 页。

③ 黄济著：《教育哲学通论》，山西教育出版社 1999 年版，第 652 页。

④ 黄济著：《雪泥鸿爪——黄济教育文选》，北京师范大学出版社 2001 年版，第 74 页。

黄先生有关教育方法论的论述除此而外，还涉及自然科学与社会科学方法的关系、定量分析与定性分析的关系、方法论与具体方法的关系①、古今的关系、中外的关系、史论的关系、观点与材料的关系、理论与实践的关系以及文风和学风等②。在这些方法论问题上，黄先生均有自己独到的论述，值得对教育研究方法论感兴趣的读者们关注。限于篇幅，这里不再引述和讨论。

三、黄济先生对中国教育学术的主要贡献

在上一节对黄先生有关教育学主张进行分析的过程中，已经结合具体的学术问题阐明了黄先生在相关论题上的学术贡献，下面再对其学术贡献做一些整体上的分析。如第一节所述，自青年时代开始，黄先生就发下宏愿，要为国家和人民的教育事业而努力奋斗。如今，阅读着黄先生的大量论著，感受他工作、学习和交往的每一个细节，人们完全可以说，他百分之百地践行了他的诺言，把自己的全身心都奉献给国家和人民的教育和教育科学事业。目前，他已经年过九十，依然在勤奋努力地工作着，徜徉在文化与教育的广阔思想领域中，思考不止，笔耕不辍。为回应时代发展所提出的一个又一个重大教育问题，黄先生付出了巨大努力。他对当代中国教育学术的贡献是多方面的。现择其大者加以叙述，求证于黄先生以及全国教育学界同人。

（一）在马克思主义教育思想传播和研究方面的贡献

检视20世纪我国教育学科的建设与发展历史，马克思主义教育思想及苏联教育学的传播在其中占据重要的位置。它们不仅提供了新的科学的教育学研究方法论，而且在许多具体教育教学问题的论述上也直接影响了我国的教育理论与实践。一大批教育学者为马克思主义教育思想和苏联教育学在中国的传播作出了可贵的努力与贡献。大家所熟知的杨贤江（1895—1931）、林励儒（1889—1977）、王焕勋（1907—1994）等人都是这个领域卓有贡献的人。黄先生也是这个阵营中的一员，在新中国成立前后开始学习、研究和传播马克思主义教育思想和苏联教育学，是解放后较早地自觉运用历史唯物主义和辩证唯物主义思想来思考和研究教育问题的学者之一。

1948年，黄先生进入华北大学学习，开始接触马克思主义的思想。1950年，黄先生留在中国人民大学教育学教研室工作。当时，人民大学聘请了几十位苏联专家前来讲学，指导学科建设。教育学科领域的苏联专家是波波夫，他曾经参加过“十月革命”和“卫国战争”，后来成长为教育学家，来到人民大学指导教育学科建设工作。人民大学教育学的学习，由波波夫参照凯洛夫的《教育学》写出讲义，翻译成中文，再由王焕勋教授结合中国实际进行讲授。但是，由于身体健康原因，王焕勋教授的讲课时间并不长，就由黄先生负责授课。对于这一段历史，黄先生回忆说，“在北京师

---

① 黄济著：《雪泥鸿爪——黄济教育文选》，北京师范大学出版社2001年版，第70—80页。

② 黄济著：《教育哲学通论》，山西教育出版社1999年版，第652—657页。

大所学的那一点教育理论，由于只有两年时间，又加上参加学生运动，所学无几。幸好过去还有两年的从事小学教师的经验，再加上八九年私塾所学的经、史、子、集的那点基础，都成了我进行教育学教学的专业和文化基础。加上专家的辅导，凯洛夫《教育学》的参考，经过认真努力的备课，尚能完成任务，得到学员的好评。"① 当时，人民大学教育学教研室举办了教育专修班，1950 年、1951 年共招收两届学员；1952 年院系调整教育学教研室成建制合并到北师大后，教育专修班又扩大为"大学教师进修班"，并同时接受一些全国各地选派来的青年教师，学习马克思主义教育思想和苏联教育学。一时间，人民大学和嗣后的北京师范大学成为全国学习和传播马克思主义及苏联教育学的重要阵地，黄先生作为王焕勋先生的助手则在这个过程中发挥了积极的作用。

黄先生在传播和研究马克思主义教育思想方面的另一重要成果，就是协助王焕勋先生主持完成了全国"六五"教育科研规划重点项目——"马克思教育思想研究"并出版著作②。王焕勋先生在该书的前言中谈到，党的十一届三中全会以后，教育学科事业发展比较迅速，但是比较起来，有关马克思主义教育理论研究方面还是比较沉闷和落后，不能适应以新技术革命为标志的时代进步的要求，同时也不能很好地回答西方马克思主义者关于马克思主义教育理论的种种歪曲和误读。在此背景下，北师大教育学系教育学教研室集全系的力量对马克思教育思想开展讨论和研究，着力全面阐述马克思的教育思想及其时代意义。在该项工作中，黄先生一方面承担了具体的研究任务，负责第七章《马克思的道德和道德教育思想》以及第九章《马克思教育思想的实施和当前的新挑战》的撰写；另一方面，协助王焕勋先生组织整个项目的工作，包括最后的统稿。该书出版以后，得到了教育理论界的高度评价，也获得了教育部组织的学术成果奖励。时至今日，该书还是许多教育研究和人才培养机构青年学生和研究生们的必读书目。

在传播和研究马克思主义教育思想的过程中，黄先生逐渐地形成了坚定的马克思主义信念，一生自觉地把马克思主义的立场、观点和方法应用到自己的工作和学习生活中去，成为一名真正的马克思主义教育学者。实事求是地说，由于解放以后马克思主义在我国的政治生活中居于主流意识形态的地位，言必称马克思主义的研究者并不鲜见。但是，能够真正经得住历史的检验，自始至终虔信马克思主义的研究者并不多见。一些人在一个时期宣称自己信奉马克思主义，但是到了另一个时期就把马克思主义给抛在脑后了；一些在研究马克思主义教育思想的时候是马克思主义的，但是等到他们研究起其他教育问题时，就不再应用马克思主义了。与这些研究者不同，黄先生在他的每一个教育问题研究中都自觉地运用马克思主义立场、观点和方法，并且不是僵化地、公式般地套用，而是结合实际地、创造性地应用，提出了许多值得深思的学

① 黄济著：《黄济口述史》，北京师范大学出版社 2010 年版，第 59 页。

② 王焕勋主编：《马克思教育思想研究》，重庆出版社 1988 年版。

术观点。

（二）在改革开放后教育哲学学科重建和发展方面的贡献

教育哲学是教育学领域一门带有基础性和理论较强的学科。新中国成立以后，由于我国高校在学科建设上全面学习苏联，就取消了“教育哲学”一科的设置。1979年全国教育科学工作会议后，决定在有条件的高校重新开设教育哲学课程。北京师范大学教育系就决定由黄先生来负责这门课的开设。1980年秋，黄先生就在北师大1977级同学中开设了“教育哲学”课程。这恐怕是改革开放后也是新中国成立以后全国教育系本科生中首开教育哲学课。在讲稿的基础上，1982年黄先生出版了《教育哲学初稿》一书。该书是当时全国的第一本教育哲学教材。对此，黄先生多次谦逊地表示，“早产的东西都是不成熟的。如同早产的婴儿一样，是需要在产后多加扶植的。”① 该书出版后，在教育学界反响很大，也为全国教育系的教育哲学课程讲授提供了基本教材。华东师范大学刘佛年校长来信给予了积极的评价，认为该书“就一些关键问题，对中外的重要观点，用马克思主义的观点作了深入允当的论述、分析、评价，是一本非常成功的著作。解放后第一部教育哲学竟然写得这样好，实在值得向您祝贺！”②1984年，黄先生根据教学过程中学生的反馈以及当时社会发展和教育发展的新形势，对《教育哲学初稿》进行了修订，出版《教育哲学》一书，为新时期我国教育哲学的发展奠定了一块重要的基石。其后出版的一些教育哲学著作，无论是在结构体系上还是在内容观点上，都受到该书的很大影响。

黄先生在教授和写作教育哲学的过程中，很注意运用中国传统的哲学和教育思想资源，经常在一个主题下既讲中国思想家的观点，又讲西方思想家的观点，形成了一种独特的论述风格和思想路径。基于这样的工作，黄先生开始考虑中国传统教育哲学研究的问题，并于1994年主编出版《中国传统教育哲学思想概论》，对中国传统教育哲学的基本问题如天道观、人性论、历史观及教育思想中的真善美等问题，进行了系统的讨论，其中，很多主题的探讨，在20世纪我国教育哲学史上是第一次，开辟了中国传统教育哲学系统研究的先河。在这本书问世之前，中国教育学界并非没有人涉及这个领域，只是大多以个别人物或思想派别的教育哲学思想研究为主，并没有对中国传统教育哲学思想有一个系统的整理和论述。此外，对于中国教育哲学思想的研究，也曾经有人提出过疑义，但是黄先生坚定地认为，“我国是一个有悠久文化传统的国家，虽然教育哲学作为学科的建立，时间较晚，但作为教育哲学思想的存在，却历史悠久。因此挖掘和整理我国的教育哲学思想，是建立具有中国特色的教育哲学学科所必不可少的一项工作。”③

黄先生离休之后，把全部时间和精力都放在重新整理近三十年教育哲学研究成果

---

①② 黄济著：《黄济口述史》，北京师范大学出版社2010年版，第68、185页。

③ 黄济著：《雪泥鸿爪——新中国教育哲学重建的探索》，北京师范大学出版社2010年版，第326页。

上，并于 1999 年出版《教育哲学通论》① 一书。这是一部包括 3 编 21 章共 47 万字的教育哲学巨著，是黄先生教育哲学研究的一个集大成的作品，凝聚着他近三十年来对中国教育哲学事业的挚爱和求索。“本书旨在熔古今中外教育哲学思想于一炉，吸收我国古代教育哲学思想的精华，借鉴国外教育哲学流派的学说，结合当前教育面临的实际问题，建立起一个具有中国特色和现代教育意识的教育哲学新体系。”②在内容体系上，该书虽然借鉴了前期黄先生出版的两本教育哲学著作，但是无论是从篇章结构上还是从具体内容上，该书都有许多新的考虑和论述，体现了一位教育哲学家缜密的思想风格和勇于创新的思想勇气。例如，在第三编中，新增了《宗教与教育》作为第 21 章。这是之前的《教育哲学》一书中所没有的。在该章的导引部分，黄先生提出，“宗教不仅创造了古代文明，而且今天尚有其未竟的历史任务，在净化人生，寄托信仰，维系社会生活和进行道德教育等方面，仍在发挥着重要的作用。”③作为终生信奉马克思主义思想的老一辈教育学者，黄先生在其晚年将“宗教与教育”纳入教育哲学思考的范围，更加彰显了其学术视野的广阔和实事求是、勇于创新的科学精神。

黄先生在改革开放后教育哲学学科重建和发展方面的贡献，不仅体现在他个人丰硕的教育哲学研究成果上，而且还体现在他对于中国教育哲学研究学术团体的精心培育和巨大影响上，表现在他对中国教育哲学事业未来发展的无限期盼上。中国教育哲学研究的学术团体——中国教育学会教育学分会教育哲学专业委员会（现名“教育哲学学术委员会”）成立于 1986 年，黄先生是其成立的倡议人，并以教育学分会副理事长的身份指导教育哲学学术会委员会的工作。“黄先生倡导的民主、包容、和合之风逐渐形成了教育哲学专业委员会的学术传统，教育哲学专业委员会能够团结全国各地具有不同学术背景的研究者共同致力于教育哲学学术探讨，和衷共济，团结协作，实与黄先生的努力密不可分，可以说 20 多年来我国教育哲学队伍的发展壮大、教育哲学影响力的日益增强、学术成果的日益丰富，所有这些是与研究会有声有色的工作是分不开的，也是与黄先生的学术影响和人格魅力分不开的。”④ 2006 年，黄先生在为教育哲学专业委员会编辑出版社的“京师教育哲学论丛”、“京师教育哲学译丛”写的总序中，还对专业委员会的工作给于积极的鼓励并提出殷切的希望。“我们这个团体是和谐的，团结的，由此感到无限的欣慰。”“教育哲学专业委员会，在教育哲学学科的研究和发展中，起着重要的组织作用，我们要充分地利用这个组织，为大家的研讨和创作提供有利条件。”他勉励教育哲学工作者积极投身教育实践，关注实际问题，并将之视为“考验教育哲学能否存在和发展的前提”，指明了教育哲学未来发展的方向。鉴于以上黄先生在中国教育哲学学科重建和发展过程中的多方面重要贡献，可以肯定地说，他是我国改革开放之后教育哲学学科的重要奠基人、开拓者和

①②③ 黄济著：《教育哲学通论》，山西教育出版社 1999 年版，第 1、609 页。

④ 于伟：《黄济先生教育哲学思想研究》，《教育学报》2010 年第 8 期。

引领者，对于有中国特色教育哲学学科的建设作出了历史性贡献。

（三）在北京师范大学乃至全国教育学科建设方面的贡献

除了在教育哲学学科领域作出的贡献外，黄先生对于北京师范大学乃至全国教育学科的建设也投入了大量的心血，作出了多方面的贡献。1952 年院系调整以后，原来辅仁大学、燕京大学、人民大学等的教育系科教师都合并到北师大来，一时间北师大教育学科大师云集，实力雄厚。据说当时的教育系教育学教研室就有三四十人，其中不少是当时著名的一级教授、二级教授等。黄济先生 1952 年就任教育学组的副组长，1956 年任教育学教研室的副主任，主任是王焕勋教授。据顾明远先生回忆，“虽然主任一直是王焕勋，但王焕勋向来不抓具体工作，再加上有四年时间在师大附中担任校长，教研室的工作主要是黄济同志在负责。”① 黄先生在教育学教研室主任的位置上一直做到“文化大革命”开始。“文化大革命”结束以后，由于王焕勋教授年迈离休，黄先生又继续他的教研室主任工作，直到 20 世纪 90 年代。这样，“文化大革命”先后两段教研室副主任和主任的经历加在一起，黄先生为教育学教研室服务的时间有 25 年左右。教研室主任在行政上并不是什么显赫的位置，甚至可能连行政级别都没有，但对大学来说却是基层的学术组织，教学、科研、社会服务的职能统统需要教研室来完成。然而，北师大教育系教育学教研室主任的位置并不好做，这里不仅有来自不同学校教育学科的教师，还有解放前后、“文化大革命”前后因政治斗争而发生的种种间隙，要团结好大家完成教学、科研和社会服务的任务，真不是一件容易的事情。加之黄先生在新中国成立后的相当长时间在政治上也长期不被信任，甚至被批挨打，履行起教研室主任职务来就更加不易。尽管如此，黄先生还是以老黄牛的精神担负起这个重担，而且一担就是 20 多年。在教研室主任的位置上，黄先生做的主要工作包括：以极高的党性原则和责任精神营造了积极向上、顾全大局、团结协作的教研室文化，保障了教研室工作的正常开展；选留了一批高素质的中青年教师，不断充实教研室队伍；重建了一些新的学科，如教育哲学、教育社会学、教育管理学、教育统计学等，为北师大教育学科研究领域的拓展准备了条件；协助和领导了一些集体科研项目，凝聚了人心；主持申请了两个教育学原理的国家重点学科以及教育学博士后流动站，为北师大教育学科的建设与发展打下了坚实的基础，作出了杰出的贡献。

黄先生在改革开放以后，还兼任了一些学术上的职务，如国务院学位办第二届教育学心理学学科评议组成员、中国教育学会教育学分会副理事长、北京市教育学会副会长、全国教育科学规划专家组副组长、北京教育科学规划专家组组长等职务，这使得他的学术工作范围远远地超出北师大的范围，影响到北京市和全国教育学科领域的工作。此外，黄先生还参加了《中国大百科全书·教育卷》的编撰工作，任教育科

---

① 顾明远：《新中国教育理论的开拓者——祝贺黄先生 90 华诞》，载北京师范大学教育学部编：《知者不惑，仁者无忧——恭贺黄先生九十华诞图文集》（内部资料），北京驰然文化传媒有限公司，2010 年。

学分支副主编；参加和主持了华东师范大学、东北师范大学、南京师范大学、西北师范大学等多所兄弟院校的多场博士和硕士论文答辩会。凡是由黄先生主持答辩的同学，如回忆起答辩会的情形，都历历在目。黄先生在答辩会上既严格要求、又关爱有加的风格给每位答辩人都留下了深刻印象。他们中的许多人与黄先生因答辩结下了深厚友谊，一直保持着感情上和学术上的联系。在通过各种方式为北京市和全国教育学科建设与发展服务的过程中，黄先生做事认真、为人诚恳、平易近人、顾全大局的风范都给大家留下了深刻印象，学界公认他为中国教育学界最可信赖、最有君子风范的人。

（四）在培养教育学领域青年人才和树立良好教风学风方面的贡献

黄先生从人民大学时代起就在高校从事教育学的教学和人才培养工作，有时应国家和地方教育行政部门、中小学校的要求，也到国家教育行政学院及地方讲授教育学专题，一生辅导和教过的学生无数。尽管在教学中，黄先生一口浓重的山东即墨口音令一些学生刚一开始听起来有些吃力，但是静下心来，还是能够为黄先生认真负责的教学态度、中西会通的渊博知识、理论结合实际的教学方法以及平易近人的待人风格所折服。黄先生自己所指导的研究生并不多，硕士生、博士生和博士后加起来也只有25位，其中还有3位博士是与王焕勋先生联合指导的。黄先生在指导研究生的过程中，从生活上关心他们，从学术上又严格要求，在尊重研究生个人学术兴趣和见解的同时，同他们开展同志式的交流与讨论。在黄先生的谆谆教诲下，他们中的许多人毕业后都走上了教育管理和教育研究的道路，像先生一样为国家的教育和教育科学事业努力奋斗。在培养青年人才上，黄先生不仅对自己的研究生非常认真，对其他上门求教的学生甚至是素不相识的进修教师，也是这样。一次，一位旁听黄先生课的同学也交了一份作业，黄先生也同样予以认真批改并反馈给他。“当看到先生批改后的作业时，我被强烈地震撼了！先生非常认真、细致地批判了我的作业，不仅指出了作业的不足和缺陷，连文中的标点符号和错字，都一一画圈标出，还在稿纸的空白处标明正确的写法。……从这份批改后的作业里，我分明看到了先生对学生的严格要求和期待，看到了先生一以贯之的严谨和认真，看到了先生对教育事业的责任和执着。”①

黄先生不仅在教书育人方面为同龄人和青年人树立了一个光辉的榜样，在科学研究和学风方面也同样为年轻人树立了一个光辉的榜样——立志、勤奋、谦虚、真诚、宽容、朴素、知行合一。立志，是说黄先生外表柔弱、谦和，但内心却有奇志，或者用如今时髦的话说，内心追求卓越。不管是承担什么样的科研任务，写什么样的文章，黄先生都对自己有很高的要求，绝不随便凑合，敷衍了事。哪怕是写字也是这样，写不到自己满意的地步，就一直写下去。为了高质量地完成工作任务，他全副身心地投入，经常到了废寝忘食的地步。勤奋，则指黄先生相信勤能补拙，要求自己在学习上做到“四勤”：勤学、勤思、勤问、勤写，“把耳、目、心、手的功能都调动

① 北京师范大学教育学部编：《知者不惑，仁者无忧——恭贺黄先生九十华诞图文集》（内部资料），北京驰然文化传媒有限公司，2010年，第34页。

起来，使其为学习服务。”① 正是黄先生这种勤学好问的精神，弥补了他大学教育就不完整的缺憾，使得他自己能够胜任组织上交给他的任何工作。谦虚，是说黄先生虚怀若谷，经常拿别人的甚至学生的长处来比自己的短处，以便更多地肯定别人，向别人学习。当别人夸赞他谦虚时，他总是这样回答：“虚是有的，谦则难说，由于虚，所以不能不谦。”他经常把自己写出来的文章交给学生看，请学生们提意见。每当学生们提出一个有价值的问题或建议时，他会由衷地感到高兴，并称学生为他的“一字师”，令学生不知所措。在这方面，黄先生还创造了一个说法，叫“自以为非”，将儒家倡导的“反求诸己”精神发展到极致。真诚，作为一种学风，这里是指黄先生在科学研究问题上充满了对真理的敬畏，总是用实事求是的标准来要求自己，不献媚、不妄言、不跟风、不空发议论，力求将自己的观点建立在可靠的证据基础之上。在这方面，可能教育学界有的同人有不同的观点，认为黄先生的研究不像其他某些同辈学者那样有自己鲜明的观点。其实，这是一个严重误解，是对黄先生的学术思想缺乏系统和深入研究的不实之论。在本文“黄济先生的教育学术思想举要”中，我已经清晰地阐明了黄先生在有关论题上的独到见解。可能是黄先生在立论时所持的谨慎态度与商榷的口吻影响了读者对于其独特学术思想的判断。宽容，是指黄先生在学风方面能够尊重不同的意见，尊重有不同意见的同事，并对别人的不当非议保持一种豁达的胸襟。与此相关，黄先生在学术上非常重视学术争鸣。他说：“当前我们教育战线存在的问题是：对外国的东西，引进的多，评析的少；对本国的方针政策，解释的多，建议的少；这些都说明了我国教育战线的争鸣开展得很不够。学术的生命，学术的发展，很重要的一点就在于不同观点和不同学派的争鸣和辩论。没有学术的争论，就不会有学术的繁荣，所谓真理愈辩愈明，就是这个道理。当然，争鸣不是为争而争，为辩而辩，更不是各立门户，互相攻讦。”② 黄先生提出，在学术争鸣中，“一要认真思考，不发空论；二要发扬学术民主，虚心听取不同意见；坚持真理，修正错误，是争鸣唯一正确的态度。”③朴素，则指黄先生的文风是通俗易懂、明白晓畅的，从来不故弄玄虚，使用一些艰涩难懂的概念和句子。知行合一，用来概括黄先生的研究和行动是一体的，而不是分裂的。他在研究中所得出的结论，就是他行动的指南；他所倡导的，也一定是他所实行的。黄先生的伦理追求和知识追求之间具有高度的一致性和关联度。正如劳凯声教授所说，“从先生的为学和为人我们似可悟出这样一个道理，即真正的学问应从伦理、德性的视角去理解，同时兼顾求知、审美。这样一种学术是非功利的，并且从根本上是出世的，因为一旦入世，心境失去了内在的宁静，就难以体认学术的真谛了。”④这是黄先生为中国教育学者所指明的未来道路。

（责任编辑　石筠弢）

---

①④ 黄济著：《黄济口述史》，北京师范大学出版社2010年版，第127、2页。

②③ 黄济著：《历史经验与教育改革》，人民教育出版社2006年版，第11、10页。

查有梁 1942年生，四川成都人。四川省社会科学院研究员，北京师范大学、华中科技大学、西南大学、四川师范大学、广西师范大学、辽宁师范大学等多所大学的兼职教授，北京吉利大学荣誉教授，成都市政府教育督学，中国教育学会教育学分会学术顾问。曾任四川省智力开发与专门人才研究所所长、四川省社会科学院学术委员会副主任、全国教育科学规划领导小组教育理论组成员。1992—1993年在美国加利福尼亚大学圣迭戈分校、哈佛大学做高级访问学者。出版的主要著作有：《控制论、信息论、系统论与教育科学》、《教育人才素质研究》、《系统科学与教育》、《大教育论》、《教学模式》、《数学智慧的横向渗透》、《物理教学论》、《课堂模式论》、《教育建模》、《新教学模式之建构》、《给教师的20把钥匙》、《科教华章》、《爱因斯坦与教育》、《小学之精神》、《中学之精神》、《课程改革的辩与立》、《教育的生命怒放：科学与人文纵贯》等。出版诗集三本：《教育诗：童心》、《教育诗：创新》、《教育诗：信心》。在国内外刊物上发表论文100多篇。获得全国和省政府授予的优秀科研成果奖，以及四川省先进工作者、四川省学术和技术带头人等荣誉称号。

《论教育学的核心范畴》导读

论教育学的核心范畴

查有梁

【摘要】本文从“全民终身的素质教育”的大教育观出发，分三个层次，提出教育学有九大核心范畴。在宏观层次上，教育学的整体性范畴有：教育、素质、发展。在中观层次上，教育学的群体性范畴有：教学、课程、考试。在微观层次上，教育学的个体性范畴有：学习、知识、思维。教育学是一门独立的学科，当然有独立的核心范畴。对于每一个范畴，作者应用辩证法和系统科学方法论述其内涵，并提出与该范畴相关的方法。教育学要应用其他学科的方法，这绝不意味着教育学被“边缘化”。随着教育学自身的发展，这些核心范畴会有增有减，同时，这些核心范畴的结构与内涵也会发生变化。核心范畴的选择并不是唯一的，因而，教育学的理论也不可能是唯一的。

【关键词】教育学；核心范畴

中国特色社会主义教育理论体系必须首先确定它的主要特色、核心范畴和基本原理。理论体系必须是“原理性的理论”，有一以贯之的核心范畴和基本原理。理论之中的重要概念，称为范畴。理论要应用核心范畴论述原理，建立起新的整体结构，才可能有新的整体功能，从而实现教育创新，较好地解决中国当前存在的种种教育的问题。

核心范畴和基本原理是否正确，必须接受教育实践的检验，看是否有可操作性，是否能够解决问题。范畴形成、原理提出与问题解决，三者是一致的。不能解决问题的范畴和原理是空洞的、无效的。当代提出的素质教育理论、全面发展理论、终身教育理论，三者有相关性，需要建立大家基本认同的核心范畴，建构基本原理，进而发展教育理论。

一、研究中国特色教育理论的尝试

笔者曾论述过范畴形成、问题解决与方法产生这三者的一致性。① 论述核心范

① 查有梁：《科学方法与教育理论》，《中国社会科学》1990 年第 1 期。

畴，必然要论述与此相关的基本方法，以及有助于解决哪些问题。换句话说，研究核心范畴，要落实到问题解决。研究核心范畴，有理论意义，也有实际意义。明确教育学的核心范畴，对于建构中国特色社会主义教育理论体系是非常必要的。

在中国近现代，陶行知的“生活教育”，晏阳初的“平民教育”，都不是仅仅将教育局限在学校教育的范围之内，而是一种“大教育观”。毛泽东时代的“人民教育”，邓小平时代的“素质教育”，目的都在于提高中国人民的基本素质。当代社会，学校教育是教育的主要部分。教育学之中研究的核心范畴，大多数是学校教育的核心范畴。广义的教育学，应当包括家庭教育、学校教育、社会教育、自我教育。

教育是社会的一个子系统，子系统的文化称为“子文化”。教育“子文化”必然要受到社会“主文化”的深刻影响；同时，教育“子文化”也要影响社会“主文化”。中国特色社会主义教育理论体系是中国特色社会主义“主文化”的一个有机部分。中国特色社会主义教育理论体系包括：素质教育理论、全面发展理论、终身教育理论等等。这几种教育理论又是相互关联的。要深入研究教育理论，有必要系统研究教育学的范畴。

（一）素质教育的理论

素质教育是中国特色社会主义教育理论体系的一个新的关键词。“素质”这个词在中文里的原有含义是先天的特点、本来的性质。1985 年 5 月，邓小平在全国教育工作会议上，首次将“把教育搞上去”与“提高劳动者的素质”联系起来论述。

邓小平说：“我们国家，国力的强弱，经济发展后劲的大小，越来越取决于劳动者的素质，取决于知识分子的数量和质量。一个十亿人口的大国，教育搞上去了，人才资源的巨大优势是任何国家比不了的。有了人才优势，再加上先进的社会主义制度，我们的目标就有把握达到。”①

这里的“素质”，显然，既有先天的特点，又有后天的发展。“劳动者的素质”这一概念中的“素质”，既包含个体素质，又包含群体素质。例如，民族素质就是指群体素质。“素质”还可以理解为统计意义上的整体素质，它反映的是众多个体素质基础上的整体素质。

整体素质是个体素质的结构整合，是个体素质的统计平均值。邓小平在全国教育工作会议上所提出的“劳动者的素质”以及“知识分子的数量和质量”，是中国提出素质教育的真正缘起，直接导致了后来许多教育工作者对于素质教育的长期研究。这一研究还在深入进行之中。素质教育从提出到如今，已经二十多年了，学术界还没有取得基本共识。

有人将素质教育与“应试教育”联系起来，认为提出素质教育就是仅仅为了克服“应试教育”，提出我国的教育要从“应试教育”向素质教育转轨。这种理解，称为“转轨论”。“转轨论”比较狭隘，有局限性。

---

①《邓小平文选》第三卷，人民出版社 1993 年版，第 120 页。

素质教育从提出，到争论，有了不同于“转轨论”的另外解释，即“同一论”，认为素质教育就是“全面发展教育”。素质教育完全等同于“全面发展教育”，没有新的内涵。

一开始，笔者基本接受“同一论”的解读。但是，研究之后认为，二者并非完全同一。人的素质，有先天素质，有后天素质；有个体素质，有群体素质。现在的教育只能在后天素质方面发挥作用。研究先天素质，有利于因材施教。素质教育这个概念在慢慢演化，有可能成为一个科学概念。因为人的先天素质，通过人的DNA（脱氧核糖核酸）分析，也可以研究了。同时，群体素质，包括民族素质的科学研究，学术界还没有深入开展，成果不多。素质教育的理论尚需深入研究。

（二）全面发展的理论

科学发展观的提出，使“全面发展”这个概念大大扩展。科学发展观提出，要促进经济社会和人的全面发展。只有“全民终身的素质教育”，才可能使教育促进经济社会和人的全面发展。这里有了两个“全面发展”：其一，经济社会的全面发展，其二，人的全面发展。严格地说，还有其三，生态自然的全面发展。人的全面发展依赖于经济社会的全面发展和生态自然的全面发展。经济社会的全面发展和生态自然的全面发展又依靠于人的全面发展。

全面发展的理论是高层次的理论，必然要包括促进生态自然的全面发展、促进经济社会的全面发展和促进人的全面发展。这一更加广义的全面发展的理论，尚未建立起来。用中国古人的观点看，即是要包括“天、地、人”这三才的全面发展。而人的全面发展理论，只成为其中的重要部分。从这种意义上讲，全面发展的理论包括素质教育，因而，就会有不同于“同一论”的“包容论”。笔者认为，全面发展的理论包括素质教育，素质教育应该具体化和深化全面发展的理论。

人的全面发展理论，有必要在马克思研究成果的基础上，加以扩充、发展、创新。现在，笔者对素质教育的理解采用了“包容论”。“转轨论”是不可能的。“同一论”，忽略了有新内容。“包容论”可能使素质教育有独立存在的可能。这是一种新理解。

现在，我们理解的“素质”，已突破了原来的狭义的含义，成为既包含“先天的特点”，又包含“后天的发展”的广义的含义；既包含个体素质，又包含群体素质。“后天的发展”通常称为素养。我们中国人现在理解的“素质教育”中的“素质”，在英语中没有对应的词。

素质教育是含有两种意义的教育：既发挥先天的特点，又提升后天的发展；既有个体素质，又有群体素质。我们现在使用的“素质”一词已经包含了素养的意义，又不仅是素养的意义。笔者建议，“素质”一词就直接译为“suzhi”，“素质教育”一词就直接译为“suzhi education”。

素质教育是以提高人的素质，包括思想道德素质、文化科学素质、劳动技能素质、身体心理素质等为宗旨的教育。这是一种描述，而不是素质教育的定义。因为按照形式逻辑，素质教育的定义里不能有“素质”这两个字，如果有，那就是同语反复。按照上述对素质教育的描述，素质教育就是按照教育方针的全面发展的教育。素质教育与全面发展的教育、终身教育都有关，是终身全面发展的教育。

（三）终身教育的理论

国际 21 世纪教育委员会向联合国教科文组织提交的报告指出：“终身教育建立在四个支柱的基础上：学会认知、学会做事、学会共同生活、学会生存。”① 中国提出的提高人的“四大素质”，与国际上提出的教育的“四个支柱”，是全方位对应的。

素质教育与终身教育是有内在联系的。学会认知（learning to know）主要对应着提高文化科学素质，学会做事（learning to do）主要对应着提高劳动技能素质，学会共同生活（learning to live together）主要对应着提高身体心理素质，学会生存（应译为学会做人，learning to be）主要对应着提高思想道德素质。

为什么需要终身教育？因为一个人在学校里接受的教育，已不能满足社会发展的需要。进入 21 世纪以来，知识更新的速度大大加快，更是需要终身教育。另一方面，提高人的素质是不可能有终点的，人人都需要继续教育，需要“活到老，学到老”。终身教育观，必然引向素质教育。同理也可以说，素质教育观，必然导致终身教育。

1990 年，在泰国宗滴恩召开的世界全民教育大会上，联合国教科文组织、开发计划署、儿童基金会和世界银行等国际组织提出了“全民教育”（education for all）的概念。2000 年 4 月，联合国教科文组织在塞内加尔首都达喀尔召开的世界教育论坛，成为世界全民教育新的里程碑。会议拟定了《达喀尔行动纲领》，通过了六大教育目标，其中两项还成为当年的“联合国千年发展目标”，涵盖五个方面的内容：有质量的全民教育（quality education for all）；保障全民基本技能的教育（ensure basic skill for all）；全民的终身教育（lifelong education for all）；更强的全民教育（strong education for all）；全纳的全民教育（inclusive education for all）。简言之，“全民教育”成为主题词。

中国特色社会主义教育理论体系的主要特色是“终身提高素质的人民教育”，或表述为“全民终身的素质教育”。这是“大教育”，而不是仅仅局限于学校教育。这个“大教育观”一经确定，教育学的范畴，必然有相应的变化。教育学范畴的内涵也会有相应的变化。

在教育学的核心范畴中，有的是关系到整体的，较为宏观；有的是关系到群体的，较为中观；有的是关系到个体的，较为微观。为了简明，将这些核心范畴相对地分为三类：教育学的整体性范畴，包括“教育、素质、发展”；教育学的群体性范

---

① 联合国教科文组织总部中文科译：《教育——财富蕴藏其中》，教育科学出版社 1996 年版，第 87 页。有学者建议：学会生存（learning to be）应当改译为学会做人。周南照研究员指出：“to be”，在这里不应是“生存”、“存在”，而应是“to be human”，“to be a complete man”，即成为（真正意义上的）人，成为完整的人。教育的“四大支柱”，彼此是密切相关、不可分割的，其核心是学会做人。

畴，包括“教学、课程、考试”；教育学的个体性范畴，包括“学习、知识、思维”。对每一个教育学的范畴，笔者尝试应用辩证法和系统科学的方法进行论述。

二、教育学的整体性范畴

在宏观层次上，教育学的整体性范畴有：教育、素质、发展。

（一）教育：个人与社会

“教育”这一范畴，应用辩证法分析，需要处理好的一对范畴是“个人与社会”。

“教育是培养人的一种社会活动，它同社会的发展、人的发展有着密切的联系。”① 这一简明的定义中，就包含“人”与“社会”，同时，将“教育”这个范畴与“发展”这个范畴联系起来。教育既与个人相关，又与社会相关。近代教育史上有关教育应是“个人本位”还是“社会本位”曾经有长期争论，这是有关教育的一个大问题。个人与社会是对立的，但又是统一的。“教学”是“教育”的子集。按照教育学说，就是教学具有教育性。所以，本文将“教育”作为整体性范畴，而将“教学”作为群体性范畴，将“学习”作为个体性范畴。

应用科学发展观来理解，个人与社会并不矛盾。提高人的素质，有利于社会进步；社会发展良好，有利于个人发展。在“全民终身的素质教育”的观念下，个人与社会的辩证关系是能够较好解决的。在特定历史条件下的某个国家的教育，当太强调“个人本位”，以至于引向极端个人主义，显然，这时需要强调“社会本位”来平衡；在特定历史条件下的某个国家的教育，当太强调“社会本位”，以至于扼杀人的个性发展，显然，这时需要强调“个人本位”来平衡。这种波浪式的发展，在新世纪里，还将继续重演。只要不走到极端的状态，这种波浪式发展有其合理性。②

应用系统科学分析，教育包括：德育、智育、体育、美育等。中国的教育方针明确提出：“坚持教育为社会主义现代化建设服务，为人民服务，与生产劳动和社会实践相结合，培养德智体美全面发展的社会主义建设者和接班人。”素质教育就是按照教育方针进行的教育。就个人而言，素质教育就是德智体美全面发展。素质教育并不是离开教育方针的不可理解的教育思想。邓小平早就指出，要将教育方针推广到全社会，而不仅仅局限在学校教育之中。

在“全民终身的素质教育”的框架内，教育的目的，就是终身提高全民的素质。根据系统科学的整体原理，现代教育的主要特征是：

教育强调和谐：健康第一，以德育人，开发智慧，贯穿审美，具有系统性。

教育追求有效：让师生们用较少时间，能得到较大收获，具有科学性。

教育需要激发：用榜样和实例去激励，用问题和交流去启发，具有艺术性。

---

①《中国大百科全书·教育》，中国大百科全书出版社 1985 年版，第 1 页。

② 查有梁：《论新世纪的新教育》，《教育研究》2001 年第 4 期。

教育要求行动：实践出真知，训练出技能，经验出智慧，具有技术性。

每个人对于提高自身的素质，是没有止境的。教育必须伴随人的一生，从胎教开始，一直到死亡前的终极关怀。生前人是怎样的？死后人又怎样？人人都要面对这些问题。儒家的创始人孔子以“未知生，焉知死？”① 机智地不做正面回答。在古代，科学的水平很低，孔子的回答是老实的。但是，在中国的道家和佛家却给出了明确回答，我们尊重人们的宗教信仰，同时，我们也应当给出科学合理的、令人信服的解释。教育应是终身教育。

教育是培养人的社会活动。教育学通常认为属于人文社会科学，既有人文科学的属性，又有社会科学的属性。笔者认为，不能将教育学仅仅局限在人文社会科学的范围。例如，数学教育、物理教育、化学教育、生物教育、地理教育、农业教育、医学教育等等，以及综合的科学教育，就其内容和方法来说，主要是思维科学、自然科学、工程科学，我们能说这些学科也仅仅是属于人文社会科学的范围吗？

从系统科学的观点出发，笔者对教育学的学科属性，有了一点儿新的看法：教育学属于综合科学，它与思维科学、自然科学、工程科学、人文科学、社会科学都有关。教育方法是多种多样的，教育内容是丰富多彩的。教育学绝不能简单地视为人文社会科学。

教育学是综合科学，各学科的课程与教学，需要分门别类地加以研究和指导。用人文社会科学的方法指导自然科学的课程改革，或者，用自然科学的方法指导人文社会科学的课程改革，两者都存在局限和弊端。因而，如果教育学是一级学科，那么，一般课程论、一般教学论、学科课程论、学科教学论，都应当是二级学科。

教育学既是科学，又是哲学；教育学既是技术，又是艺术。教育学是四者的综合，是综合科学。这种认识既有理论价值，也有实际意义。

教育学是科学。从内容上看，教育学属于广义的科学的范畴。广义的科学包括思维科学、自然科学、工程科学、人文科学、社会科学，以及上述科学交叉而形成的综合科学。从方法上看，教育学要应用科学方法，即观察与实验、归纳与演绎、分析与综合、定量与定性等。系统科学为教育提供了现代科学的基础。

教育学是哲学。教育的内容和方法都与世界观、人生观、价值观紧密联系。每一位教师总是自觉不自觉地将世界观、人生观、价值观渗透在教育过程中。教育总有自己的认识论、知识论和方法论。哲学是关于世界观的学问，哲学要研究认识论、知识论和方法论。哲学是关于自然界、社会和人类思维及其发展一般规律的学科。教育过程中不可避免要联系世界观，还有认识论、知识论和方法论。因而，教育学是哲学。这似乎有点儿深奥，但十分明显。

教育学是技术。狭义的技术指人类发明的产品和人工制品，以及这种产品所需的知识体系。广义的技术，包括产品、知识、人员、组织、规章制度和社会结构。“因

①《论语·先进》。

特网技术”、“教育技术”都是广义的技术。教育当然有产品和人工制品：教材、教案、课件（主要指软件）、教具、学具等；特定的人员、组织、规章制度、社会结构等。教育要使用工具，从简单的粉笔加黑板，到复杂的网络加多媒体。教育学是技术，这要求教师要具有一定的技能。

教育学是艺术。从夸美纽斯《大教学论》1632年出版以来，教育学是艺术，已获公认。艺术的基础是情感，艺术哲理是美学。教育的艺术，其基础是教师和学生都要有情感投入；教育要求真、善、美的统一。教育过程既有逻辑思维，又有形象思维。教育是艺术，这是教育自身内在的要求。教育学是科学，它有科学美；教育学是哲学，它有理性美；教育学是技术，它有技术美；教育学是艺术，它有艺术美。教育学是四者的综合，它有整合美、统一美。教育学中的审美和立美是内在的。

教育学是综合科学，这就使我们在进行教育改革的时候，要认识到教育的多样性、复杂性、综合性。总结教育改革的经验和教训，我们需要正面地提出问题，我们需要正确地使用概念，我们需要认识限制性原理，我们需要理解教育的多样性，避免自上而下的“大一统”、“大跃进”、“简单化”的“折腾式”的改革。①

（二）素质：先天与后天

素质这一范畴，应用辩证法分析，需要处理好的一对范畴是“先天与后天”。在《中国大百科全书》、《国际教育百科全书》之中，过去没有素质和素质教育这些条目。这是中国现代教育学提出的新范畴。

素质既包含先天的特点，又包含后天的发展。素质是与结构相关的一个范畴。人的内部结构以及内部结构的变化能适应自然、适应社会、适应思维的发展，就是好的素质。好的素质表现在有好的功能。

素质这一范畴与教育学的基本原理关系紧密。在教育史上，夸美纽斯在《大教学论》中提出，教育的基本原理是“适应自然”；以后，第斯多惠在《德国教师培养指南》中增加“适应社会”这一原理；皮亚杰的《发生认识论原理》，实际是增加了“适应思维”的原理。要有效地提高人的素质，教育应当遵从的原理，正是“适应自然、适应社会、适应思维”。适应才可能进化，才可能发展。

现代生物学的成就，使我们逐渐解开了人类的遗传密码；现代心理学的成就，使我们逐渐接近理解人类学习的微观机制。这使我们知道，每个人的素质，既有先天因素，又有后天因素。21世纪生物技术的发展，有利于人们在分子遗传学的水平上，更好地认识人的先天素质。人的后天素质的提高，主要依赖于教育，包括家庭教育、学校教育、社会教育、自我教育。从一个人的遗传基因和体检结果、病历，可以了解这个人的先天素质；从一个人的家庭背景、学历和经历，可以了解这个人的后天素质。

人的思想道德素质：后天因素为主，也有先天因素。人的文化科学素质：后天因素为主，也有先天因素。人的劳动技能素质：有先天因素，有后天因素。人的身体心

---

① 查有梁：《论教育改革的限制性原理》，《教育科学研究》2013年第4期。

理素质：有先天因素，有后天因素。素质教育是有差异的教育，是有个性的教育，是要因材施教；不是要每个人平均发展，不是让所有的人接受相同的教育，不是形式主义的一刀切，不是非此即彼的绝对选择；必须强调“和而不同”。

应用系统科学分析，素质包括知识、技能、情感、交往等方面的素质。素质教育的释义应是：坚持科学发展观的教育，才是素质教育。素质教育一定是“全民终身的素质教育”。仅仅是学校教育，不可能达到素质教育的目的。全面提高每个人的素质，这需要终身教育。因此，素质教育一定是终身教育。

素质是中国特色社会主义教育理论体系的一个重要的核心范畴。教育是个大概念，素质教育是其中的一个子概念。古代的“武士教育”、近代的“绅士教育”、现代的“精英教育”等等，都不是素质教育。素质教育最鲜明的特点是：它要求人们改变过去对教育目的之纯功利主义观，不是以“升官”、“发财”、“出名”、“得利”等等为教育目的，而是以不断提高和完善人的各种素质为目的，使之真正成为一个终身学习的过程。

素质教育之目的观，有利于使教育的功能真正得到体现：既促进个人的和谐发展，又促进社会的和平发展，还要促进人与自然的协调发展。表面看起来，终身素质教育是否定了过去纯功利主义的教育目的观。从长远来看，它能协调教育“个人本位”和“社会本位”的矛盾，协调“人的发展”与“自然发展”的矛盾，最终这种教育使个人、社会、自然三者都得到协调发展，从而使人类获得最大限度的“功利”。

素质这一范畴，不仅是一个教育理论的范畴，而且是一个教育实践的范畴。个人素质的先天的特点，可以通过遗传基因的测定，帮助人们认识自己的优势和劣势。目前，至少在医学上，这有利于对遗传病的防治。在教育上，这有利于实施有远见的因材施教。这还需要做很大的努力，离实际的应用尚有一定的差距。但是，在艺术和体育方面有先天优势的人才，是很明显的，用不着测定遗传基因。个人素质的后天的发展，则可以应用调查统计的方法，进行具体操作。通过统计，我们可以发现规律，在变化中发现不变性。

在邓小平理论的指导下，从20世纪80年代中期开始，我们系统地研究了优秀教师的素质、优秀学生的素质、优秀校长的素质、优秀家长的素质，并于1991年出版了专著《教育人才素质研究》。经过十多年的调查研究，我们又有所改进，在《给教师的20把钥匙》（2007）一书中，向教师提供了10个教育人才素质调查的问卷。问卷A是优秀教师的素质调查，基本方法是：问卷设计40条，请学生选择10条，然后，进行统计，统计结果反馈给相关的人，供人们反思改进。

十多年来，调查的样本超过3万人。统计调查的结果，一次曾有50%以上的师生选择过的项目有：（1）有责任感；（2）重视品德教育；（3）有幽默感；（4）不刺伤学生的自尊心；（5）对学生一视同仁；（6）教学生动有趣，容易领悟；（7）知识面广；（8）敢于承认自己的失误；（9）有组织能力；（10）理解当代学生的思想；

（11）尊重学生，对学生关心爱护；（12）重视学生能力的培养。上世纪80年代，一位美国教育家对9万多名学生进行调查，归纳出优秀教师的12种素质：（1）有耐心；（2）良好的品德；（3）有幽默感；（4）尊重课堂上的每一个人；（5）公正；（6）颇有方法；（7）兴趣广泛；（8）有伸缩性；（9）对个人的关注；（10）宽容；（11）友善的态度；（12）良好的仪表。虽然，不同地方、不同年级、不同班级的学生是有差异的，但是，大多数学生对于优秀教师素质的看法是基本一致的。

上面对中国学生看法的统计结果与美国学生看法的统计结果几乎是一一对应的。笔者将序号调整了，以便每一序号的内容基本上是对应的。只有一条不同，美国学生选出了"良好的仪表"，这一条中国学生当然也是赞同的，只不过这一条的权重，低于"重视学生能力的培养"。良好的仪表显然既有先天因素，也有后天因素。教师职业需要将良好的仪表作为一个要素来考虑。上面的论述表明，人的素质是可以统计测定的，每个人可以有针对性地改进提高自己的素质。素质不是抽象的，而是具体的。素质教育不是口号，而是可以操作的。

（三）发展：全面与个性

"发展"这一范畴，应用辩证法分析，需要处理好的一对范畴是"全面与个性"。

"教育"这个范畴，同社会的发展、人的发展有着密切联系。教育学中必然要研究"发展"这一范畴。

在哲学、经济学、社会学、生物学等学科之中，"发展"都是一个核心范畴。在教育学中，关于个人全面发展的学说里，"发展"当然是一个核心范畴。"发展"这一核心范畴，有狭义和广义的理解。狭义的理解是个人发展，广义的理解是自然发展、社会发展、个人发展。"发展"这一范畴是关系到自然、社会和每一个人，应当将"发展"视为整体性范畴。

"发展"是与"过程"相关的一个范畴。生长、成长、进化、有序、创新的过程，即是发展。马克思关于个人全面发展的学说，是我们理解"发展"这一范畴的关键。马克思和恩格斯写道："只有在共同体中，个人才能获得全面发展其才能的手段，也就是说，只有在共同体中才可能有个人自由。"①

马克思和恩格斯在《共产党宣言》中又写道："每个人的自由发展是一切人的自由发展的条件。"②这些论述是相当深刻的。在经济上，整个世界（当然包括中国在内），正在从工业经济转变到知识经济的过程之中。工业经济重视物质生产，忽视了人的发展，把人当作工具，没有把人当作人。

马克思主义关于人的全面发展的学说，正是在批判资本主义工业经济造成了人的异化的基础上，提出了共产主义社会应当是以人的全面发展为目标。素质教育应当是全面发展的教育。科学发展观的要点是："发展"，"以人为本"，"全面协调可持续"，"统筹兼顾"。科学发展观之中的"发展"，是广义的发展，包括自然的发展、

---

①②《马克思恩格斯选集》第一卷，人民出版社1995年版，第119、294页。

社会的发展、个人的发展。

爱因斯坦十分强调教育的目的应当培养和谐发展的人。这与爱因斯坦所受教育的经历有关系。爱因斯坦十分肯定他在瑞士所受到的教育。爱因斯坦的这一思想是受了瑞士教育家裴斯泰洛齐的影响。裴斯泰洛齐提出，教育的目的在于发展人的一切天赋力量和能力，这种发展应是全面发展、和谐发展、自由发展。①

爱因斯坦认为，教育应使受教育者成为和谐发展的人，即不仅要学习专业知识，而且必须有道德，有正确的价值观和强烈的社会责任感。爱因斯坦指出："学校的目标始终应当是：青年人在离开学校时，是作为一个和谐的人，而不是作为一个专家。照我的见解，在某种意义上，即使对技术学校来说，也是正确的。"②

可持续发展的观点是"发展"这一范畴的重要内涵。可持续发展观也可以表述为：既要满足当代社会和人的发展，又要满足后代社会和人的发展。可持续发展观还包含以下思想：既要满足这一区域和这一群体人的发展，又要满足那一区域和那一群体人的发展。可持续发展观还包含以下思想：一个人这一时期的发展，要有利于下一时期的发展。可持续发展的观点，当然包括保护自然生态，保护生物的多样性。

引导学生保持身心健康，是一个人可持续发展的基础。这正是实施素质教育的关键。这正体现了"科学发展观，第一要义是发展，核心是以人为本，基本要求是全面协调可持续"③ 的要求。

社会的全面发展，包含更多的内容：科学发展、和谐发展、和平发展。"深入实施科教兴国战略、人才强国战略、可持续发展战略，加快形成符合科学发展要求的发展方式和体制机制，不断解放和发展社会生产力，不断实现科学发展、和谐发展、和平发展，为坚持和发展中国特色社会主义打下牢固基础。"④ 个人的全面发展与社会的全面发展是密切相关的。离开了社会的全面发展，个人是不可能得到全面发展的。

个人的全面发展与自然的全面发展是密切相关的。离开了自然的全面发展，个人也是不可能得到全面发展的。"建设生态文明，是关系人民福祉、关乎民族未来的长远大计。面对资源约束趋紧、环境污染严重、生态系统退化的严峻形势，必须树立尊重自然、顺应自然、保护自然的生态文明理念，把生态文明建设放在突出地位，融入经济建设、政治建设、文化建设、社会建设各方面和全过程，努力建设美丽中国，实现中华民族永续发展。"⑤

马克思主义关于人的全面发展的学说，在当今的中国，已经有了新认识：必须在社会全面发展、自然全面发展的基础之上，才可能实现人的全面发展。"和而不同"

---

① 查有梁、查宇著：《爱因斯坦与教育》，四川教育出版社 2008 年版，第 37 页。

② 许良英等编译：《爱因斯坦文集》第三卷，商务印书馆 1979 年版，146 页。

③ 胡锦涛：《高举中国特色社会主义伟大旗帜　为夺取全面建设小康社会新胜利而奋斗——在中国共产党第十七次全国代表大会上的报告》，人民出版社 2007 年版。

④⑤ 胡锦涛：《坚定不移沿着中国特色社会主义道路前进　为全面建成小康社会而奋斗——在中国共产党第十八次全国代表大会上的报告》，人民出版社 2012 年版。

是发展的共同规律。社会发展是各有特色性的发展，自然生态发展是多样性的发展，个人发展是有独特性的发展，等等，总的说来，“发展”这一范畴，需要处理好的一对范畴是“全面与个性”。全面发展不是一样的发展，而是多样的发展。

从“发展”这一核心范畴的内涵看，“大众教育”与“英才教育”是互补的。仅仅从学校教育的观点看，“大众教育”与“英才教育”差异太大，难以调和。进入卓越学校的学生与进入薄弱学校的学生相比较，差距很大。考上北京大学、清华大学的学生与考上一般地方大学的学生，差距很大。但是，从“全民终身的素质教育”的观点看，“大众教育”与“英才教育”既是对立的，又是能够统一的。从人才学的观点看，既有神童早慧，也有大器晚成。

中国实施“科教兴国”、“人才强国”、“可持续发展”三大发展战略，要求将“大众教育”与“英才教育”统一起来。我们不能仅仅以一个人在学校教育中是否成功，作为判断“英才”的唯一标准。“全民终身的素质教育”为每一个人成为“英才”，通常称为“杰出人才”，提供了平等的机会。“教育的机会均等”，在“全民终身的素质教育”的体制内，为每一个人成才提供了更大的可能性。中国在实施“科教兴国”、“人才强国”、“可持续发展”三大发展战略的基础上，为人的全面发展，提供更加广阔的空间。

在宏观层次上，整体性的三大范畴，即“教育、素质、发展”，是相互关联、相互影响的，有自身的内在联系。在过去的教育学中，论述了“教育”和“发展”这些范畴，没有系统地论述“素质”这一范畴，更没有论述“教育、素质、发展”这三个教育学范畴之间的辩证关系。

“教育、素质、发展”这三者的关系，类似于系统科学中的“结构、功能、涨落”三者的关系：既有确定性的一面，又有随机性的一面，三者之间存在“非线性”的复杂关系。“结构”与“功能”有确定性，而“涨落”具有随机性。① 随机性又称为不确定性。与此类似，“教育”和“素质”有确定性，“发展”具有随机性，由此，表现出教育的复杂性。

三、教育学的群体性范畴

在中观层次上，教育学的群体性范畴有：教学、课程、考试。

（一）教学：主体与客体

“教学”这一范畴，应用辩证法分析，需要处理好的一对范畴是“主体与客体”。

《中国大百科全书·教育》在“教学”条目中的释义是：“教师的教与学生的学的共同活动。学生在教师有目的、有计划的指导下，积极、主动地掌握系统的文化科

---

① 查有梁著：《系统科学与教育》，人民教育出版社1993年版，第53—57页。

学基础知识和基本技能，发展能力，增强体质，并形成一定的思想品德。”① 教学是艺术，必然与审美、立美有密切关系。教学与德智体美都有关。

教师是“教”的主体，学生是“学”的主体。各人皆具有主体性。发展人的主体性，发展人的个性，成为普遍认同的教学目标。通常将教学内容和学习材料定义为客体。在一定条件下，教师和学生又可以是互为客体的。人的认识是在主体和客体相互作用之中形成的。人的认识的结果即知识。知识既有主观性，又有客观性。在教学过程中，教师要发挥主导性，学生要发挥主动性。

第斯多惠指出：“我们必须首先考虑以下这些决定教学活动的因素。这就是：(1) 所教的对象，学生——主体；(2) 教学学科，教学内容和学习材料——客体；(3) 学生所处的时间、地点的外部社会关系；(4) 教师。”② 根据辩证法，我们知道，教师和学生都具有主体性；同时，在一定条件下，教师和学生又可以是互为客体的。

教师的教与学生的学共同组成的活动，即教学。这个有关教学的定义简单而明确。在学校里，教学活动是同时同步进行的，是共同组成的。学生是在教的环境里学，教师是在学的氛围里教。在学校教育之中，没有离开“教”的“学”；同理，也没有离开“学”的“教”。有人提出“先学后教”，或“先教后学”。很明显，这种提法不符合“教学”范畴的基本定义。

教学是相长的。《礼记·学记》里就精辟地写道：“学然后知不足，教然后知困。知不足，然后能自反也。知困，然后能自强也。故曰：教学相长也。”③ 教师在教学中要发挥教的主导性，所以，教师要“传道、授业、激趣、解惑”；学生在教学中要发挥学的主动性，所以，学生要“自学、讨论、合作、探究”。两者不是截然对立的，而是相互包容的。有人提出：教学方式要由“教师传授”转化为学生“自主、合作、探究”的方式。这是没有正确理解“教学”范畴的内在含义。

应用系统科学分析，教学的主要方法有：启发、示范、移情、研讨、合作。对教师而言，教学中要“晓之以理、导之以行、动之以情、传之以神、合之以道”；对学生而言，教学中要“思考接受、活动探究、情感体验、合作交流、整体领悟”。

教师晓之以理，学生思考接受，这主要是“认知模式”；教师导之以行，学生活动探究，这主要是“行为模式”；教师动之以情，学生情感体验，这主要是“情感模式”；教师传之以神，学生合作交流，这主要是“群体模式”；教师合之以道，学生整体领悟，这主要是“整合模式”。上述5种教学模式两两组合，可以得到一个5×5的矩阵，共有25种教学模式。教学模式是多种多样的，每一种教学模式都有它应用的条件和局限性，要辩证和系统地理解和应用教学模式。④

---

①《中国大百科全书·教育》，中国大百科全书出版社1985年版，第150页。

②［德］第斯多惠著，袁一安译：《德国教师培养指南》，人民教育出版社2005年版，第98页。

③《礼记·学记》。

④ 查有梁著：《中学之精神》，四川教育出版社2009年版，第191—194页。查有梁：《教学模式的矩阵结构》，《江苏教育学院学报》2009年第3期。

孔子提倡启发式教学。孔子说："不愤不启，不悱不发。"① 这指出了启发式教学的精华。教师提出问题或从学生的提问中选出问题，教师要让学习的主体，即学生思考"问题"；学生要达到"心求通而尚未通"，"口欲言而未能言"② 的"愤悱"状态，这种状态就是渴望得到知识的状态。然后，教师再分析问题，解决问题，加以讲解，从而使学生较好地掌握知识。学校的班级教学中，教与学是同步的，教与学不可分割，要让学生达到"愤悱"状态，才是启发式教学。

笔者在《"启发—创新"教育模式建构》一文中阐述了启发和创新有极其深刻的内在联系。③ 人类尚未解决的一个问题，某人"愤悱"了十年，突然顿悟，问题解决了，这就是重大创新。启发和创新的共同点就是"愤悱"。教学是传授人类已知的知识，教学的技巧之一，就是教师要把握让学生"愤悱"的时间。学生与科学家"愤悱"的时间，差别巨大啊！教师在教学中要把握探究方法，难度相当大。

从历史上看，孔子和柏拉图的教学模式，基本上属于"对话型"；夸美纽斯、赫尔巴特、凯洛夫的教学模式，基本上属于"讲练型"；杜威和蔡元培的教育模式，基本上属于"自学型"；陶行知和苏联合作教育学的教学模式，基本上属于"合作型"；朱熹和钱学森大成智慧教育的教学模式，基本上属于"研究型"。这些教学模式并不是势不两立，非此即彼，而是互为补充，连贯一致。

维果茨基提出了"最近发展区"的概念。④ 他强调了教学在发展中的主导性作用，论述了教学的关键不在于通过训练强化内部的心理机能，而在于激发形成目前还不存在的心理机能。他提出，只有走在发展前面的教学才是好的教学。实际上，他提出了在适应的基础上，要超越。

教学论中阐述的教学原则，既有量力性原则、可接受性原则，又有高速度、高难度原则。前者表明教学要适应，后者表明教学要超越。适应与超越的关系是对立统一的辩证关系。消极的适应，效率低；积极的适应，效率高。积极的适应，就是要求超越。

从终身教育的观点看，在学校教育中，教师的主导性突出，同时，要强调学生的主动性；在非学校教育中，学习者的主动性突出，但是，广义的"教师"也是不可缺少的。教师的主导性和学习者的主动性的充分发挥，有机结合，是提高教学效率的关键。

在"全民终身的素质教育"的体制内，"教学"这一范畴的内涵，大大地扩展了。从经济上看，发展模式已从"粗放型"向"集约型"转化。"粗放型"即主要依靠资本和劳动力，而较少依靠技术进步去增长经济；"集约型"即主要依靠提高劳动

---

① 《论语·述而》。

② 朱熹《论语集注》卷四："愤者，心求通而未得之意。悱者，口欲言而未能之貌。"

③ 查有梁：《"启发—创新"教育模式建构》，《课程·教材·教法》1999 年第 10 期。

④ 杜殿坤、高文：《维果茨基教育思想评介》，余震球选译：《维果茨基教育论著选》，人民教育出版社 2005 年版。

者素质，以及主要依靠技术进步去增长经济。与此相应，教学的发展模式也必须由“粗放型”转化为“集约型”，即由主要依靠师生“拼体力”、“占时间”进行教学，转变为主要依靠师生的主体性、科学性进行有效教学。

（二）课程：设计与实施

“课程”这一范畴，应用辩证法分析，需要处理好的一对范畴是“设计与实施”。

泰勒的名著《课程与教学的基本原理》①，第一章讲“学校应该达到哪些教育目标”，第二章讲“如何选择可能有助于达到这些目标的学习经验”，第三章讲“如何为有效的教学组织学习经验”，第四章讲“如何评价学习经验的有效性”。前两章是有关课程的设计，后两章是有关课程的实施。

课程是指课业的内容和进程。课程既包含有学科的逻辑结构，又包含有教学的实施进程。“课程”这一范畴与“教学”这一范畴是密切相关的，两者有强烈的相互影响。课程的设计影响课程的实施，通过具体的教学，才可能评价课程；课程的实施又反作用于课程的设计，通过教学的评价，才可能改进课程。课程的设计与实施必须是“自上而下”与“自下而上”相结合，从师生中来，到师生中去。根据课程实施中师生的反馈意见，课程与教材一般5年就要修订一次。

“教学”范畴的定义是：教师的“教”与学生的“学”共同组成的活动。教师和学生是教学的主体，教学需要处理好的一对范畴是“主体与客体”。“课程”范畴的定义是：课业的内容和进程。课程是客体，包括教学学科、教学内容和学习材料。课程需要处理好的一对范畴是“设计与实施”。

教学论与课程论有关联，但是，从这两个核心范畴的定义就知道：教学论与课程论的研究对象是有明显差异的。因而，用教学论来包含课程论，称为“大教学论”，或者，用课程论来包含教学论，称为“大课程论”，都是违背逻辑的。用数学语言说，教学论与课程论这两个“集合”有“交集”，但是，两者不是包含与被包含的关系。从事课程建设的人与从事具体教学的人，是不同的两大群体。

在学校教育中，对于学科课程，从内容看有：思维科学的课程（主要是语言学、数学、逻辑学等）、自然科学的课程（主要是物理学、化学、生物学等）、人文科学的课程（主要是音乐、美术、文学、艺术等）、社会科学的课程（主要是政治学、经济学、社会学、法学等）、综合科学的课程（哲学、历史、地理、教育学、心理学等）。

在学校中，对于不同的课程，学习特点是很不相同的。学习自然科学课程，学习的特点是“实验探究，问题理解”；学习语文课程时，学习的特点是“熟读经典，写作讲演”。学习社会科学课程时，学习的特点是“调查讨论，研究问题”。学习技术科学时，学习的特点是“设计方案，操作实验”。学习艺术科学时，学习的特点是“模仿鉴赏，审美立美”。语文、艺术课程的学习方式与科学、技术课程的学习方式是很不相同的。

---

①［美］泰勒著，施良方译：《课程与教学的基本原理》，人民教育出版社1994年版。

课程的设计，特别是“顶层设计”，一定要科学合理，符合逻辑，符合实际。中国从2001年开始的第8次课程改革中，课程改革专家将“知识与技能，过程与方法，情感态度与价值观”设计确定为“三维目标”。请注意：2001年6月8日，经国务院同意，教育部印发的《基础教育课程改革纲要（试行）》（以下简称《纲要》）并没有“三维目标”这四个字的提法！将“三维目标”确定为课程设计的总目标，这是不科学的。

什么叫“维”？《现代汉语词典》解释为：“几何学及空间理论的基本概念。构成空间的每一个因素（如长、宽、高）叫作一维，如直线是一维的，平面是二维的，普通空间是三维的。”初中学生就已经知道，一维就是一个因素。如果一维里有多个因素，必然引起逻辑混乱。《中国大百科全书·数学》对“维数”这一条目也有科学的释义。

正如“教学”是“教育”的一个子集一样，“课程”也是“教育”的子集。教学具有教育性，课程具有教育性。课程的总目标，就只能是教育目标。教育目标应当就是德智体美全面发展的目标。将“三维目标”确定为课程的总目标，显然，有片面性，忽略了体和美，概念也混乱了。

布卢姆的《教育目标分类学》将教育目标分为“认知”、“情感”和“动作技能”三个领域。这种分类，可以称为三维。每一维也是单一因素，每一维有明显区别。这是符合逻辑的，但是，也有片面性。

十多年来课程改革提倡的“三维目标”，每一维都不是一个因素，而是两个，甚至三个因素。“三维目标”的每一维不是独立的，而是相互包含的。新课程改革理念的设计一开始，内在逻辑上缺乏连贯一致，不能自圆其说。于是，在实施过程之中困难重重，导致得不到外在经验的证实。一维里面是多个因素，而且，三维之间，重叠严重，逻辑是紊乱的，基本概念是错误的。

在教学论之中，知识与技能，也从来都是作为二维来研究的。把知识与技能硬性定义为一维，这就是创新吗？这不是创新。知识重在逻辑性，技能重在操作性。知识的评价方式与技能的评价方式，差异很大。例如，学习流体力学与学会游泳，这是完全不同的学习。在知识与技能这二维之中，就包含了过程，也包含了方法。如果将过程与方法又作为独立的一维，这就必然造成在确定课程目标、教学目标时，搞重复，搞混乱，搞繁琐。

2001年课程改革之初，这种“三维目标”就成为所有的学科课程的总目标，每一个学科的课程标准和教材编写都要求体现“三维目标”。“三维目标”成为“大一统”的课程目标。后来，全国的教师被要求在每一节课中都要落实“三维目标”。“三维目标”成为“大跃进”的教学目标。这种“概念混乱”的运动式的课程改革，必然是给基础教育带来大折腾。①

① 查有梁：《十年新课程改革的统计诠释》，《教育科学研究》2012年第11期。

不同课程的设计与实施，有不同的方法。应用系统科学分析，课程分为正规课程和非正规课程。正规课程分为必修课程和选修课程，非正规课程分为正式课程和非正式课程。正式课程包括活动课程和专题课程，非正式课程主要指潜在课程。非正式课程分为正常课程和非正常课程。正常课程包括生活课程（如看电视、旅游等等），非正常课程指随机性的课程（如救火、抗灾等等）。① 上述课程的系统分类，是适合于“全民终身的素质教育”的课程分类。我们应当从广义上理解“课程”这一范畴。

（三）考试：形成与选拔

“考试”这一范畴，应用辩证法分析，需要处理好的一对范畴是“形成与选拔”。

考试是应用多种方法，检查和评价一个人在某一方面的素质所达到的水平。考试主要有两大功能：其一，检查学生是否达到了教学目标；其二，选拔人才。通过考试，既可以“在形成中选拔”，也可以“在选拔中形成”。不应当将形成与选拔截然对立起来，两者有差异，但也可以统一。

应用系统科学分析，从内容上看，考试有：知识的考试、技能的考试、艺术的考试、交往的考试。现阶段，进入高等学校的考试制度主要是着重知识的考试，着重选拔有学术才能的学生，这有很大的局限性。今后，考试制度的改革，既要有利于选拔学术型人才，又要有利于选拔技能型人才、艺术型人才、服务型人才、管理型人才等。学生根据自己的爱好和特长，分别进行考试，不必都挤在学术型人才这一个“独木桥”上。考试制度应当架起选择不同人才的“立交桥”。

系统科学的反馈原理告诉我们：任何系统只有通过信息反馈，才可能实现有效控制，从而达到预期的目的。考试正是一种有效的反馈形式，促进教师和学生反思，从而提高教学效率和教学质量。学校教育的考试中，一个最大的弊端是教师总是考试的主动方，而学生总是考试的被动方。这造成了许多消极和负面的结果。我们要研究和实施通过学生主动展示自己的学习成果来考试。这是改进考试的途径之一。在学校教育中，教师出题考学生，学生出题考自己，学生相互出题考试，三种考试方法交替进行，这应该是考试改革的思路之一。

在我国，“应试教育”已成为一个完全负面的词，所有违反教育规律的做法，例如，加班加点、假期补课、题海战术、死记硬背、猜题押题、考试作弊、弄虚作假、损害健康、恶性竞争等，都归结为“应试教育”。所有违反教育规律的做法，都是危害师生健康的，人民不满意，政府不支持，不利于国家发展。因此，这种“应试教育”必须坚决反对，强力制止。没有哪一位教师会心甘情愿赞成这种做法。这种做法害教师、害学生、害家长、害国家。有人将“应试教育”理解为升学率高。升学率高并非不好。“应试教育”这一概念，相当混乱。笼统地说我国的教育就是“应试教育”，不符合实际。

考试，特别高等学校的入学考试，简称高考。高考的突出优点是“机会均等”、

---

① 查有梁著：《教育建模》，广西教育出版社 2003 年版，第 254—258 页。

“一视同仁”、“注重公平”，是一种民主的制度。在当今，出高考题的人不是由“皇帝钦定”的，而是有真才实学的学科专家，以及大学教师和中学教师。每一道考题都要研究它的信度、效度、难度、区分度，因此，绝大多数考题是出得较好的。当今中国的高考制度不仅讲公平，而且有效率，能在较短时间内选拔出人才。从整体上看，高考是一种好制度。目前，还没找到一个比现行高考制度更好的选拔人才的制度。十年“文化大革命”中，中国曾经取消高考，做过试验，带来极为惨痛的教训。对于高考制度，每一个具体的人不一定都喜欢，可能很多人不喜欢；但从整体看，它有利于国家和人民。

遵从教育规律进行教学，又显著提高了学生的考试能力，这与素质教育并不冲突。许多学校正是这样做的，取得了很大成效。但在狠批“应试教育”，并一律要求“转型”的压力下，许多校长和教师认为，这“只能做，不能说”。口服心不服，这是很不正常的。在当今，一个学生不会应对考试，行吗？升学要考试，求职要考试，当公务员要考试，当教师要考试，当管理人员要考试，留学要考试，在中国要考试，到外国也要考试。不会应对考试，连一个维持生计的工作都难找到。不会考试，这是贴近生活吗？不会考试，能与国际接轨吗？①

我们当然不能迷信考试。考试制度仅仅有利于选拔人才，但不一定有利于创新。笔者的感受是，哪一天你不必去应对考试了，哪一天你的创造性才可能得到较大发展。所以，在人一生几十年的时光中，选拔性考试，不要太多。考试制度本身是一个民主的制度。至于在考试操作中出现的种种弊端，需要“德治”来引导，“法治”来治理。这并不是考试本身的弊端。

从培养“创新杰出人才”看，应当有两种方式让人们取得博士学位：其一，通过考试，得到读研究生的资格。读完一定的课程，提交博士论文，在论文评审通过后，取得博士学位。这通常称为“课程博士”。其二，不通过研究生考试，不读课程。对于某一个重要而又未能解决的问题，经过独立研究或合作研究，有所突破，有所创新，写成论文，提交给有授予博士学位资格的大学或科研院所，在论文评审通过后，取得博士学位。这通常称为“论文博士”。在一些发达国家，通过这两种方式都可以取得博士学位。我们国家至今只有前一种方式。笔者认为，两种方式都有，才有利于发现和培养“创新杰出人才”。爱因斯坦就是“论文博士”。

从“全民终身的素质教育”的观点看，考试的方式应当多样，要体现出各人皆具有主体性。从这一观点看，必须改变对考试的理解，必须进行考试的改革。在中国，人人都不满意所谓的应试教育，但应试教育的各种现象却又相当严重。考试一定要兼顾公平与效率。

“考试”这一个范畴，与“教学”和“课程”这两个范畴密切相关。不同类型的教学，不同类型的课程，应当有不同类型的考试，千万不能一刀切。在“全民终身的

① 查有梁著：《课程改革的辨与立》，重庆大学出版社2009年版，第35—38页。

素质教育”的体制内，考试形式必然多样。

与课程的系统分类相对应，考试可以分为正规考试和非正规考试。正规考试分为必修考试和选修考试，非正规考试分为正式考试和非正式考试。正式考试包括活动考试和专题考试，非正式考试主要指潜在考试。非正式考试分为正常考试和非正常考试。正常考试包括生活考试（如看电视、旅游等等），非正常考试是指随机性的考试（如救火、抗灾等等）。

考试的系统分类，是适合于“全民终身的素质教育”的考试分类。在教育系统里，“考试”是与“评价”相似的一个范畴。我们应当将“教学、课程、考试”结合起来深入研究“考试”这一范畴的合理内涵，广义地理解“考试”这一范畴。

在中观层次上，群体性的三大范畴，即“教学、课程、考试”是相互关联、相互影响的，有自身的内在联系。在过去的教育学中，论述了“教学”和“课程”这些范畴，但是，较少系统地论述“考试”这一范畴，更没有系统论述“教学、课程、考试”这三个教育学范畴之间的辩证关系。

“教学、课程、考试”这三者的关系，同样既有确定性的一面，又有随机性的一面，三者之间存在“非线性”的复杂关系。“教学”和“课程”有确定性，“考试”具有随机性，由此，表现出教育的复杂性。

四、教育学的个体性范畴

在微观层次上，教育学的个体性范畴有：学习、知识、思维。

（一）学习：他主与自主

“学习”这一范畴，应用辩证法分析，需要处理好的一对范畴是“他主与自主”。

根据系统科学的原理，学习的定义是：学习者吸收信息并输出信息，通过反馈和评价知道正确与否的整个过程，称为学习。“学习”这一范畴与“教学”这一范畴是相关的。教学中包含有学习，学习中又包含有广义的教学。但是，两者又有明显的差异。学习通常是与个体相关的，而教学通常是与群体相关的。

学校教学的整个过程，既有自主，又有他主。一个人从小到大，学习的过程肯定既有他主，又有自主。即使是成年人，学习一项新的知识与技能，也会有他主与自主。不能简单地说：他主坏，自主好。人是学习的主体，他总要选择好学习的客体。任何人的有效学习，都需要有广义的教师和广义的课程。

人才成长过程中，自学是非常关键的。爱因斯坦的成长道路就充分说明自学的重大意义。爱因斯坦12岁自学了神圣的几何学小书，13岁自学了康德的《纯粹理性批判》。① 12—16岁自学了基础数学，包括微积分原理，还自学了一些理论物理。他说

① 赵中立、许良英编译：《纪念爱因斯坦》（译文集），上海科学技术出版社1979年版，第112页。

他的有关知识“主要靠自学得到的”，“热衷于深入理解，但很少去背诵”。在大学里，他仍“以极大热忱在家里向理论物理学的大师们学习”。自学已经形成良好的习惯，他“广泛地自学不过是原有习惯的继续”。①

爱因斯坦如果仅仅局限于学校教育所给予的那些知识，他决然不能创立相对论。1905 年，爱因斯坦创立狭义相对论，否定了牛顿的绝对时空观，揭示了时间的相对性。爱因斯坦写道：“对于发现这个中心点所需要的批判思想，就我的情况来说，特别是由于阅读了戴维·休谟和恩斯特·马赫的哲学著作而得到决定性的进展。”②

要培养学生自学的习惯和能力，就得给予学生充足的自学时间。学生在学校学习，完成基本的功课，当然是重要的，对于基础课，如语文（包括外语）、数学，要求应当明确、适当。除了完成必需的学科作业之外，必须保证学生有自由翱翔的时间和空间，让每个学生有发展自己的特点和爱好的天地，要尽可能提供这种发展的条件。否则，培养独立思考、独立判断、独立行动的能力就难以实现。

在系统科学中，自组织与他组织相结合的原理有三大要点：其一，复杂的人工系统需要自组织，要发挥自组织的作用，方能形成有内聚力、内动力的人工系统；其二，复杂的人工系统又需要他组织的协调、控制，方能使系统有序地得到发展；其三，系统的自组织与他组织必须有机结合，方能形成有效的、优化的系统。上述三点缺一不可。

教育系统是在自组织基础上形成他组织的系统，应当遵循自组织与他组织相结合的原理。个体的学习也是在自组织基础上形成他组织的系统。

按照认识论，依学生学龄的成长顺序，由浅入深有八种基本学习模式。（1）婴儿时期的主要学习方式是“感知模式”：主体活动，感知中学。（2）幼儿时期的主要学习方式是“游戏模式”：游戏为主，从玩中学。（3）小学时期的主要学习方式是“具体模式”：形象为主，具体地学，情境交融，直观地学。（4）初中时期的主要学习方式是：抽象为主，形式地学，逻辑为主，历史地学。（5）高中时期的主要学习方式是：重视猜测，顿悟中学。（6）大学时期的主要学习方式是：重视结构，转换中学；（7）研究生时期的主要学习方式是：综合分析，创造中学；（8）博士后时期（专家）的主要学习方式是：比较包容，发展中学。③

“自主、合作、探究”学习方式的应用是有条件的，这些高层次的学习方法主要适用于研究生和成人的学习。在学校的基础教育之中，只能够由浅入深，由低到高，适当渗透“自主、合作、探究”学习方式，而不能以“自主、合作、探究”学习方式为主。自主方法并不完全适合基础教育，因为常常容易导致放任，不利于儿童成长。探究的方法，适合于自然科学的课程，但并太不适合于其他课程。语文和外语的

---

①② 许良英等编译：《爱因斯坦文集》第一卷，商务印书馆 1971 年版，第 43、24 页。

③ 查有梁著：《教育模式》，教育科学出版社 1993 年版，第 44—54 页。

主要学习方法是阅读和写作，而不是探索；数学的主要学习方法是思考与练习；艺术课程的主要学习方法是鉴赏和创作；技术课程的主要学习方法是设计和制作。合作的方法，也并非对人人都适合。首先要强调独立思考、独立行动，在此基础上才会有较为有效的合作。

应用系统科学分析，学习的主要方法有：接受、探究、审美、合作、领悟。根据教学的不同内容，可以有五种不同的学习模式：逻辑内容，选择“思考接受模式”，即问题思考，主动接受；操作内容，选择“活动探究模式”，即活动探究，尝试实践；情感内容，选择“形象体验模式”，即形象感悟，情感体验；交往内容，选择“合作交流模式”，即交流反思，合作分享；综合内容，选择“整体领悟模式”，即整体把握，领悟实质。

“全民终身的素质教育”要求每个人都要终身学习。在教育上和学习上不能急于求成，不能搞“大跃进”，不能搞一刀切，要因材施教，要因才择学。终身教育，终身学习，这是实现教育平等的唯一途径。终身教育，终身学习，也是解决学生负担过重、解决教师负担过重的有效途径。

（二）知识：感性与理性

“知识”这一范畴，应用辩证法分析，需要处理好的一对范畴是“感性与理性”。

知识是在主体与客体相互作用的过程中生成和建构的。知识的生成和建构既需要感性，又需要理性。感性知识与理性知识既是对立的，又是统一的，感性知识与理性知识不可分割。同时，不可能有孤立的知识，知识总是相互联系而形成有一定系统的“知识链”。经验论重视感性知识，理性论重视理性知识，两者需要统一起来。

经验论与理性论互补。经验是理论的基础，又可以检验理论；理论不是由经验推知出来的，理论是人们思维的创新！经验与理论各自独立而又相关。唯经验论是片面的，唯理性论也是片面的。经验来自于实践，又必须上升到理论，狭隘的经验论应避免；理论的原理要能够解释经验，又必须回到实践中接受检验，狭隘的唯理论应避免。

认识的结果是知识。认识有感性认识和理性认识。同样，知识有经验知识和理论知识。认识论提出：从感性认识到理性认识，再从理性认识到具体实践，这是认识的基本过程。知识论提出：经验知识可以检验理论知识，理论知识是实践基础上的自由创新。感性认识和理性认识，二者不可缺一；同样，经验知识和理论知识，二者不可缺一。

老子写道：“道可道，非常道；名可名，非常名。……无名天地之始；有名万物之母。……故常无，欲空虚以观其始物之妙；常有，欲以观其徼。……此两者，同出而异名，同谓之元。元之又元，众妙之门。”① 老子认为，知识有两大类：一类是可

①《道德经·第一章》。

以言传的知识，一类是不可言传的知识。理性知识通常可以言传，经验知识通常不可言传。

当代国际公认的知识是两大类：一类是编码化的知识（codified knowledge），一类是隐含经验类知识（tacit knowledge）。

经济合作与发展组织（OECD）认为："知识可以分成：知道是什么的知识（know-what），知道为什么的知识（know-why），知道怎么样做的知识（know-how），知道是谁的知识（know-who）。知识的概念比信息要宽广得多。信息一般是知识的 know-what 和 know-why 范畴。这些也是最接近市场商品和适合于经济生产函数中经济资源的知识类型。其他类型的知识特别是 know-how 和 know-who 方面的知识，是属于'隐含经验类知识'（tacit knowledge），更难于编码化和度量。""学习的一个基本方面是将隐含经验类知识转化为编码化的知识并应用于实践，进而又发展出新的隐含经验类知识。"①

这一论述将"知识"的概念提高到了现代科学的水平，同时，也充分显示了"感性与理性"丰富的辩证关系。

"知识就是证实了的真的信念（knowledge is justified true belief）。"② 知识是基于"信念、真和证实"三要素构成的。知识是一种信念。知识要被大家接受，一是需要证实，二是需要确定是"真的"。知识必然要接受两大考验：其一，在逻辑上，是否整个信念体系具有内在的连贯一致；其二，在操作上，是否得到外在的具体经验的支持。简言之，要具备内在的连贯一致和外在的经验支持。

任何知识，如果内在逻辑缺乏连贯一致，知识应用的结果，往往得不到外在的经验支持。同理，知识如果得不到外在的经验支持，往往内在逻辑缺乏连贯一致。但是，检验知识真理性的最终判断，是需要有整体经验的支持。内在的连贯一致和外在的经验支持的整合，才是判断知识的真理性最低限度条件。整体经验包括历史的经验和现实的经验，是各类经验的总和。

波普尔提出"三个世界"的理论。③ 世界 1，是指物质世界。按照中国的说法，可以理解为天、地、人的世界。宇宙演化、生物进化、人类社会进化，发生在世界 1。世界 2，是指人的精神世界。人类意识的进化、思维模式的进化、知识创新的本源，发生在世界 2。世界 3，是指人的知识世界。客观知识的进化、知识系统的演化、知识创新的认同，发生在世界 3。我们说"三个世界"，即物质世界、精神世界、知识世界。

人类认识世界的结果，即知识。知识创新与世界 1、世界 2、世界 3 都有关系。

---

① 经济合作与发展组织（OECD）编，杨宏进、薛澜译：《以知识为基础的经济》，机械工业出版社 1997 年版，第 6—10 页。

② 胡军著：《知识论》，北京大学出版社 2006 年版，第 66 页。

③［英］波普尔著，纪树立编译：《科学知识进化论》，生活·读书·新知三联书店 1987 年版，第 409—410 页。

人类对于知识的“发现”，基础在世界 1。人类对于知识的“发明”，基础在世界 2。知识的“发现”是世界 1 所固有的。知识的“发明”是人类的自由创造。人的所有认识的结果，即知识，形成世界 3。世界 3 里既有“发现”又有“发明”。“三个世界”里都有人。因为有人，才可能形成“三个世界”。物质世界、精神世界、知识世界，既有独立性，又有相关性和整体性。

研究人怎样认识世界的，发生在世界 2，其研究成果是“认识论”。研究人认识世界的结果，即知识，形成了世界 3，其研究成果是“知识论”。“认识论”与“知识论”是相关的，但是，有重大差异。不可能用“认识论”来代替“知识论”，也不可能用“知识论”来代替“认识论”。仅仅重视“认识论”，或仅仅重视“知识论”，都有片面性。

“认识论”强调认识的过程。“知识论”强调知识的结构。从哲学上看，过程与结构，都是同样重要的哲学范畴。因此，在哲学中，应当给予“认识论”和“知识论”同等重要的地位。我国在很长的时间里，重视“认识论”而忽视“知识论”，甚至对于当代的课程改革也带来了负面影响。

基础教育要重视知识教育，这是世界教育的普遍追求。在中学阶段，就要让学生理解什么是知识，怎样获得知识。“知识论”已成为许多国家中学生的必修课。笔者去实地听课，对于这一课程的评价是：“知识论”，这是一门很独特的融合各学科的思维课程，类似于我国高中的“辩证唯物主义常识”，但又不是太抽象，而是更加与高中各学科知识相结合，能有效提升学生的创造性思维。①

应用系统科学分析，知识的形成途径有：经验、概念、体验、检验。只强调经验，不重视概念，这是片面的；同样，只强调主观的体验，不重视客观的检验，这也是片面的。形式主义地看待知识，必然轻视知识，这不利于人才的成长和发展。我们需要辩证地看待知识，经验、概念、体验、检验是生成和建构知识所不可缺少的。

（三）思维：同化与调节

“思维”这一范畴，应用辩证法分析，需要处理好的一对范畴是“同化与调节”。

《中国大百科全书·心理学》中有“思维”的条目。“思维活动是由一定的问题引起的，并指向问题的解决。”“思维突出地表现在获得知识和应用知识去解决问题方面。”“思维与语言有着密切的关系。许多心理学家认为，语言不仅是人们交流思想的手段，而且也是正常人进行思维的工具。概念是思维的基本因素。”② 重大的概念称为范畴。每一学科必须研究它的核心范畴，才有助于我们科学思维。

在教育学里，“思维”范畴与“知识”范畴密切相关。学习的目的之一也在于获得知识和应用知识去解决问题。从大脑的机能看，“学习、知识、思维”这三大范畴

---

① 查有梁著：《教育的生命怒放：科学与人文纵贯》，南京师范大学出版社 2010 年版，第 82 页。

②《中国大百科全书·心理学》，中国大百科全书出版社 1991 年版，第 355—356 页。

是联系在一起的。

问题解决的过程即思维。按照皮亚杰的发生认识论，人们在问题解决时，仅仅纳入已有的图式，这是同化；问题解决时，需要改变内部图式，建构新的图式，这是调节（又称为顺应）。可见，作为问题解决的思维，既有同化，也有调节。

皮亚杰在《发生认识论原理》等重要著作中，论述了“适应思维”的原理，即“适应个性”的原理。“适应包括了同化和调节两种作用和机能。通过同化和调节，人的认识结构就不断发展，以适应新的环境。皮亚杰把适应看作智力的本质。通过适应，同化和调节这两种活动达到相对平衡。”①

应用系统科学分析，思维可分为四大类：逻辑思维、操作思维、情感思维、交往思维。②

逻辑思维的特点是：人应用语言、数学、逻辑（包括形式逻辑、辩证逻辑、数理逻辑）等文字、数字、符号，通过抽象概念去解决问题。与逻辑思维等价或近似的表述是：理论思维、形式思维、抽象思维、辩证思维。

操作思维的特点是：人应用实物、仪器、机器等，通过动手操作去解决问题。与操作思维等价或近似的表述是：经验思维、具体思维、行动思维、实验思维。

情感思维的特点是：人应用图像、音乐、模型等，通过体验到的形象去解决问题。与情感思维等价或近似的表述是：形象思维、艺术思维、直觉思维、审美思维。

交往思维的特点是：人与人之间应用调查、统计、讨论等，通过交流、互动、反思去解决问题。与交往思维等价或近似的表述是：互动思维、反思思维、换位思维、统计思维。

《论语·述而》中写道：“子以四教：文、行、忠、信。”孔子用四种方式教育学生，恰恰对应着上述四种思维模式：文化知识，强调逻辑思维；行为实践，强调操作思维；忠心处世，强调情感思维；信约交际，强调交往思维。可以用四句通俗的话来表述上述四种思维模式：“晓之以理”，应用逻辑思维；“导之以行”，应用操作思维；“动之以情”，应用情感思维；“传之以神”，应用交往思维，即在交往中传播出精神实质。在解决教学问题时，“晓之以理，导之以行，动之以情，传之以神”四种思维方式都应用到，教学效果难道不会改善吗？这四种思维模式也对应着现代心理学强调的四要素：知、行、情、意。

应用系统科学分析，人的全面发展包括知识、技能、情感、交往等方面的发展。从微观的角度看，实质是人的思维发展，在强调个人全面、充分、自由、和谐发展的同时，并不排除个人有特长，有个性，有创新，有独特的发展。教师的专业发展包括：系统的专业知识（逻辑性）、讲授演示的技能（操作性）、人文艺术的修养（情感性）、社会交往的能力（交往性）。这也要求教师全面发展，同时也要求教师有不

---

① ［瑞士］皮亚杰著，王宪钿等译：《发生认识论原理》，商务印书馆1981年版，中译者序。

② 查有梁：《论思维模式的分类及其应用》，《教育研究》2004年第1期。

同的教学风格，以及有个性的人格魅力。

根据思维类型，认识教学内容和基本课型是非常必要的。

根据思维类型，可得知教学的五大内容，由此，可得知十种不同的课型：逻辑的内容，有概念课、原理课；操作的内容，有实验课、实习课；情感的内容，有鉴赏课、创作课；交往的内容，有讨论课、评议课；综合的内容，有绪论课、复习课。不同的教学内容，就有不同的课型，教师就应当分别选择不同的教学模式。

根据思维类型，认识教学模式也是非常必要的。根据思维类型，可得知教学的五大内容，由此，可得知五种不同的教学模式：

逻辑内容，选择“认知模式”。启发，问题入手，由浅入深，晓之以理。

操作内容，选择“行为模式”。示范，动手尝试，讲练结合，导之以行。

情感内容，选择“情感模式”。鉴赏，潜移默化，审美立美，动之以情。

交往内容，选择“群体模式”。交流，讨论展示，画龙点睛，传之以神。

综合内容，选择“整合模式”。综合，开放综合，引导创新，合之以道。

素质教育在基础教育阶段，要求为学生打好“四基”：基本知识，基本技能，基本态度，基本方法。要培养学生的“四能”：发现问题的能力，提出问题的能力，分析问题的能力，解决问题的能力。

要培养学生的“四能”，就需要有四种基本的思维。用逻辑方法发现问题、提出问题、分析问题、解决问题，即是逻辑思维；用实验方法发现问题、提出问题、分析问题、解决问题，即是操作思维；用艺术方法发现问题、提出问题、分析问题、解决问题，即是艺术思维，或称为形象思维，或称为情感思维；用交往方法发现问题、提出问题、分析问题、解决问题，即是交往思维。

在实际应用中，大多是应用整合方法，是上述方法的两两组合，以及更多的综合，方能较好地解决问题。用整合方法发现问题、提出问题、分析问题、解决问题，即是系统思维。“思维”这一范畴与“能力”这一范畴是等价的。“能力”是“思维”的外在表现。“思维”这一范畴可以包容“能力”。

以上，在微观层次上，个体性的三大范畴，即“学习、知识、思维”，是相互关联、相互影响的，有自身的内在联系。在过去的教育学中，论述了“学习”和“知识”这些范畴，但是，较少系统地论述“思维”这一范畴，更没有系统论述“学习、知识、思维”这三个教育学范畴之间的辩证关系。

“学习、知识、思维”这三者的关系，同样既有确定性的一面，又有随机性的一面，三者之间存在“非线性”的复杂关系。“学习”和“知识”有确定性，“思维”具有随机性，由此，表现出教育的复杂性。

本文提出的教育学的三大类范畴，共九个教育学的核心范畴。这三大类范畴之间的关系是：整体性范畴要制约群体性范畴和个体性范畴，群体性范畴要制约个体性范畴；反之，个体性范畴要影响群体性范畴和整体性范畴，群体性范畴要影响整体性范畴。这三大类范畴的关系也呈现出“非线性”的复杂关系。

本文不是简单地罗列教育学的九个范畴，而是分为三个层次，形成了教育学的新的理论结构。这三大类教育范畴内部的三个范畴，也形成了新的理论结构，因而就有了新的功能。

深入研究教育学的三大类范畴，深入研究教育学的九个核心范畴，有利于解决当前教育学领域存在的一些难点问题。本文是有关教育学核心范畴研究的新尝试，是教育学范畴的新组合、新解释，其目的是为建构中国特色社会主义教育理论体系提供新思路。

五、结语

教育学理论应当有自己学科的核心范畴、基本原理，其目的是要能够解决教育学提出的重要问题，探索同教育的客观事实更加一致的理论，并接受教育实践的严格检验。本文应用辩证法和系统论阐述教育学的核心范畴，试图将“素质教育”、“全面发展的教育”、“终身教育”、“全民教育”联系起来、连贯起来、整合起来，从而探索一种新的中国特色社会主义教育理论。

现代的科学哲学告诉我们：选择核心范畴建构学科新理论，并没有必然的“逻辑通道”，而是人们的一种“自由创造”，人们有很大的“创新空间”。因而，中国特色社会主义教育理论不可能只有一种。建构多种多样的理论，相互比较，相互竞争，有利于知识的增长，有利于科学的进步。理论的合理性在于要符合事实，在于能够更好地解释现象，在于可以回答更多的问题，在于要经受住实践的检验。并非任何一种“自由创造”的理论都能够得到人们的认同。然而，经受了实践的检验，得到人们认同的理论，也并非“终极的理论”。世界上没有“终极的理论”，理论自始至终处于发展之中。

素质教育的新概念，是在中国现代社会的文化背景下提出的，不是“全盘西化”的产物，也不是“全盘复古”的产物，而是一种创新。本文提出素质教育就是“全民终身的全面发展教育”，而且“全面发展理论”应当包括“自然生态的全面发展”、“经济社会的全面发展”、“个人的全面发展”。素质不仅包括个体的素质，而且有群体的素质，以及整体的素质。整体的素质是指人类和生存的环境。系统的素质教育理论尚在探索建构之中。

教育的内涵早已突破学校教育的范围，但是至今，学校教育仍然是教育学研究的重点。广义的教育又称为“大教育”，包括家庭教育、学校教育、社会教育、自我教育。教育学的核心范畴，首先，要在学校教育范畴内自圆其说，同时，也要适用于“大教育”，即要经受“大教育”实践的严格检验。教育学的核心范畴总是在创新中建构，在试错中进步，在批判中发展。

（责任编辑　曾红梅）

王北生　1956年生，河南偃师人。教育学博士、教授。河南大学教育学原理专业博士点牵头导师。现任河南大学教育科学研究所所长、郑州师范学院副院长。全国优秀教育工作者，河南省优秀专家。国家社科基金（教育学科）评审组专家。兼任中国教育学会教育学分会常务理事，河南省教育学研究会理事长，河南省教师教育研究中心主任。先后主持完成国家级科研项目3项，省部级科研项目8项；主持的两项教学改革成果在2005年、2009年均获普通高等教育国家级优秀教学成果二等奖；个人学术专著有《教学艺术论》、《马克思主义教育思想与现时代》、《教育的应用探索》；主编的学术著作有《生命的畅想——生命教育视阈拓展》、《德育艺术论》等10部。发表学术论文80多篇，其中多篇被《新华文摘》、人大报刊复印资料等转载。

《当代教育基本理论研究之系统思考》导读

当代教育基本理论研究之系统思考*

王北生

【摘要】当代教育基本理论研究，是对当代教育理论问题的基本梳理、分析和整体认识及探索。根据当代教育基本理论问题研究面临的三个需要——深化研究的需要、扩展研究的需要、教学的需要，本文分为五部分进行探讨：一是从研究的逻辑思路与重点研究问题，论述了如何系统思考；二是关于教育学元问题研究，主要论述了教育学的学科属性、教育学的学科品性、教育学的学科立场三个问题；三是关于教育的基本问题研究，着重论述了教育内涵、教育本质、教育功能、教育价值、教育目的、教育制度六个理论问题；四是关于教育的基本关系问题研究，着重论述了教育与人的发展、与社会进步、与生产劳动结合、与生活结合四个重要的关系问题；五是关于教育的方法（论）问题研究，重点论述了教育应关注和应用当代新出现的研究方法，尤其是教育研究中应重视和吸收几种当代新思潮新理论的方法。

【关键词】当代教育；基本理论；理论研究；系统思考

教育基本理论是对教育问题的基本认识和整体理解。当代教育基本理论研究是对当代教育理论问题的基本梳理、分析和整体认识及探索。本文旨在系统地对当代教育基本理论研究的逻辑思路与架构进行梳理与论述，力求体现出基础性与继承性、系统性与学术性、时代性与创新性等特点。本文主要以纲要的形式论述当代教育基本理论研究之逻辑架构。

一、概述

（一）研究的逻辑思路与架构

笔者认为，当代教育基本理论研究的逻辑思路与架构可分为四大部分：一是关于

* 本文为作者主持的河南省哲学社会科学规划课题“当代教育基本理论面临的反思与应答”与河南省教育科学规划课题“多元文化视阈下现代教育科学方法研究”两个课题研究的部分成果总结。李桂荣、刘黎明、魏宏聚等同志参与了课题研究。

教育学元问题研究；二是关于教育的基本问题研究；三是关于教育的关系问题研究；四是关于教育的方法（论）研究。教育基本理论研究传统上主要研究"基本问题"和"关系问题"，即应主要围绕教育与人和教育与社会两大主线展开。之所以把教育学元问题研究和教育方法（论）问题研究列入其中，缘于当代教育基本理论问题研究面临的三个需要：深化研究的需要，扩展研究的需要，教学的需要。这种包含虽然在逻辑上不一定恰切，但考虑到这些问题对教育学科发展至关重要，而其他学科又不可能对这些专题进行综述。所以，把它们纳入其中，是"不恰切"中的"较为恰切"。①

1. 教育学元问题研究

主要研究教育学的逻辑起点、教育学的研究对象、教育学的学科属性、教育学的学科品性、教育学的学科立场、教育学史、元教育学、教育学的本土化与中国教育学。

2. 教育的基本问题研究

着重研究教育内涵、教育本质、教育功能、教育价值、教育目的、教育制度，结合当代特点可分别表述为：教育内涵（意蕴）的三维解读、教育本质的争鸣与评述、教育功能的驳辨与转向、教育价值的冲突与整合、教育目的的评析与调适、教育制度的演进与创新。

3. 教育的关系问题研究

着重研究教育与人、与社会、与生产劳动、与生活结合几个重要的理论关系问题：教育与人的发展、教育与社会进步、教育与生产劳动结合、教育与生活结合。

4. 教育的方法（论）研究

着重探讨教育研究方法论、教育研究的范式、传统常用的教育研究方法、新增的教育研究方法、当代教育研究应增强的意识、教育研究与当代新思潮。

（二）本文研究的重点问题

1. 教育学元问题研究

重点探讨教育学的学科属性、教育学的学科品性、教育学的学科立场。

2. 教育的基本问题研究

主要探讨教育内涵、教育本质、教育功能、教育价值、教育目的、教育制度六大基本问题。

3. 教育的关系问题研究

重点研究教育与人、与社会、与生产劳动、与生活结合几个理论关系问题。

4. 教育的方法（论）研究

重点研究教育应关注和应用当代教育新出现的研究方法，教育研究应注意增强的

---

① 冯建军主编：《教育基本理论研究20年（1990—2010）》，福建教育出版社2012年版，"前言"第1页。

四种意识，教育研究中应重视和吸收几种当代思潮的方法。

二、教育学元问题研究

教育学的元问题研究包括逻辑起点、研究对象、学科属性、学科品性、学科立场、教育学史、元教育学、教育学的本土化与中国教育学。这里重点探讨教育学的学科属性、教育学的学科品性和教育学的学科立场这三个重要问题。

（一）教育学的学科属性

教育学的学科属性（性质）、学科品性（品格）和学科立场是教育学发展中相关联的三大重要问题。“教育学的学科属性不仅是一个关涉教育学作为一门学科的基本地位与价值取向问题，更是一个关系教育学作为一门学科的前途命运的重大问题。”① 1978 年后，随着教育学的繁荣发展，学者们提出了教育学的学科性质问题，主要因为教育学学科体系不够完善，经济学、社会学等都有自己的概念、范畴、体系和理论，但教育学都是从其他学科中“拿来”的，是“大杂烩”，没有自己的东西。学科体系不完善，构建体系按照什么标准？是按照自然科学的还是社会科学的，抑或其他的？在当前的时代背景下，又有学者提出了不同的观点。

1. 对教育学学科属性的不同理解

（1）教育学是一门社会科学。我国较早的一些教育学教科书和教育学辞典都认为教育学属于社会科学，典型的表述如“教育学就是研究教育现象和教育问题，揭示教育规律的科学”。

（2）教育学属于人文科学。认为教育乃是人的教育，它来自人自身，又为着人自身、发展人自身，因此，教育学本质上属于人文科学。②

（3）教育学要走向综合化，属于综合科学。随着对教育学研究的不断深入，我国的许多教育理论工作者提出了教育学研究要走向综合化的观点，既要用社会科学的方法，吸收相邻学科的成果，又要用自然科学的方法，吸收自然科学的研究成果，在表述中使用“教育学是一门科学”。例如《中国大百科全书·教育》认为：“教育学具有综合性、理论性和实用性的特点。需要用哲学、政治学、经济学、社会学、生理学、心理学、病理学、卫生学等方面的知识，对教育进行综合性的研究。”③ 陈元晖在《一般系统论与教育学》一文中从系统论的原理出发，认为：“教育学如果真正吸收系统概念，就必须走‘科学统一的道路，把自然科学与社会科学的结合，作为建立新教育学的道路。”④ 近年有学者指出，教育学在历史发展中呈现出从人文科学到社

---

①《教育研究》编辑部：《2012 中国教育研究前沿与热点问题年度报告》，《教育研究》2013 年第 2 期。

② 张楚廷：《教育学属于人文科学》，《教育研究》2011 年第 8 期。

③《中国大百科全书·教育》，中国大百科全书出版社 1985 年版，第 182 页。

④ 陈元晖：《“一般系统论”与教育学》，《教育研究》1990 年第 3 期。

会科学，进而到综合科学的发展趋势。教育学作为一门综合科学相对比较适宜，也更有利于教育学学科的自身发展。①。

（4）教育学的玄学之维。有学者提出教育最终要实现的是心、性的转化和提升，要达到内在领悟、道德智慧、默观洞见、内省感知、美感表现，不能完全靠科学化来实现，而必须发展教育学的玄学之维。发展教育学的玄学维度就是要在教育学研究中实现由重视知识技能的掌握向重视心灵发展、内在认知、内在领悟的玄学转向。②

2. 对教育学学科属性的认识

究竟怎样理解教育学的学科属性？我们既要从现代科学技术、新兴学科的发展和新的方法论出现的时代背景考虑，又要从教育学的现实出发去考虑。为此，笔者提出以下观点：教育学要顺应现代科学的时代精神，走综合统一的道路。

（1）教育学要兼顾人文与社会两种取向，走向综合统一。教育学是一门社会科学表明了教育学的“工具化”取向，为社会服务和为社会培养人才从而推动社会的发展。教育学是一门人文科学表明了教育学的“人本化”取向，重视人的生存与发展。但随着社会的进步和发展，教育学必须兼顾两种取向，走向综合统一。这样才符合人类社会发展的需要和教育学自身发展的要求。实际上“教育学的玄学之维”也应归属到“人本化”取向，只是重点强调教育对人之心灵的引导和对人之灵魂的塑造。

（2）教育学要顺应现代科学的时代精神，走向科学统一。现代科学既高度分化，又在更高层次上综合，出现综合化、整体化的发展趋势。这成为现代科学发展的时代精神。贝塔朗菲从系统论的原理出发研究提出了科学走向综合的观点。③ 科学的综合，即自然科学与社会科学的大综合是历史发展的必然趋势，未来将出现科学大综合的高潮，人类关于自然——社会统一性、整体性、协调性的认识将会出现新的突破。路甬祥曾提出21世纪的工程师至少要回答四个方面的问题：①会不会做——专业技术的要求；②值不值得做——经济学、管理学的要求；③可以不可以做——社会学、法律的要求；④应该不应该做——伦理学、生态学的要求。这是科学综合在一个工程师身上的表现，作为一个工程技术人员，也需要使自身的自然科学知识和社会科学知识达到有机的结合，完美的统一。当然，具体化的综合不是各占50%，而是根据需要的有机的结合和融合。

因为教育学研究的是复杂的教育——人的问题，所以必然涉及自然科学、社会科学和人文科学的众多领域，需要吸收相关学科的成果。为此，教育学必然具有“综合科学”的特性，必须走以人文科学为特色的自然与社会科学相统一的道路，这是由教

---

① 王洪才：《教育学：人文科学抑或社会科学？——兼与张楚廷先生商榷》，《教育研究》2012年第4期。

② 谭维智：《教育学的玄学之维》，《教育研究》2012年第5期。

③ 转引自陈元晖：《“一般系统论”与教育学》，《教育研究》1990年第3期。

育学本身的学科性质所决定的。然而，当前的教育学既要有危机意识，又要坚守住自己的阵地，还要加强反思、批判精神，不断创造条件，为教育学的发展开辟出通往科学的大道，尽快实现教育学的科学化。

（二）教育学的学科品性

品性即品质性格，具体为品质的性格和特征。品性是立人之本，不同的人有不同的品性（品质性格）。学科也大体如此。不同的学科因其研究对象和方法等的差异会有各不相同或有差异的品性。如教育学的学科品性与哲学的抽象性和思辨性的学科品性就有区别。“学科品性是一门学科在发展过程中表现出的稳定的综合特征，是学科完整性、独立性的重要体现。教育学的学科品性是教育学在研究对象与方法、学科命脉与追求等方面表现出的稳定的综合特征，是教育学巩固自身学科地位的重要保障。”①

1. 对教育学学科品性的不同理解

对教育学学科品性或品格的理解，学术界出现了不同的提法和观点。

（1）真正的教育学应该是理论品格和实践智慧的融合。在这种融合中，基于中国教育的根本问题，秉承教育理念，以制度规范为支撑，使教育理论与教育实践不断地相互作用，共同升华。②（2）当代教育学应具有精神品格。该观点从一种道家哲学的视角提出，认为教育学具有消解二元对立、崇尚整体和谐的精神，具有打破自我中心、抱雄守雌的品格，具有百川归海、和于道中的气魄。③（3）教育学应有科学品格。客观性、合理性、真理性、实践性与发展性是教育学科学品格的五重体现。④（4）从教育学术提出具有批判与解放性。教育学术必须致力于实现教育本体价值。这规定了批判与解放性是教育学术的本质品性。张扬批判与解放本质品性，建构关于教育及发展人性的新知和真识，教育学术才能使自己获得坚实学术合法性。⑤（5）教育学具有文化品性。中国教育学具有其独特的文化品性。文化自觉意识的形成是中国教育学文化品性得以建立的基础与前提。要克服中国教育学无“中国味”的处境，就必须从文化视角追问之、审思之。⑥（6）“四种品性”说，即“生命品性、实践品性、历史品性与境界品性代表着教育学的学科品性，任何类型或派别的教育学说与实

---

① 赵鑫：《论教育学的学科品性》，《现代教育管理》2012 年第 9 期。

② 张权利：《教育学的理论品格和实践智慧》，中国教育学会教育学分会教育基本理论专业委员会第十三届学术年会论文，2011 年 9 月。

③ 董海霞：《试论当代教育学的精神品格——一种道家哲学的视角》，《内蒙古师范大学学报（教育科学版）》2006 年第 5 期。

④ 刘红军：《教育学科学品格的五重体现,》，《河南广播电视大学学报》2007 年第 3 期。

⑤ 王巨光：《论教育学术的批判与解放品性——兼论新时期教育学术的根本性问题》，《现代大学教育》2011 年 5 期。

⑥ 姜勇：《论教育学的文化品性》，《教育理论与实践》2007 年第 13 期。

践都在一定领域和程度展现了上述四重品性。"① 此外，还有学者认为教育学具有伦理品性和对话品性。

2. 对教育学学科品性的认识

总结教育学术界对教育学学科品性或品格的观点，大约有十几种，但笔者认为最能体现教育学稳定的综合特征的学科品性有以下五种。

（1）科学品性。教育学的科学品性强调：一是在教育教学中要选择科学的知识，传递科学的知识，对话（与学生的对话交流）科学的知识；二是坚持批判精神，明辨是非、善恶分明，坚持真理、批判伪科学；三是教育教学方式方法的科学，用科学的方式方法传递科学的内容，达到内容与形式的高度统一。

（2）实践品性。"生命本身就是一种实践，是人的思想、精神及人生感悟的一种实践，实践是人的生命的存在方式。生命不是一个抽象物，生命通过活生生的实践而得到表达。"② 教育学是极富实践特色的学科，是基于实践的，付诸行动的，是在提升学生生命的活力和质量的实践中进行的。其实践品性强调：一是要坚持理论与实践的有机结合，即理论品格与实践智慧结合，避免空洞、说教和不接地气的理论，坚持陶行知的"教学做合一"的思想；二是要根据人的不同年龄和发展阶段，采用有区别的实践教育方式方法，做到因材施教。

（3）生命品性。人的生成完整性要求教育要达到的两个目的：一个是实在目的，即使受教育者的现在和未来能够很好地适应现代社会发展与生产的需求；另一个是超越的目的，即超出受教育者自然存在的直接需求，指向生命自我，生命心灵的畅适自足，生命意义的建构与提升。只有两个目的交融相汇，人才能成为完整生成的全面人。教育学不同于其他学科，就在于把人看作是一个具有完整性、独立性、个体性的生命存在，是一个有情感、有个性的完整的生命；它更加全面关注、研究人的发展、生命的提升，最终实现人的全面发展。因此，教育学必须体现生命品性，以学生生命为出发点，去研究人与社会的发展与进步，具体做到：一是要从观念上强化以激发生命活力与提高生命质量开展教育，二是要从行动上加强学校乃至家庭及社会生命教育的研究与实施。

（4）文化品性。教育学不同于自然科学各学科的文化品性，如数学的文化特性是抽象性与逻辑性，也不同于社会科学的文化品性，而是以其独特的文化品性为受教育者树立一个精神价值尺度，对人的思维方式、价值观和行为规范产生积极的影响。教育学的文化品性，首先体现在教育"以文化人"的本质上，教育通过传承、创造和更新文化、促进文化的交流和融合影响人培养人；二是教育学不搞价值中立，有自己的价值立场，明确表明赞同什么、反对什么，以其正确、主流的价值观影响和培养

① 赵鑫：《论教育学的学科品性》，《现代教育管理》2012年第9期。

② 叶澜主编：《"生命·实践"教育学论丛（第二辑）：立场》，广西师范大学出版社2008年版，第89页。

学生的价值观。

（5）精神品性。人之为人，精神属性极为重要，精神属性使人区别于其他生物。“从某种意义上说，使人成为人的，是人的精神……精神包括了人之为人的全部，表现了一个人的整体性和完整性。所以，黑格尔才说，人的本质是精神。”① 教育学的精神品性就在于使人精神的丰富、意义的创生和价值的形成。具体做到：引领学生学会思考、学会创新；引领学生学会爱、学会做人；引领学生学会追求意义与崇高；引领学生弘扬人文教育传统、追求和谐；坚持自由探究的科学精神；养成反思与批判精神等。

（三）教育学的学科立场

这里从教育学（学科）立场的提出与讨论，经过分析提出个人的“三维一体”的教育学（学科）立场观点。

1. 教育学学科立场的提出与研讨

（1）从教育学的危机到教育学立场的提出。关于教育学立场提出的背景，叶澜从“教育学的学科立场问题的提出，始于有意识地将教育学建设成一门学科之时”进行了回顾与总结，接着分析了19世纪下半叶后多次由新因素而产生的教育学危机，具体从“内裂危机”和“外解危机”两个方面进行了详细的分析。②

（2）关于教育学立场的研讨及争论。中国教育学会教育学分会教育基本理论专业委员会于2005年8月召开第十届年会，将“教育学的学科立场”问题确定为主题并进行了研讨。会上出现了不同观点，可概括为十种：一是教育学无立场；二是教育学的责任伦理立场；三是坚持教育学的实践立场；四是人与社会的和谐是教育学的立场；五是教育学的“人学”立场，或马克思主义人学立场；六是坚持教育学的科学人文主义立场；七是中国立场即本土立场；八是回归教育生活世界的立场；九是教育学的生命立场；十是坚持教育学的多元化的立场。③ 这里不再一一详述。郑金洲主编的《中国教育研究新进展·2005》把教育学的学科立场的探讨主要概括为四种：一是本土立场，二是实践立场，三是生命立场，四是非决定论立场。④

实际上，不管上述十种立场观还是四种立场观，不管是教育立场还是用教育学立场或者教育学科的立场，主要围绕“人学立场”、“生命立场”、“实践立场”等展开讨论，实际上都是以人为出发点和怎样培养人、发展人为目标，都必须走育人为根本的立场道路。

2. 教育学立场的多维度分析

笔者在这里借鉴教育学立场研究的成果，对教育学的立场进行多维度分析，尝试提

① 王啸著：《教育人学》，江苏教育出版社2003年版，第258页。

② 参见叶澜主编：《“生命·实践”教育学论丛（第二辑）：立场》，广西师范大学出版社2008年版，第7—18页。

③ 参见《教育研究》2006年第1期发表的由宋剑、董标整理的会议综述。

④ 参见郑金洲主编：《中国教育研究新进展·2005》，华东师范大学出版社2007年版。

出教育学应坚持“三维一体”的学科立场，即从三个维度来分析教育学的学科立场。

（1）教育学立场的“原点·基础”：人之生存与发展。人是教育的出发点，是教育的对象，是教育存在的前提，是教育理论研究的中心。教育的世界是人的世界，“人”是教育学的核心概念。

用“原点”表述教育学的立场，是针对当前我国教育中对人（学生）发展的漠视而提出的。顾明远①和叶澜②都分别用“原点”表述了他们的观点。

“原点”观点的提出有着坚实的基础，即人学是教育学学科立场的基础，研究和思考教育学问题，必须以人学理论作为基础。从教育的产生和发展看，人始终是教育的主体，离开了人就不会有教育，就此而言，教育学即人学，或称教育人学。教育人学主要研究：人的存在与教育，人的本质与教育，人的自由、发展与教育，人的价值与教育，人的主体性与教育，人的理性、非理性与教育，人的素质与教育，人的平等、公平与教育。

我们要以人学理论为基础，坚持教育以人为本进行探讨，重点研究教育中的人与自然和社会的关系，人的主体能动性的发挥与促进社会发展；人的本质属性与人的活动的主体性，教育中如何发挥人的主体能动性，包括处理人的理性和非理性的关系；教育中如何体现人的自由、个性的发展，如何提升人的价值，最终提高人的素质。

只有把人学作为教育学理论的基础，才能真正回到教育的“原点”，这是最根本的立场问题。只有以人学作为教育学研究的基础，才能真正重视和解决人面临的生存与发展问题，也才能克服教育中“见物不见人”的“物化教育”的弊端，真正解决学生的生存与发展问题。

（2）教育学立场的“指向·目的”：具体生命与自觉。教育学的立场的明确指向就是人的生命，而且是具体的生命，其目的是追求生命自觉。为什么教育学立场的“指向和目的”是具体的生命和追求生命自觉，并把它作为教育学研究的核心呢？这是因为“生命的自觉意识和生命发展的反思能力，对于个体生存与发展有着十分重要的意义”；“‘生命自觉’是人的精神世界的能量可以达到的一种高级水平，只有自觉的人才能对自己的发展有自觉意识，才能明确自己发展的需要和目标，并结合外界条件和自身状况对未来发展作出判断和决策，进而自觉掌握自己的命运。”③ 教育学是一门关注人、研究人、造就人，使人追求“生命自觉”、学会“生命自觉”、成就“生命自觉”的学问；教育学以培养学生积极、能动、成功的发展，学会“生命自觉”为己任。

人应是完整的存在：人不仅有理智，还有情感；不仅有抽象之思，还有丰富之

① 顾明远：《教育要回归“人的发展”原点》，《中国教育报》2011年7月11日。

② 叶澜、李政涛：《为“生命·实践”教育学派的创建而努力——叶澜教授访谈录》，《教育研究》2004年第2期。

③ 叶澜主编：《“生命·实践”教育学论丛（第二辑）：立场》，广西师范大学出版社2008年版，第89—90页。

趣；人是追求生命价值和生活意义的存在。真正的教育应把人看作是一个具有完整性、独立性、个体性的生命存在，是一个有情感、有个性的完整的生命。而要激发个体生命的活力，发挥个体生命的灵性，提升个体生命的境界，就要培育生命自觉。

（3）教育学立场的“方式·方法”：生命实践与律动。教育学的存在方式在于“生命实践与律动”，从某种意义上说，实践是人之生命的本质所在，离开实践，人之生命就失去存在的方式。在这里笔者提出教育学是生命引导与发展之学、是生命实践与律动之学的观念。此观念着重强调教育者心中、眼中、行中要发挥三种作用。一要有积极的“人性善思”，即“心中要有人性的善”。教育者的心中要多积极定向，少消极定向，多假设人性是善的，人是可以接受教育的，经过教育人是可以有道德、有知识、有文化、可以成才的。这是教育的前提。二要有鲜活的“生命之感”，即“眼中要有鲜活的生命”。教育者要明确受教育者是具有主动性生命形式的人，是具有能动性、积极性、主动性、创造性的与无生命的物和有生命的植物、动物有着本质的区别的活生生的人，为此，教育和教学的一切设计与环节都要体现“生命之感”，体现出“生命之教”与“生命之学”，体现出生命的鲜活性与流动状态，切忌“目中无人”，无视主动的生命存在。三要有律动的“实践之行”，即“行中要闪现律动与个性”。

综上所述，这三个方面紧密相连，相互支撑，三维一体，缺一不可。教育学必须以人为出发点，以人的个体生命为前提，以研究人、发展人、提升人的生命质量为宗旨，以培养学生学会生命自觉为己任，以开展教育的生命实践和律动为方式方法。

三、教育的基本问题研究

（一）关于教育内涵的三维解读

怎样理解“教育”的深邃含义？这里提出从“三维度”去理解的思路，即从“目的”、“基础”、“真谛”相对应提出。

1. 教育以育人为目的

（1）教育是以育人为目的的实践活动。教育是对人的教育，是以人为对象、为了人的发展和素质提高、以育人为目的的实践活动。对教育的理解，不论是从字源与字义的理解，从中外教育家和现代学者对教育的大量阐释，还是《中国大百科全书·教育》和《教育大辞典》从广狭二义的权威性解释，以及众多版本的教育学著作与教材的定义解释，其核心内容不变，即教育就是一种以育人为目的，为了人的发展和人自身素质提高的实践活动。鲁洁把“教育”理解为“人之自我建构的实践活动”①。石中英根据从社会和个体两个角度的分析，给出“教育”的定义是：“教育

① 转引自王啸著：《教育人学》，江苏教育出版社2003年版，第381页。

是在一定社会背景下发生的促使个体的社会化和社会的个性化的实践活动。"① 柳海民认为教育通过"培养人的活动而作用于社会"②。

（2）育人是教育意义的根本所在。教育的意义在于育人，这是教育的根本所在。"意义是人与世界的一种关系。"③ 具体到教育而言，意义是教育与人（学生）的一种关系。这种关系表现在教育对人的有用性，即对人知识的传授、能力的培养、素质的提高、价值的牵涉、方向的把握。否则教育就成了无用的教育。而真正意义上的"育人"教育是为了学生全面发展的教育，它不仅重知识的传授、技能的掌握，而且要对人生意义的追寻和人生价值的引领，还要重视人的情感、意志、信仰等非理性的培养，注重人的超越性、创新精神的培养。

教育的意义要求在整个教育过程中要坚持"成人"与"成才"并重三个原则：第一，传授知识是基本——教会学生"学会掌"（掌握知识），"学会感"（感悟世界），"学会陶"（陶冶情操）；第二，开发智力是关键——教会学生"学会学"（学会学习），"学会认"（认识世界），"学会改"（改造世界）；第三，润泽生命是目的——教会学生学会生（生存与生活）、学会做（学会做人）、学会发（学会发展）。

（3）教育要克服"物化教育"与"人的空场"。"物化教育"，是把"物"的生产方式运用到对"人"的教育过程中，无视"人"的存在——看不到人的主体性、能动性，自觉性，仅重知识、技术和方法的教育。"物化教育"必然出现"人的空场"。所谓"人的空场"，并不是说我们的教育没有面对人，而是基于从"物"的立场出发、用"物"的方式方法"对人"。教育必须克服上述现象，实施真正意义上"人"的教育。

2. 教育以人性为基础④

（1）人性是教育理论体系构建的基础。教育的对象是人，教育是属人的世界，人性是教育理论体系构建的坚实基础。任何一种教育理论，任何一位教育者，不论怎样出发，不论自觉还是不自觉，都必须以人为对象，以某种人性假设为基础。正是对人性的不同看法和不同的人性假设，决定了不同的教育行动纲领和方法、步骤。

人性是丰富、多样、复杂的，用超越"善恶论"来理解，就是强调人的自然性与社会性的统一，人的受动性与能动性的统一，人性的不变性与可变性的统一。因此，教育必须以人性为基础展开。但在教育与人性问题上仍不能回避"预设"问题。由于人性的复杂性、丰富性，我们要多用积极定向的态度和方法去对待受教育者。这里提出"先要向善，过程抑制"，"总体认可，个案对待"两个原则。"先要向善，过程抑制"，即教育者从总体上先要预设人性向善，要认识到学生是可教的、可培养，

---

① 全国十二所重点师范大学联合编写：《教育学基础》，教育科学出版社2008年版，第4页。

② 柳海民主编：《现代教育原理》，人民教育出版社2006年版，第102页。

③ 金生鈜著：《理解与教育——走向哲学解释学的教育哲学导论》，教育科学出版社1997年版，第66页。

④ 参见王北生：《教育的人性基础与人性化教育》，《教育科学》2010年第4期。

经过教育是可以成才的；在教育过程中则会出现一些问题，这时就要用抑制和纠偏的方法来处理。“总体认可，个案对待”，即从总体上要认可学生的向善性、可教性，有问题的或出问题的总是少数或个别。对有问题或出问题的学生就要根据问题的性质和后果采取具体问题具体分析的个案处理的方法，必要时可采取尊重学生人格的积极的“惩罚”。

（2）教育实践应充满人性的关怀。教育必须人性化，而教育的人性化必须在教育实践中充满人性的关怀，从总体上要强调以人为本。教育的人性化体现在学校管理的人性化，班级管理的人性化，课堂教学的人性化；人性化教育中还要善用“惩罚”。

3. 教育以引领为真谛

教育本真是引导人之心灵，使其健康成长与发展的事业。“教育”一词的词源考证就是“引出”，意思就是采用一定的手段，把某种本来就潜藏于人身上的东西引导出来，从一种潜质转变为现实。① 教育的本意就内含着“引”、“领”、“导”的动感之意，它存在的意义应是充分发挥其崇高无比的引领作用：引人求知、引人增智、引人德行，引人自尊、引人自信、引人自爱，引人热爱生活、引人关爱生命、引人健康成长。

（1）引领学生追求意义与崇高。教育要引领学生追求有意义的人生和有价值的人生，追求崇高的精神品质与境界，这是教育的品格与价值，是教育的神圣职责。教育引导也是生命的引导，重在实施五个方面的“引导”：人之尊严引导，人之生活引导，人之德行引导，人之求知引导，人之智慧引导，最终引导他们自我求之、自我得之、自我发现、自我发展。

（2）引领学生学会爱、追求爱。“爱”应是教育中至高无上的追求，是教育者遵循的重要原则。没有爱就没有教育，或者使教育苍白无力。教育者不仅要自己学会爱，有满腔热情的“教育爱”，开展爱的教育，让爱充满自己的课堂，让学生沐浴在“教育爱”的阳光下，而且要引导学生追求爱、学会爱。教育中出现的诸如学生心理问题、自杀，或虐待动物、植物问题等，实际上是教育缺乏爱出现的后果。引导学生学会爱、追求爱，体现在引导其追求大爱，学会自爱，并实践爱。

（3）引领学生健康成长。教育重在教学生学会做人，为学生的终身发展着想。学校应该是学生身心发展的“生命场”，在此场中，他们的德智体美等素质得到全面的发展和锻炼，而不是为训练考生、考试、拿高分专设的“训练场”或“竞技场”；课堂理应是为学生获取知识、培养能力、抒发情感、发展个性提供的舞台，而不是限制他们、控制他们、捆绑他们、压抑他们的“禁所”。教育要为全体学生的健康成长负责，义不容辞地担负起学生健康快乐成长的重任。引领学生健康成长就要重视减轻学生过重的学业负担，重视学生的身体素质和心理素质的培养，重视学生非智力因素的培养。

---

① 全国十二所重点师范大学联合编写：《教育学基础》，教育科学出版社2008年版，第2页。

(4) 引领学生学会自主建构。过往的教育过分强调和突出教师外力的作用，而很少考虑或引发学生的内在积极性、主动性因素的发挥，谈不上学生的自主构建。当然，教育中发挥管理者和教师的引导作用十分重要，但教师必须引导学生发挥主观能动性，进行自我建构，而不是代替或包办。须知，“人是有自我的，所有的外力如果不通过自我的内在转换，根本就不能起到真正的作用。”① 所谓“自主建构”，即指受教育者的精神世界是自主地、能动地生成、建构的，而不是外部力量模塑而成的，因为任何知识学习都是一个积极主动的建构过程，学习者不是被动地接受外在信息，而是主动地根据先前认知结构注意和有选择性的知觉外在信息，建构当前事物的意义。② 鲁洁曾把“教育”理解为“人之自我建构的实践活动”。

具体而言，就是让学生学会自主学习，主动探索，乐于探究，勤于动手，改变被动接受学习、死记硬背、机械训练的做法，培养学生搜集和处理信息的能力、获取新知的能力、提出问题、分析和解决问题的能力。自主建构体现了建构主义的理论观点。倡导建构学习已在国家教育部制定的《普通高中新课程方案》中明确提出。

(5) 引领学生学会学习与创新。当代社会需要教育培养会学习、能创新的人才，这是时代赋予教育的责任。而引领学生学会学习与创新主要体现在学校教育和教师的课堂教学上。开展教育活动的课堂是学生求知、启智、抒情最重要的场所和主阵地，在教育中起引领作用的教师是引领学生走向知识、发展智力、抒发情感的“工程师”。

(二) 关于教育本质

对教育本质的认识，曾出现了本质主义和反本质主义的观点，也有一元的本质观与多元的本质观的观点；在本质主义中又有不同的争论。这里对其进行一些评述及认识。

1. 本质主义的教育本质观

本质主义是一种思维方式，“本质主义的教育观”指的是人们在本质主义思维方式下对教育本质的认识。我国关于教育本质的认识与讨论，自教育学传入我国以来就没停止过。但在 1978 年及以后的几年里，我国教育理论界关于教育本质的讨论达到了一个高潮。教育本质之争，究竟有多少种观点，有人总结共有 28 种说法③：教育是“生产力”、“上层建筑”、“基本上属于上层建筑”、“生产部门”、“非生产部门”、“双重属性”、“统一性”、“一种桥梁”、“多重属性”、“特殊范畴”、“社会实践”、“生产实践”、“精神实践”、“人类加速自身改造的实践”、“促进人的类本质、类属

① 王啸著：《教育人学》，江苏教育出版社 2003 年版，第 381 页。

② http://www1.upweb.net/peradmin/htmlfile/jczx083/200808161052589478598.htm.

③ 参见瞿葆奎、郑金洲主编：《教育基本理论之研究 1978—1995》，福建教育出版社 1998 年版。

性的一种培养人的活动”，等等。但其主要观点大致可分为四种：上层建筑说、生产力说、双重属性说与特殊范畴说。最终基本上认为“教育是一种培养人的活动”。

对近几年出现的反本质主义观，本质主义者也提出质疑，其对反本质主义思维的质疑主要集中在以下三个方面：①（1）反本质主义消解了教育研究的本体论思维或本体论信仰，是新的不可知论、唯心论的抬头；（2）反本质主义的立论依据——后现代思想具有局限性，所以反本质主义思维具有局限性；（3）我国根本不存在本质主义，无须“反本质主义”，而应用“温和的方式”去挽救本质。

2. 反本质主义的教育本质观

反本质主义是后现代主义思潮中的一个重要概念，是对两千多年来西方哲学中的本质主义思潮的否定。国内最先把反本质主义思维引入教育领域，提出教育反本质主义的学者应为石中英。他的论文《本质主义、反本质主义与中国教育学研究》在《教育研究》刊出后，立即引起了全国教育学界的关注，支持者与质疑者的声音都异常强烈。教育领域内的反本质主义似乎给人这样的一种理解：反本质主义否定教育具有本质。这是对反本质主义者最常提出的质疑问题，其实这是一种误解。反本质主义者对本质特别是教育本质是这样理解的：（1）反本质主义反对的是本质主义的思维特点，而不是本质本身；（2）反本质主义认为教育具有本质，只不过本质是多元的，发展的，而不是唯一的；（3）反本质主义思维的提出，是教育研究应追求学术自由与反对学术霸权的体现。

3. 对两种教育本质观的认识与评述

（1）对本质主义教育本质观的认识与评述。本质主义的教育本质观深化了教育理论的研究：一是热衷于追问教育是什么，提出了教育的本质问题；二是关于教育本质的诸多认识，渗透着本质主义思维方式；三是关于教育本质的多年之争，深化了人们对教育本质、教育研究的认识；四是在教育本质的认识中，已出现了反本质主义的思维方式。

（2）对反本质主义教育本质观的认识与评述。对反本质主义教育本质观的认识与评价，主要集中在如何认识教育学反本质主义思维上。首先，反本质主义思维方式有不足的地方，也受到了部分学者的质疑，但它的合理性是不言而喻的；其次，要正视教育学实践中已经出现的反本质主义实践；最后，要重估教育学领域内反本质主义思维的价值。

4. 教育本质问题上的共识及探索

（1）要重视教育本质讨论中达成的共识。即教育是人类所特有的社会活动，而且是一种培养人的活动，教育是以影响人的身心发展为直接目标的活动。

（2）要重视教育本质认识中的关系思维。实践表明，传统的思维方式是实体思

---

① 参见魏宏聚：《本质主义与反本质主义：教育学两种思维方式论争评析》，《高等教育研究》2007 年第 5 期。

维方式，往往存在一定的局限，应被关系思维替代：人或教育始终处于各种关系中，在由关系所构成的世界里，根本没有终极永恒、普遍的本质存在，教育更是如此。教育是各种关系的集合，一种视角或一种关系内考察教育便会存在一种本质。那么在关系思维中的教育本质观应坚持：第一，以生成变化的、朝向未来开放的教育本质取代那种永恒不变的教育本质：第二，以一定情境中的关系本质取代教育固有的内在本质；第三，用复数教育本质观取代单数教育本质观。①

（三）关于教育功能

面对新的时代特点，教育功能研究也应体现出时代特色。这里重点探讨两个问题。

1. 对教育功能认识的驳辨

纵观教育功能的研究，人们对教育功能的认识主要集中在三个问题的争论上，这里尝试对这些争论进行驳辨。

（1）教育万能与教育无能。“教育万能”的说法在教育领域并不陌生，它实际上是“教育功能泛化”的结果。所谓教育功能泛化，就是无限扩大或夸大教育的功能，把它讲得无处不“功”，无所不“能”，几乎等同于“教育万能”。而“教育无能”的提出又是教育功能泛化的现实落差，以及对当前出现的一系列的教育危机的看法。对此，我们既要反对教育万能之泛化，又要纠正教育无能之偏差，而给教育功能一个合理的界限，在合理界限之内深入探讨教育的功能及其功能实现。

（2）本体功能与派生功能。教育功能主要包括个体功能和社会功能，但个体功能与社会功能之间是什么关系，是并列还是有主有次、孰重孰轻，这又是值得进一步探讨的问题。对此，我们应该用对立统一对现实教育功能进行取舍，而对立统一关键是要找到一个统一（平衡）点。针对教育功能而言，社会功能和个体功能的平衡点在不同的社会有不同的取舍，是一种动态的趋势，如目前要在个体与社会之间找到偏重于个体功能发挥的新平衡点。

（3）正功能与负功能。教育正功能与负功能是教育功能的一个新拓展。在教育社会学的视域中，人们的教育功能观主要有三种：正向功能观、正负双向功能观、负向功能观。我们认为教育既有正向功能，又有负向功能，正向功能和负向功能共同组成了教育功能的整体。不承认教育负向功能是一叶障目或掩耳盗铃的做法，但过分强调教育的负向功能，又会走向否定和虚无。因此，我们应正视教育的负向功能，在现实中尽可能以价值规范教育功能，做到趋正避负。首先，要遵循教育规律，保证教育正向功能；其次，要完善教育结构，避免教育负向功能；最后，要适应社会发展，调整教育功能。

2. 教育功能的当代转向

伴随着我国社会政治、经济、文化等各方面发生的巨大变化，对教育功能的认识

① 参见李润洲：《教育本质研究的反思与重构》，《教育研究》2010年第5期。

和具体内容也应发生相应的转向。目前，教育功能随着经济发展坐标的变化，国民幸福总值（Gross National Happiness，简称 GNH）进入我们的视野并日渐深入人心，成为社会发展的方向，教育及其功能的发挥也应为之调整指向，从服务国内生产总值（Gross Domestic Products，简称 GDP）到致力于提高 GNH，由以发挥教育的经济功能、适应经济建设为主转向发挥教育的综合功能，为全面建设和谐社会、建设人们的幸福家园、最终实现人人幸福而贡献力量。基于此，教育功能在当代应该有一些新的转向，这主要表现在两个方面，即教育功能认识的转向和教育功能内容的转向。

（1）教育功能认识的转向。教育功能认识的转向是教育功能内容转向的前提和基础，也是教育功能内容转向的指导原则。教育功能认识的转向主要有以下几点：一是教育功能是一个统一的整体，不能割裂开来认识；二是教育功能是一个有边界的开放系统；三是教育功能的发挥应着眼于社会大系统的协调稳定。

（2）教育功能内容的转向。教育功能内容的转向，应依据从“国内生产总值”到“国民幸福总值”，即从 GDP 到 GNH 的发展趋向，在此视野下对教育功能的认识进行转向，则教育的个体功能和社会功能的具体内容也应该有以下新的追求和着眼点。

第一，个体功能要从追逐功利向追求幸福转变。为此要进行有效的教育改革，改变把学生作为“一个麻木、冷漠、僵硬、脆弱的考试机器”的现状，做到教育要关注学生生命，教育要走进生活，教育要注重提升和丰富学生的精神，教育要推进人的（素质）现代化。

第二，社会功能要从服务经济向追求和谐转变。一是在政治功能上，要以追求和谐为主旨。和谐的社会环境包括民主平等的社会关系、举措得力的政府制度、人民满意的社会环境等，教育也应致力于发挥促进社会和谐的功能。为此要做到四个和谐：促进人自身的和谐，促进人与人的和谐，促进人与社会的和谐，促进人与自然的和谐。

二是要树立新物质观与软实力下的经济功能观。新物质观、非物质无形资产财富观、软实力观要求我们改变过去传统的教育经济功能观，即科学技术是第一生产力，教育通过生产科学技术，培养掌握科学技术的人，促进经济发展。新物质观主张由追求物质财富的无限增长转变为对生态环境、生活质量、自我实现、公民自由等的关注，其中生态环境和生活质量是后物质时代新物质观的最基本的诉求。新物质观不是单纯地追求经济增长，追求数字，而是把人类的幸福、社会的文明、可持续发展提上日程，并整合为一个目标。与此同时，我们不仅要重视科学技术等经济发展的“硬实力”，也要注意文化等因素在产业中渗入与应用的“软实力”，并且，教育重在培养和发挥“软实力”的作用。

第三，文化功能要彰显净化与赋值。文化有主流与非主流、高雅与低俗之分，教育对文化的选择和传播不应该是随意的，而是有倾向、有目的的，因此要大力发挥教育净化文化的功能。同时，文化赋值和教育密不可分，教育应该发挥文化赋值的功能。

第四，生命视野下的安全功能。首先，教育必须承担起呵护学生人身安全的重任；其次，学校应担负疏导学生心理健康的责任；最后，教育要规避网络中的不安全因素。

（四）关于教育价值

价值属性是教育的本体属性，只要存在教育就一定存在价值。无论是教育目的的确定还是教育内容的选择都体现了教育活动的价值属性。但在教育实践中存在着教育价值的冲突（“钟摆”）现象，这就需要对其进行调适。这里重点探讨教育价值的“钟摆”现象及其调适。

1. 教育价值取向的“钟摆”现象

教育价值取向又叫教育价值选择。教育价值取向是教育活动主体在面对教育价值时所表现出对某个或某些价值的倾向或意向。通过教育活动主体的取舍可以表明教育活动主体的价值态度。教育价值不是唯一的，也不是恒久不变的。教育价值取向如果强调其中之一的话，另外一个价值取向则有可能被忽视。在人类历史长河中就出现过对教育价值选择过激的现象，当这种过激的现象被认识到以后，人们就会强调被忽视的教育价值取向以便克服原有取向造成的不利影响。因此，教育价值取向往往在两个截然相反的选择上来回“钟摆”。教育价值选择取向的“钟摆”既反映出教育价值选择取向的巨大差异，也表明价值主观性的一面。“钟摆”现象的出现有其特定的情境，反映出在一定时期内教育价值取向的依附性。

2. 教育价值取向“钟摆”的表现

教育价值取向的钟摆现象在历史上主要表现在以下几个方面：（1）在社会本位和个人本位之间；（2）在学科课程和经验课程之间；（3）在教师中心和学生中心之间。

3. 教育价值取向“钟摆”的调适

教育价值取向的“钟摆”现象是一种客观存在，我们理论工作者的任务是尽可能地寻找一种调适的方法，使教育价值取向在对立中逐步走向统一融合。

（1）克服非此即彼的理路。教育中的“钟摆”现象是现代思维方式的体现，它是一种非此即彼、二元对立的思维方式。这种两极对立其实是同一事物的不同表现方式。由于现代社会对本质、真理的膜拜，人们往往见到的是两极中的一极，所以与其对立的另外一极就被淹没忽视。恩格斯曾坚决反对将对立两极割裂的做法：“一切差异都会在中间阶段融合，一切对立都会经过中间环节而互相转移……辩证法同样不知道什么僵硬的和固定的界限，不知道无条件的普遍有效的‘非此即彼’”，进一步讲，“作用不完全补偿的两极决不是极，并且直到现在为止在自然界中也没有看到过这样的极”。① 由此可见，调适“钟摆”现象首先就要摒弃非此即彼的思维方式，改用一种辩证地、全面的思维方式。全盘肯定或全盘否定都不是真正的科学态度，“钟摆”

---

① 恩格斯著，于光远等编译：《自然辩证法》，人民出版社1984年版，第84—85、131页。

的两极具有互补性，兼顾到两者，我们才能得到对教育的全面和整体的了解。

（2）强调“情境理性”。后现代主义知识观反对一切形式的权威，提倡去中心化，拒斥统一性，反对用一种僵硬的思维模式解决不同性质的问题，反对预设的、先验的中心。后现代主义的这种观点虽然过激，但有其合理的一面，它是一种对现代思维方式的补充。尤其是后现代主义知识观认为，知识是相对的，是在一定情境下适用的，任何解释都只是对某一实际问题的一种视角而不是唯一。由于事物所具有的特殊性，追寻差异、强调现象和情境成为后现代思维的主要特征。这种强调情境理性的后现代知识观对于消解教育中的“钟摆”现象是很有启发性的，因为，“钟摆”和“迷失”现象产生的原因是二元对立的思维，对情境理性的强调可以化解二元对立的思维，为全面、辩证地看待教育提供一种全新的视角，避免在教育上的“矫枉过正”。

（3）践行情境理性的操作策略。首先，在教育价值取向的“钟摆”两极间寻找教育功能的最大化。在教育价值的取向上，我们强调在融合两极时不要简单地进行折中或平均，要注重所确立的教育价值取向能最大限度地发挥教育的功能。“过”和“不及”都会削减教育功能的发挥。其次，“钟摆”的调适或“迷失”的复归要有针对性地来进行。比如，在强调教育中的人文主义的时候，一定要注意这种强调面对的是科学主义过剩所造成的问题，而非面对科学主义本身。再次，强调在动态语境中进行教育价值选择，当所面对的问题得到解决之后，就要重新审视原先所确定的价值取向。最后，我们强调要凸显教育的逻辑。

（五）关于教育目的

1. 教育目的的内容与层次构成

（1）教育目的的内容构成。教育目的由社会目标和个人目标两方面的内容构成。所谓社会目标，是指教育目的应反映教育对人的培养的社会需求，即为什么社会培养人、培养什么样的社会成员。所谓个人目标，是指教育目的应反映教育所培养人的素质要求，即教育所培养的社会成员具有什么样的个人素质。教育目的的这两个方面的内容并非相互独立而存在，而是相辅相成，共同构成一个有机的整体。

（2）教育目的的层次构成。教育目的作为“总目标”、“总要求”，在层次上是由一系列的具体目标、具体要求构成的，如各级各类学校的培养目标、课程目标、教学目标等。这意味着教育目的虽说是一种相对抽象的对教育活动结果的预设，但它却可以分解为一系列具体的目标，从而使教育目的的实现更具可操作性。

（3）教育目的的表述。教育目的的表述，是指运用语言文字形式对教育目的的内容作出合乎逻辑的准确表达。根据教育目的的内容，可遵循定性—定向—定位—定点的逻辑顺序表述教育目的。

2. 教育目的的价值取向

根据教育主体的划分，教育目的的价值取向可概括为以下几种：（1）国家中心的教育目的价值取向；（2）学校中心的教育目的价值取向；（3）个体中心的教育目的价值取向。

3. 经典教育目的观透析

具有代表性并有深远影响的教育目的以下三种：（1）人文主义教育目的观；（2）实用主义教育目的观；（3）科学人文主义教育目的观。

4. 教育目的的现实调适

（1）教育目的的“关系”协调。要想真正发挥其应有的功能，在现实中就必须理解和把握以下几个方面的关系：应然教育目的与实然教育目的的统一；教育目的的预成和生成的相辅相成；努力完成由规范取向、功利取向向生活取向的转化。

（2）对我国教育目的的反思。新中国成立以后，反映着社会主义性质和发展需要的教育目的更多的是以国家的方针政策体现出来的。因此，有关教育目的的探讨主要是围绕国家的相关方针政策展开的。关于我国教育目的的代表性表述可有不同时期的代表性表述，这里不再一一列出。从总体来看，我国教育目的是以政府为主导国家层面的教育目的，而这一层面的教育目的要得以实现并发挥其应有的功能，必须理清以下几个方面的关系：第一，教育目的与教育方针的关系；第二，关注社会与关注个体的关系；第三，一般与具体的关系。

（3）当代中国学校培养目标的更新。伴随着当代中国社会现代化的进程，同时也伴随着人们对教育本质内涵认识的深入，这种要求和预期渐渐发生了变化，突出地体现为：第一，由注重知识人的培养转为培育丰富人性；第二，关怀生命成为学校培养目标的核心价值取向；第三，顺应当代世界教育目的的发展趋向，即学会生存、学会关心、学会做事、学会共存。

（六）关于教育制度

教育制度是制度的亚层次概念，与制度具有通约性；我们把教育制度概括为：一个国家各级各类教育机构与组织体系有机构成及其正常运行所需的各种规范、规则或规定的总和。教育制度的功能主要表现在三个方面。一是政治性功能：规范和稳定教育秩序；界定和保证教育自由；规范和调节教育伦理。二是经济性功能：降低教育交易费用；提高教育资源效率；实现教育规模效益。三是教育性功能：约束与规训；陶冶与塑造；激励与导向。

1. 教育制度的变迁与演进

制度变迁是制度的替代、转换与交易过程。教育制度变迁可以理解为一种效益更高的教育制度对低效制度的替代过程，这种替代不仅意味着教育利益格局的调整，更意味着教育权力结构的变化，还牵涉到教育制度间的纠葛。

（1）教育制度变迁的形式。教育制度变迁的形式，一是需求诱致性制度变迁与供给强制性制度变迁。需求诱致性制度变迁是社会个人或组织根据自身需求而自发倡导的、自下而上的制度安排及其变更形式。供给强制性制度变迁是由政府命令和法律引入和实行的制度变迁方式。二是激进式制度变迁和渐进式制度变迁。激进式制度变迁是在短时间内，不顾及社会各种关系的协调，采取一系列暴风骤雨式的果断措施，迅速改变社会各利益主体的产权结构，实现制度的调整、更替或创新。渐进式制度变迁是指制度安排和创新采取分阶段、分部门、分地区、分群体的方式进行，即在较长时间内，从局部到全局、从部分到整体、从少数人到全体人、从体制外到体制内逐步推进。

（2）教育制度变迁的过程。无论是哪种形式的教育制度变迁，其变迁过程都大致符合下图所示的变迁流程①：

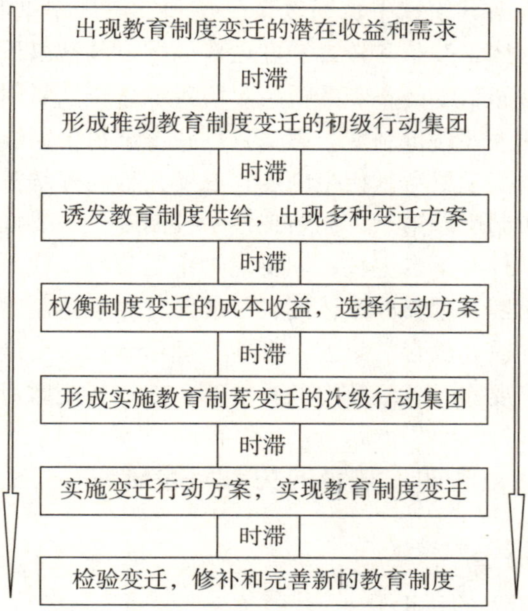

制度变迁的过程模型图

为更好地认识这个变迁模型，必须准确理解以下关键概念：教育制度变迁的需求与供给；教育制度变迁的成本与收益；教育制度变迁的行动集团；教育制度变迁的“时滞”（“时滞”是指从制度变迁潜在收益出现到制度变迁完成之间的时间间隔）。

（3）教育制度历史演进的特征。教育制度是社会发展到一定历史阶段的产物，随着社会的发展，教育制度也经历了一个从简单到复杂，从零散到系统，从无序到有序的长期演变过程。首先是古代教育制度的发展，其次是现代教育制度的形成和发展，进入20世纪以后，尤其是第二次世界大战以后，随着幼儿教育、成人教育的发展，随着社会教育、远程教育、网络教育的建立，现代教育制度已逐步由单一走向多元，由封闭走向开放。随着学习型社会的到来，正规教育和非正规教育，正式教育和非正式教育将相互融合，终身教育制度必将成为现代教育制度的发展趋势。

3. 教育制度的选择与创新

（1）教育制度的选择。首先要把握教育制度选择，应坚持以下标准：合规律性、

① 这里对教育制度变迁过程的分析主要参考了李桂荣关于教育组织变革分析的思路，参见李桂荣著：《大学组织变革之经济理性——理论阐释与典型分析》，中国社会科学出版社2007年版，第98—122页。

合目的性、合公正性、合现实性。其次要把握选择的特征：教育制度选择的主观性与客观性、教育制度选择的理性与非理性、教育制度选择的零和性和非零和性、教育制度选择的时代性和民族性。

（2）教育制度的当代创新。教育制度创新是教育制度变化的特殊方式，也是教育改革的关键所在，根据《国家中长期教育改革和发展规划纲要（2010—2020 年）》的部署，当前我国教育体制改革和教育制度创新的重点包括以下内容。

第一，创新人才培养制度：一要更新人才培养观念；二要创新人才培养模式；三要改革教育质量评价和人才评价制度。第二，创新考试招生制度：一要推进考试招生制度改革；二要完善中等学校考试招生制度；三要完善高等学校考试招生制度；四要完善考试招生信息发布制度。第三，创新现代学校制度：一要推进政校分开、管办分离；二要落实和扩大学校办学自主权；三要完善中国特色现代大学制度；四要完善中小学学校管理制度。第四，创新办学体制：一要深化办学体制改革；二要大力支持民办教育；三要依法管理民办教育。第五，创新管理体制；一要健全统筹有力、权责明确的教育管理体制；二要实行各级政府教育统筹；三要转变政府教育管理职能。

四、教育的关系问题研究

（一）教育与人的发展

1. 教育学视角关于人的认识

对教育活动中人（以下用“教育中人”）的认识，必须基于教育学视角关于人的认识。

（1）教育学视角认识人的依据与方法。首先以人学作为教育学视角认识人的重要理论根基；其次从“现实的人及其活动”出发认识教育中人；最后在“综合”中提炼关于教育中人的知识。

（2）教育学视角关于人的认识的基本内容。立足教育学视角对人的认识，总体来说就是要对教育世界中人的一些特殊属性及发展规律进行探寻。具体包括教育中人的特殊需要、教育中人的“具体”特性、教育中人的发展诉求、教育中人的学习活动和交往活动等内容。

2. 教育与人的发展的联结与互动

教育作为培养人的活动，是以促进人的发展为直接目标和根本宗旨的。因此必须了解人及其发展的特点和规律，以及影响人的发展的各种因素。

（1）人性特点与教育的关系。在此，我们主要依据马克思主义关于人性的揭示，进一步探索教育与人的关系。一是人的自然性与社会性统一的特点；二是人的能动性与受动性统一的特点；三是人的共性与个性统一的特点。

（2）人的身心发展规律与教育。教育只有在遵循人的身心发展规律的基础上，才能真正发挥对人的发展的促进作用。关于人的身心发展规律，心理学从不同角度、不同层面给予了诸多揭示。我们重在把握好人的身心发展的顺序性、阶段性和个别差异性这三个最基本的规律并进行教育。

（3）关于影响人的发展因素论。一个人的成长和发展是各种因素综合作用的结果，教育学研究还必须把握影响人的发展诸因素及其作用的各种观点。一是“单因素论”，即认为人的身心发展主要是由某一特定因素所决定的，如遗传决定论，环境决定论，教育决定论等。二是“三因素论”，即把影响人的发展因素归纳为遗传素质、环境和教育三个方面。三是“多因素论”，即在对三因素论的批评的基础上提出要重视学生主观能动性的“四因素论”和在“四因素论”基础上把反馈调节作为影响人的发展因素之一的“五因素论”。① 四是“二层次三因素论”，即影响人的发展因素分为两个层次、三大类因素：第一层次为可能性因素，包括个体自身条件和环境条件两大类因素；第二层次为现实性因素，指发展主体所进行的各种活动。②

（4）影响人的发展的主要因素及其作用。一个人的发展是各种因素综合作用的结果，也许我们无法穷尽这些因素，但是，迄今为止的研究结果表明，就人的发展而言，有一些因素是起着较为根本的作用的，如遗传素质、环境、教育和个体主观能动性。

3. 教育在人的发展与社会发展关系中的作用

教育对人的发展的促进，必须考虑个人发展与社会发展的关系。教育应担负起协调个人发展与社会发展关系的使命。

（1）认识个人发展与社会发展的关系特征。由于个人与社会本身就是一种矛盾统一体，即二者一方面各自以对方为自己存在的前提，相互依赖，另一方面又相互冲突，相互对立。所以，个人发展与社会发展之间也是一种对立统一关系，表现为二者既具有一致性，又具有矛盾性。为此，首先要理解个人发展与社会发展的一致性；其次要认识个人发展与社会发展的矛盾性。

（2）教育与个人、社会的关系构成。个人与社会是一种矛盾统一关系，而教育与个人、社会的关系，则是这种矛盾统一关系在教育领域中的特殊体现，具体表现为：教育目的中的个人与社会关系构成；教育对个体与社会发展两大功能的层次构成。

（3）教育在个人发展与社会发展中的地位与作用。教育不仅与个人、社会密切相关，而且在沟通和连接二者的关系中具有重要的地位和作用。一要认识教育的中介地位，即教育在个人发展与社会发展中占据着重要的中介地位。这种中介地位体现在：一方面，教育可以把社会发展的要求融入到个人发展的追求中；另一方面，教育也可以将个人发展的意愿反映在社会发展的追求中。二要把握教育的转化作用，即通

---

① 汪幼芳：《关于儿童身心发展因素问题的探讨》，《教育研究》1983 年第 7 期。

② 参见叶澜：《论影响人的身心发展的诸因素及其与发展主体的动态关系》，《中国社会科学》1986 年第 3 期。

过教育，把社会发展对个人的要求转化为个人的身心素质，把对个人发展的促进转化为社会发展的现实水平，从而实现个人发展与社会发展的相互促进，进而达成个人发展与社会发展在教育过程中的相对统一。

4. 社会变革中的人及其教育

教育必须充分认清社会变革给人造成的影响，从而真正实现对人的发展的促进。就目前我国的社会状况来看，主要把握好以下几点：一是现代化背景下的人及其教育；二是全球化背景下的人及其教育；三是信息化背景下的人及其教育。

（二）教育与社会进步

教育是人类社会特有的现象，是培养人的一种社会实践活动。人类的生存、进化和发展，都依赖于教育，教育则随着社会的发展而发展、进步而进步。

社会系统的各要素对教育的发展具有影响和制约作用在这里不再详述，重点对如何发挥当代教育促进社会发展的功用进行论述。

1. 社会发展的时代特征及教育观念更新

当代社会有哪些特点？当代教育观念存在哪些问题及应更新哪些观念？如何发挥当代教育促进社会发展的功用（功能或作用）？如何在研究教育与社会发展问题中强化时代感？这是我们在研究与深化教育与社会发展问题上需要关注和重视的。

（1）当代社会特点及教育存在的问题。当代社会有许多新特点，可概括为现代化、信息化或全球化、风险化、城镇化等。这些特点将对教育产生重大影响。目前世界范围内的教育还存在诸多不适应的问题，主要有以下四个：① 学校教育的保守不合时宜；学校教育的公共性受到质疑；学校教育性的缺失和规训的强化；科层制管理存在误区与不足。

（2）当代教育观念更新。当代教育必须具备时代需求的灵敏性感知和变革策略，在更新的教育观念的引领下立足于国际社会发展的需要进行全面的和与时俱进的改革。具体做到：从发展上要立足现代，培养现代人；从目标上要培养能力，服务社会；从方法上要注重创新，化风险为机遇；从技术上要重视网络，实现共享互动。

2. 我国社会建设与教育作用发挥

中国教育如何促进当代社会的发展和进步，我们从促进城镇化建设、现代化建设、和谐社会建设三方面论述中国教育应发挥的功用。

（1）城镇化建设与教育推进。中国要逐步提高城镇化水平，坚持大中小城市和小城镇协调发展，走中国特色的城镇化道路。建设小城镇、发展农村非农产业、转移农村劳动力、增加农民收入，是全面建设小康社会的重要任务。然而，城镇化水平不仅仅是城镇人口数量的增加，更重要的是整体素质的提升，是经济结构发展方式的转变，是现代文明和现代生活方式的传播和扩散。所有这一切都需要教育功能的发挥。教育是推进城镇化建设的基础工程；教育是提高经济增长质量的重要支撑；教育是推

① 参见王星霞著：《反思与前瞻学校发展变革研究》，科学出版社 2010 年版，第 104—108 页。

动农村人口向城镇集聚的动力。

（2）现代化建设与教育支撑。我国社会主义现代化建设的奋斗目标是将我国建设成为富强、民主、文明的现代化国家。因此，坚定不移地贯彻落实科教兴国和人才强国战略，以教育现代化促进人的现代化，进而推动中国现代化，加快人力资源开发，提高全民族素质，促进人的全面发展，促进社会文明提高，这是我国现代化建设的必由之路。

（3）和谐社会建设与教育作为。根据新世纪新阶段我国经济社会发展的新要求和我国社会出现的新趋势新特点，我国提出了建设社会主义和谐社会的目标。我们所要建设的社会主义和谐社会，应该是具有民主、法治、公平、正义、诚信、友爱、充满活力、人与自然和谐相处的社会主义和谐社会。而和谐社会建设，离不开教育的作为：教育传承文明，为和谐社会提供精神基础；教育铸造灵魂，为和谐社会注入人格精神；教育培养人才，为和谐社会造就创造主体；教育发展科技，为和谐社会增强前进动力。

（三）教育与生产劳动相结合

教育与生产劳动相结合是马克思主义教育学说的一条重要原理，也是办好社会主义教育的一条根本原则。

1. 马克思主义关于教育与生产劳动相结合的思想

（1）教育与生产劳动相结合产生的理论依据。总的来说，马克思主义关于教育与生产劳动相结合的思想，是在资本主义社会萌发的积极因素，是在机器大工业生产的条件下产生出来的，同时也批判地继承了人类历史上教育与生产劳动相结合的优秀思想成果和吸取了资本主义“工厂法”有关教育与生产劳动相结合的经验而产生的。

（2）教育与生产劳动相结合的基本含义。马克思主义关于教育与生产劳动相结合的基本含义可概括为以下六点：现代教育与现代生产劳动相结合；普遍教育同普遍生产劳动相结合；脑力劳动同体力劳动相结合；根据不同的年龄、性别进行结合；运用综合技术教育的形式进行结合；根据国情和实际进行结合。

（3）教育与生产劳动相结合的联结纽带和实质所在。首先，科学技术成为现代生产和现代教育之间的共同基础和联结纽带，离开这一纽带，教育同生产劳动就不可能有机地结合起来。科学技术是教育与生产劳动相结合的联结纽带，这就要求我们要重视科学技术。无论是学校教育同生产劳动的结合，还是生产劳动（在职职工）与教育相结合，都要十分重视科学技术的作用。其次，马克思主义教育与生产劳动相结合的实质就在于消灭旧的分工，这也是社会主义教育与生产劳动相结合的根本目的。马克思主义认为，要改造旧社会，提高社会生产，造就全面发展的新人，其前提是要消灭旧的分工，既要消灭体力劳动中的固定僵化的专业分工，又要消灭整个生产过程中智力与体力的分工

（4）教育与生产劳动相结合的社会作用。教育与生产劳动相结合具有三大作用，对此，马克思曾用两段话进行概括。他在《哥达纲领批判》中指出：“生产劳动和教

育的早期结合是改造现代社会的最强有力的手段之一。”他还在《资本论》中指出：“它不仅是提高社会生产的一种方法，而且是造就全面发展的人的唯一方法。”

2. 如何实施教育与现代生产劳动相结合

根据当前时代的发展，尤其是我国处在新的历史时期，教育与生产劳动相结合的理论应该有新的发展。这里重点从三方面简述。

（1）教育事业的发展必须与国民经济发展要求相适应。从根本上说，教育与现代生产劳动相结合，就是教育同国民经济发展的要求相适应。具体做到：教育事业发展计划成为国民经济计划的一部分，使人才培养数量、规格和层次都与国民经济发展相适应；教育事业发展的速度与国民经济发展的要求相适应；教育结构与国民经济发展的结构相适应；教育内容和教学手段反映现代生产最新成果。

（2）教育与生产劳动相结合的形式要多样化，方法要灵活。根据各级各类学校的不同性质和特点，根据学生的年龄阶段和特点，寻找最佳的结合方式。如高等教育要根据学科专业特点，可以把教学、科研、生产结合起来；普通中小学可根据自身特点，参加一些对口的生产劳动。

（3）认识和把握新时期劳动教育的范围和特点。教育是教育与生产劳动相结合的一种具体表现形式，是社会主义全面发展教育的一个重要组成部分，也是办好社会主义教育必须坚持的一个原则。劳动教育具有极大的德育价值、智育价值、体育价值和美育价值。在新的历史时期，劳动教育的范围和特点如下。

第一，关于劳动教育的范围。我们应改变过去窄范围理解的劳动教育。

一是劳动教育不应该限制在参加体力劳动才能受教育的范围里。亦即不应该理解为单纯参加创造物质财富的体力劳动才是劳动教育的范围，而应该扩大到脑力劳动的领域，亦即理解为凡是为社会创造财富的劳动，不管是体力劳动，还是脑力劳动，都是劳动教育的范围。之所以这样认为，是由新时期劳动的复杂性、智力性、融合性特点决定的。

二是劳动教育的目的不应该为单纯的改造世界观，而应该扩大到在改造世界观的同时，学会一些生产技术，掌握一些生产劳动知识和从事劳动的基本功。

三是劳动教育不应限制在学校里，而应在重视学校劳动教育的同时，重视家庭的早期劳动教育。劳动教育在时间上要早，在空间上要广，要深入到家庭之中。家庭劳动教育是学校劳动教育的基础，许多青少年热爱劳动的幼芽都是在家庭中萌发的。

第二，关于劳动教育的特点。随着劳动教育范围的扩大，它的特点也在变化。我们理解现代劳动教育的特点主要有七个。

一是主体性。参加劳动教育的主体是学生，而不是家长、教师或其他工作人员。

二是实践性。劳动教育主要是让学生亲自参加劳动实践活动，通过亲自动手摸一摸、做一做的实践活动来品尝梨子的滋味，来自觉培养某种品质，纠正原来的错误。

三是时空性。“时”，指劳动教育必须遵守教学大纲的要求，结合自身和当地实际，把劳动教育纳入整个教学计划，在课程计划中有一定的安排，并贯彻执行，做到定时定量、保质保量地完成，即一要定时，二要适时。“空”，即劳动教育的空间要扩大，不仅在学校里安排进行，而且要重视家庭劳动教育。

四是科学性。即参加何种劳动都要讲究科学性，最好让学生参加体脑结合、机器和手工并举的劳动。

五是技术性。根据劳动的技术性特点，要多组织学生从事一些有技术性的复杂劳动，如农作物栽培、电器维修、金工、木工、制图、驾驶车辆、机器操作等。

六是教育性。从教育的既定目的出发，选择合适的劳动，并给每一项劳动设计具体的要求——或道德的，或智力的，或美学的，或技术的，并以一定的组织方式、实施步骤促进学生达到目的。

七是安全性。现代劳动教育必须注意安全性，尤其是到工厂、车间参加体验。

（四）教育与生活结合

1. 教育与生活结合的研究思路

（1）了解“教育与生活”关系的代表性学说。随着制度化学校教育的出现，教育与生活逐渐走向分离，面对教育与日常世界的逐渐分离，历史上诸多学者思考如使教育与生活更好的融合。较有代表性的学说有：一是英国教育家斯宾塞提出“教育准备生活说”；二是美国教育家杜威不满斯宾塞的教育为完美生活做准备的观点，提出教育即生活、教育即生长、学校即社会的著名观点；三是我国学者陶行知开创了适合中国社会的生活教育理论，他关于教育与生活的关系是“生活即教育”。

（2）理解教育与生活的辩证关系：第一，教育源于生活，是在生活中进行的。生活是教育的历史与现实基础，是教育的知识来源。人类在社会生活中，产生了教育的可能，产生了教育的需求，人类通过教育行为，满足了生产劳动的种种需要。第二，教育是生活的表现形式之一，生活本身就是一种教育形式，具有教育的作用。在人类诸多活动形式中，教育是人类最重要的活动形式之一。教育在最广泛意义上就是人类生活的一种重要形式。第三，生活具有教育作用。陶行知在《生活即教育》中说：“生活即教育就是用教育的力量，来达民之情，遂民之歌，把天理与人欲打成一片”，“我们主张生活即教育，要是儿童愉快的生活才是儿童的教育。要从成人的残酷里把儿童解放出来”①。

（3）认识国内关于“教育与生活”关系的研究历程。教育与生活关系的研究，在国内可分为三个阶段：② 第一，萌芽期（20 世纪 90 年代至 2003 年）。这一时期研究主题刚刚引起学术界的关注，论文和专著数量比较少，主要集中在对哲学领域的“生活世界”理论进行介绍以及努力寻找“生活世界”与教育领域的结合点。

---

① 转引自范爽：《生活与教育：中外传统智慧的启迪》，中国教育学会教育学分会教育基本理论专业委员会第十一届学术年会会议论文，2011 年 9 月。

② 李仲宇：《近十年国内关于“教育回归生活世界”的研究述评》，中国教育学会教育学分会教育基本理论专业委员会第十一届学术年会会议论文，2011 年 9 月。

第二，发展与争鸣期（2004—2006 年）。这一时期关于“教育回归生活世界”的论文与专著数量逐年增长，研究者主要针对课程改革“回归生活世界”价值取向进行了探讨，并围绕着教育是否有必要或是能不能回归生活世界、教育回归怎样的生活世界等问题进行了讨论。比如 2004 年中国教育学会教育学分会教学论专业委员会的年会主题定为“教学回归生活世界”，同年 12 月 14 日，《中国教育报》围绕“学校教育要回归生活吗”展开了主题讨论。

第三，深化期（2007 年至今）。这一时期主要是针对教育回归生活世界命题讨论的回顾与重新认识。尤其是 2011 年 9 月召开的中国教育学会教育学分会教育基本理论专业委员会第 13 届学术年会仍然以“教育与生活”作为会议主题。这次学术会议可以看作是当前有关“教育与生活”关系研究的推进与深化，与会者提交的会议论文数量众多，主要集中在“教育生活世界研究”、“教师生活与教师教育”、“道德教育与生活”三方面。

（4）把握对“教育与生活”中“生活”内涵的多维理解。生活是一个含糊而又复杂的概念，从生活内容的性质看，哲学领域对待生活的理解有三种观点：一是自然主义的生活观；二是精神化或观念化的生活观；三是马克思主义的生活观。

2. 教育与生活结合的重点问题

（1）“教育回归生活”辨析。“教育与生活”是教育中的一对重要范畴，也是教育学研究中的一个重要命题。但在目前的教育学领域里，“生活”又往往被“生活世界”这一术语代替或替换，人们甚至把“生活”等同于“生活世界”来论述教育与生活的关系与结合等一系列问题。当然，探讨教育和生活的关系不能远离甚至回避“生活世界”这一基本概念，但“教育回归生活世界与教育回归生活”是同一个命题吗？作为哲学上的专有术语“生活世界”是否等同于教育学论域中的“生活”一词的内涵呢？这是一个值得讨论的话题，生活显然不能等同于生活世界，教育无法回到胡塞尔哲学现象意义上的“生活世界”。

（2）对教育脱离生活弊端的认识。当代教育特别是基础教育，其存在的最大弊端是教育与生活的脱离，如有的学者认为当前教育与生活脱离主要表现在：① 一是学校教育目的与生活的疏离；二是学校教育内容与生活的疏离；三是学校教育方法与生活的疏离。总之，教育学者借助教育回归生活世界的口号，纷纷从不同角度表达自己的教育理想。

（3）教育回归生活的途径。教育如何回归生活？从已有的研究来看，教学是教育的重要形式与载体，教学与生活的结合是教育与生活结合的主要途径。教学与生活的结合，主要从两个方面可以实施：一是教学知识的生活化也即选择生活化的知识作为学习的内容；二是教学方式的生活化，即把教学活动本身视为学生的一种生活方

---

① 李玉芳：《疏离与回归：从教育与生活的关系看现代学校教育》，中国教育学会教育学分会教育基本理论专业委员会第十一届学术年会会议论文，2011 年 9 月。

式，采用适合学生特点的学习方式组织教学。此外还要关注学生的生活经验，打通书本世界与现实生活之间的界限。

（4）教育与生活结合的限度。教育无疑要与生活相结合，但也有学者认为，教育回归生活世界，教育与生活的结合存在着实践与理论上的局限与不足。首先，教育无法回归日常化意义上的生活世界；其次，教育与生活的结合引发理论上的后果，可能导致绝对主体的张扬。所以，我们应有限度地使教育与生活相结合，有限度地使用生活世界话语。

五、教育的方法（论）研究

当代教育研究必须重视研究方法的掌握和运用。教育（科学）研究方法就是在教育研究领域中实施研究程序或组织活动的方式，是指较具体的研究方式，指研究教育现象及其规律所采用的方法。

（一）掌握传统常用的研究方法

我们采用以时间的维度对研究方法进行“传统”与“现代”的分类，时间大致以20世纪90年代为准，需要说明的是我们言说的是对我国研究领域使用的方法，不针对国外的教育研究方法起源时间。

传统常用的教育研究方法有：（1）思辨研究；（2）文献法；（3）历史研究法；（4）教育实验法；（5）教育测量法；（6）教育统计法；（7）内容分析法；（8）调查法；（9）观察法；（10）个案研究；等等。这些方法不再一一详述。

（二）掌握现代新增的热点研究方法

自20世纪90年代以来，在我国的教育研究领域掀起一股不同于思辨宏大叙述和实证哲学的“田野式”研究思潮，它关注个体或群体的生活经验，强调从教学实践中搜寻详实资料，提倡“价值有涉”、“诠释性理解”，是一种“自下而上”式的质的研究方法论范式。在这种思潮的影响下，一些研究方法如行动研究、叙事研究（教育叙事研究）等在教育理论界与实践界都得到认同，尤其在教育实践工作者中间。

（三）认识研究方法论与研究范式

1. 关于研究方法论

如果研究者方法论意识淡薄，常常出现“哪个方法时髦就偏向哪个方法”，或者“根据方法来选择适合的对象和研究内容”的本末倒置的现象。实际上，方法的选择是方法论意识决定的。方法论就是从总体上探讨教育研究中对象与方法的关系及适宜性问题，它是指关系，是根据研究对象与研究内容性质的认识的不断深入而对相应的研究方法体系做适当调整与完善。随着对教育性质复杂性的不断认识，方法论也历经了以下五种不同的形态：（1）哲学方法论；（2）自然科学的实证主义方法论；（3）人文学科的诠释—理解方法论；（4）系统科学对教育研究的方法论启示；（5）复杂性理论对教育研究的方法论影响。

2. 关于教育研究范式

从目前提出的研究范式来理解，根据不同学者的理解可有多种研究范式，如哲学研究范式和自然探究范式，实证分析研究范式和人文理解研究范式，思辨研究范式，行动研究范式和实证研究范式等。其中影响最大的是定性和定量研究范式的区分，及其两种混合的混合研究范式。①

（四）教育研究应增强四种研究意识②

随着世界范围内的经济全球化、信息网络化、文化多元化趋势的发展，教育理论研究必须增强以下四种研究意识：（1）适应多元文化发展需要，增强多元化的研究意识；（2）适应多视角研究问题的需要，增强复杂性的研究意识；（3）适应全球化发展的需要，增强国际化的研究意识；（4）适应新理论新方法不断出现的需要，增强学会使用多种方法的意识。

（五）注意吸收和利用当代新思潮的理论与方法

教育研究应注意学会吸收和利用当代新思潮的理论与方法，因为这些新思潮、新理论的出现会对教育研究有较大影响，教育研究需要吸取其营养。但与此同时，也要注意其局限性。这里重点认识四种新思潮新理论对教育研究的启示和注意的问题。

1. 后现代主义对教育研究的启示及应正视的问题

首先，后现代主义对教育研究具有适切性：后现代主义的反本质性契合了教育的自由性；后现代主义多元化诉求满足了生命发展个性；后现代非理性倾向有助于人之创造性的发展；后现代反基础主义色彩体现人之生成选择性；后现代反主体主义有助于民主教育氛围达成。

其次，后现代主义之于教育研究的启示：其一，重视对教育理论的全面反思——追求对教育的多元理解，如倡导理性非理性共存的教育目的观，追求达成精神交往、生命理解的师生观，构建意义生成、生命完善的课堂价值观；其二，重视教育研究思维方式的转变——突破一元、基础、本质化怪圈；其三，寻求教育研究方法的科学丰富——秉承整体、复杂、多元、生态化的研究观。

第三，后现代主义应用于教育研究应正视的问题：一要正视我国文化传统与后现代主义的落差；二要正视我国教育现代化追求与后现代主义对现代性反思；三要正视后现代主义自身的优势与局限。

2. 复杂性理论对教育研究的启示及局限性的问题

首先，复杂性理论对教育具有适切性：一是复杂性理论契合了教育的复杂性；二是复杂性理论契合了人发展的不确定性；三是复杂性理论契合了社会的多元性。

其次，复杂性科学对教育研究具有方法论意义及启示：一是提供用复杂性观点来

---

① 参见冯建军主编：《教育基本理论研究 20 年（1990—2010）》，福建教育出版社 2012 年版，第 687—697 页。

② 参见王北生、王振存：《教育理论研究应增强四种研究意识》，《教育科学》2006 年第 1 期。

认识教育的一系列新观念；二是拓展当代教育研究问题域与对象观的新视角；三是提供从“系统的研究范式”角度去研究教育内部结构的新思维方法；四是提供研究教育系统变革过程的新思维路线；五是关注教育事件。

复杂性理论对教育研究的启示表现在：教育研究要打破思维定势；教育思想要倡导多元共生；教育实践要追求丰富多彩；教育问题要进行多维透视。

第三，复杂理论之于教育研究的局限性：复杂理论是从工程系统中衍生而逐步产生的，而教育作为人的实践活动系统，与自然系统有着根本的差别，存在着结构、功能的特殊性。

从教育的内部结构看，教育虽然具有一切复杂开放系统所具有的共同特征，如整体性有序性动态平衡性等，然而教育也有区别于其他复杂系统的特点：其一，教育系统内活动主体具有复合性，它以双边共时、交互作用、相互建构的方式开展活动，广义的“教”与“学”的矛盾是教育活动最基本的矛盾；其二，活动过程中的控制是自控与他控的结合，即主体均自控，各环节各层次也通过反馈自控。他控则是教育活动中的人本身也受其他因素控制，教育活动过程中动态生成性与预测性是统一的，二者同等重要。①

3. 现象学对教育研究的适切性及局限性

首先，现象学对教育研究的影响：丰富教育研究的方法，其方法是对其他教育研究方法的补充；变革教育研究的思维，由构建宏大理论体系到关注教育小故事；融合教育理论与实践关系，理论生成要诉诸教育生活体验。

其次，现象学方法对教育研究的适切性：一是现象学作为一种生活态度指导教育实践；二是现象学作为一种方法论指导教育研究。

第三，现象学方法对教育研究的局限性：现象学方法作为一种哲学方法，对教育实践和教育研究具有一定的指导价值，但是其自身也有一定的局限性，在使用的同时要注意克服。局限性主要表现为以下四个方面：一是研究者的选择性；二是研究内容的体验性；三是研究结果的情境性；四是研究结论的零散性。

4. 解释学对教育研究的适切性与启示

一方面，解释学对教育研究的适切性：一是重视体验经验、非理性；二是重视精神、理解、意义；三是提升教育的精神、意义维度；四是教育应关注人对精神、意义、价值的追求。

另一方面，解释学对当今教育的启示：一是教育研究者应融入人生和生命体验；二是教育研究应重视意义创生与价值；三是拓展教育理论应意蕴生命意识，求真、趋善、臻美；四是教育实践应加强对话、交往、理解，启迪与提升。

（责任编辑　韩华球）

---

① 叶澜著：《教育概论》，人民教育出版社2006年版，第311页。

和学新 1966年生，河南获嘉人。天津师范大学教育科学学院教授，博士生导师。河南大学学校教育专业学士，西北师范大学教育科学研究方法专业硕士，西南师范大学教学论专业博士，伦敦大学教育学院（IOE）访问学者。主要从事课程与教学论、教育学原理、基础教育课程与教学改革、教育政策等方面的研究与教学工作。中国教育学会教育学分会理事、课程学术委员会常务理事、教学论学术委员会常务理事，教育实验研究分会常务理事，中小学评价专业委员会常务理事，天津市基础教育课程改革专家组成员。曾任天津市教育科学研究院科研处处长、《天津市教科院学报》编辑部主任、副主编。发表教育学术论文百余篇，著有《主体性教学论》、《学校课程制度建设研究》、《主体性教育的教学策略探索》、《课程实验论》、《教育实验论》、《社会转型与教育转型》、《小班化教育探索》、《主动教育的理论探索》、《提高课堂教学效率的策略与方法》等。多项成果获全国教育科学优秀成果二等奖、天津市社会科学优秀成果二等奖。

陈　晖 1986年生，江苏张家港人。江苏省张家港市东莱幼儿园教师，天津师范大学教育学原理专业硕士。主要从事教育学原理研究，在《教育科学研究》、《当代教育与文化》等期刊发表多篇论文。

《教学的生活逻辑》导读

教学的生活逻辑

和学新　陈　晖

【摘要】生活一般泛指人为了生存、发展和享受而进行的各种生命活动。现代哲学认为生活是一个对人来说充满意义和价值的世界。生活在本真上是意义生命存在、展开与延续的历程，是动态的、能动的、现实的。生活涵盖了人的一切活动领域，在一定意义上，教学从属于生活，是一种特殊的生活。生活本身具有教学价值。生活是人最根本的生长家园，是教学活动的背景视域。生活中的各种体验、感悟、经历等对教学活动具有积极的作用。生活对生命的新起航具有教育意义。教学是一种主体性的教育生活，教学活动是改造生活的动力源，是沟通现实生活和未来生活的桥梁，具有现实性、整合性和建构性。经验是人生活的经历与累积，是人与环境的相互作用及其结果。经验是教学联系生活的心理机制。教学与生活脱离的深刻原因是教育认识论的偏颇，生活认识论才是教学论的认识论基础。

【关键词】生活；教学；教学生活；教学论

教育教学活动起源于生活，又归于生活。教育教学活动与人的生活有着密切的联系。在人类的源初时期，教育教学与生活是合二为一的，是同一的。只是学校教育出现之后，二者才逐渐地相对分离开来。在教学论的历史发展中，关于教学与生活的关系，曾有斯宾塞的“生活准备说”、杜威的“教学即生活说”和陶行知的“生活即教学说”，但在当代教学论的理论体系建构中却看不到相关的陈述或阐述。如果说留有余地的话，也只是在教育学著作和教育政策文件中的理论联系实际的原则性要求罢了，在教学论中对教学与生活的关系鲜有论及。① 而现实的教育教学活动中，特别是我国现实的中小学教育教学活动中，教学与生活的脱离现象却是非常严重的。② 正是基于此，我国 2001 年开始的课程改革特别强调要联系学生的现实生活。然而，由于相关的理论支撑缺乏，引发了进入新世纪以来我国教学论研究的一个热点话题的出

① 和学新：《现实生活与学生主体性的建构》，《现代教育丛论》2001 年第 2 期。

② 柳夕浪：《交往教育的内涵与特征》，《教育改革》1995 年第 5 期。

现，学者们围绕教学与生活的关系展开了讨论。但又由于人们引入了“生活世界”的概念，又使得话题的研讨曲折了许多，比如对“教学回归生活世界”的讨论。① 因此，从理论上深刻阐明教学与生活的关系，为教学的生活取向奠定坚实的理论基础就具有了非常重要的理论价值与现实意义。

一、生活的意义阐释

生活是一个日常概念，但真要让一个人准确地把生活界定一下，可能就不是件容易的事了。这也是当前学者们对教学与生活关系展开争鸣的一个重要原因。学者们认为生活是一个不可捉摸的概念。②

（一）日常用语中的“生活”意蕴

在人们的日常用语中，生活总是与人们世俗层面的生计活动相联系，用以指代与人的存在方式有关的所有衣食住行、礼尚往来、闲谈杂聊等琐碎、杂乱、卑微的日常消费活动。在现代汉语中，“生活”意指“人或生物为生存、发展而进行的各种活动”、“生存、活着”；③《辞源》中“生活”被解释为“生存”、“生计”、“泛指一切饮食起居动作”、“工作、手艺”；④ 在英语中，名词 life 意为“state of existence，as an individual human being”（人生、人的生存状态）、“way of living，career”（生活方式、生涯）、“human relations，the business，pleasures，social activities，etc，of the world”（社交关系、世事），动词 live 意为“have existence as a plant or animal，be alive”（生存、生命、活着）、“pass one's life in a specified way”（以某种生活方式生活）、“enjoy life intensely”（享受人生）。⑤ 总之，“生活”一般泛指人为了生存、发展和享受而进行的各种生命活动。

（二）现代哲学中的“生活”意蕴

在一百多年的现代哲学发展历程中，“生活”和“生活世界”是使用频率最高的词，它既与现代哲学对传统哲学的批判与反思密切相关，也是许多现代哲学家积极思考人类生活实践和存在方式的核心范畴。如胡塞尔、马克思、维特根斯坦、海德格尔、哈贝马斯等哲学家先后都提出了各自关于生活世界的理论，一时间“回归生活世界”成为现代哲学思维转向的潮流。虽然不同的哲学流派或同一哲学家思想发展的不同时期，对“生活”的具体解释有所不同，但都从不同的角度体现了他们对于人类生活实践和存在方式的关注，对人的生活意义与生命价值的注视。

在胡塞尔的先验现象学中，“生活世界”取代“生活”成为他的哲学体系中的一

---

① 罗儒国：《“教学回归生活世界”问题研究评析》，《现代教育管理》2009 年第 6 期。

② 江玲：《论教学世界向生活世界回归的风险》，《河南大学学报（社会科学版）》2004 年第 4 期。

③ 中国社会科学院语言研究所词典编辑室：《现代汉语词典》，商务印书馆 1998 年版，第 1128 页。

④《辞源》，商务印书馆 1998 年版，第 1136 页。

⑤《牛津现代高级英汉双解词典》，商务印书馆 1988 年版，第 652—653 页。

个核心概念。“生活世界”被胡塞尔不时地称为“周围世界”、“日常生活世界”、“经验直观的世界”、“自然态度中的世界”、“前科学的直观的自然”等等。尽管他没有明确地界定过“生活世界”的内涵，但从他对这一概念的论述与运用中可以归纳出他的“生活世界”所包括的基本含义。胡塞尔的“生活世界”概念蕴含着心物关系，“生活世界”概念体现了他的现象学与人性之间的联系。他的现象学逻辑实质上蕴含着逻辑、心理和物理三者之间的复杂关系，而这三者关系的核心是心理和物理的关系，即心物关系。胡塞尔的“生活世界”概念特别强调在心物之间形成一种和谐关系，强调人活着的、“生着”的意义。离开了人，所谓的生活世界也会沦落到心物分离的“物理世界”、“死的世界”的地步。胡塞尔正是从此意义上呼吁自然科学要走向人在其中的“活的世界”，向“生活世界”回归。① “生活”一词在胡塞尔的理论体系中并不仅仅是一种生理的含义，而是一种有目的的生活，表明精神的创造性。胡塞尔的生活世界是主观的、属人的世界，是指人的参与和谋划，特别强调人活着的、生着的意义，离开了人，所谓的生活世界会沦为一个“死的世界”。

马克思立足于实践哲学，更多地关注人的现实生活。在他看来，人现实所居住的世界并不是与人无关、独立自主的，而是以人的实践活动为基础，体现着人的现实存在。马克思指出，“个人怎样表现自己的生活，他们自己就是怎样”。② 即作为自我生成的存在物——人的自我生成活动就是生活，人怎样活动着，也就怎样生活着。生活始终是对于人而言的，只有人才有生活，动物只有生存。在这个意义上，生活可谓是人的“专利”。人的生活是一个非预定性的、无限生成的过程。马克思反对视世界为脱离人的日常生活、处于人的生活之外或超乎生活之上的东西，而是把现实世界看作人生活于其中、与人发生着千丝万缕的联系、对人有价值和意义的价值世界或意义世界。他说：“思辨终止的地方，即在现实生活面前，正是描述人们的实践活动和实际发展过程的真正实证的科学开始的地方……”③ 马克思还指出，人是社会关系的总和，也即他认为任何一个原初的有机体都有着内在的联系，个体的生活只有在社会总体活动中获得他的意义。马克思指出，“社会生活在本质上是实践的。凡是把理论引到神秘主义方面去的神秘东西，都能在人的实践中以及对这个实践的理解中得到合理解决”④，“环境的改变和人的活动的一致，只能被看作是并合理地理解为革命的实践。”⑤现实世界总是指与人相关的、与人发生千丝万缕联系的、对人具有价值和意义的世界，是由人的生活展开出来的、人生活于其中的世界，“被抽象地孤立地理解的、被固定为与人分离的自然界，对人来说也是无”⑥。也就是说，正是在实践活动中，人改变了环境，也改造着自己，在人的社会实践活动之外的自然界不能够自动地

① 郭元祥：《回归生活世界的教学意蕴》，《全球教育展望》2005 年第 9 期。
②④《马克思恩格斯选集（第 1 卷）》，人民出版社 1995 年版，第 67—68、60 页。
③⑤《马克思恩格斯选集（第 3 卷）》，人民出版社 1995 年版，第 30—31、4 页。
⑥《马克思恩格斯全集（第 42 卷），人民出版社 1979 年版，第 178 页。

满足人的生存和发展的需要，因而也不是人的现实生活世界。换言之，只有当这个自在的自然界成为人的社会实践活动的对象时，它才具有现实性。人生活于其中的世界不是现在固有的、外在于人的东西，而是人改造的结果。实践活动达到什么水平，生活世界便也以与实践活动水平相应的形式呈现自己。现实世界始终是一个对人来说充满意义和价值的世界。

胡塞尔的生活世界从本质上来说，是理论哲学的路向，还局限于意识哲学的范围之内。他的“生活世界”从根本上说不是客观的、现实的世界，而是“精神的构成物”、“意向相关项”，即是说他并不是先从具体的、感性的现实生活出发来归纳、抽象出概念，而是通过意识活动、意向性分析来构造出世界的，因此，胡塞尔的“生活世界”只是精神领域内的意识活动，缺乏历史实践的维度。而马克思主要从现实、实践的角度来理解生活，所表现出来的是对人类具体的、完整的生活的关注。

（三）生活：意义生命存在、展开与延续的历程

显然，要想对“生活”这样一个扑朔迷离的概念下一个严格的并被认可的定义几乎是不可能的。存在论意义上，生活的内涵是无法用语言和理论完全揭示出来的，而只有通过人自身的生命实际存在过程才能得以完全展示。对生活所作的任何一个广义的界定都无法将生活的本质特征表述出来，而狭义界定又将意味着对生活丰富内涵的遮蔽，这也许是许多哲学家、教育家未对生活有一个明确的界定的原因。在我们看来，对“生活”概念的认识，不是简单地下一个定义就能解决的问题，而是要深刻地揭示其内涵和意义。生活是人的意义生命存在、更新、延续的历程。

人是寻求意义的特殊存在。意义是人存在的必然性，它并不是为人所意识到而存在的，在人意识到之前，意义已经与人的生命有着密切的牵连。“有意义”是对人类生活的肯定，“无意义”则是对人类生活的否定，人无论如何是无法忍受无意义的生活的。因此，马克思指出，“动物和它自己的生命活动是直接同一的。动物不把自己同自己的生命活动区别开来。它就是自己的生命活动。人则把自己的生命活动本身变成自己的意志和意识对象。他具有有意识的生命活动。”① 因此，生活是人获得生命意义的存在，是一种超越的精神，是对生命意义的追寻。人都是在探求生命意义的过程中不断地自我发展、自我完善并生活着的，人的这一生命活动构成了全部的“生活”。

人的生活涵盖了生命的诞生、存在、生长、成熟、延续、终结的整个过程，不存在脱离生命的生活，也没有生活之外的生命。人要生活，首先必须有生命的存在，这是最根本的条件。生命展现于生活，生活是生命活动的展现形式，离开了生活，生命就如同失去土壤的花苗，无法生长。生命的生长过程并不是自在的、无意识的，而是

① 马克思：《1844 年经济学哲学手稿》，人民出版社 2000 年版，第 57 页。

自为的生成和发展过程，是与“人之为‘人’有关的一切活动”①。杜威曾说过，“努力使自己继续不断地生存，这是生活的本性，因为生活的延续只有通过经久的更新才能达到，所以生活便是一个自我更新的过程。”② 生活之所以能够不断自我更新，就是因为在本质上它是一个意义生命不断延续、更新的历程。人总是有意识地把自身与世界及其关系看成是有意义的，如若不然，他的生活便会毫无意义。意义对于人的生活具有指引性，它使人有价值、有期待地努力奋斗，对生活作出有目的的筹划，从而使生活不断地完满、充实而有价值。意义不是静止的，它总是在人的理解中不断生成，这样，人对于意义生命的追寻便永远处于过程中，人生就是在不断的追寻中获得生活的目的与价值的引导，从而超越现实，走向未来。

生活是动态展开的过程。生活从时态的角度有过去生活、现实生活和未来生活之分，它们三者是绵延不断的，而不是孤立静止的——现在的生活是过去生活的积淀，是通向未来生活的基础。人的生活是个体生命的展现与丰盈的过程，因而是个动态的发展过程，是过去生活、现实生活和未来生活的连续不断的过程。过去生活是人所经历过的生活，正因为是人所经历过的，它必然对人的当下现实生活有所影响。现实生活是人在当下正在经历的、体验的、感悟的生活，也即是实然的生活状态，它是对人的现实存在形态的反映。人在现实生活中，必然会对未来的生活有所期望和幻想，这是驱使人不断发展的源动力。未来生活是一种可能生活形态，也即应然的生活状态，是人们对在未来的某一个时期将会过何种生活的一种期待和幻想，它是在过去生活的积淀基础上，同时在现实生活的努力中不断加以实现的。过去生活、现实生活和未来生活是人的生存与发展的整体过程。人不能滞留于过去、或现实、或未来的生活，因为“生活就是发展；而不断发展，不断生长，就是生活”③。人不能一直拘泥于过去的生活而固守传统、止步不前，如此将会丧失前进的动力，而谈不上生命的发展；也不能拘泥于现实的生活而变得没有远大的理想、鼠目寸光，如此将会为功利主义与实用主义所湮没；也不能拘泥于对未来生活的盲目幻想与空想中将自己托付于神灵，如此将会遗忘对现实生活的感悟与体验。由此可知，人既生活在现存的实然状态中，又生活在不断地超越实然的应然追求中，人通过这两重性的否定之否定的过程不断地实现着自己生活中所追寻的生命意义，实现着不断的发展。人的每时每刻、每一空间都是过去、现实与未来的统一，人在这统一整体中不断地追寻着生命的意义，从而展现着生活的意义。

生活是能动的。生活并不是受外在于生活本身的占支配地位的力量制约的，也并非是自在存在的，而是人按照自己的意愿能动地创造出来的。也可以说，不断地超越

① 郭元祥：《生活与教育——回归生活世界的基础教育论纲》，华中师范大学出版社2002年版，第104页。

② ［美］约翰·杜威著，王承绪译：《民主主义与教育》，人民教育出版社1990年版，第10页。

③ 华东师范大学教育系、杭州大学教育系编：《现代西方资产阶级教育思想流派论著选》，人民教育出版社1987年版，第29页。

和创造出新的生活是生活的固有特性。生活总是处于不断地变化和更新之中的，总是不断地从现实生活走向可能生活。它没有固定的终极目标，总是指向新的生命。

生活是现实的。给予生活能动性的充分肯定并不表示对其现实性的否定。生活的现实性说明生活要受到外在制约，说明了生活感性和经验的一面。生活的自由性和创造性不能离开现实的社会制约性，不能脱离人的肉体生命的存活这一简单而又现实的前提。否则，一切都将化为乌有，再美的精神之花都无法盛开。

二、生活的教学意蕴

生活是人的存在与发展的过程，对生命意义的追寻从而实现人生的价值是生活的全部内容。生活涵盖了人的一切活动领域，因此，在一定意义上，教学从属于生活，是一种特殊的生活。因此，无论教学怎样发展，都不可能与社会生活割裂。教学的根本特征是其发展性与可能性，看似与具有现实性特征的生活相对，然而恰恰相反，教学必须要通过观照人的现实生存状态或生活，才能建立人的可能生活。生活不仅是教学的起点和依托，而且是教学的直接指向，是教学的本源性依据。教学作为社会生活中的一种特殊生活，无论其怎样发展，都不可能割裂与社会生活的联系。教学的运行与发展必须要符合社会生活的发展规律，它不能独立地运行，而要依附于一定的客体或者活动。必须依靠一定的条件，并随着条件的变化而变化。教学因人的存在与发展而产生，又因人的生活方式、生活观念、生活态度等的变迁而变迁，脱离人的生活需要的教学是不存在的，没有了生活的教学其存在的合理性也将失去。因而，教学不仅依附于生活，而且需要生活。

生活的最终意义是对生命意义的追寻及对人生价值的实现，教学的根本意义是满足人的身心发展的需要，促进人的价值生命的实现。在人的生命价值实现上，生活相比于教学更具有原生性的意义。“教育的根本意义是生活的变化，生活无时不变，即生活无时不含有教育的意义。”① 生活无时不在延续着，因而，生活无时不含有更具原生性的教学意蕴。

（一）生活本身具有教学价值

陶行知说，“过什么生活便是受什么教育，”教育是“生活所原有，生活所自营”②。在人的生活历程中，每件事物、每种体验与感悟、每次经历都可能成为教育因素，每个人随时都可能成为天然的教育者或者受教育者，可以说，教育普遍地存在于生活的每时每刻。人在生活中会对世界万物、对人的生活或思、或想、或看、或理解、或欣赏、或看护、或照料、或享受、或创造，在如此这般的生活过程中，人会积极主动地发挥和创造出生活中的真善美，并使之成为自己生命的一部分，进而成为自

① 董宝良主编：《陶行知教育论著选》，人民教育出版社1991年版，第390页。

② 陶行知：《什么是生活教育》，《行知讲堂》2006年第4期。

己进一步生活扩展的基础。① 因此，我们说生活本身就具有教育价值。教育教学活动作为教育的主要活动，其源于生活，因而从某种意义上，我们同样可以说生活本身就具有教学价值。在教学内容上，生活性资源是教学的基本性资源。生活是一本无字的书，人在这本浩瀚的无字书的世界中有意或无意地接受着方方面面的教育：生活中的酸甜苦辣都有营养，成功失败都是收获。人类在生活过程中积累的文化财富浩如烟海，而教科书中的知识信息如同沧海一粟，且是教材编辑者在自己的生活经历基础上有所选择而组织成的知识信息，因而，教材、课堂和学校并不是知识的唯一来源。大自然、人类社会、丰富多彩的生活世界才是人生的基础教科书，也是教学的基本资源来源之所。生活性资源为人的身心全面发展提供了机会，使个体能够全面地占有、享用社会生活的各种经验。在教学方式方法上，生活中的各种行为方式就是极具有效性的教学方式：认知、理解、陶冶、体验、感悟、交往、对话等。这些行为方式不仅是主体体现主体性特征的主要方式，也是具有发展性的、有效的教学方式。从教学的整个过程来看，教学的历程是生活历程的一种特殊历程。教学的根本目的是满足人身心全面发展的需要，促进人的生命价值的实现，引导人自主地去寻找生命的意义，而生活的基本内涵就是意义生命存在、展开、延续的历程，是生命价值不断实现的历程。从这个意义上，生活的过程就是教学的过程，并且生活对人的生命价值实现相对于教学过程来讲更为生动、更赋有感染力和生命活力。人不能离开生活，人在生活的历程中，身心的每个部分、每个侧面都获得了健康的发展。

（二）生活是人最根本的生长家园，是教学活动的背景视域

生活是最广阔的教学情境。教学在本质上是实践的，因而它存在于具体、真实的生活情境中。教学是一个处于生活之中的开放体系，是主体生命历程中不可分割的一部分。人的生活涵盖了与人有关的一切活动，所以，从某种意义上讲，教学活动随时随地都在进行。生活是我们在自然的生活态度中所直接感知到的世界，是人生活于其中的现实而又具体的环境。教学中的人，是处在生活之中的，因而，教育教学活动首先要面对的就是生活。生活是对人生有意义并且是人生在其中的世界，是人生的过程、生活着的心物统一的世界。生活的教育是一种自然的教育。人从生命之初，周围的人和事物就开始影响我们的成长，因而卢梭说，“我们的教育是同我们的生命一起开始的”②。一切都是在那么自然的状态中进行着，自然到我们都没有能够时刻感觉到生活世界的存在，也没有能够感受到我们时刻在受着教育。当一个成人逗弄一个婴儿时，对那个婴儿的发展具有重要的意义，然而那个成人却一般不会感觉到自己在无意识的状态下已经成为了一个教育者。生活中蕴含着最直观的教学。生活并不是抽象不可见的，我们总是在丰富多彩、千姿百态的具体的事物中生活，接受着教育。当母亲指着一朵花对孩子说“这是红花”的时候，母亲没有必要对“红花”下一个精确

① 和学新：《现实生活与学生主体性的建构》，《现代教育丛论》2001 年第 2 期。

② ［法］卢梭著，李平沤译：《爱弥儿——论教育》，人民教育出版社 2001 年版，第 10 页。

的定义，一切都由他们共同视域中实实在在存在的花所呈现出来。生活中有着作为奠基性的教学。任何个体只要作为一个人在社会中生存，他都必须首先从生活中、在生活中学习并再回到生活中。生活是一切知识与能力发展的前提，当我们学习“水”这个概念时，若不伸手去感受流动的水，永远也不会真正认识水。“生活是每个人‘作为人’所必须接受的最基本的教育。生活教育，是其他一切教育的根源和基础”①，由此我们说，生活是教学情境的根基和可以依持的背景，是教学之所以能够促进人的多种品质生成并引导其积极追寻生命意义的奥妙蕴藏之所。

（三）生活中的各种体验、感悟、经历等对教学活动具有积极的作用

学校教育教学活动中的教师与学生并不是空着脑袋走进学校、走进课堂的，在他们的日常生活中，已经形成了属于自己的特殊生活经历、体验和感悟，已经对自己的人生、社会、他人、事物等形成了一定的认识，这些都会成为教师和学生进行教学活动的基础。教师与学生所带着的属于自己的特殊生活经历、体验和感悟会体现在教学活动的全过程，包括师生对教学内容的理解、对教学方法的选择、对所理解教学内容的练习及运用。另一方面，师生也将会在学校与课堂上获得的各种认知、情感和态度等糅进自己的日常生活中，并加以理解运用，从而使得自己的生活更为丰富多彩，使能够获得的知识更为广阔，使能够体验到的人生价值和意义更为深刻和完整。因而，师生都不应漠视自己日常生活中的各种具有教育意义与价值的经历、体验和感悟，而要充分地、有效地对它们加以有目的、有意识的运用，全方位地发挥它们的教育意义与价值。生活中的各种经验经过提炼都可以成为教学的内容，并且因其原生态性质及贴近学生的现实生活，而使得这些教学内容能够更为容易地被学生接受和理解。体验，是个体获得各种生活经验的方式，而在教学过程中，“体验是个体的一种存在方式，是一种‘以身体之，以心验之’的活动，它对于个体的生活意义和生命价值的实现具有重要的作用”②。通过个体的真实的生活体验，可以将人类社会经验与个体的经验相融合，实现教学生活与生活世界的衔接。学生只有亲身去体验知识，才能够真正地从内心去感悟知识、理解知识并灵活运用知识。如教学中的活动实践课、探究课程等，都是对“做中学”、“去体验”的贯彻。在教师方面，生活中的各种经历都能够成为其设计教学目标的参照、“采购”教学内容的原材料、选择合适教学方法的依据等，从而使教学能够有效地进行和发展。

（四）生活对生命的新起航具有教育意义

“生活具有教育内容上的开启性，人在遭遇生活中不断形成新的内涵。”③ 在生活的过程中，人每时每刻都会对自己所做的事、所看到的事物进行有意识的反思。通过反思，人们往往会对原来的生活或者经历过的生活有新的认识，从而建构新的生活方

① 项贤明：《“生活世界”的教育与“科学世界”的教育》，《教育研究与实验》1999年第4期。

② 王攀峰著：《走向生活世界的课堂教学》，教育科学出版社2007年版，第222页。

③ 刘云杉著：《学校生活社会学》，南京师范大学出版社2001年版，第382页。

式以不断地促进自我发展。前面已经说到，生活是动态发展而不是静止不前的，当人们面对新的生活方式、生活观念或生活态度的冲撞时，就会对自己原来的生活状态进行反思，反思其是否符合当下的状态，从而促进自我的发展，并以此作为生命下一次扬帆的基础。生活中的反思，从某种程度上说是对自我的教育，是人"成己"、"育己"的有效方式。例如当一个人因一时情绪冲动而做错事，从而遭受到惩罚后，他便会对自己的行为、心理等各方面进行深刻的反思，在今后的生活旅程中将不会犯同类错误。因此，反思实际上是对自我的一种更新，使自我能够突破与生俱来的有限性，完善并完整地发展。另外，"人的生活应是一个不断对世界开放的过程。开放意味着超越，人不断超越其身处的狭小的生活圈子，超越有限的生活经验，超越诸多偏见。"① 人不是孤立地生活着的，而是在与他人、与环境甚至整个世界的交往实践中展开生活的。人在交往中能够接触到广泛的、超越自己生活圈子的各种生活方式、生活观念和生活态度等，当这些同自己当下的生活有冲突时，人就会开始对自己的当下生活进行思索，从而产生一定的影响：或拒绝，或改善，或同化。但都会对人的内心形成一定的触动，这样的触动会一直影响人现实甚至未来的生活。在教学方面，从严格意义上来说，教学是生命与生命间的社会活动，是教师借助一定的客体中介与学生进行精神与信息交流的主体际的活动。交往，是生活实现其教育意义的主要方式，通过教学主体之间的小组讨论、意见交流、辩论等形式，可以促进学生更好地进行信息和知识的建构。在学生与教师交流与沟通中，教师从学生那里获取更多的信息，从而对教学的内容、要求和方法进行调整，提高教学效率。与此同时，师生、生生通过交往，彼此分享各自的思想、经验，有助于扩大各自的知识面，提高学习的兴趣与效率，使所学课堂内容持续生成、转化，并不断提高。同时，通过对话与沟通，教师和学生都不会止步于对"教什么"和"是什么"的层次，而是会进一步对"为什么"、"应如何"等方面进行反思，从而对教学目标、内容、方法、评价等进行批判性的改造，使教学生活在师生的对话与沟通中，在双方的不断反思中能够完善地得以有效的发展。

三、教学本真上是一种特殊的意义生活

教学活动与人的生活有着难以割舍的联系，是一个与人的生活意义和生命价值密切相关的社会实践活动领域。在这个意义上，教学活动是人的现实生活的组成部分，它起源于人类生活的需要。因而，教学活动从其产生之初就具有本源性的生活意蕴。但是，教学活动作为一种培养人的社会实践活动又有着与生活的根本区别，它不能够直接等同于现实生活，也不能够简单地把现实生活照搬和移植到教学活动中来。教学活动所需要的是从学生的现实生活实际出发，在充分认识到教学活动的特殊性基础

① 刘云杉著：《学校生活社会学》，南京师范大学出版社2001年版，第379页。

上，对现实生活持有一种批判和超越的态度，创造一种高于现实生活的更为美好的生活，从而引导学生从当下的现实生活中体验并逐渐走向一个更有意义、更有价值、更为幸福美好的可能生活，并在此过程中促进学生的身心全面、健康发展。

（一）教学活动是一种特殊的生活

教学是一种生活，一种健康的、纯真的、充满智慧与诗意的生活。只有把教学当作一种生活，教学才能回归它“自然”的本位。① 生活是意义的延续，生活的延续也必须在意义的引导下才能得以实现，生活不仅仅是教学活动的起点和依托，而且还是教学活动的直接指向。从过程来说，教学活动首先是一种生活，是个体和类的生活的内在组成部分，当然，它会受到生活中其他众多因素的制约，然而它又引导和塑造着个体生活和类生活的未来。在这个意义上，教学活动相对于生活来说具有其本身的特殊性。

教学活动是一种教育性的生活。教学活动作为一种培养人的社会实践活动，其出发点是人——现实生活中的人，其归宿点也是人——发展的人，因而我们说，教学活动本身就是人的生命存在的一种形式，本身就是实现人的价值生命过程的重要环节，其本身就具有教育性。舍弃了教学这一重要环节，个体的人和人类的价值生命实现进程将被延缓，甚至受到人自身内源性的阻碍。教学是一种生活，要求教学活动要与社会生活保持一致，而教学的批判性和超越性要求在教学过程中要从现实生活中看到各种发展的可能性，引导个体不断地批判、反思并超越这种现实规定性和原有的生活方式，把握并充分领略新的生活内涵，从而建构一种新的生活方式。为了实现教学的这一目的，教学活动要对纷繁复杂的社会生活进行改造，提炼出具有价值的生活因素，给予学生一种经过简化、净化和改造了的具有教育性和发展性的生活。

教学活动是一种主体性的生活。教学活动本身就是教师与学生的生活历程与生命历程，教学过程是一个属人的“我—你”教学主题之间的交往和对话的过程。与“我—它”的关系不同，“我—你”表现为一种真正的名副其实的交谈性的双边关系。在教学活动中，教师以自己真实的、完整的人格去面对学生，与学生真诚的交往，并给他们以帮助，使他们能够更真切地理解生活、理解世界。与之相应，学生以自己的全部精神坦诚地与教师进行全面的交往，让教师了解自己内心的真正需求，将教师视为自己的精神依托，加以肯定和接纳。他们彼此把对方作为存在意义上的“人”来看待，是一种平等的交往和对话关系，教学活动是在教师的价值引导下学生自主建构和主动发展的过程。另外，教师和学生作为主体的人，其自我意识活动始终影响和指导着教师的教学活动和学生的学习活动：教师通过对自己的教学观念和教学行为加以自我认识、自我反思、自我评价，促进自己的专业成长和发展；学生通过对自己的学习态度、学习行为和学习方式进行自我认识、自我反思、自我教育和自我管理，从而

① 蔡宝来、王立国：《教学回归生活的意义与价值》，《西北师范大学学报（社会科学版）》2005 年第 6 期。

不断改进和完善自己的学习活动。这样，教学活动在整体上成为了一种主体性的生活，成为了一个教师和学生共同成长与发展的过程，应该说，“教学本身就是教师与学生的生活历程与生命历程。”①

（二）教学活动是改造生活的动力源

教育教学活动的最主要目标就是教给学生改造现实生活的能力，从而提高当下的生活质量，营造幸福生活。教学活动是个体生长与发展中不可缺少的动力，它直接或间接地影响着个体的生活方式和生存状态。一方面，教学活动促使人类生活自觉有序地发展。这是由人类的生活需要决定的，生活世界作为人类生活展开的场所，个人的生活历程以及人生意义实现的过程，不能够在凌乱的生活中自发地进行，而要在各种有意识的特定的社会实践活动维持下自觉地进行，而教学活动是人在迷茫时最为重要的实践活动，是不可或缺的引导力量。另一方面，教学活动通过提升人类的自我能力来推动生活的发展。教学活动通过对人类物质文化、精神文化和制度文化的传承，给予人生活的基本知识和基本技能，更为重要的是教学给予个人以生活的智慧，发展了人创造生活方式的智慧和能力，给予人生活的正确态度和价值观。如此，人能够把握、理解生活，从而更好地体验生活、改造生活。正如学者指出，“教育传承文化的目的是什么？显然不是要下一代重复前人的生活方式，复写前人的生活知识和技术，而是使下一代通过对前人的生存状态和生活方式、生活的知识和技术进行反思和批判，确立起符合新的社会生活条件的新人生的生活方式，改进人的生存状态，提升人的生活质量。更新和创造个体和人类的生活方式，是教育的理想性的体现。”② 教学活动不断地充盈人们的精神生活世界，这种不断积累的生气勃勃的人的精神奠定了人走向未来的精神之路，并作为一种内在的力量去积极地影响着他们对自己未来生活的把握。另外，教学活动对生活的动力作用还表现在教学本身就是对人类社会生活的传承、延续和创造。作为一种特殊的社会实践活动领域，教学活动唤醒了人的生命意识，启迪了人的精神世界，建构了人的生活方式，最终实现人的价值生命。在这个过程中，它需要具备一种强烈的反思意识、自我意识和未来意识。通过反思和自我意识活动，教学活动总是时刻关注着个体和人类的生活方式、生存状态，从而推动着人们对生活意义的自主探寻和追求。

（三）教育教学活动是沟通现实生活和未来生活的桥梁

未来生活与现实生活的矛盾总是存在于我们的生活之中，我们不能因为现实生活的复杂就否定未来生活的必要，然而恰恰相反，正因为现实生活往往不能令人满意，对于未来生活的追求才更有意义；同样，我们也不能因为未来生活的绚丽多彩而漠视

① 蔡宝来，王立国：《教学回归生活的意义与价值》，《西北师范大学学报（社会科学版）》2005 年第 6 期。

② 郭元祥著：《生活与教育——回归生活世界的基础教育论纲》，华中师范大学出版社 2002 年版，第 138 页。

现实生活，因为我们无法生活在现实生活之外的国度，未来之花只能在现实的基础上绽放。

教育教学活动是人的现实生活历程，而并不仅仅是未来生活的准备。未来生活是人在面对自己未来发展的可能性时主动筹划的一种生活方式，它虽然含有未知的、不确定的因素，但尽可能去实现自己的未来生活是享受幸福生活的一个最基本条件。未来生活是过去已经历的生活与现实正经历的生活的积淀并与它们相对；未来生活不是过去已有生活的简单机械重复，也不是当下生活的直接延续，而是人根据其发展的可能性主动去选择、去追寻、去创造的“可能生活”。单纯地强调教育教学活动对未来生活的引导，势必倒向斯宾塞的“生活准备说”，会使教育教学活动因脱离现实生活而丧失其有效性。因为每个人的未来生活与其现实生活总是有着一定的距离，如果一味地观照其未来生活，把教育教学活动看作是为未来生活做准备的，就很容易导致在教学的过程中自然而然地漠视学生当下的感受、情感、经验、体悟以及其身心发展，而代之以成人的思维、知识、经验和生活模式去教育、要求学生，最终使教育教学活动成为异于学生内心的活动，知识成为强迫式的灌输，学生自我筹划的未来生活蜕变为成人所赋予的生活，教育教学活动遭到人们的反感及抵制。

教育教学活动是在人的现实生活中观照其可能生活的。现实生活是过去生活的积淀，意味着现实生活有其存在的合理性及对未来生活的意义；现实生活是通向未来生活的基础，意味着未来生活无法逾越现实而直接到达，忽视现实生活将如同切除根部的花骨朵，再美也无法绽放。以往的教育教学活动在“科学理性至上”观念的支配下，往往过于注重追求知识而极度忽视人的现实生活世界，造成了科学知识与学生的现实生活世界的严重脱离。另外，很多人都认为教育教学活动是为了儿童的将来走出校门而做准备的，因此，教学的目标和重心都放在了未来，而远离了儿童当下生活的兴趣、需要、情感、经历和体验。结果必然导致对未来生活美好的设计却无法引起儿童的兴趣。正如帕斯卡尔所批判的那样，“现在永远也不是我们的目的：过去和现在都是我们的手段，唯有未来才是我们的。因而我们永远也没有生活着，我们只是在希望着生活；并且既然我们永远都在准备着能够幸福，所以我们永远都不幸福也就是不可避免的了。”① 因此，本真的教育教学活动首先是观照人丰富多彩的现实生活，使教学活动充满着快乐与趣味，在每个人都享受了现实生活的幸福基础之上，引导人在当下的幸福生活中去体验、感悟、追寻更为美好的未来生活。

生活与教学有着天然的联系，世界上没有纯粹脱离生活的教学，也没有纯粹无教学的生活。教学的发展变化无不表现在生活的时空情境中，而生活的存在、延续历程中又时时处处都表现着教学的力量。可以说，生活的历程也就是教学的历程，而教学本身也是一种特殊的生活。它们不仅是不可隔离的，而且二者原本就具有内在一致性，它们统一于人对生命意义的追寻。生活所以具有教学意蕴，教学所以能给生活以

① ［法］帕斯卡尔著，何兆武译：《思想录》，商务印书馆1985年版，第83页。

积极的引导，就是因为在生活与教学中，天然包含着双方相互渗透和贯通的因素——生命意义。

人的生活是多种多样的，有政治生活、经济生活、文化生活，有个人生活、家庭、社会生活，有物质生活、精神生活，而学校教育生活是人的众多生活方式中的一种，一个部分，是一种特殊的社会生活。学校教育生活的价值在于它是联系其他社会生活与现实生活的桥梁，是其他社会生活与学生生活的契合点。它保证学校教育既合乎社会需要也合乎学生需要，使学生走出学校进入社会后，更快更好地适应社会生活、创造社会生活。所以，教学的生活特性表现在现实性、整合性和建构性。

所谓现实性，就是指教学是学生的现实生活，它要把教育教学中抽象的内容和方法现实生活化。具体说就是把比较宏大、抽象的，离现实生活、日常生活较远的内容和我们日常生活结合起来，把教育教学活动与学生自身的经验、体验相联系，使之对学生产生意义和价值。教学的现实性特征表明，教学不追求一般化，而追求一种个性化、独特化。

所谓整合性体现在三个方面：第一是学校生活、班级生活与日常生活的整合。就是要把学校教育教学生活与社会政治、经济、文化生活和吃、穿、住、行、用等日常生活结合起来。第二是把历史、现实和未来整合在一起。每个人在接受教育的过程中都有他自己的生活史，他过去的经历与现在的经验对他的教育是有现实意义的，最终是为了将来的生活和发展。在教学中，历史、现实与未来是整合在一起的。第三是知、情、意、行的整合。就是指在教学中，知识、情感、意志、品质、行为是整合在一起的。教学本身对人的教育应该是全面的。教学本身不仅限于让学生获得知识，还要进行道德知识的学习、道德情感的培养、道德信念的树立，最终转化为学生的行为。在实际的教育和发展过程中，它们又恰恰是整合在一起发生作用的。

所谓建构性是指师生的共同建构。人的生活方式决定了人的存在状态和发展趋势。人是什么样的人，他生活在什么生活方式和环境中，就决定了他将成为什么样的人。教学是预定的，同时又是生成的。预定性表明了教育的社会性，生成性决定了教育的建构性。学生的成长与发展决不是预先决定的，虽然有大致的发展方向。决定学生发展的更重要的因素是师生的相互作用的结果，即教学建构的结果。

四、经验是教学与生活建立联系的心理基础

虽然人们意识到了教学与生活的关系，但从学理上认识这种关系，解释这种关系，做得还很不够。在我们看来，经验是教学与生活建立联系的纽带，是解释教学与生活密切关系的心理机制。

（一）经验释义

经验，似乎是一个人人都理解的词汇，经验对我们每个人而言也都是最近的、最容易得到的，因而它最不易被我们所察觉、所意识、所反思。正如生活概念一样，似

乎人人都能明白，然而，要真正将经验的基本内涵阐述清楚却不容易。

在中文里，“经验”一词至少有三层意思：经历、由实践得来的知识和技能、感觉经验即感性认识。① 第一种用法是动词，后两种用法都是名词。“经历”是从经验的动态角度认为经验是人与环境之间的交互作用，而“知识和技能”、“感性认识”是这种交互作用的结果。“知识和技能”是通过人与客观事物的相互作用而形成的，是人们对实践经验或实践活动的认知成果。它是零散性的、不稳定的、不明确的。感觉经验是指从感觉出发，通过耳、鼻等感觉器官所感知、所经验而获得的认识。从对《辞海》关于经验的解释的分析中不难看出，其所谓的经验主要指直接经验，这些知识和技能以及感性认识都主要来自于个体与环境的相互作用，来自于个体的亲身经历和体验。我国学术界对经验的理解往往取向广义，统括了直接经验与间接经验。直接经验，也即感性知识，是个体通过亲身实践、探索、发现、操作等形式获得的知识经验；间接经验，也即理性知识或学科知识，是个体通过听讲、读书等形式从别人或书本上得到的知识经验。间接经验虽不是个体亲身的经历和体验，但它同样来源于生活，是直接经验的内化并将内化的知识经验外化为语言、文字、符号等。因而，无论是直接经验还是间接经验，它们的来源起点都是生活。经验按其存在的形态也可以分为显性经验和隐性经验。显性经验，是我们通常所说的书本知识和能够用言语、文字、符号表述出来的经验，也即知识；隐性经验，也即是指个体在各种活动中通过自己的活动获得的、难以用言语表达的个体经验或伴随着显性经验学习过程中所产生的为群体所赞许的个体活动方式，也即缄默知识。直接经验与间接经验、显性经验与隐性经验是不同分类标准下的划分，是为了更为清晰、透彻地理解经验。而在实际上，在经验发生的那一刻，它们之间并没有明确的界限。当个体与生活情境中的客观事物相互作用时，并不是空着脑袋进行的，而是以原有经验（包括间接经验和隐性经验）为基础作用于客观事物从而获得新的经验。个体的原有认知结构影响着主体的行动，而主体的行动与行动结果又反过来对原有认知结构产生影响，最终使个体的心理结构得到发展并达到个体与环境的平衡。

因此，我们认为经验是人与环境之间的相互作用及其结果，经验应是整合了经验者、经验对象、经验内容、经验过程及经验结果等内容的经验。人决不是生活中孤独的看客，而是生活中不断活动的生物。人的生命事业和命运都依赖其与环境的相互作用。在杜威看来，人与环境的这种互动作用，是人与自然的最为本质的关系，而人类经验的本质也便是这种互动性。在人与环境的互动过程中，认识的主体与环境相互作用，相互对对方产生影响，主体既经历着行动，又承受着行动的结果，并且反过来还对自身产生影响。这种影响即是个体知识结构、认知结构乃至心理结构等产生的变化。因而，我们说，经验是行动和行动结果的结合。在这个意义上，经验所表示的并不是主体在相互作用后所达到的经验水平，而是一种经验水平经过相互作用后上升为

①《辞海·语词分册（下）》，上海人民出版社 1997 年版，第 1247 页。

更高经验水平的互动过程。

（二）经验是人生活的经历与累积

“生活”的本质在于人生的经验，人生经验的意义在于人不断地去面对和解决生活中各种各样的问题。① 经验即生活，生活中的一切都发生于我们这种整体性的世界视域之中。

经验是人直接体验的生活，是一种生命活动过程。经验先于人的理解，先于与他人的语言交流，也先于反思，而当个体对经验进行反思之后，经验即成为一种特殊的经验——体验。体验是生命存在的一部分，是生命过程本身的要素，是在生活的延续中产生的，并与个体的生命相连。在人生的过程中，经验不是稍纵即逝的感觉，或是飘浮于生活表层的无任何意义的泡沫，它对人生有一种观念所无法取代的持久的意义，它不仅通过体验和记忆将人生的价值和意义保持下来，而且随着记忆之流进入人们对生活的理解，并在人的现实生活中影响人对人生的看法。在这个意义上，经验成为了人理解自身和关于自身知识的基础。经验是人与环境的相互作用，是生命维持自身的中介。它是活的，而不是静止的，是一种生命现象，而不是传统经验观里的认识现象。杜威在其《经验与自然》中写道：“‘经验’指开垦过的土地，种下的种籽，收获的成果以及日夜、春秋、干湿、冷热等等变化，这些为人们所观察、畏惧、渴望的东西；它也指这个种植和收割、工作和欣喜、希望、畏惧、计划、求助于魔术或化学。垂头丧气或欢欣鼓舞的人，它之所以具有‘两套意义’，是由于它在其基本的统一之中不承认在动作与材料、主观与客观之间有何区别，但认为在一个个不可分割的整体中包括着它们两个方面。”② 可见，经验是人所体验到的生活，是人生命存在、发展的活动过程。

经验是能动的、实验的、活动的。杜威的经验一词包含了经验的主体、经验的事物、经验的过程。从这点出发，经验也就是生活、实践与生长。③ 杜威认为，“经验是生活。生活是从过去到现在，从现在到将来，不绝的历程；因过去的经验，预备将来的生活，这是从旧到新、递进不已的。因为这个缘故——这从旧到新的缘故，所以吾人对付将来的能力，全靠吾人能不能管得住将来，预料将来，利用过去的经验去推测未来，使吾人有知识的系统的行为去应付环境。”④ 在杜威那里，经验即生活，生活即经验。因而，经验也意味着生长，当经验的这层意义延续至教育哲学领域，教育就是经验的改组，而延伸至心理学领域，经验就是心理的改造。

经验是人感受生活意义的源泉。一个人越是能够更多地体验生活（直接经验），更多地接触到历史保存下来的经验（间接经验），他就越是能够更多地体味出生活的

---

① 曹辉：《简论教育与人的生活》，《辽宁师范大学学报（社会科学版）》2006 年第 2 期。

② ［美］约翰·杜威：《经验与自然》（序），傅统先译，商务印书馆 1960 年版，第 63 页。

③ 彭虹斌著：《新课程经验化》，广东高等教育出版社 2006 年版，第 113 页。

④ 吕达、刘立德、邹海燕主编：《杜威教育文集（第 3 卷）》，人民教育出版社 2008 年版，第 203 页。

意义。历史因为负载着丰富的人生经验而变得越来越丰富。无论理解生活还是不理解生活，从生命开始之初，我们都无可否认地已经置身于生活之中，置身于生活经验之中。这种经验的存在状态，先于我们的价值判断，先于我们对于生活的分析，先于思辨，因而也使我们在观察世界、认识自我的时候，已经无法离开经验。

（三）经验是心理结构的改组与改造

从个人的改造来讲，经验的改组与改造主要就是对个体的身心各个方面的改造，经验改造的过程实际上主要是个体身心各种因素的全面改造、全面发展、全面成长。经验的改造绝非仅仅是学生获取知识的认识过程，更不是一个由理性认识到感性认识的单向运动过程。经验包含有丰富的内涵，包括知情意行等诸方面。因而，认识过程只是经验改造过程的一个部分，并且是感性与理性交互作用的过程。当动态的经验过程发生时，并不仅仅是耳、鼻等感官与环境相互作用，其作用结果也并不是单纯的感觉印象，而主要是对原有经验（包括知识的与非知识的因素）改组和改造，也即对个体心理认知结构的改组与改造。

我们很容易发现目前教学过程中学生的认知结构的障碍：在学生的头脑里存在着两种知识体系，一种是学校的课程知识体系（显性知识），一种是学校外的生活知识体系（缄默知识），且这两种知识体系很少或者没有发生联系，导致学生在改组与改造自我认知结构时产生了障碍。在教学过程中，不仅存在着大量的显性知识，而且也存在着缄默知识。所谓显性知识是指用文字、语言、符号等表述出来的知识，所谓缄默知识是指尚未被言语或其他形式表述的知识，是难以言传的知识。缄默知识由于其来源于个体的生活境遇，其对于儿童的生活即认识具有基础性的作用，它们在很大程度上影响着儿童对于显性知识的建构，从而关联着个体心理认知结构的建构。但遗憾的是，我们在教学过程中对于缄默知识没有给予充分的注意和重视，其结果是那些不利于教学活动的缄默知识干扰和阻碍教学活动的进行，导致学生在一些特殊知识点上认知的障碍，影响了教学活动的有效性。

“显性知识的传递只有通过缄默知识的应用才能获得成功”,① 因而架构显性知识与缄默知识之间的桥梁是学生心理认知结构得以改造的关键。经验是沟通显性知识和缄默知识的桥梁，是解决学生心理认知结构障碍的有效途径。由于缄默知识是言语难以表达的知识，我们必须要将其显性化。在教学活动中，为了凸显学生的缄默知识以利于有效的教学，要重视具有“学徒制”形式②的实践教学，积极引导学生亲身参与学习，如社会实践、科学实践、操作学习、观察学习、交往学习、探究学习等，让学生在非常自然的状态下以行为的方式外化个人的缄默知识资源。与此同时，学生也能够更为直观地体验、感受到他人难以用言语表达的缄默知识。缄默知识外显化的方式

① 石中英：《缄默知识与教学改革》，《北京师范大学学报（人文社会科学版）》2001 年第 3 期。

② 学徒制的学习形式是一种教师示范、学生模仿的学习形式。这种学习形式对于学生而言，教师的示范就是其自身的缄默知识资源的外显化过程。

实际上就是经验的过程，在这一经验的过程中，不仅实现着个体缄默知识的外显化，同时也内化和综合化了新的显性知识，并使之成为缄默知识。新的显性知识与个体原有的知识（包括显性知识和缄默知识）进行匹配结合，实现了个体心理认知结构的改组与改造。在这个意义上，我们也就可以说，经验就是心理结构的改组和改造。

（四）经验是教学联系生活的心理机制

学生是活生生的，理应生活在现实生活之中，这也就意味着学校教学要直面生活、直面社会，既与生活保持密切联系，又成为学生成长发展的源头。杜威曾指出："学校必须呈现现在的生活——即对于儿童来说是真实而生气勃勃的生活。像他在家庭里，在邻里间，在运动场上所经历的那样。"① 而经验是教学面向生活、面向社会的纽带，是儿童学习的源头，经验教学是教学心理化发展到一定阶段的产物，是对学科化教学的一种反叛，也是时代的需求。教学活动应以经验（或者说生活）为逻辑，来安排教学过程中的各方面因素，如教学目的的确立、教学内容的选择与组织、教学方法的选取等。以经验为逻辑安排教学，也就意味着教学活动从生活出发，从学生当下的现实生活出发。在这一过程中，学生的内部心理受到关注，学生已有的对生活的经历、感悟、体验与新知识、新教学内容之间建立了联系，活化了新旧知识结构、心理认知结构以及其他学习心理活动的关系，也就提高了教学的效率，促进了学生的发展与成长。教学活动在这一意义上也真正实现了教学的知识逻辑、心理逻辑和生活逻辑的有机结合和统一。

1. 同化和顺应是个体建构与环境之间联系的主要方式

有学者指出，将外在的知识转化为个体的经验，必须在活动的基础上经过个体自身的思维活动来实现，这种自身的思维活动就是内部建构。② 这里所指的内部建构就是认知结构的发展，即内源性知识的建构取代外源性知识，也就是将外在的知识内化为个体的经验。皮亚杰强调个体心理发展的实质是在主客体即内外因相互作用基础上，通过主体不断建构心理结构，从而产生量和质的心理变化而实现的。而在心理发展的过程中，总会受到生理成熟、物理环境、社会环境等影响因素，而同化和顺应是主体平衡个体和环境的主要形式。

同化是指通过自身的逻辑结构或理解对经验进行组织，将外在信息纳入已有的认知结构，将感受到的刺激纳入原有格式的过程。在同化的过程中，新旧经验之间构成类属的、总括的或者并列的等多种不同的关系，从而来丰富主体的原有认知结构。在认知结构不断的发展过程中，同化会经历三个越来越复杂的阶段：再现性同化、再认性同化和概括性同化。在新旧经验的这种反复同化的过程中，会形成一个个经验网络结构，这个网络结构不仅包括事实性知识、概念性知识，也包括方法性知识和价值性

① ［美］约翰·杜威著，赵祥麟译：《学校与社会：明日之学校》，人民教育出版社 2005 年版，第 6 页。

② 彭虹斌：《新课程经验化》，广东高等教育出版社 2006 年版，第 140 页。

知识；既有显性知识，同时也有隐性知识等。顺应是学习者原有的认知结构与新的外在信息产生冲突，而引发原有认知结构的调整和变化，从而建立新的认知结构的过程。也即个体通过调节自己的内部结构以适应新的环境刺激的过程，它包括反思、整合以达到对自我和客体的双重建构。反省是对个体已经获得的经验片段进行反思从而使经验成为个体生命存在的一部分。反省是获得观念的心灵的反观自照，“反省是人们自觉地把心理活动作为人事对象的认识活动，是对思维的思维。”① 杜威在谈论经验时，也认为经验包括行动和反思，而他所提到的反思是与行动联系在一起的，是对“原初经验”（杜威将经验分为“原初经验”与“第二经验”，前者指涉日常生活，是一瞬间的反思；后者指涉一种持续而规范的反思性探求）的探求与思索。反省后来发展为建构心理学的“反身抽象”概念。到了当代，认知心理学用“元认知”代替了“反省”。同化和顺应只是个体形成原初经验的过程，而只有经过个体有意义的改组、综合、创造，最后达到整合的经验，对个体才是有意义的，才是生命存在的一部分，才成为经验的一种特殊形式——体验。而这个过程就是反省的过程。整合是指新旧经验的横向的联系或水平的组织。整合旨在统合个体的不同层面、不同层次和不同水平的经验，以增加经验的意义、应用性和效率，从而使个体能将其经验的重点加以统一和连贯。整合并不单停留于新经验的关联，而是要让新经验与旧经验结合起来，使学生能灵活运用所建构的知识经验。

同化和顺应都强调新旧经验之间的相似性，也即新知识不能剥离学生的已有经验，要与学生的现实生活具有相似性，这样才能够激发学习和探究的欲望。杜威的“教学五步法”第一个要求就是情境的创设要与儿童的日常生活具有相似性；然后才能使学生在情境中主动提出疑难并欲解决难题；第三步则是教师提供学生了解知识的必要资料，也即各种感性知识和理性知识；第四步是根据情境，在所掌握资料的基础上大胆推论、猜想、提出假设；最后是对假设的检验，检验不是凭空的、形而上的检验，而是将自己所提出的解决方案放入具体的情境中进行实际的操作，看成功与否。杜威的“教学五步法”强调在同化和顺应的过程中，新旧经验之间的相似性至关重要，情境的创设则是重中之重。这里的情境实则是儿童的日常生活情境，只有贴近生活，学生的新旧经验之间才更易于平衡。

2. 个体通过经验、情感等来建构知识的合理性与准确性

建构主义者认为知识并不是对现实的准确表征，它只是一种解释、一种假设，并不是问题的最终答案，相反，它会随着人类的进步而不断地被“革命”掉。知识不可能以实体的形式出现在个体之外，它只能由学习者基于自己的经验背景而建构起来，这取决于特定情境下的学习历程。由此可知，在建构主义者那里，个体的学习经验对于知识的学习、更新等有着重要的意义，可以说，经验是知识来源的起点。知识在被个体接受之前，是没有任何意义的。我们不能把知识作为预先决定了的东西来教

① ［英］洛克著，关文运译：《人类理解论》，商务印书馆1959年版，第69—71页。

给学生，不能以我们对知识正确性的强调作为缘由强制学生接受它，更不能用科学家、教师等的权威来压服学生，知识只能靠学生自己的建构来完成，靠他们自己的经验、情感、意志等来分析知识的合理性。

“学习是建构内在的心理表征的过程，学习并不是把知识从外界搬到记忆中，而是以已有的经验为基础，通过与外界的相互作用来建构新的理解。”① 建构主义强调知识是一种学习者的主观建构，是在学习者原有经验的基础上，积极、主动并有意义地面对、接纳外界各种刺激，解决各种问题，主动对新的经验进行加工处理，从而形成自己独特的知识结构和经验世界，从而以此去适应并改造世界。这意味着学习是主动的，学习者不是被动的刺激接受者，他需要对信息进行主动的选择和加工。而且，知识或者意义也不是单纯由外部信息决定的，而是学习者通过新旧经验之间的反复的双向互动作用而建构成的。在这个过程中，每个学习者都以自己的原有经验为基础对新的信息进行编码，并建构自己的理解，原有的知识因为新经验的进入而发生一定的调整和变动。因此，学习并不是简单的信息累积，而是新、旧经验在反复的冲突中引发的观念转变和认知结构的重组，学习过程不是简单的信息输入、存储和提取，而是新旧经验的交互作用过程。这种学习观在教学中的应用是对传统教学的一种质的超越。

建构主义者认为学习者并不是空着脑袋进入课堂的，在日常生活中，在先前的学习中，他们形成了大量丰富的经验。他们对于有些问题的解决方案，有时并不是胡乱猜测，而是基于以往的相关经验，依靠他们的认知能力，从他们的经验背景出发而得出合乎逻辑的假设，从而形成对某种问题的解释。所以，教学不能漠视学生的这些经验，另起炉灶，而要把学生现有的知识经验作为新知识的生长基点，引导学生从原有的知识经验中生长新的知识经验。如抛锚式教学与支架式教学，都是建构主义者提出的一种情境性教学和认知。其中的情境实际上就是生活情境的建构。以支架式教学为例，支架式教学就是通过提供一套恰当的概念框架来帮助学习者理解特定知识、建构知识意义的教学模式，其基本环节可以分为五步：第一，进入问题情境；第二，搭建支架，引导探索：这是教师引导学生探索问题情境的阶段；第三，独立探索：在本阶段，学生在自己已有生活经验的基础上放手探索，不同的学生由于经验的不同会有不同的探索方向；第四，协作学习：通过学生与学生之间、学生与教师之间的相互交流与协商讨论，共享独立探索的成果，共同解决探索过程中所遇到的问题，这也是不同经验之间的碰撞；第五，效果评估。在支架式教学过程中，情境占了很大的比重，它本身就是学生围绕一定的情境、教师依据情境提供适当的辅助作用、学生依此在情境中主动独立探索的教学模式。生活情境起到了平衡学生已有认知结构与新的认知结构的作用。

3. 学习不只是单方面的认知活动，而是知情意志统一的过程，是经验的有意义

① 莫雷主编：《教育心理学》，广东高等教育出版社2002年版，第129页。

的学习

人本主义心理学家强调学习行为中人的因素，主张个体的情绪、情感、志向、态度等对人的学习和人格发展起着重要的作用。人本主义心理学家代表人物罗杰斯认为，“现代教育的悲剧之一就是认为唯有认知学习才是重要的。”① 在学习行为上，人本主义强调人的自主性和独特性，认为学习是个体自主发生的，并是个体整体投入从而产生全面变化的活动。在学习过程中，个人的内在思维和情感活动具有至关重要的作用；个人对学习的投入不止于认知方面等显性层面，还会涉及情感、态度、意志、行为和个性等隐形层面；同样，学习也不单是对认识领域产生影响，而且对情感、态度、行为、个性等多方面都会有影响。因而他们主张知情统一。罗杰斯认为，情感和认知是人类精神世界中两个不可分割的有机组成部分，彼此是融为一体的。因此，罗杰斯的教育理想就是培养“躯体、心智、情感、精神、心力融会一体”的人，也就是既用情感的方式也用认知的方式行事的情知合一的人。

人本主义心理学家倡导一种有意义学习。罗杰斯认为，在教育背景下，学生的学习不外乎两种类型。一种是认知学习。认知学习受到“外部强制力”的制约，重记忆，因而没有什么意义。另一种是经验学习，他以学习的经验生长为中心，以学生的自发性和主动性为学习动力，把学习与学生的愿望、兴趣、需要有机地结合起来，因而是一种趣味盎然的、有意义的学习。罗杰斯认为，在课堂教学中，教什么、怎么教、教多久、如何评价教学效果等等，都不是由教师决定的，而是由学生或者说学生的经验、意向、需要、兴趣等决定的。经验的、有意义的学习不仅仅是一种能够增长知识的学习，也是一种与每个人各部分经验都融合在一起的学习，是一种使个体的行为、情感、态度、个性等方面发生重大变化的学习。这种学习以学生的生活经验生长为中心，以学生的自发性和主动性为学习动力，同时把学习与学生的情感、兴趣、动机和需要等有机地结合起来，充分信任学生，让学生自由学习。罗杰斯提出的“非指导性”教学模式所强调的也是通过情感领域而不是智力领域来促进学生的发展。不管是有意义学习还是“非指导性”教学模式，隐性知识在人本主义的关怀下得到前所未有的重视。人本主义下的教学可谓是情感的教学，而这种教学需要生活的平衡作用：生活的历练给予了人情感的积淀，改造了人的心理认知结构，在新的认知结构面前，呈现的并不是仅仅具有知识的人，也是一个具有经验、情感、态度、个性的人。因为生活而沉淀在人心理结构上的各种隐性因素对提高教学的效率具有重要的意义与价值。

五、教学与生活脱离的深刻原因是教育认识论的偏颇

学校教育与现实生活脱离表面上看固然是重分数、重成绩，追求教学外在目标，

① 施良方著：《学习论》，人民教育出版社 2000 年版，第 390 页。

忽视学生内在的情感、体验，忽视学生内在精神世界的结果，但深究起来，却与我们的教育方法论、认识论有着很深的渊源。

英国哲学家波普尔指出，认识论基本上可以从两个方面来研究，即当作日常的知识或日常的问题，或当作科学知识的问题。① 这就明确指出了认识论的两个基本领域：生活领域和（自然）科学领域。但是文艺复兴以来，由于自然科学的逐渐兴起以及它给人类世界带来的巨大成就，自然科学和理性的作用就无限扩大，从而笼罩了人的整个视野，使人遗忘了就在他身边的生活世界。自然科学的模式被意识形态化了，人们把自然科学当作一切文化门类（包括历史学、社会科学和各种人文科学）的统一模式，将科学世界当作人的生活世界的典范。自然科学的认识模式成为17世纪以来西方近代哲学的主流认识论，几乎支配了那个时代以来人们的全部认识方式。这种认识论自然也影响到了人们的教育认识及其实践。本来应以生活认识论来认识教育，实际上却代之以科学认识论，这样教育的生活价值被遮蔽也就是自然的了。

近代教育学的创始者夸美纽斯认为人是自然的一部分，并从属于自然，教学"应从事物的本性吸取原则"。他在论述教学原则和方法时，处处以外界自然生长来类比儿童的成长，说明遵循自然法则的意义。他认为世界一切事物的运转都是有秩序地进行的，这种秩序是从自然界引发出来的。"教学的确切的规则只能从自然借取"，② 教育只有适应自然便会同大自然的运转那样容易、自动。③他还提出"学校是人性的工场"。④从中可以看出夸美纽斯的教育认识深深打上了自然科学认识论的烙印。他虽然提出了"教学是艺术"，但从《大教学论》通篇来看，他是把教学当成科学理性来看待的，他的教学艺术与我们今天所指的教学艺术是不同的。从19世纪下半叶起，教育思想中出现了教育科学化的主张，倡导以科学作为教育的全部内容，即把教育看作清一色的科学教育，把教育过程纳入科学管理的轨道，就像在现代工业中运用科学的管理手段管理流水线一样，把教育作为纯粹知性探求的活动，希望最终让教育科学代表有关教育活动的全部学问。⑤ 这可以赫尔巴特及其学派理论为代表。教学问题是赫尔巴特教育理论的中心问题。他提出教学的根本目的是培养儿童的善行，培养有道德的人，教育必须形成学生的一定的道德品质和道德观念，使之成为"完善"的人，其最重要的和最基本的手段是教学。教学就是要给学生以知识，学生必须掌握多方面的知识，以形成道德观念。赫尔巴特教学理论实际上是知识的教学理论，目的是为其道德教育服务的。但由于这一理论产生于急需传授科学知识的时代，它虽然不一定能达成道德教育的目的，但对自然科学知识的传授则是一定有用的，所以他的教学理论产生了巨大影响，它"不但支配了德意志，而且普及到全世界，改变了东西洋教育界

---

① Karl Poper. *The Logic of Scientific Discover Routledge*, 1959, p. 18.

②③④ ［捷］夸美纽斯著，任钟印译：《大教学论·教学法解析》，人民教育出版社2006年版，第93、95、70页。

⑤ 张胜勇著：《反思与建构——20世纪的教育科学研究方法论》，山东教育出版社1995年版，第305页。

的趋势"。①赫尔巴特之后的教学理论主要循着知识教学或认知发展的思路走了下来，占据了主导地位。斯宾塞、皮亚杰、凯洛夫、布鲁纳、奥苏贝尔、瓦根舍因、赞可夫、巴班斯基等都无不如此，虽然在具体问题上有不同的观点，但整体上是把教学当成科学来看待的，强调知识的传授、学习，智能的发展和能力的培养，强调发展学生的共性而不是个性，以统一课程、统一教育技术手段、统一的教育程序，把学生培养成统一的标准的教育成品。忽视学生个别差异，忽视学生的个体生活体验和情感需要。可以说正是认识论的局限导致了教育对生活世界的迷失，使得学校教育生活与学生的日常现实生活和社会现实生活走得越来越远。

新中国成立后几十年来基本上是凯洛夫教学论占统治地位，加之改革开放以来由于认识到知识尤其是科学知识、科学人才对经济发展的重要性，而知识单向传授最"经济"，最有"效率"，最能满足片面追求升学率的要求，知识教学在教学实践中占据了统治地位，学生的生活世界自然被阉割了，社会现实生活也被束之高阁了。联系实际，注意学生生活成为激发学生兴趣、调动学生积极性、更好地为知识获得服务的工具和手段，生活的教育本体价值和意义被抹杀了，人的身心完整性发展被割裂了。其根本原因在于认识论的偏颇。

实际上，从学校教育的产生、发展，到现实的教育教学活动，师生使用的教材、教学方法、手段等，又有多少是与生活没有关系的。在教育史上，主张教育与生活脱离的人恐怕是没有几位的。儿童进入学校成为学生，接受正规的学校教育，本质上是要过一种更为有目的、有意义、有价值的学校生活。它本身也是儿童的一种生活方式，是儿童的完整的生命活动方式中的一种。这种学校生活的水平和质量如何，在一定意义上，将决定学生生活的水平和质量，也会影响到学生在社会生活、家庭生活中的品质，进而影响到儿童未来的发展和成长。因此，学校教育作为培养人的活动场所，就是要为学生创设一种促进其素质不断生成、发展、提高和完善的学校生活。学校教育的课程与教学生活是联系学生学习生活与日常生活和其他社会生活的桥梁，是学生个人生活与其他社会生活的契合点。所以，学校教育的课程与教学活动既要合乎学生发展需要，又要合乎社会发展需要，要把两种需要有机地结合起来。在当今终身教育与学习化社会日益彰显的时代背景下，学校教育尤其是基础教育的学校教育给予学习者的不能只是固定不变的知识，而应是在解决生存问题的基础上，在以人的方式发展和成长的基础上，在走出学校之后，能够更快、更好地适应社会生活、创造社会生活，创造自己与社会美好的未来。

伴随着科学认识论的反思和人文主义思想的兴起，人的情感、意志和理念对世界的构成作用得到了普遍重视，生活领域在人们的视野里由隐而显，并日益显示出其丰富的内涵。很多哲学家都把目光投向人的生活领域，提出了所谓"生活世界"的理论（现象学）、"以生活为中心的哲学"（实用主义）、"生存哲学"（存在主义）等

① 蒋径三著：《西洋教育思想史》，商务印书馆1933年版，第251页。

等。在现象学创始人胡塞尔来看，生活世界是一个前科学的、在先被给予的世界，是一个直观的奠基性世界，是先验的自我通过意向性所普照的富有意义、富有价值的世界。生活世界是科学世界的根基，科学世界产生于生活世界。应始终返回生活世界。只有返回生活世界，才能克服自然科学所设计的虚幻的客观物质世界模型，唤起人们对真正的“内在世界”的向往。在实用主义那里，人与世界之间非反省的（前科学的）、原初的自然交往和生活关系被称作“原经验”（杜威）或“纯粹经验”（詹姆斯），原经验或纯粹经验是主体与客体、人与环境“未予分裂”的原始统一体，它把反省的认识（科学认识）作为自身内涵的一个潜在环节，反省的认识来自经验，其目的是为了更好地管理经验，使生活艺术化，所以必须返回经验世界，使科学重新成为生活、实践和艺术的奴仆。这种哲学认识论的发展也不同程度地在教育认识中得到了反映。

以狄尔泰、斯普朗格等为代表的德国文化教育学将追求“总体的人的教育生成”作为自己的理论出发点和归宿。他们从20世纪的社会问题、文化氛围、教育危机的现实出发，反对将人片面化、畸形化的做法，力图纠正工业文明带来的对人异化的不良后果，企求使人重新回到精神生活中去，不要在金钱社会中“物化”为没有灵性的“机器人”。他们将教育看成是回到内在心灵生活，张扬个体精神世界的最佳道路，他们将教育上升到人的哲学高度，将教育的本质与人的本质联系起来，将教育前景与社会发展前景联系起来，认为教育的本质就是人应该总体的生成，知情意全生命的活生生生成。他们还提出了一些特有的基本范畴，如体验、理解、陶冶、唤醒等来揭示或解释教育教学现象及其规律。① 存在主义者主张，教师不是把知识“传授”给学生，而是“提供”给学生，教师应充分注意学生的情绪、情感、创造能力以及知识对于学生生活的意义，教师要维护自身的主观性，要通过自己真诚选择和负责的态度激励学生，使他们意识到自己的存在，要允许学生最大限度地自我表现和自我选择。更为突出的是杜威提出“教育即生活”，主张把社会生活移进课堂。苏霍姆林斯基在他创办的帕夫雷什中学里高悬着这样的标语“你在这所学校应该探索的最主要的东西就是生活的目的”。②

从教育、教学的产生来说，它们都源于生活。教育教学活动中的知识或学习内容，从本源上都是来自于生活的，无论是科学的、人文的，还是艺术的，各类知识内容（陈述性知识、程序性知识、策略性知识、情意性知识等），都是如此。另一方面，知识的学习和掌握是有规律的，既要遵循知识的学科逻辑，又要遵循学习者的年龄与心理逻辑，但更要遵循知识的生活逻辑。知识的学科逻辑、学习者的年龄与心理逻辑已被广泛认识和接受，而知识的生活逻辑似乎还没有被揭示和认识，或者说知识的生活逻辑还没有引起教育理论工作者的足够重视。实际上，由于生活的整合性，使

① 邹进著：《现代德国文化教育学》，山西教育出版社1992年版，第200—204页。

② ［苏］苏霍姆林斯基著，赵玮等译：《帕夫雷什中学》，教育科学出版社1981年版，第122页。

得知识的生活逻辑可能是解决知识的学科逻辑与心理逻辑之间矛盾的钥匙。

学生学习的往往是现成的知识成果或结论。至于知识是怎么来的，知识产生的过程是怎样的，知识是由谁创生的，在什么时间、什么背景下产生的，所学知识有什么价值，与其生活有什么关系，与其发展有什么关系，等等，都在现行的教育教学活动和制度下被忽略了。学习过程成了简单地机械背诵和消极复制，学习的乐趣无处生发，学生成了知识的奴隶。在这里，虽然也顾及知识学习的心理逻辑，但考虑较多的是知识的学科逻辑。

课程内容和教学过程脱离学生的实际生活是长期以来教育存在的严重弊端之一，由于教学教育活动脱离现实生活，学生对学习内容与自己生活的关系了解不多，不仅加大了学习难度，也使学生失去了学习兴趣，甚至厌学，降低了教学的效果。学习的根本目的是为了生活，是为了学以致用。虽然基础教育阶段是打基础的阶段，但从学生心理发展特点而言，教学面向生活，拉近了学习内容与生活的距离，让学生知道了学习内容与自身生活和成长的联系，有助于激发学生学习兴趣，促进了学生主动学习，提高了教学效率和质量。

学校教育教学活动作为人的一种生活方式，或者说人的一种生存状态，本应与生活建立起密切相融的联系。但教育教学活动发展到当代，逐渐演变为一种严格的制度化生活，成为一种有目的、有计划的制度化生活。在这样的制度化生活中，教育教学的目标已经预先设定，教育教学内容也由专家事先编好，教师与学生的教育教学行为也有相应的规范和规则要求，教育教学效果也有专门的检测手段来反映，教育教学过程也有大致的阶段计划和规定。制度化教育表现出统一的要求、统一的目标、统一的步调、统一的结果，学校似乎成了冷冰冰的生产线，教师、学生都成了人才生产线上的标准零件，师生被物化为工具，丰富多彩的生命活动被异化为机械运动，教育教学活动被当成了单纯的认识活动，师生的生活气息被严重掩盖。虽然这是一种对制度化学校教育的极端抽象概括，但在一定程度上，这种概括也表明现代制度化教育教学活动的形成和完善，在提高了人才培养的批量生产效率的同时，也割裂了教育教学活动与师生现实生活的联系。学生厌学，教师厌教，负担过重，心理疲劳等大量问题的出现，都是由于教育教学活动与师生的创造性教学活动的缺失密切相关的。众所周知，在一个充分体现个体自由创造、自主学习的氛围中，再重再多的教学和学习任务，师生都会感到快乐的。所以，教育教学改革要建立起教育教学活动与师生现实生活之间的相通相融关系，使教育教学活动体现出生动、鲜活的人文生命气息。

教育教学活动是以知识为载体来实现教育教学目的的。教育教学以知识为载体，并不是让学生机械地记诵知识，而要让学生结合自己的生活体验知识的发生、发展过程，进而去归纳、创造新的知识，并在体验过程中获得全面的发展。一切知识的本源都来自生活，学生对知识的体验显然不能脱离开生活。离开了生活，对知识的把握只能是零碎的、片段的、影像式的识记。杜威的经验课程观就明确反对把知识直接教给学生。他认为“经验”比知识对儿童的生长意义更大，“在利用环境以求适应的过程中可引起的有机体与环境间的相互作用是首要的事实，是基本范畴。知识反落于派生的地位……知识不是孤立和自给自足的东西，而是包罗在用以维持和发展生活的过程中的”。① 所以，只有体验才是儿童本身。杜威主张结合儿童的生活来学习知识。后现代教育思想的代表人物派纳也认为，要获得个体的自由与解放，学校课程绝对不能局限于系统化的书本知识，而要关注个体作为“具有活生生的存在”的“生活体验”，因为“人的生活的深刻性只有在独立的生活领域中去寻找”，而不能从个体以外去探求。② 所以，教育教学活动就是要创设生活的情境，让学生在生活中体验知识的发生、发展，获得经验和成长。在生活的情境和氛围中，学习成了学生个体生活的组成部分，而不是外在的强迫与施加，由此学生的自由个性得以张扬，创新精神得以体现，实践能力得以提升。教育教学活动面向生活，并不是忽视系统知识的传授与学习，而是如何引导学生的学习，让学生系统知识的学习与自身的生活体验结合起来。这样才是真正的教育，也是有效率的教育。

在日常的教育教学活动中，师生的教与学生的学充满了生活的内容和情趣，只是由于制度化的教育活动使他们忽视了生活的教育教学意义和价值。或者说，广大师生并没有意识到他们已经在教育教学活动中运用了生活，或者作为了手段，或者作为了情境，或者作为了内容，或者作为了目的。因此，要在充分认识生活的教育教学意义和价值的基础上，在有效利用制度化教育的现代化条件下，积极建构有效的丰富多彩的教育教学生活，如课堂生活、班级生活、校园生活等。教育教学活动面向生活不是对抗现代制度化教育，而是充分有效地利用现代制度化教育的有利条件。不是不要知识的学习，而是把知识的学习作为联系生活与学生发展的桥梁，把知识的学习与学生的发展在学校生活的过程中融会贯通起来。

（责任编辑　苏丹兰）

---

① [美] 杜威著，赵祥麟、王承绪编译：《杜威教育论著选》，华东师范大学出版社 1981 年版，第 243 页。

② Pinar W F. The Abstract and the Concrete in Curriculum Theorzing. In Giroux H A, Penna A N, Pinar W F (Eds.), *Curriculum & Instruction*, 1981, p. 434.

李 森 1964年生，四川宣汉人。现任西南大学图书馆馆长，二级教授，博士生导师。1997年毕业于西南师范大学教育科学研究所课程与教学论专业，获教育学博士学位。美国伊利诺伊大学（UIUC）访问学者。主要从事课程与教学论、教师教育研究。先后主持国家级、省部级科研项目15项；在人民教育出版社、高等教育出版社等出版专著、教材16部；在《教育研究》、《课程·教材·教法》等多家刊物上发表学术论文160余篇。获全国高等学校科学研究优秀成果奖（人文社会科学）三等奖1项，省级一等奖2项，二等奖3项，三等奖5项。获“新世纪百千万人才工程”国家级人选，教育部“新世纪优秀人才支持计划”入选者，国务院政府特殊津贴获得者，重庆市巴渝学者特聘教授，重庆市高校优秀中青年骨干教师。学术兼职主要有：中国教育学会教育学分会理事、教学论学术委员会副主任，中国发明协会中小学创造教育分会常务理事，重庆市基础教育理论研究会理事长。

赵 鑫 1982年生，重庆人。西南大学教育学部副教授。华东师范大学和美国伊利诺伊大学（UIUC）联合培养教育学博士（2010），西南大学教育学硕士（2007），西南师范大学管理学学士（2004）。主要从事课程与教学论、教育原理和教师教育研究。主持省部级等课题5项，在《教育研究》、《课程·教材·教法》等期刊发表论文30余篇。

《中国教学论学科发展的反思与建设》导读

中国教学论学科发展的反思与建设

李　森　赵　鑫

【摘要】中国教学论学科通过几代学人的持续努力，取得了长足进展：学科基础日渐扎实，各类分支学科“百花齐放”，并呈现出多元化的研究路径。但在学科意识、学科地位、学科功能和平台建设等方面存在着危机与误区。为了摆脱困境，教学论学人须基于对危机缘由的深入剖析，重新思考和定位中国教学论学科发展的方向，于学科意识上强调文化寻根、学科立场上彰显生命关怀、学科体系上立足整体框架、学科理念上重视实践情怀，以及在学科内容上突出情感要素的重要价值，从而道出中国教学论自身的话语体系与独特魅力。

【关键词】教学论；学科发展；中国；文化寻根；生命关怀；实践情怀

教学论在教育学大家族中，也许不是“发育”得最好的学科，却是最凸显教育学独特领域、独特问题和独特风格的学科。因此，深入反思中国教学论学科发展，不仅关系到教学论自身的未来，也在很大程度上决定着中国教育学学科的发展命脉。自20世纪初至今，中国教学论学科走过了艰难创生、曲折发展并渐入繁荣的百年征程，中国教学论研究近年来呈现出一派欣欣向荣的景象。一方面是时代发展主题赋予教学论全新的理念，另一方面是我国教学论学科领域内研究队伍的迅速壮大为教学论研究增添了新鲜的血液，使教学论学科彰显了时代与青春的活力。① 但中国教学论在繁荣的背后却隐藏着诸多危机，其发展现状并不令人满意，已有的教学论学说几乎无一例外地受到理论研究者的非议：批评它缺乏严密的科学体系，理论水平不高；实践工作者指责它脱离教学实践，应用价值有待提升。许多怀有使命感的学人正试图将教学论改造成为一门既满足科学方法论的规范又满足教学实践要求的学科。但是，要求一种教学论体系兼有科学和实践双重特性，反而使它举步维艰，陷入两难困境，既难以完全符合科学要求，又无法切实满足实践需要，使中国教学论学科虽然研究队伍不断壮大、成果著述日渐丰富，但表现出一种“虚假的繁荣”。其一，许多教学论学说具有寄生性，即攀附在相关学科的枝干之上，缺少自己的根基；其二，教学论未能确定无

---

① 王鉴主编：《教学论热点问题研究》，广西师范大学出版社2008年版，第23页。

疑地向人们展示自身独特的视角和思维方式；其三，教学论未能在较大程度上影响和改变人们的教学行为、师生的命运，进而影响和变革社会生活。这是教学论学科的危机所在，也是教学论学科发展的契机。为了使教学论摆脱困境，走出迷惘，有必要对中国教学论学科发展与建设进行全面深刻的反思。

一、中国教学论学科发展反思的意蕴

反思（reflection），是思想以自身为对象反过来而思之。黑格尔（G. Hegel）在《小逻辑》一书中提出了反思的六种含义：（1）后思；（2）反映；（3）返回；（4）返射；（5）假象；（6）映现或表现。① 黑格尔虽然是在多重意义上使用反思，但有其共通性，即把反思视为人类思维发展的积极的中介环节，作为人的一种能力而存在。"反思以思想的本身为内容，力求思想自觉其为思想。"②具体到对教学论领域的反思，就是将中国教学论学科作为自己的认识内容。中国教学论的发展离不开反思，教学论的突破与建设更离不开反思，唯有批判地反思，教学论才能走出既定模式，呈现出新的气象。自教学论学科创立以来，各个时期的学人不断在对教学论进行自觉反思。

自觉反思是人类特有的一种具有超越意义和价值的宝贵精神，是人之为人的主要标志，也是人类自我意识的精华。所谓中国教学论学科的自觉反思，就是要对中国教学论学科的建设与发展历程、现状和未来实行批判性的审视，在新的教学实践和认识基础上进行再认识。中国教学论学科建设究竟具有哪些特点？取得了哪些成就？存在哪些问题？这些问题产生的原因是什么？哪些因素推动了中国教学论学科的发展？从哪些方面能够促进中国教学论学科的稳步建设和顺利发展？等等。提出这些问题也许有学人会感到惊讶，我们立足本土从事专业的教学论研究，难道连这些问题都不清楚吗？实际上，熟知的东西未必是真知的东西。如果将中国教学论视为需要认真研究的对象，如果深入剖析学人们提出的关于中国教学论的学说，如果细致考察中国教学论自身走过的道路，也许不难发现，正是在这些学人们似乎早已熟知的问题中潜藏着许多矛盾和危机，交织着许多误解和偏执；也正是这些由于为人熟知而又常常不再去深思的教学论学科建设中存在的问题，阻碍了中国教学论学科的正常发展，使其在现实中难以发挥应有的作用。

各国教育学界对教学论的学科性质和内容结构等进行了长期的探索与争论，尤其是进入 21 世纪以来，我国学术界在这方面的研究与讨论也非常活跃，无论是专业出身的教学论理论研究者，抑或身处教学实践一线的教师都纷纷加入、各抒己见。然而，对中国教学论学科的反思绝不是就教学论而谈教学论，在中国教学论本身的范畴内兜圈子；关注教学现象也不同于研究教学论现象，关于教学的知识并不等同于有关

---

①② ［德］黑格尔著，贺麟译：《小逻辑》，商务印书馆 1986 年版，第 74—76、39 页。

教学论的知识，因为它们表述的话语在逻辑层次上存在差异：教学使用一级语言，即关于教学现象领域的语言，表征教学现象或规范教学活动；而教学论所使用的是二级语言，即有关教学现象领域语言的语言，称为元语言，用于表征教学论现象或规范教学论研究。当前，教学论的研究成果大量涌现，所涉知识如果仅仅寄生在教学论的母体内，既不利于教学论自身的发展，又会有碍教学论研究的深化。一些教学论学说在方法论上呼吁得多而践行得少，对教学论问题与现状描述得多而对教学的现象和本质概括得少，甚至以对教学论文献的综述和评论取代对教学实践的观察、分析和思考，其重要原因在于人们常常把两种不同类型的研究和知识以及它们的语言相混淆。结果，这些教学理论体系一方面显得贫乏单薄，另一方面又显得驳杂臃肿，使渴望翱翔蓝天的教学论背负沉重的负担。因此，我们通过对中国教学论学科建设与发展的反思，尝试对上述问题作出较为清晰的解答，弱化人们在教学论学科建设中的误解和偏执，确立科学的教学论学科发展观，以此为基础，透视我国教学论学科发展中取得的成绩和存在的问题，并在剖析问题的过程中，进一步深化对中国教学论学科发展与建设的思考。

学科建设的成效反映在学科发展的历程之中。中国教学论学科从 20 世纪初创生以来经过持续发展，学科建设逐渐走向自觉，获得了自身发展繁荣的强大动力。①

其一，教学论学科建设对教学自身特性及其功能进行了多元化的探讨，学科发展基础日渐扎实。例如，从哲学认识论的角度，学人将教学视为一种特殊认识过程；从文化的角度，学人认为教学是一种有意识的行为，是透过人的意识和情感作用来完成的价值活动；从心理学的角度，有学人认为教学是一种心理变化过程；还有学人从交往论、系统论、理解论等角度来阐释教学的本体特性及其作用。这些多元化的探讨，有助于阐释教学本体的丰富内涵。② 同时，教学论研究领域越来越宽广，研究成果成为学科建设的丰富资源。此外，教学论学科队伍已基本形成，基地平台已初具规模。这一切为中国教学论学科体系的持续建设和发展奠定了重要基础。

其二，教学论学科从偏向客体论转向强调主体论的重要价值。客体论指导下的教学活动，注重教学的结果而不是教学的过程，关心教学方法的有效性而不是教学方法的伦理性，衡量的是终结性的结果而不是终结性结果的合理性。③ 而主体论积极倡导人的自主性、能动性、创造性的发挥，成为引导社会向前发展的主题以及号召人们努力前进的时代精神，这是历史发展的必然结果。④ 主体论所阐明的是主体与主体之间或主体与客体之间在积极的交往过程中所表现出来的以“交互主体”为中心和特征的和谐一致性，它致力于主体与主体之间或主体与客体之间的互相理解、对话、沟

① 徐继存著：《教学理论反思和建设》，甘肃教育出版社 2000 年版，第 9 页。

② 靳玉乐、李森等著：《中国新时期教学论的进展》，重庆出版社 2000 年版，第 95—100 页。

③ 徐继存：《扩展新思维发展教学论》，《西北师范大学学报（社会科学版）》2000 年第 1 期。

④ 李森著：《现代教学论纲要》，人民教育出版社 2005 年版，第 18 页。

通，以实现认同，达成共识，形成视界融合。主体论的核心，在于纠正教学论学科建设中存在的客体论偏向。贯彻主体论，就是重视教学中的主体性原则，要求在教学论学科建设以及教学活动中不能仅仅将人视为客体，而应尊重人的主体价值，发挥人的主观能动性和创造性。因此，无论是学校中的课堂教学还是教学论学科的发展，均不再是一种机械性的操作活动，而是高扬人的主体性和生命价值的创造性活动。人在教学中主体地位的确立，是觉醒了的人的自主意识和自身的价值观念在教学中的反映。"主体性成为贯穿整个教学论体系的主线，教学论各部分之间表现出一种有机联系和逻辑张力，整个教学论体系表现为严谨的科学结构。"① 从教学论学科发展的意义上而言，其重大意义在于更新了教学理念，重建了教学中的主体性原则，有利于构筑以人的生命发展为思维中心的教学论框架与体系。

其三，教学论分支学科研究"百花齐放"，初步形成了多类型、互相渗透、动态的学科发展格局。教学论学科每个微观层面的具体专题经由学人的精研细绎，常常被推演成为一个新兴的分支体系，从而又具有了宏观的性质，这种宏观兼具微观视界的形成正是教学论分支学科产生的必要条件。当教学论与社会学、心理学、伦理学、文化学等学科的关系越来越密切，出现了交叉与综合，生成了一系列综合性的教学论分支学科，例如教学哲学、教学社会学、教学心理学、教学伦理学、教学经济学、教学文化学、教学卫生学、教学病理学、教学生态学，等等。② 现代中国教学论已经初步形成了一个庞大的分支学科群，由教学论专门学科、交叉学科以及元研究学科相互结合、渗透。动态、多类型的分支学科相继独立的发展格局，使传统的教学论学科体系结构逐渐改变和完善，更富有时代气息。各分支学科正走向成熟，各司其职，各专其能。教学论分支学科的大量涌现，标志着中国教学论学科建设已经转向深入。

其四，中国教学论拥有了多元化、多视角、开放性的研究路径，各项功能呈现加强趋势。新时期的社会主义先进文化是一种开放性、包容性的文化。人们竭力避免一种学科、一种文化的独立自足、自我中心和唯我独尊。国内外各种新思潮、新学科蜂拥而至，学人们积极吸收着外来的优秀文化资源和各类学科的研究成果，丰富和改造自己的思维与知识结构，并运用于教学论学科建设中，从而促进了教学论学科解释、指导教学实践和预测未来发展等功能的有效发挥。中国教学论学科体系建设和发展取得的上述成就，不仅为相关教育方针政策和教学决策的形成提供了坚实的理论依据，而且对教育教学改革实践起了重要的理论指导作用，在一定程度上有力地促进了学校教育和教学质量的提升，并对我国教育事业的发展起到了一定的理论预测作用，推动了教育教学事业的繁荣和发展。

---

① 李森、王牧华：《现代教学论生长点试探》，《西南师范大学学报（人文社会科学版）》2001年第1期。

② 李森著：《现代教学论纲要》，人民教育出版社2005年版，第10页。

二、中国教学论学科发展存在的危机和误区

成绩与失误同在，机遇和挑战并存，这是任何事物在发展过程中都将面临的复杂情境。肯定中国教学论学科建设所取得的巨大进展，并不意味着可以忽视其中存在的问题。如前所述，经过教学论学人的持续努力，尤其是改革开放以来三十余年的发展，中国教学论学科建设取得了长足进步，在融入世界教育教学改革与发展的浪潮中取得了诸多成就，特别是拓展了教学理论研究者和实践工作者的视野，并深化了教学实践的改革。但同时，教学论在学科建设中也面临着一些危机和困境，制约着学科发展。例如，认真研究一下，真正能提出一些新理论、新观点，突破旧理论框架、将教学理论推向前进的教学论专著或教材到底有多少？如果多是“人云亦云”，或大多数教学论著的编写采用“择优摘取”的方法，就难以称为教学论“新作”，“拜尔读之”的价值也就大打折扣。① 探讨并推动中国教学论学科建设与发展，必须认清曾经走过的弯路，不断反思过去和当下存在的各种误区和价值偏向。

教学论的产生源于教育教学实践的需要，而时至今日，“教学论有什么用”等疑问常常让研究者们如芒在背。服务于本土教学理论和实践的发展是教学论的重要功能，但“20 世纪中国教学论的创生，是以引进和吸收国外现代教学论理论为基础的”②，由于各国在文化传统、社会制度、政治经济等方面存在的差异，以及教学论研究水平和质量方面的参差不齐，中国教学论这一功能的发挥不甚理想。更为关键的是，教学论研究成果的学术价值、社会价值和实践价值都被削弱。如是状况一直伴随着中国教学论创生和发展的历程，在较大程度上，教学论发展的历史不仅是被其他学科殖民的历史，甚至也是被轻视、被忽略、被扭曲和被误解的历史。人们对教学论学科长期以来的质疑导致了教学论学科的发展存在诸多危机与困境。

（一）教学论研究缺乏明确的学科意识

一门学科的确认标准一般包括三个方面：一是有明确的研究对象和范围，有相对独立的概念、范畴、原理，正在或已经形成学科体系；二是有专门的研究者、研究活动、学术团体、传播活动、代表作等；三是该学科的思想、方法已被用于教育实践，并被实践检验，发挥特有的功能。③ 其中，尤以学科意识的形成作为一门学科发展到成熟阶段的重要标志。用这些标准来衡量，我国教学论学科体系尚不成熟和完善，仅仅初步确立起了一定的门类和框架。“只有当学科对其自身的发展过程及现状、发展机制及内部结构作了认真的反思，形成明晰而准确的自我意识时，它才能自觉地寻找自己继续发展的方向，增强发展的自控能力，并减少发展过程中的盲目性，少走弯

① 瞿葆奎主编：《教育学文集·教育与教育学》，人民教育出版社 1993 年版，第 609 页。
② 李森、赵鑫：《20 世纪中国教学论的重要进展和未来走向》，《教育研究》2009 年第 10 期。
③ 安文涛主编：《教育科学学引论》，江西教育出版社 1997 年版，第 71 页。

路，使自己进入‘自为’的状态。”① 教学论的学科意识是指教学论学科的总体意识，它不是对教学论的某些部分、某一领域的局部看法或意见，而是对教学论的整体认识。例如，教学论对“教学”的研究同教育学其他分支学科对“教学”的探讨有较大差异。教育学其他学科研究中的“教学”主要是作为一种研究客体，而教学论研究中的“教学”则是本体论和方法论层面的思维方式，“教学”既是教学论研究的对象，同时又是研究的本体。目前看来，由于缺少明确的学科意识，导致教学论研究中出现了盲目化、形式化、功利化等倾向，以至于在各类教学论研究成果中，真正能够得到社会关注、官方采纳、学界认可的理念、学说或方法并不多见，从而出现了“一般性成果多，标志性成果少；个人独立研究多，集体攻关项目少；介绍引进的内容多，扎根研究的内容少”② 等现象。

（二）教学论在整个人文社会科学界遭到漠视

在人文社会科学领域，教学论在其他学科面前表现得“人微言轻”。例如，当社会中的教育教学问题成为公共的热点话题、吸引众多学者济济一堂时，可以发现大多数人来自于其他学科。这似乎给人一种不是错觉的错觉，或不合逻辑的逻辑，即教学论研究者尚不具备和其他领域的学者共同讨论教育教学问题的资格，似乎还不能够在一个相同层面的对话平台上与其他领域的学者共同探讨与教学相关的话题。此外，在具有中国学术权威象征意义的《中国社会科学》或《外国社会科学》中，教学论方面的论文难得一见，其他综合性社会科学刊物也没有给予教学论研究成果多少发表的机会与空间。③

在社会生活中，包括大多数老百姓和一些行政官员，常常将教学论的相关知识视为一种通过个人生活、工作经验或常识积累即可获得的知识，或者将教学知识等同于一种方法、技巧性的知识，与此相关的工作则被认为只要有经验和能力，无需专门研究和掌握就能胜任。他们可以毫无顾及地介入教学领域高谈阔论，也不把教师视为专业的教学人员加以尊重。部分教师本人也有类似的倾向，许多人仅仅将所教的学科当作自己的专业，把教学论的学说和知识看作与如何教授有关，希望相关理论是一种能够给出一整套操作模式和实践方法的知识，如果不能满足这一要求，教学论就被视为无用和脱离实际的东西受到批评、指责和轻视。④

（三）教学理论与教学实践常态化的分离

长期以来，书本上的教学论学说与学校实际生活中的教学实践在很大程度上是相互分离的。大多数教师（包括高校的教学名师，以及中小学特级教师或优秀教师等）并不是由于学好了教学论才懂得如何去从事并做好教学工作。实际上，教学论研究成

① 黄书光：《教育史学科发展的自我意识及其思考》，《当代教育论坛》2005年第9期。

② 张荣伟著：《我们需要怎样的教育》，教育科学出版社2012年版，第213页。

③ 李政涛著：《教育学的智慧》，安徽教育出版社2008年版，第7页。

④ 叶澜：《世纪初中国教育理论发展的断想》，《华东师范大学学报（教育科学版）》2001年第1期。

为一种“独白”，是一门自言自语、自我欣赏的学科，它试图告诉听众关于教学的真理，但听众却并不需要它，当然，考试和写论文除外。尽管在处于转型变革时期的当代中国教育界，人们已经看到具有教学论内在需要的优秀教师，但这样的教师依然凤毛麟角，无法作为全体中小学教师的代表。由此导致教学论实际上处于“两面不讨好”的尴尬境地：在教学理论工作者眼里，它尚未形成严密的科学体系，随意性较大，理论水平不高；在教学实践工作者看来，它脱离现实，难以指导教学实践。学者们虽然努力改变教学论的这种境况，但结果往往不是它变得面目全非，就是“新瓶装旧酒”①。

此外，在教学论界，自古以来就有一个独特的现象，那些对人类教育教学产生过重大影响的思想家和教育家们，大多并不是教育学专业出身。例如我国的孔子、孟子、朱熹、晏阳初等，国外的苏格拉底、柏拉图、卢梭、罗素、杜威、皮亚杰、布鲁纳等，但他们的著作已被视为教学思想的经典而为当前的教学论研究者们耳熟能详。此外，当代我国一线中小学教学名师，如魏书生、李吉林、邱学华、李镇西等，也非教学论专业出身。我们不敢将其视为一个确定无疑的趋势或规律，但可以肯定这一现象至今为止仍没有多大的改变。哪怕是在高等教育领域，有关大学教育最强有力的声音也不是那些专职高等教育学的教授们所发出。这些现象似乎反过来展示了一个悖论性的事实，即要成为有影响的教育家，无须接受专业的教学论教育。相对于前一种危机，这种来自内部的打击似乎更加沉重，如同雪上加霜。

（四）教学论学科平台和队伍建设凸显急功近利倾向

近年来，中国教学论学科建设在各师范院校和综合性高校的教育学院（部）、教育研究所（中心）广泛开展。学科建设本是一项严肃的活动，有其固有的规律，切忌违背规律，急功近利地搞起学科建设的大跃进。但在教学论学科建设实践中，一些高校往往不顾自身基础和条件，在目标定位上盲目追求高起点、高层次，比如，有了本科想上硕士点，有了硕士点还想争取博士点，有了博士点的还想争取一级学科博士学位授予权。而为了争取学位点，一些课程与教学论学科负责人甚至学科带头人不是把主要精力放在人才培养、科学研究、学术梯队等学科建设的基本环节上，而是把心思放在攻关活动上，甚至为了争取学位点而不择手段，如不惜采取修改数据、学术造假等手段。学科建设上的急功近利，对于中国教学论学科建设乃至整个学术事业都有严重的危害，将会扼杀创新性和创造力，进而窒息学科的发展活力，葬送中国教学论的发展后劲与前程。

此外，一流的师资队伍是打造一流教学论学科的重要保障。要建设一流的师资队伍，高校就必须以人为本，高度重视人的因素，充分尊重人的劳动价值，积极创造一

① 陈桂生：《教育学的迷惘与迷惘的教育学》，《华东师范大学学报（教育科学版）》1989年第3期。

个适宜人才成长和发展的良好环境，从而为建成一流的师资队伍奠定基础。① 然而，一些高校在师资队伍建设实践中，把教师视为经济人。在人才引进上，过分注重物质待遇留人，轻视事业留人、环境留人、感情留人；而在人才使用上，片面强调教师的科研产出，忽视教师的职业道德水准、教学水平及其他方面的全面发展。除了学科建设实践中存在的上述问题，教学论学科建设认识上还存在某些观念误区。虽然中国教学论学科建设经历了百余年的发展，但一些教学论学人对学科建设机制和规律了解不多，在观念上陷入某种误区。例如，或对学科建设内涵认识不清，把学科建设等同于专业建设或课程建设；或认为学科带头人的水平就等于学科发展水平，于是只重视学科带头人的引进，不重视或轻视学科带头人的培养、学术梯队的形成、学科氛围的营造、学科环境的改善；或将科学研究水平完全等同于学科水平，因而在学科建设实践中过分强调科研成果的产出，不重视或轻视学科人才培养和社会服务的功能，甚至为多出科研成果，不惜降低教学质量；还有的认为没钱就搞不好学科建设，只要有钱就好办，于是只等着政府拨款或学校投入，而不是以学科养学科，让有限的资金发挥最大的效益。②这些观念上的误区必然投射到实践中，从而对中国教学论学科建设产生不良影响。

三、中国教学论学科发展危机的原因剖析

中国教学论学科发展的危机源于教学论学界缺少真正意义上的自我省思，前述学科危机是教学论发展不可忽视和逾越的问题。要有效地解决问题，推动学科的健康发展，需要深入剖析危机产生的主要原因。

（一）中国教学论学科发展深受政治等外界因素的干扰

政治与学术属于不同的范畴，但中国学界包括教学论研究作为学术活动领域却长期受到较为严重的行政干扰，中国教学论学科发展中产生和存在的问题同行政干扰与绝对服从有较大的相关性。这种干扰使得中国教学论学科发展丧失了较高的学术性和相对独立性，抑制了学科建设。政治动荡、政治保守和专制会直接阻碍和损害教学论学科的发展，甚至会使学科发展水平倒退，新中国成立之前的状态就足以证明这一点。反之，政治安定、自由民主能够为教学论发展提供一种理想的学术环境，从而有助于教学论学科建设的顺利进行，由此说明政治应该为教学论提供发展的环境保障。但安定的政治并不意味着一定能够为教学论学科发展提供良好的学术环境。行政干扰教学论学科建设最严重的表现是以政治内容取代教学论学说，教学论研究彻底附庸于政治，不再以探索教学现象、总结教学规律服务于政治，而成为意识形态的注脚，教学论学说蜕变为“政治解说”或“导师语录”。③ 这在“文革”时期的教学论学科建

①② 罗云著：《中国重点大学与学科建设》，中国社会科学出版社2005年版，第89、101—103页。

③ 徐继存著：《教学理论反思和建设》，甘肃教育出版社2000年版，第179—180页。

设中表现得淋漓尽致。

政治的干扰一是限制了教学论新思想和新学说的产生。教学论研究对政治的盲从意味着认可现行教学论的指导思想与政策是合理的、正确的、无须改变的，从而也没有必要再进行新的探索和研究。二是不利于教学论科学性的提升。中国教学论科学化意味着将中国传统教学思想与当代教学问题、西方教学理论相联结，使传统教学思想在面对当代教学问题的挑战与回应中创造性地演变、丰富和发展。① 而对政治的绝对服从等同于将行政标准搬入教学论研究之中，使学人紧跟政治方向，而忽视了自己的学科立场、学科信念以及学科追求。三是阻碍教学论学科产出具有创新性和突破性的成果。政治的干扰，使学人所做的就是在象牙塔中“六经注我、我注六经”，缺少科学的实事求是的态度以及批判思考的精神和能力，无法产生真正有助于教学论变革的突破性研究成果。

需要说明的是，我们并不否定教学论研究应为政治服务的必要性，这是教学论学科建设的重要内容之一，但应该反对教学论违背学科发展规律、以政策方针注脚的方式为政治服务。教学论研究服务于政治的方式应为科学的政策与方针提供决策参考，由此才能充分彰显自身独特的学科价值，独立、自主、科学、客观地研究教学现象，探索教学规律，遵循严格的科学方法得出符合实际的结论。教学论学科建设与发展需要政治为其提供良好的社会环境和学术环境，从而激发学人独立的探索精神。

（二）中国教学论学科体系建设和发展模式尚未形成

我国虽然在教学论学科体系建设方面采取了引进与创建并存的方式，但由于教学论学科建设相对发达国家起步较晚、整体水平落后，人们强烈意识到新兴分支学科建设的迫切性，中国教学论学科体系建设和发展存在着盲目、浮躁、带有急功近利色彩的“引进热”和“创建热”。国内外“众多的教学论，包括它们的理论和方法，虽然极其纷繁，使人眼花缭乱，互有争议和分歧，但是，却有着共同的背景，面临着共同的课题。这就是说，不论在哪一种社会制度下，持有哪一种世界观，都要面对同一形势，回答共同的问题”。② 因此，引进并借鉴国外教学论学说的可取之处，对于中国教学论学科建设，改革教育教学实践具有积极的作用，其本身无可厚非。然而，学人们虽然重视了国外教学论新兴学说和理论的引进，但对国外教学论学科建设缺乏系统的了解和研究，引进尚不系统、全面，而且忽视了学科的中国化或本土化；没有在引进的同时紧密结合中国实际进行研究，教学论学科建设与发展尚未形成清晰的中国特色。之所以如此，一方面在于部分学人对引进的国外教学论学说缺乏深刻的理解。当某种教学理论引入我国时，诸如新一轮课程改革之初后现代教学思想的引入，整个教学论学界趋之若鹜，奉之为解决各类教学问题的灵丹妙药，在教学目标、教学内容、教学方法、教学评价等领域“四处开花”，既不探其实，也不究其根，使得各类值得

① 赵鑫、李森：《中国教学论科学化的意蕴和路径》，《课程·教材·教法》2012 年第 7 期。

② 王策三著：《教学论稿》，人民教育出版社 1985 年版，第 11 页。

深入研究、认真推敲的教学论学说“昙花一现”。另一方面，一些学人盲目地认为国外的教学论学说能够直接指导我国的教学实践，在他们看来，国外教学论学说都是科学的、先进的、有效的，能够原封不动地搬到我国的教学实践中，从而迅速解决我国教学实践中的棘手问题，提升教学质量。实际上，“任何一种教学理论都孕育于一定的民族文化传统之中，都深深地打上了民族文化传统的烙印，具有该民族的文化特性。……如何避免本民族文化条件下的教学实践自觉不自觉地沦为外来教学理论的‘试验场’，如何保持教学理论的民族文化特质，而不至于在大量引进外来教学理论的过程中迷失自我，如何在吸收、消化外来教学理论合理成分的基础上，建构具有鲜明民族文化特色、能切实有效地指导本土教学实践的教学理论，是当下教学理论研究必须正视的紧迫问题”。① 企图在短时间内完全照搬国外教学论学说来改造我国的教学理论与实践，这种理念和做法无视教学论的文化制约性，对我国教学实际也缺少深入的了解，只能是一种不负责任的空想。

此外，部分学人提出了直接从国外教学论学说中演绎出各类关于中国教学论分支学科的设想，进而力图指导我国的教育教学改革。由此促成“创建热”在中国教学论领域如火如荼地开展，学人们重视了教学论分支学科的创建工作，但这种“创建”大多还停留在表层，缺乏研究、积累基础上的深层次创新，甚至具有较严重的随意性，如随意提出一门新兴学科的名称，套用既有学科体系框架模式，搬来一些相关理论，就建构起一门学科，未能充分认识到相关学科对教学论分支学科建设的有限性或局限性等，从而导致教学论各分支学科发展严重不平衡。在我国的教学论学科体系中，有些学科起步较早，如教学哲学、教学社会学、教学心理学等，已初步形成较完整的框架和体系；有些学科本身又分为若干个分支，研究向更加深入的层次、更加广阔的领域发展，处于成熟或继续发展期；有些学科近几年才开始建设，处于汇总材料、构思体系的初步创建阶段；有些学科更为薄弱，尚处于萌发状态，如教学生态学、教学经济学、教学政治学等；还有一些分支学科尚无人研究，空白点较多。这种不平衡性在一定程度上反映了中国教学论学科体系尚不完善。其原因是多方面的，但主要原因在于教学论研究者缺少对学科体系发展的宏观策划意识，对教学论学科体系的宏观思考不够，基本上只从各自所在分支学科出发，在自己所熟悉的学科范围内进行教学论学科建设，以单科拓展和学科的局部开发替代学科整体格局的系统运筹，缺乏对中国教学论学科体系发展与建设的全局视野和整体规划。

正是由于上述原因，中国教学论学科体系的建设和发展尚未形成基本模式，沿袭旧有模式、照搬国外模式、移用相关学科的模式等现象还处处可见。这自然导致中国教学论学科缺乏时代特征和中国特色，一些分支学科甚至成为相关学科的“领地”。中国教学论学科正是由于学科意识尚差，一方面拘泥于国外模式和相关学科模式，难以自拔，开拓创新意识不够，另一方面又不善于从广阔而丰富的教学改革实践中获得

---

① 潘光文、李森：《论教学理论的文化改造》，《课程·教材·教法》2007 年第 6 期。

营养。所以，其体系发展离真正的成熟尚有距离。

（三）教学论学科发展与教学实践问题研究缺乏互动机制

我国的教学论学科体系建设尚未完全走上同新时期教育教学改革实践同步发展、相互促进的轨道。从目前的教学论学科体系建设来看，实际上遵循着一种“体系先行”的学科建设与发展模式。部分教学论专业出身的理论研究者几乎把体系当作了学科建设的全部内容，为建构体系而建构体系，并且常常仅基于本学科的知识体系考察学科发展。这种“体系先行”的模式在一定程度上导致了学科建设过程中的封闭性和狭隘性，使教学论学科发展的客观前提以及活生生的教学改革实践在学科建设中得不到应有的重视，甚至被忽略。从总体上而言，在“体系先行”模式下建立起来的教学论学科缺乏鲜活的时代感和生命感，有偏向于“纯”理论研究的色彩，跳不出20世纪初学科创生时期的框架，难以吸引广大教学实践工作者的重视，在当代教育教学改革大潮中尚未充分发挥教学理论研究应有的作用。许多学人虽然一再强调要对教育教学现实中的重要实践问题作出解释或回答，但思维的触角很难伸向并真正触及丰富的教学实践。

此外，在以往甚至现在的教学论研究中，教学领导、决策同教学实践之间虽然有一定的联系，但这种联系常常是零星的、不系统的，抑或是相互遏制甚至冲突的。之所以存在这种状况，一是由于三个群体之间看待改革的态度不同，有的关注变化，有的关注延续，有的关注文本，有的关注过程，有的关注效果等；二是由于三个群体对教学要素的理解和解释不同，对待传统教学和未来要求的态度各异；三是由于三者在文化与语言上存在一定的差异，例如教学论研究者在提交的研究成果中没有能够充分考虑到同教学领导者、教师之间的不同；四是由于许多研究成果缺乏有效的传播途径；五是由于教学论研究者在方法论上较为薄弱，例如在研究的各个阶段，研究者同教师之间脱节等。在教学论学科的建设中，怎样才能建构一种适当的机制或策略以便使各项有价值的研究成果得到重视，并进而将这种研究贯彻到与自身的可能性和特定教学资源相适应的教学实践准备、分析和实施过程中，已经成为学人思考的焦点之一。在教学论研究者与教师之间或研究者与教学领导者之间，尽可能消除存在的障碍，建立一种有效的交流机制，将成为中国教学论学科发展必须考虑和解决的关键问题。

四、中国教学论学科发展和建设的趋向

中国教学论学科的建设与发展不可能一帆风顺、一蹴而就，甚至要付出一定的代价。鲁迅曾经感叹道：“中国太难改变了，即使搬动一张桌子，改装一个火炉，几乎也要血；而且即使有了血，也未必一定能搬动，能改装。不是很大的鞭子打在背上，中国自己是不肯动弹的。我想这鞭子总要来，好坏是别一问题，然而总要打到的。但

是从那里来，怎么地来，我也是不能确切地知道。”① 当前，中国教学论学科正面临着新的突破，即在当代全力“办人民满意教育”的历史时期建构新的教学理论体系与格局。实际上，教学论立足的根基不仅在于教学理论和教学实践本身，还在于教学论对人类思想、智慧、精神和文化世界的贡献。两者合一，才是教学论对人类的真正贡献。② 中国教学论应在世界教学论学界占有一定的地位，这不仅是中华民族源远流长的文明史发展到当代的必然趋势，也是当代中国教育改革对教学论学人提出的热切希望。学科发展与建设是一项复杂的系统工程，包括学科意识、学科地位、学科体系等要素，要建立一种经得起历史考验并对现实教学具有实践价值的教学理论绝非易事。除了依靠千百万一线教学实践工作者提供丰富的经验素材之外，还需要有一批教学理论工作者的艰苦探索，学人们必须有面对困难的勇气与智慧，借鉴当前多学科领域的优势，坚定自身的学科立场，强化学科意识，以使教学论学科明确新的发展方向，按学科建设的规律把教学论发展落到实处，从而努力使中国教学论学科发展走出困境与危机，促成教学论学科建设的新契机。

（一）中国教学论学科意识强调文化寻根

现代中国教学论学科的发展仅有一百多年的历史，在发展过程中必然要借鉴西方教学论和其他学科的经验与优势，因为“任何一门规范科学以及任何一门实践学科都建立在一门或几门理论学科的基础上，这是一个具有至关重要意义的定律”③。但在此过程中，学人却因为过于注重西方教学论的经验，有意或无意忽视了在中国文化土壤中寻找教学论的立本之根。中国教学论学科的发展，离不开自己的文化根基。这个根既是生成历史的根，也是开出现实的根，维系未来的根；找不到这个根，中国教学论就只能永远地处于世界教育学的边缘，中国的教育事业只能永远地处于一阵又一阵的痉挛之中。④ 因此，学人们既要有国际视野，也要有本土情怀；既要放眼看世界，也要低头思故乡。只有坚持中国特色，才能建设出真正属于中国的、世界一流的教学论学科。

纵观我国教学论学科的形成与发展，在寻求教学论科学化、理性化的过程中，在向西方教育学理论学习与借鉴的同时，与中国历史传统相联系的文化往往是缺席的。⑤ 文化缺失正是当代中国教学论所面临的最大问题与桎梏。长期以来，中国教学论研究走的是一条“拿来主义”的道路。这条道路为我国教学论的发展、缩小我们同西方的理论差距作出过巨大的贡献。但是，如果中国教学论学科建设仅仅停留在移植、引进和模仿的水平，势必将成为别人的“实验田”和“跑马场”。“改革开放、

---

① 鲁迅著：《鲁迅全集（第1卷）》，人民文学出版社1981年版，第164页。此句中的“那里”应为“哪里”。

② 李政涛著：《教育学的智慧》，安徽教育出版社2008年版，第6—7页。

③［德］胡塞尔著，倪梁康译：《逻辑研究（第一卷）》，上海译文出版社1994年版，第33页。

④ 石中英著：《教育学的文化性格》，山西教育出版社2001年版，第357—358页。

⑤ 赵鑫、李森：《中国教学论科学化的意蕴和路径》，《课程·教材·教法》2012年第7期。

打开国门后，迎面而来的就是国外的教学研究成果，各种教学思潮、流派令人目不暇接……无论是向国外学习各种教学理论，还是借鉴、吸收相关学科的成果，都在求'快'，满足于用新名词、新概念、新原则，而不是针对教学实际情况，研究教学问题，提出合理的教学原则体系，由此必然导致貌合神离、无视教学过程特点和缺乏以教学论为基础的所谓教学原则大肆泛滥。"① 引进、学习国外先进的教学理论或其他学科的相关学说是必要的、有益的，但在借鉴的同时，不应忘记乃至漠视自己的文化，过于迷恋他国或其他学科的相关理论，而不屑于甚至耻于谈自己的文化传统。在全球化背景中，中国教学论经受了一次次的"文化失语"、"文化缺失"和"文化误读"的煎熬。

要克服中国教学论对自身文化的淡忘，就必须从文化视角审思之、追问之。忽视了中国文化这一根基，也就无法找到未来发展的方向，困惑着教学论学人到底可以向国外的教学理论或其他学科的相关学说学习些什么，从而难以明确中国教学论究竟要解决哪些重要问题。在学术界，"还没有超越国家和民族的教育学，还没有普适性的教育学，任何教育都是在一定的传统文化土壤之上的"②。中国一方面近代以来多次积极地向西方文化学习，另一方面又具有自己的悠久历史和灿烂文化，离开了文化土壤，教学论将是抽象的，无法适合中国教学的实际。此外，教学论是一门价值关涉的学科，具有浓厚、不可压抑的文化品性。当"民族话语"、"文化追寻"成为中国教学论学科研究的热点问题时，意味着中国教学论学人学科意识逐渐确立，这种学科意识包括本土意识和时代意识。

所谓本土意识，是指中国教学论研究关注中国本土的问题、实践与条件；而时代意识是要求中国教学论研究关注研究者所处的时代问题、时代需要和时代精神，使教学论研究紧贴时代的脉搏，适应并以自己的独特方式促进时代的发展。从这一意义而言，陶行知、晏阳初等近代教育学人的教学论研究就彰显了独特的价值，他们是扎根中国本土、扎根中国传统文化的典型代表。尽管教学论研究不能缺少开放、比较与借鉴，但从发展需要来说，对教学论研究和学科发展起着更大制约作用的并非缺少开放、比较与借鉴，恰恰是缺少"自己"——自己的文化、自己的历史和自己的现实。因此，对中国教学论学科发展而言，它需要承担起中国教育改革与发展的核心使命，因为课堂教学的变革是一切教育改革的重中之重，作为教育实践活动的内在领域，教学的有效性决定着教育的有效性，其价值在相当的程度上决定着教育的价值。中国教学论需要形成并强化本土意识、文化意识和时代意识，应以"认识中国、服务中国，以中国历史、中国社会为背景，以解决中国问题为目标"③。陶行知也指出："教育没有独立的生命，它是以民族的生命为生命。唯有以民族的生命为生命的教育，才算是

① 刘清华：《教学原则研究的反思与前瞻》，《教育探索》2002年第2期。

② 牟宗三著：《人文讲习录》，广西师范大学出版社2005年版，第51页。

③ 崔国良编：《张伯苓教育论著选》，人民教育出版社1997年版，第5页。

我们的教育。”① 显然，对世界教学论发展走向的关注以及对中国本土文化与实践的关注，依然是中国教学论学科发展的重要资源，但这不能替代中国教学论学科意识中的本土情结、文化情结与时代情结。只有站在时代的高度，具有历史的胸怀和国际的视野，学人才能明了和把握中国教学论的发展方向，贡献自己的力量。②

因此，中国教学论学科建设必须深深根植于自己的文化土壤，这不仅符合一般科学发展的规律，也符合现代教学论科学发展的逻辑。在当前基础教育改革背景下，教学论研究注意借鉴其他学科的思想方法和分析框架、学习各种外来教学文化思想资源和行为参照，同时随着研究的深入，外来文化资源的本土化、中国化探究的价值就会逐渐凸显。对中国教学论原发性问题的关注及其解决思路与对策的创生性研究，就会逐渐成为教学论学科建设的核心取向。③ 无论是对相关学科思想和理论方法的借鉴，抑或对国外教学理论与实践的文化移植，最终都将转向本土原发和本学科原创的创新性研究，从而实现中国教学论学科的文化寻根。

（二）中国教学论学科立场彰显生命关怀

受近代西方科学主义的影响，学人们认为符合科学化的教学论才是未来学科建设的方向，而且将科学化片面地等同于体系化、结构化和实证化。体系化、结构化和实证化取向使教学论学科发展陷入静态化、符号化，难以对丰富多彩的教学实践生活进行准确全面的解读。它只倾心于使教学论更“科学”，更符合某种“人工的逻辑”而不是教学本身的规律，抹杀了教学的生命性和情景性。为使教学论真正摆脱冷冰冰的“科学”之路，就要面向生命本身。这样才能真正走进教学赖以发生的生命世界和生活世界。“任何一个时代，没有像当前时代这样多地懂得人，但任何时候也没有像今天这样少地懂得什么是人的问题；任何时代，人的问题都没有像我们当代一样，成为如此重大的问题。”④ 人是自然生命和精神生命的双重存在，无论是自然生命的发育完善，还是精神生命的成长发展，都离不开教学。教学是人的生命的存在形式，具有鲜明的生命性。在一定意义上，教学“是直面人的生命、通过人的生命，为了人的生命质量的提高而进行的社会活动，是以人为本的社会中最体现生命关怀的事业”⑤。

教学论学科的最终目标或者说教学论研究的永恒追求是人的生命发展，而非成“材”、成“器”。生命的延续和发展离不开教学，教学是人生命存在的重要形式、生命的一种内在品行、生命自身的需要。学生的生命质量是学校教育教学质量的核心内容。所谓“生命质量”，是指教师将“以符号为主要载体的书本知识重新激活，实现与三面的沟通：书本知识与人类生活世界的沟通，与学生经验世界、成长需要的沟

① 陶行知著：《陶行知全集》，湖南教育出版社 1985 年版，第 19 页。

② 赵鑫、李森：《教学论研究实践转向和理论创新的历史自觉》，《西南大学学报（社会科学版）》2013 年第 3 期。

③ 杨小微、张天宝著：《教学论》，人民教育出版社 2007 年版，第 450 页。

④ 转引自韩庆祥：《新世纪中国人学研究应承载的历史使命》，《求是学刊》2001 年第 1 期。

⑤ 叶澜：《让课堂焕发生命的活力》，《教育研究》1997 年第 9 期。

通，与发现、发展知识的人和历史的沟通。用通俗的话来说，就是使知识恢复到鲜活的状态，与人的生命、生活重新息息相关，使它呈现生命态”。① 师生在教学中关注生命、理解生命、培育生命、彰显生命、发展生命。

作为教学改革和教育发展要求与追求的质量，生命质量是教学质量的重要表征，因为学生各方面素质尤其是德智体素质实质上就是生命的各种元素。“德”意味着道德生命，包括政治立场、思想觉悟、道德品质；“智”意味着情智生命，是智慧和情感的结晶；“体”意味着体能生命，是身体机能和体质的结合。② 教学论提升学生生命质量的途径，大致有以下两个方面。其一，对学生而言，养成对生命的崇敬感与热爱感、对万物的虔敬感，培育同自然、他人、自身和谐相处的生命意识；培育对万物的体验、感悟能力，使自身享受一种充满交往精神的审美人生。反之，一个不崇敬生命、失去体验与感悟能力的人，只会终身生活于“知识”的世界里，为其所奴役，无缘意识到世界和自身所蕴含的“生命”奥秘，劳劳碌碌、混混沌沌度日，教学质量的提高、教育事业的发展将沦为纸上谈兵。其二，对教师而言，着力建构生态课堂。“生态课堂”是具有价值导向性的理念，是对理想形态课堂教学的整体描述，其鲜明特点是生态性，即关注课堂中师生的生命成长，重视学生日常生活的教学意义，强调教学环境的生态整体功能，以关系思维处理教学要素，以动态的眼光看待教学过程，以开放的胸怀面对差异、多元，以积极的心态面对教学中的挫折，为提升师生的生命质量提供必要的教学时间和教学空间保障。③ 教学是最具生命性的事业，生命是完整的、自由的、独特的，致力于生命全面而和谐、自由而充分、独特而创造地发展更是教学论学科的根本目标与使命所在。

而在以体系化、结构化和实证化为取向的“科学化”的教学论学科体系中，人们往往采用实证的方法探究教学现象与教学问题，但由于各种理论学说总有其先见与假设，难免会因自身所具有的各种“成见”，影响对教学现象本真的理解与解读。要了解事物就必须摆脱成见，毫无偏见地“回到生命本身”，其前提是让生命敞开，没有遮蔽地如其所是，“凡呈现出来的东西，就像它从其本身显现出来那样，是可以从其本身出发加以考察的”④。同样，认识教学现象与教学规律，不是通过控制、限制与制约，而是通过使教学论的诸般现象在自由、宽松的氛围中如其所是地充分展现自身。这意味着要真正认识各类教学显现与教学问题的规律，就必须以其自身显现的方式来了解它。

教学论研究要“面向生命本身”，学人必须扎根教学现场，即教学论研究者不仅要通过查阅各种文献，了解国内外教学改革与发展的状况，而且还应该走进教学实践

① 叶澜：《重建课堂教学价值观》，《教育研究》2002 年第 5 期。

② 熊川武、江玲：《论义务教育内涵性均衡发展的三大战略》，《教育研究》2010 年第 8 期。

③ 李森：《论课堂的生态本质、特征及功能》，《教育研究》2005 年第 10 期。

④ 周民锋著：《走向大智慧：与海德格尔对话》，四川人民出版社 2002 年版，第 27 页。

的现场，以一名“他者”的眼光真实感受教学改革的实际。“扎根教学现场”的立场与方式有助于人们真切地“面向生命本身”。这种研究是“以研究者本人为研究工具，融入真实的自然情景下，运用多种材料收集真实现场的资料，对社会现象进行整体性研究，使用归纳法分析资料，形成理论，通过与研究对象互动对其行为意义建构获得解释性理解的一种活动”。① “扎根教学现场”倡导研究者融入被研究者之中，通过现象与问题本身再现现象本身的“生命”。这一方法强调研究者以“移情性理解”的方式对教学现象和教学问题进行分析和研究，从中汲取并借鉴有价值的内容。

（三）中国教学论学科体系立足整体框架

教学论学科体系是由一门门系统化、专门化且具有内在逻辑联系、体系化的教学论分支学科构成的，而绝不是若干分立、残缺不全的学科的松散结合或简单叠加。从根本上而言，中国教学论学科体系建设就是要按照教学论学科的内部关系结构，从整体上探索和发展教学论学科，促进分支学科之间的分化和综合，使它们以整体的功能作用于教学活动的各个方面和领域，推动教育教学事业的全面进步。因此，如何实现教学论学科的整体框架，加快中国教学论学科体系的一体化进程，也将成为教学论学人着力解决的问题之一。中国教学论学科的整体化，并不是把所有分支学科合并成一门，而是让它们高度分化，把各门分支学科之间的空白地带一一填补和建设起来，使各分支学科处于自己应得的位置，以协同而非“分类”的方式发展，构成相互联系的整体。为实现中国教学论学科体系的整体化，增强教学论学科体系自身及各门分支学科坚实、有力的内聚力，学人们需要充分研究和揭示教学论各分支学科之间的内在关系，对各分支学科的性质、研究对象、研究方法等作进一步的澄清和梳理，力戒分支学科之间界线不清、互抢地盘的现象，并在此基础上不断促进分支学科之间的相互融合。为此，其前提是强化中国教学论科学建设和发展中的学科群意识。高度重视并自觉建设具有一流水准的教学论学科群，是建构中国教学论学科完整体系的重要任务。

为达成这一任务，中国教学论学人需要进一步拓宽学科视域，提高对教学论学科建设的整体策划能力和反思能力，逐步改变过去那种以单科拓进和局部开发替代学科整体格局的系统运筹的体系建构方式，在对教学论学科体系进行宏观思考的基础上，进一步调整对学科的局部构思，将教学论学科的发展置于整个中国教育学乃至人文社会科学学科体系发展的背景之下，“对学科、对领域的全面性筹划，全方位决策和根本性指导”②，不断拓展教学论发展的新空间。在研究并确立中国教学论学科体系建设和发展战略的基础上，通过对教学论学科生长点的揭示、学科发展方向的宏观把握、学科发展趋势的预测和把握，引导学科的布局调整。只有确立起自己的整体框架

① 陈向明著：《旅居者和“外国人”：留美中国学生跨文化人际交往研究》，湖南教育出版社 1998 年版，第 21 页。

② 陈燮君著：《学科学导论——学科发展理论探索》，三联书店 1991 年版，第 97 页。

和基本问题，教学论学科的独立性和稳定性才能体现出来。任何一门学科都应有自己的个性，有自己的研究范畴和体系，更要有自身研究的完整体系。因此，中国教学论学科要进一步提高建设水准，强化相关学科成果引进和移植中的消化与融合工作，逐渐强化、清晰对自己研究对象及其特殊性的认识，形成独特的概念系统和研究逻辑，建构起严谨的框架体系，提高学科的专业化水平，在完成解释、指导和预测教学实践的历史使命过程中，不断提高独立地位。其中，怎样做到不仅吸收其他学科成果，不被其他学科所吞食，成为其他学科的领地，而且能保持自己独有的风姿，是至关重要并需研究、解决的问题。正是在这个意义上，中国教学论学科发展才会越来越受到学人们的认可和青睐。

为了更好地按照教学论学科发展的内在规律和内在逻辑去建设和发展中国教学论学科体系，除了改变长久以来不是沿袭旧有模式、照搬国外模式，就是移用其他学科模式的状态，还应研究教学论学科体系建设和发展的理论问题，建立起教学论学科体系对自身建设和发展的自我控制、自我调节以及自主发展机制，建构教学论学科体系和自主发展模式，充分体现科学性和人文性的统一。为此，需要进一步研究和总结国内外教学论学科体系建设与发展的经验教训，探寻其规律，研究其他学科尤其是先行发展、相对较成熟或发展迅速及相邻学科的建设和发展历程，借鉴它们的发展规律、经验和教训中得到的启发，并在此基础上深入探索中国教学论学科的生长条件、发展动力、演化特点及其体系的建立、概念及理论的形成和发展、研究者的素质等问题。① 只有这样，才能独立自主地不断提高中国教学论学科体系建设和发展的整体水平。

（四）中国教学论学科理念重视实践情怀

人们常常把理念视为一种“思”，与之相对应的则是作为“行”的实践，并认为“用理念来想象事物，总比实践来得方便快捷，因此人们往往用理念来代替实际事物，有时甚至把自己的想象当作事物的实质”。② 事实上，理念与实践是辩证统一的，理念根植于实践，实践离不开理念的引导。教学论学科的理念如果离开了对教学实践的关注，就不可能真正引领教学的发展，教学论学科建设也无从谈起，只有基于实践才能真正诠释和理解教学活动。通过实践理念审视教学论学科建设，才能把主观和客观、现象和本质、过程和关系视为教学论学人互动过程中不可分割的动态整体，进而真正理解和把握教学论的发展。教学论学科理念是对教学论学人作为教学情境中的人所具有的独特性、自主性的理解与界定，它以学人对实践的反思、批判和创造的理性能力为核心，在教学论研究和教学实践活动中扮演着重要角色。学人所作出的任何观念上的判断，如果没有基于对教学实践的现实的、真实的理解，它们不可能具备作用于教学实践的力量。同时，教学实践本身就蕴含了它是教学论学人的实践，为了教学

① 金林祥主编：《20世纪中国教育学科的发展与反思》，上海教育出版社2002年版，第289页。

② ［法］埃米尔·迪尔凯姆著，胡伟译：《社会学方法的法则》，华夏出版社1999年版，第14页。

实践的理念，便是为了教学论学人。“在这种对于人的规定中，反映了人是实践的主体也是实践的目的。”① 任何指向教学实践的教学论学科理念，只有真正考虑到教学论学人的理性剖析能力，以对教学实践的关注为导向，才可能具有面向教学现实的实践力量。因此，教学论学科理念从来不是超然于教学世界之外的玄思和遐想，而是教学思想中所把握到的教学实践的反映。换言之，教学论的学科理念可称为教学思想中的实践，它具有强烈的实践性。

教学论学科理念是“教学思想中的实践”具有两种含义。其一，任何一种类型的教学理念都包含时代性的内容，而不是纯粹思辨的产物。《国家中长期教育改革和发展规划纲要（2010—2020 年）》所倡导的“育人为本”、“改革创新”、“促进公平”、“提高质量”等教学理念和思想，也是当下中国社会和谐发展在学校教学实践中的具体映射。其二，任何一种类型的教学理念又都是以“思想”和“理论”的方式所把握到的教学实践，而不是简单的关于教学实践的表象。第一种含义表明学校教学实践以及教学理论研究同当下社会的发展具有不可割裂的密切关联，因此，只有从时代的历史性特征及其历史性转换出发，才能理解教学实践的理论内涵及其历史演化。第二种含义则阐明了教学论学科理念与社会发展以及学校教学实践之间关联的特殊性，即教学论学人以言语或理论的形式所表现的教学理念，蕴含着他们用以观察和解释教学实践的概念框架与解释原则，因而教学实践在教学思维和理念中会得到不同的表现与解释，并为教学论学科理念奠定了实践的力量。

中国教学论学科建设与发展需要有生命意识、本土观念与合作精神，更需要有科学理论和制度规范。无论是教学论理论研究者还是学校一线教师，都应该将中国教学发展的实际问题作为出发点和落脚点，深入教学实践第一线，而不是“站在后山放空枪”。教学论学人只有在广泛地占有第一手实践资料和可靠数据这一前提下，才可能发现真问题，进而形成解决问题的新思路，从而不断丰富和创新教学理论，建构具有中国特色、中国风格和中国气派的教学论学科体系。具有实践力量的教学论学科理念，形成于两个基本向度的统一，即“向上的兼容性”与“时代的容涵性”的统一。“向上的兼容性”指向教学论学科理念的历史感，是以巨大的历史尺度和恢宏的历史内容去观照教学理念所面向的教学实践；“时代的容涵性”则指向教学论学科理念的现实感，是以敏锐的洞察力审度时代的种种教学矛盾，以思维或理论的形式再现时代的教学意蕴及其发展趋势。教学论学科理念的历史感规范着自身在何种程度上洞察到当下教学实践的本质和趋势，教学论学科理念的现实感则规范着在何种程度上以何种形式在教学实践中体现自己。教学论学科理念的历史感由于其现实感而获得把握和表征教学实践的时代意义，教学论学科理念的现实感因其历史感而获得把握和表征教学实践的时代力度。在教学论学科理念中，离开了历史感的所谓的现实感，只能是一种外在的、浅薄的；而脱离了现实感的所谓的历史感，也只能是一种繁琐的、教条的说

① 唐莹著：《元教育学》，人民教育出版社 2002 年版，第 452 页。

教，成为一种学究式的自我欣赏，难以构成“教学思想中的实践”和时代精神的精华。

同时，教学论学科理念作为教学实践的思维和理论形态，与教学实践之间也是有“间距”的。教学理念与教学实践之间具有并保持一定的“间距”，这是教学改革与发展以及教学实践发挥作用的基本前提。正是由于这种“间距”，教学改革与发展才能使教学论研究者超越教学经验的繁杂性、教学表象的流变性以及教学意念的主观性；才能全面反映教学实践，深层地透视教学实践，理性地剖析教学实践，理想地引导教学实践，理智地反观教学实践；才能实现“教学思想中的实践”，并使其成为当代精神的精华。①

（五）中国教学论学科内容突出情感要素

就教学论学科研究的内容而言，人们关注最多的是知识。教师通过向学生传授系统的书本知识，引导学生开展认知活动，学生通过教师的指导，经过感知、记忆和想象等认知过程，习得和掌握书本知识，由此构成了教学活动，因而人们认为教学就是一种特殊的认知活动，而教学论学科研究的内容则是这一特殊认知活动的规律。实际上，认知并非教学论学科内容的全部。因为在教学活动中，伴随师生认识内容的一系列情绪、意志活动、个性倾向等的相互作用，构成了教学活动的情感内容。人非草木，孰能无情。教学作为一项情感劳动，是一种情感实践活动，情感位于教学内容的核心，是教学的基本属性之一。② 正是由于情感的存在，教学才成为一种区别于机械信息传递和人机对话的富含灵动性内容的活动。教学充满着师生的热情和灵感，弥漫着人情味，真正成为一种具有生命意义和价值的过程。无论是坚持“学生的全面发展”，还是“加强教师队伍建设，建设高素质教师队伍”，教学论研究及其学科建设都应始终关切情感因素在教学中的重要价值。

情感是一个囊括感受、情绪、心境和性情的宽泛概念。20世纪中期发生的“认知革命”使认知研究成为当时人文社会科学包括教学论研究的一个主流，并一度忽视了对情感领域的关注。然而，近三十年来不同学科，如心理学、哲学、社会学和人类学等对情感都表现出很大的兴趣，学者萨顿（R. Sutton）和惠特利（K. Wheatley）将这种现象称为人文社会科学研究的“情感革命”。③ 借着这股“情感研究”的热潮，从20世纪90年代以来，国外教学论学人普遍意识到情感在教学研究中的匮乏，并对情感表现出普遍而持续的关注，这些研究者尝试对情感这一新兴教学研究领域展开了

① 李森、赵鑫：《20世纪中国教学论的重要进展和未来走向》，《教育研究》2009年第10期。

② 赵鑫、熊川武：《教师情感劳动的教育意蕴和优化策略》，《教育研究与实验》2012年第5期。

③ Sutton R, Wheatley K. *Teachers' Emotions and Teaching: A Review of the Literature and Direction for Future Research.* Educational Psychology Review, 2003, 15 (4): 328.

许多探索。① 情感是教学情境中师生双向交往和互动的重要体验。师生作为教学主体的任何活动都伴随着一定的情感生活，情感是主体“对周围现实的反映”②，而师生体验的情感产生于教学交往过程中。同时，教学论研究的认知内容并不排斥情感因素，正如美国教育家布卢姆（B. Bloom）等所比喻，“一个人用两个并排的梯子爬墙壁……一个梯子代表认知行为和认知目标，另一个梯子代表情感行为和情感目标。这两个梯子的构造，使一个梯子的每一级正好在另一个梯子的每一级的中间。通过交替地攀登这两个梯子——从这个梯子上的一级踏到另一个梯子上够得上的一级——就有可能达到某些复杂的目的”。③ 教学理论研究与教学实践已经证明，没有情感与认知的互动，理论思维极其有限；情感与认知在教学决策中共同发挥着作用，情感指导认知解决问题；非控制的情感妨碍理论思维，但缺乏情感与认知的互动也不利于理论思维。为将这类观点学术化，耶鲁大学的学者大胆创造，建构了“情感智慧”（EQ），使情感与认知珠联璧合再也无法分离。④ 从这种意义而言，师生在教学情境中的交往活动是以认知为基础的情感互动活动，师生之间的情感关系构成了教学论学科发展关注的重要内容。

人之不同于动物就在于人具有深切的情感需要，而在人的精神需要中，充满温情的、富有诗意的、蕴含无限生机的、情感化的人际交往，因为人是情感的存在，人需要他人的体贴、爱护、关心等来丰富自己的生命。教学论研究所关注的师生情感互动是复杂多样、丰富而又微妙的，师生教学交往活动伴随着复杂而又丰富的情感生活，且两者的情感体验存在着差异。教师的情感及其表达形式影响着学生的情感，也关涉教学活动的成效。教师在教学活动中的喜、怒、哀、乐、爱、恶、惧等情绪以及理智感、美感和道德感等情感体验都会直接或间接地影响学生的情感；教师的一种手势、一个眼神、一个动作或说话的语气等各种情感表达形式也能改变学生的情感状态；教师的教学热情更能感染学生的学习热情，进而影响教学活动。“教师自己应是诚笃的、真实的，而不是虚伪的。教师是一个真诚的人……成功地促进这种自我主动学习的教师，尊重学生，珍视他们，与他们在情感上和思想上产生共鸣……这样的教师能

---

① Little J. *The Emotional Contours and Career Trajectories of Reform Enthusiasts.* Cambridge Journal of Education，1996，26（3）；Hargreaves A. *The Emotional Politics of Teaching and Teacher Development：With Implications for Educational Leadership.* International Journal of Leadership in Education，1998，1（4）；Lasky S. *The Cultural and Emotional Politics of Teacher-parent Interactions.* Teaching and Teacher Education，2000，16（8）；Schmidt M. *Role Theory，Emotions and Identity in the Department Headship of Secondary Schooling.* Teaching and Teacher Education，2000，16（8）；Veen V. *Teachers' Emotion in the Context of Reforms.* Nijmegen，The Netherlands：Catholic University of Nijmegen. 2003.

②［苏联］雅科布松著，王玉琴等译：《情感心理学》，黑龙江人民出版社1997年版，第21页。

③［美］克拉斯沃尔等著，罗黎辉译：《教育目标分类学·情感领域》，华东师范大学出版社1989年版，第64页。

④［美］舒尔茨等主编，赵鑫等译：《教育的感情世界》，华东师范大学出版社2010年版，第1页。

把学生作为一个完整的个体加以接受，把学生作为具有各种情感、埋藏着大量潜能的一个尚未臻于完美的人而珍视他们。”① 同理，学生在课堂中的情感体验、情感状态和情感表达也会制约教师在教学中的情感。教学活动中师生之间已不仅仅再是一种简单的、限于知识范畴内的教学相长关系，而是融入了教师情感作用的教学情智关系，师生的情感互动是贯穿于教学过程的一种基本活动。

为确保教学活动的有效开展，教师需要管理和调节自身的情感状态，提升自身的情感修养，在理解情感性质与状态的基础上，对自身情感进行适合教育目的和教育情境要求的认识、管理和表达，从而努力提升情感的合理性，通过合意、积极的情感感化和激励学生，丰富和升华教学活动的内涵。② 教师在教学过程中，将自己对学生的积极的情感表达放在首位，积极运用富有情感意蕴的教学方法，培养学生对学习的积极体验。教师之所以要重视情感，不仅因为情感有着独特的教育价值，而且还在于情感在人的心理结构中占有独特的位置。众所周知，人们常常因为心动而行动，学生往往因为亲其师而信其道，教师通常因为爱之深而求之切。

由此可见，中国教学论学科发展道路的关键在于，立足自己的立场，吸纳、整合所有与人有关的知识、情感和理论，将其纳入到人生命的培养、形成与发展的思考、策划和行动之中。教学论是一门整合之学、综合之学、行动之学，是教育学体系中的皇冠之学。换言之，教学论是各类教育学分支学科的会饮之处。就在这样的汇聚和会饮中，中国教学论道出了自身的话语体系与独特魅力。

（责任编辑　王维花）

① 瞿葆奎主编：《教育学文集·教学（上）》，人民教育出版社 1988 年版，第 712－713 页。

② 赵鑫：《论教师的感情修养》，《教育学术月刊》2012 年第 4 期。

储朝晖　1964年生，安徽岳西人。教育学博士。中国教育科学研究院研究员、教育理论研究中心教育基本理论研究室主任。兼任中国地方教育史志研究会副会长、中国地方教育史志研究会学校史志分会理事长，中国陶行知研究会副秘书长，《教育史研究》副主编，多家媒体专家委员会专家。曾任《陶行知全集》（川版）第1—12卷专职编辑和编委，先后在教育部人事司、办公厅、发展规划司从事调查与专题研究工作，任国家中长期教育改革与发展规划纲要专题组成员，香港中文大学访问学者，中华人民共和国成立六十周年成就展教育专题文字组长。主要从事大学精神的研究、中国教育改革与发展研究和陶行知研究，著有《中国教育再造》、《中国大学精神的历史与省思》、《教育改革行知录》、《中国幼儿教育忧思与行动》、《多维视野中的生活教育》、《陶行知画传》、《理想大学》、《中国教育六十年纪事与启思》、《中国近代大学精神史》等，主编《20世纪中国教育家画传》（10卷本，获2012年度国家出版基金资助）、《中、小学心灵教育教师用书》，翻译《为生活而教育》、《中国教育制度沿革史》，发表研究文章150余篇。

《我国大学精神的既有研究与待解难题》导读

我国大学精神的既有研究与待解难题

储朝晖

【摘要】大学精神是近二十年来在对中国大学发展的问题诊断中提出的论题，一经提出就受到社会广泛关注，经过一段概念泛化的讨论后，概念内涵与外延逐渐明晰。“大学精神”近义于大学理念、价值、灵魂、理想或大学之道、志、气，内含批判、创新、求真与研究精神、士（君子）的精神，是有关大学发展的价值取向及其在大学设置与运行中的体现。“道”的理念是中国大学精神真正的源头，“士志于道”、“明道济世”是它体现出的千年一贯性，“士”是其千年主体，“德治”是其久远根基，“做人”是其首要论题，“合一”是其结构特征。中国大学精神的核心理念先后演变为“玄”、“理”、“实”，但始终不出外在一体内在多元的“道”，佛学的传入已历史地归一于“道”。大学精神研究仍处在粗浅状态，未能明确的问题还很多，需要向全面、系统、深入的方向发展。

【关键词】大学精神；内涵；难题

本人自从1981年痴迷于陶行知研究，私淑人民教育家陶行知，继而通过大量田野调查筛选教育的真问题，到进入北京师范大学攻读博士学位，在导师郭齐家、王炳照等诸位先生的启发下，豁然感悟到中国大学发展处于迷途的重要原因之一乃是精神丢失，于是在2002年立意为中国大学“立心”，确定自己的博士论文选题为“中国大学精神的历史研究”。这使我与大学精神这一论题研究结下了不解之缘。

2004年博士论文写出后，黄枬森、蒙培元、黄济、周桂钿、丁钢、杨东平等多位知名专家都对这篇博士论文给予了较高评价。论文2005年入选中国当代教育学术文库，2006年由山西教育出版社以《中国大学精神的历史与省思》为名出版，2010年山西教育出版社再版该书，接着获得第四届全国教育科研成果二等奖。这些既是对我所做研究的肯定，也表明当下大学发展确实需要对大学精神进行深入研究。在我大学精神研究方面第二本专著《中国近代大学精神史》刚由人民教育出版社出版，第三本想继续写的《大学精神论》已有了框架的时候，《中国教育科学》编辑部约我写一篇介绍这方面研究的文章。现对这方面的既有研究与尚待探讨的问题作一简述。

一、大学精神是中国大学发展中提出的论题

大学精神在近二十年来逐渐成为学界和公众关注度比较高的论题。用“大学精神”在百度网上搜索，可获得3 120万个搜索结果；百度文库收有959万篇和大学精神相关的文档。在中国知网（CNKI）上以“大学精神”为篇名的文章有1 560个搜索结果，在颜禾发表于《教育科学》1995年第2期的《精神长存，风范永存——读〈百年之功——中国近代大学校长的教育家精神〉》之后才有了与现在讨论的词义相同的“大学精神”的使用，此前出现的为医学名词“大学精神科”之类的词义；以“大学精神”为主题的搜索结果为4 191个，1993年任剑涛发表在《青年探索》第12期上的《根柢何在——关于大学生身份自认》一文第一次接触到“大学精神”的讨论；如以“大学精神”为关键词，可以搜索到6 059个结果，依然是任剑涛的文章第一次使用现在意义的“大学精神”一词作为文章的关键词。以“大学精神”为关键词的使用频率年度分布情况如下：①

年度	2013	2012	2011	2010	2009	2008	2007	2006	2005	2004	2003
搜索结果数	105	878	808	718	644	687	671	422	289	332	232
年度	2002	2001	2000	1999	1998	1997	1996	1995	1994	1993	1987前
搜索结果数	124	75	34	16	5	4	5	1	3	2	4

由于2013年还未到年底，以“大学精神”为关键词的文章还会不断出现。从上表的数据可以看出，关于大学精神的研究和讨论还在节节高攀，何时是巅峰尚属未知。

出现上述情况，根本原因在于大学精神是中国大学发展遇到的不可回避的真问题。一方面，中国大学历经20世纪的曲折发展后，人们逐渐意识到复制异域大学不是中国大学真正行得通的发展之路。正如有的论者所言：“本世纪（20世纪）中国大学的困境所在：成功地移植了西洋的教育制度，却谈不上很好地继承中国人古老的‘大学之道’。”② 中国大学在发展的道路上正面临自我认同的迷茫，需要对其大学精神更清晰的认识来消除这种迷茫，找到其自我认同真正应有的归属。另一方面，20世纪世界各国大学发展的实践证实，大学精神是在大学制度体系、管理模式之上起统摄作用的一个形而上的、对大学发展至关重要的因素，堪称大学发展和兴盛的灵魂，中国大学要进入更大规模、更高层次的发展，要真正提升品质和质量，就必须真正解决好大学精神问题。

---

① 依据中国知网搜索数据，1987年以前的四次分别为1987年1次、1986年1次、1980年2次，1993年前的词义都不是本文所研究的“大学精神”。

② 陈平原著：《北大精神及其他》，上海文艺出版社2000版，第278页。

全球化进程将中国大学推到被更多人用脚投票的尴尬境界，正是这种状况和发展需要引发了人们对大学精神的觉悟与探索，在以全球化的眼界认识人类大学发展历史规律的同时对中国大学精神的产生和发展过程加以回观。

正如香港中文大学原校长金耀基教授在2000年新版《大学之理念》中提出："华人的高等教育在国际化的同时，在担负现代大学的普遍的功能之外，如何使它在传承和发展华族文化上扮演一个角色，乃至于对建构华族的现代文明秩序有所贡献，实在是对今日从事华人高等教育者的智慧和想象力的重大挑战。"香港中文大学教育学院原院长杜祖贻教授提出香港高等教育也是所有华人大学面临的最大危险是：在一个以西方为主的全球化世界中，华人大学如果"放弃了学术的独立自主，便成为人家的附庸藩属"①！这些担忧绝不是多余的。

近二十年来，关于大学精神的主要研究成果有：王冀生主编的《现代大学文化学》（北京大学出版社，2002年）对继承和创新大学精神问题进行了讨论；杨东平所编《大学精神》（辽海出版社，2000年）编选了中外著名教育家对大学精神的阐述；董云川著《找回大学精神》（云南大学出版社，1998年）针对现实中大学精神的失落问题进行了一些究问式的探讨；陈洪捷所著《德国古典大学观及其对中国大学的影响》（北京大学出版社，2002年）对探讨中西大学精神的相互影响与融合做出了坚实的努力；金耀基著《大学之理念》（生活·读书·新知三联书店，2001年）是作者研究大学教育的论文集，其中数篇涉及大学、大学精神的研讨，不乏深刻见地；潘懋元主编的《多学科观点的高等教育研究》（上海教育出版社，2001年）有专章对大学理念进行了讨论；华中科技大学刘亚敏的博士论文《大学精神探论》（2004年）、东北师范大学常艳芳的博士论文《大学精神的人文视野》（2004年）以及任不寐等人选编的《大学精神档案》（广西师范大学出版社，2004年）等，也对大学精神进行了研究。

历史上大学精神往往是通过大师精神体现出来的，还有一些对中国著名思想家和教育家的教育思想的研究涉及大学精神论题。

包括本人在内的众多大学精神的研究者，都是基于中国大学发展遇到的这一关键问题，期望自己的研究能够为现代大学的建设和发展提供有益的启示和借鉴。

二、大学精神的语义界定

大学精神是一个古老的新论题，事实上两千多年前就有人论及它的内容，至今仍存诸多困惑，目前研究中遇到的首要问题是对这一概念的界定众说纷纭，莫衷一是。

何谓大学精神？何谓中国大学精神？语义是话语实践的产物，以话语实践为基础是界定语义应遵循的基本原则，也是比较可靠与现实的方法。通过对"大学精神"

① 甘阳：《华人大学理念与北大改革》，搜狐网教育频道2003年7月9日。

一词在实践中运用情况的分析，可以找出一些对它进行界定的线索。

通常“大学”一词就有多重含义，从研究大学精神角度出发，不需要对它下操作性定义，重在抓住其根本特征与属性，可简化为“培养高级人才、研究高深学问”，这是大学最基本的功能和要素。当中国人把本意为“师生行会”的“University”一词巧妙地译为“大学”后，“大学”一词就主要有着两个义项：一是指作为学问的、观念形态的大学，含有追求知识、智慧、文化的意义；二是作为实体的教学研究机构的大学。即“一指大学问，一指大学校”①。中国古代即有以特定的历史形态存在的大学，其间因多种历史原因虽没有同一大学的不间断传承，出现了多种形态，显示出动态、发展的特征，但它们都在一定意义上传承着某种包括俗称“学统”在内的一贯精神，探求、创新“道”的内涵，具有培养高级人才和研究所在时代高深学问的功能，这一客观事实体现在大学人对古今中外有关大学发展价值的认同。

“大学精神”在报纸、学术期刊和网络媒体上使用频繁，细究起来不同的人对它的理解却不尽相同，20世纪上半叶与90年代以后的内涵与用法存在一定的差异。为更准确界定词义，下面从不同方面进行分析。

首先考察这一词语的产生。经查阅相关历史文献，虽然在20世纪初大学中多位学者（如蔡元培、梅贻琦、陈寅恪、张伯苓、王星拱等）提到办大学要有一定的精神，但那时“大学精神”一词还未作为一个独立的词普遍使用。1923年代理北大校长的蒋梦麟作过《北大之精神》的演讲，将“大度包容”和“思想自由”列为北大之精神。② 1927年北大著名教授、曾任教务长的马寅初到浙江发表《北大之精神》的演讲，提出：“所谓北大主义者，即牺牲主义也。服务于国家社会，不顾一己之私利，勇往直前，以达其至高之鹄的。”③“Tsinghua Spirit（清华精神），是二三十年代清华人的口头禅。”④ 这些可看成是“大学精神”一词的语用源头。此后的文献中虽然常见“北大精神”、“清华精神”、“南开精神”、“西南联大精神”之类的用语，却一时未有更为抽象层次的“大学精神”一词出现，上海辞书出版社出版的《辞海》（1999版）、中国大百科全书出版社出版的《中国大百科全书》（1985版和1999版）均未收入“大学精神”一词。

事实上，直到1998年北京大学100年校庆前夕陈平原写了《北大精神及其他》，任剑涛、杨东平等人使用“大学精神”这一概念撰文编书后，才有较为抽象层次的“大学精神”概念的独立运用。由于当时这一词语恰当地表达了人们对恢复中国大学中断了近半个世纪的宝贵的优良传统的迫切心愿，所以这一词语迅即得到众多学者和传媒的认可，并被广泛使用。虽然“大学精神”这一词语在1998年后才广泛得到认

---

① 涂又光著：《中国高等教育史论》，湖北教育出版社1997年版，第361—362页。

② 蒋梦麟：《北大之精神》，曲士培编：《蒋梦麟教育论著选》，人民教育出版社1995年版，第259—260页。

③ 马寅初著：《马寅初演讲集》第四集，商务印书馆1928年版，第20页。

④ 刘克选、方明东主编：《北大与清华》上册，国家行政学院出版社1998年版，第231页。

可并使用，但这一词语所指内涵则早已存在，只是一直未能自觉地用一个恰当的词表达出来。由于其所指仍然会在大学发展中发挥重要作用，所以这一词语仍将有较大的生命力。

其次，考察现今广泛使用的“大学精神”到底包含哪些义项。为此本人曾对报刊和网络媒体上所使用的“大学精神”一词进行了较全面的检索，这一检索结果可资对大学精神概念进行辨析时参考。

对现今广泛使用的“大学精神”语义进行分析表明，它在使用中有泛化的倾向，但有其特定内涵和外延，蕴含极为深广。设定在众多的表示大学精神的词中存在某一个词是“完全真”，其数值为1；“完全假”的词其值为0；众多的其他与“大学精神”词义真值相接近的词的词义将会处于这两者之间，也就是说其数值在0和1之间，可以获得一个依据其使用频次转换出来的参照量*R*①，可将各词使用频率转化为下表：

表1 有关“大学精神”语义的例证分析

词例	出现频次	*R*	词例	出现频次	*R*	词例	出现频次	*R*
理念	11	5.79	动力源泉	3	1.58	敬业精神	1	0.53
价值	10	5.26	自由之思想	3	1.58	学术视野	1	0.53
科学精神	10	5.26	传统	3	1.58	公民科学	1	0.53
灵魂	9	4.74	精神特征	3	1.58	保持张力	1	0.53
人文精神	8	4.21	宗旨	2	1.05	典范意义	1	0.53
理想	7	3.68	兼容并包	2	1.05	信条	1	0.53
时代特征	6	3.16	养成人格	2	1.05	深层心理结构	1	0.53
独立精神	5	2.63	志	2	1.05	心理定势	1	0.53
文化底蕴	4	2.11	气	2	1.05	大学本性	1	0.53
信念	4	2.11	原则	2	1.05	怀疑精神	1	0.53
独特气质	4	2.11	社会关怀精神	2	1.05	超越精神	1	0.53
创新精神	4	2.11	国家意志	2	1.05	崇实	1	0.53
批判精神	4	2.11	社会趋势	2	1.05	自治	1	0.53
氛围	4	2.11	学人精神	2	1.05	学术自由	1	0.53
想象力	4	2.11	使命感（荣誉感）	2	1.05	群体意识	1	0.53
创造力	4	2.11	民主精神	2	1.05	品位	1	0.53

① 本文使用的参照量转换方式为：该词在抽样文本中出现频次除以该抽样文本中具有相近语义的所有词出现频次的总和再乘100。即*R*=（单个样词出现频次÷所有样词出现频次）×100。

续表

词例	出现频次	R	词例	出现频次	R	词例	出现频次	R
求真精神	4	2.11	核心文化	2	1.05	思维方式	1	0.53
追求	3	1.58	尚美	2	1.05	精英文化	1	0.53
风气	3	1.58	规范体系	2	1.05	民族文化	1	0.53
目标	3	1.58	校园文化形态	2	1.05	办学方向	1	0.53
学术独立	3	1.58	办学规律	2	1.05	哲学基础	1	0.53
自由意志	3	1.58	象牙塔精神	1	0.53	教育本质	1	0.53
组织信念	3	1.58	思想导向	1	0.53			

说明：上表所列各词的频次包括一些词的近义词，有近义词的如下：价值（价值观、价值取向、价值体系）；时代特征（时代精神）；人文精神（人文教育）；文化底蕴（文化传统、文化内涵）；自由意志（自由精神）；精神特征（精神状态、精神风貌）；创新精神（创造精神）；社会关怀精神（人文关怀精神）；氛围（气氛）。

上表反映90年代后“大学精神”一词使用的大致情况，人们对“大学精神”词义的理解十分离散，总共有68种之多，出现频次超过5次的仅有“理念”、“价值”、“科学精神”、“灵魂”、“人文精神”、“理想”、“时代特征”、“独立精神”等。与之形成一定反差的是，1946年以前人们对大学精神的理解相对集中，以杨东平所编《大学精神》一书中的文本为例（参见表2）①，人们对大学精神的不同理解仅44种（比90年代后少24种），“学术自由”、“学术自治”、“学术独立”三个词所占的R值之和即达58.8，表明这三个词较大程度上获得认同。

表2 杨东平所编《大学精神》一书与大学精神相关词语的实证分析②

词例	出现频次	R	词例	出现频次	R	词例	出现频次	R
学术自由	155	23.5	自强不息	7	1.06	批判、反省	2	0.30
学术自治	151	22.9	大学之道	7	1.06	致用实行	2	0.30
学术独立	82	12.4	忠实	7	1.06	大学理想	2	0.30
思想自由	34	5.16	创造	6	0.91	大学观	1	0.15
民主精神	27	4.09	协作精神	6	0.91	大学制度	1	0.15
研究精神	16	2.43	兼容并包	6	0.91	自由知识分子的共同文化	1	0.15

① 选择该文本受到以下因素制约：该文集编选者的观念自然在一定程度上影响着其内容选择，众多原作者是在并没有一个明晰或自觉意识到的“大学精神”概念的情况下写出原作的。这两个因素共同作用的结果是：一方面由此得出的“大学精神”语义可能仍然离散，另一方面它可能是比较率真。

② 参见杨东平编：《大学精神》，辽海出版社2000年版。

续表

词例	出现频次	R	词例	出现频次	R	词例	出现频次	R
通才教育	16	2.43	君子	5	0.76	崇尚个性	1	0.15
教授治校	15	2.27	做人	5	0.76	囊括大典，网罗众家	1	0.15
科学精神	13	1.97	中庸	5	0.76	朴素的生活，高尚的理想	1	0.15
独立精神	13	1.97	教授精神	5	0.76	培养及维护高尚的品德	1	0.15
新民	10	1.52	大学理念	3	0.46	为国效劳	1	0.15
明明德	10	1.52	允公允能	3	0.46	学者	1	0.15
士的精神	9	1.36	造成人品	3	0.46	一己之修明(know thyself)	1	0.15
牺牲精神	8	1.21	与民众结合	3	0.46	敬业乐群	1	0.15
求是精神	8	1.21	学问	3	0.46	爱真理精神	1	0.15

说明：上表所列各词的频次包括其近义词，含近义词的如下：学术自由（教学自由、学习自由、研究自由、自由讲学、自由思考、自由竞争），学术自治（自治、自治精神），学术独立（教学独立、自主），思想自由（自由思想），民主精神（教学民主、教育民主），研究精神（研究本位、精研学术），通才教育（liberal、全人发展、通人），科学精神（科学家精神、科学方法），独立精神（精神独立），士的精神（立志、忠恕一贯），兼容并包（兼容并蓄、大度包容），教授精神（教学精神）。

实证统计为认识大学精神语义场提供了较为充分的线索和初步轮廓。综合两表可得如下有关“大学精神”的语义场示意图（见图1）。

可见，大学精神是人类普通精神里的一个特殊范畴，并不能找到鉴别大学精神与人类社会普通精神的标准或边界，只是以大学为着眼点某些普通精神被视为大学精神，它是以大学为对象或域限的精神生成，是一个社会长期发展的精神在大学主体上的荟萃，是大学人的精神体现，“是自行继续的专家的团体的特性”①。大学精神是形而上的存在之一，在文化视角中它首先是一种价值，就是古人所言的大学之道。它与民族精神、时代精神和大学理念、大学文化之间的关系如图2。

① 冯友兰：《论大学教育》，冯友兰著：《三松堂全集》第14卷，河南人民出版社2000年版，第162—163页。

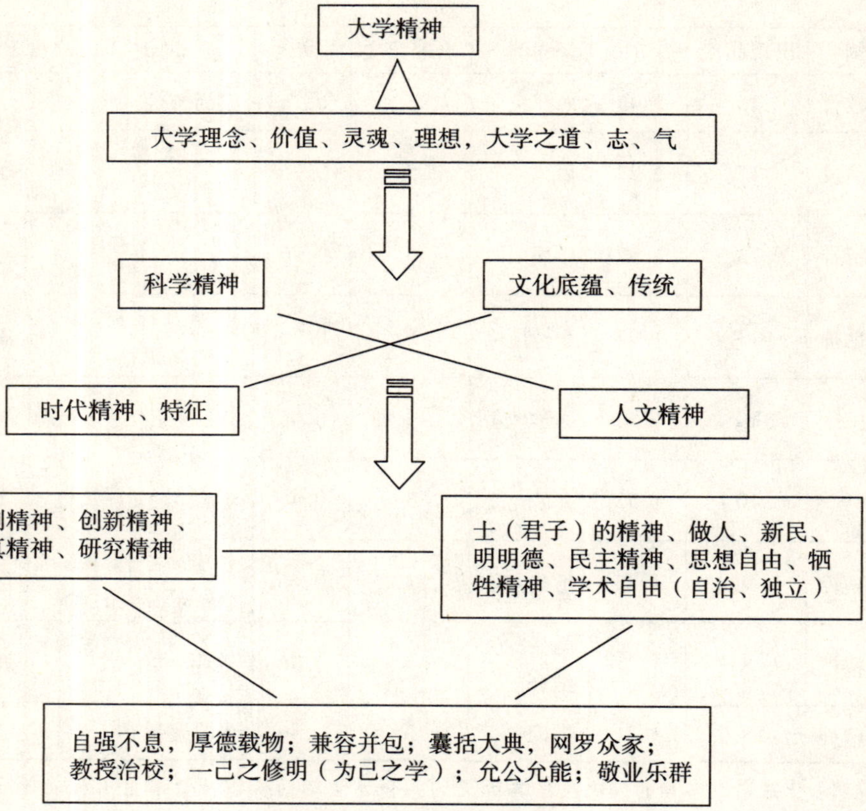

图 1　“大学精神”语义场示意图

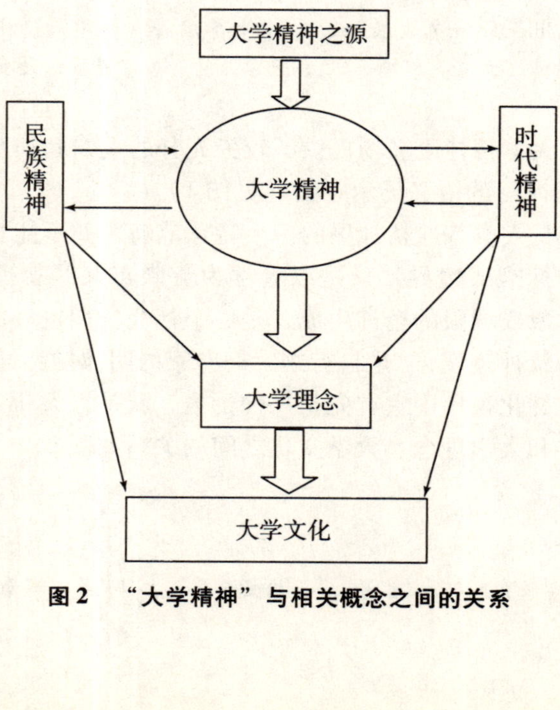

图 2　“大学精神”与相关概念之间的关系

由此可见，大学精神的核心是价值，它从其源头、所处本土文化的民族精神、所处历史时代的时代精神中萃取它所需要的成分来聚合自身，与民族精神和时代精神形成互动；它通过具体的学人对具体的大学之事产生大学理念，形成大学文化；它属于“人文世界”范畴，是大学实现其“成人”功能不可缺少的精神；从历史形成看，大学精神是大学人对本土或全人类的历史进行搜索、选择、认同、吸收的结果，是具体大学在办学实践中积累、探索、寻找适合自身发展实际的价值观和方法论获得的积淀，是大学历经形体转变仍积淀其中的相对稳定的生命力，是大学承担社会责任的历史定格，是大学发展与社会发展相互融合的结合点。简言之，大学精神是关于大学发展的价值取向及其在大学设置与运行中的体现。可图示为图 3。

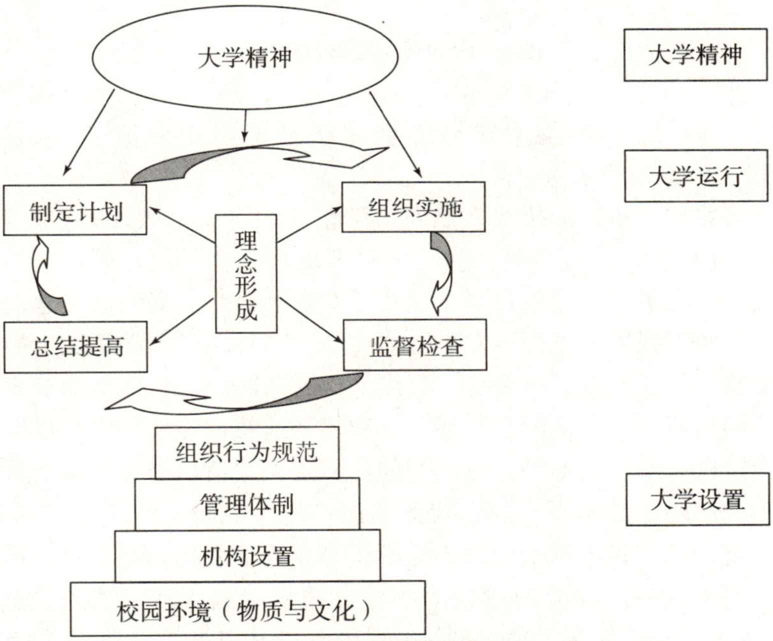

图 3　大学精神与大学设置、运行

大学精神是对大学设置和运行起统摄作用的因素，其作用可发生在大学设置与运行的每一部分和环节，发挥作用的形式非“刚性”而是“柔性”的，作用的中心点是大学理念，它对大学运行及设置的作用可以通过大学理念发挥，也可不必通过任何中间环节直接发挥。

大学精神与大学实践密切相关，与大学的组织和运行互动。特定大学的精神都是办学传统和办学理念与所在社会需求的结合；任何一所大学的精神都是由其大学人，尤其是其“大师”来代表，体现于大学人之行，彰显为大学鲜明的特色与个性，成为促进大学“成人”的一种富有魅力的内驱力，使大学人在积极向上的心理氛围中共享激励和鞭策，走向成熟与完善，追求创新或超越，直至“成人”。大学精神又是既定大学存在对其中大学人的限定与陶冶，一旦你成为某一特定大学的学人，你就只能置身其中，而不能置身其外。这一关系可图示如图 4。

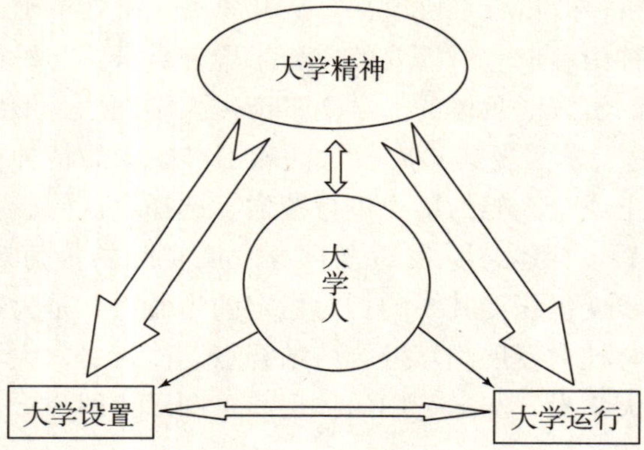

图 4 大学精神逻辑内构图示

三、中国大学精神变化机理与历史源流

大学精神研究只有短暂的历史，然而大学精神却有一个久远的存在和发展历程。难以否认开办学园之柏拉图、“尚无为、描写理想国之老子，建设伦理学、政治学之孔子，倡导民权论之孟子，建设伦理学之荀子，主张兼爱、尚同而又建设物理学、工程术之墨子，于相对世界中推想绝对世界之庄子”① 对现代大学所发生的精神影响。

中国大学精神是一个复杂的系统，积淀与认同是其形成、传承的机理，积淀是前提和基础，认同是后人对积淀的再选择。无积淀则此精神无从产生，没有认同则此精神失去传承的机会。但积淀不是万古不变的，形成大学精神的文化基础是在积淀中变迁，在变迁中积淀的，具体到中国古代大学的“士”精神，也经过“传统”与“断裂”的反复变迁。认同是不同历史时期大学精神相互关联的内在纽结，所以大学精神的产生与发展都具有一定程度的超越时空性。例如中国古代学人对“道”的认同，“先秦初起的三大学派——儒、墨、道——尽管各道其所道，但他们在代表‘道’说话这一点上却并无例外”②。此外，会社对大学精神的传播发挥着独特作用。

大学精神变化的主要变因包括大学人、时代社会发展的主题和中心任务、大学自身发展的基本趋势和精神、本土文化情怀、大学发展的规模层次和管理模式、大学发展在当时当地面临的突出问题，据此可建立中国大学精神在历史中发展变化的分析模型（见图 5）。

① 蔡元培：《复国联文化合作院主任班纳函》，高平叔编：《蔡元培教育论著选》，人民教育出版社 1991 年版，第 617—618 页。

② 余英时著：《士与中国文化》，上海人民出版社 2003 年版，第 106 页。

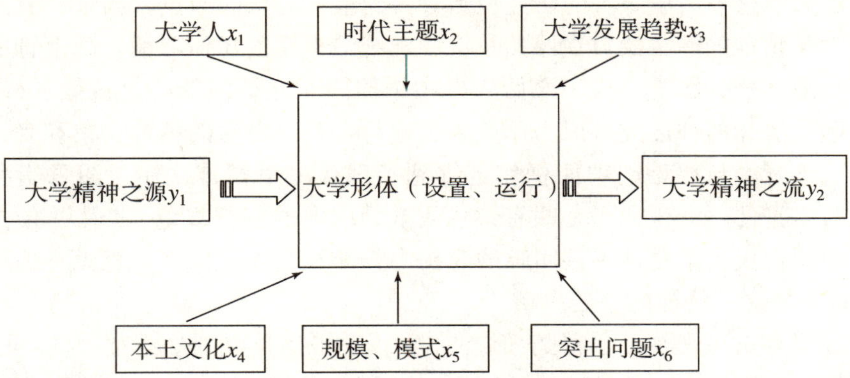

图 5　大学精神发展变化分析模型

上图所示各种因素之间的关系可列式表示为：

$$y_2 = y_1 + f(x_1, x_2, x_3, x_4, x_5, x_6, \cdots, x_n)$$

实际上影响到大学精神发展演变的可能还有其他因素，上式中的 x_n 表示其他可能发挥作用的因素。

不少大学精神论者不明了或简单否认当下讨论的大学精神的历史关联，或对中国现代大学精神与古代大学精神的关联存在着不同的看法，典型的看法有两种：一为中国现代大学精神源自欧洲中世纪大学理念，二为中国现代大学精神源于中国古代大学精神。出现这种分歧的原因在于，对中国大学精神源流的判断是一个事实与价值兼有的判断，作为事实判断，它必须反映那一个时间段历史的真实情况；作为价值判断，它反映了时下人们对大学精神取向的偏好，不同的学者有不同的偏好是正常的，但是历史真实面目是唯一性的。蔡元培及北京大学、梅贻琦及清华大学、张伯苓及南开大学以及众多中国大学近代发展的例证表明，20 世纪初中国大学精神不像一些人所认为的纯是西方大学精神，它的真正源头在中国五千年历史丰厚的文化积淀中。

那些认为大学始自波伦亚的人认为中国近代大学精神源自西方，或认为中国大学精神就是纯然中国的“纯白狐狸”的观点都是不符合历史事实的。但以中国传统价值为根基兼容其他文明的大学发展成果是中国近代大学精神形成的基础。古代中国大学精神即对异域文化加以包容，中国大学精神一直以一种和合的心态应对外来的文化，文艺复兴以降欧美的大学形成了将学术自由、教授治校、大学自治作为其核心价值观的大学理念。当中外学人共同意识到中国包括大学在内的整个教育处于人类教育的边缘后，中国先是以日本为边界向西方中心靠拢，接着为了缩短边缘与中心的距离，以蔡元培为代表的教育家建立起了与欧洲教育中心直接的边界，随着世界经济中心向美国转移，中国教育又建立起了与转移后的教育中心美国的边界联系，大学精神与理念上的影响是这整个影响过程中的一个组成部分。教会大学和留学生是产生这种影响的两个主要途径，是一种由被动逐渐转化为自主的过程。

对中国大学精神历史源流的研究包括寻找到最早的认同原点，描绘出其发展变化的轮廓。大学精神的源头始自在原始社会中起统治作用的风俗习惯。附上神的旨意的风俗习惯逐渐演变为图腾，成了原始人群中个体间相互认同的心灵桥梁和外在体现。在图腾基础上演绎的神话故事成为原始人类进行自娱、自育的精神食粮和确认自我归属的媒介。这三类最原始的功能仍然延续到了现代大学精神之中。图腾崇拜的多样化、深化与丰富便逐渐生成了一些有禁忌或激励取向的言行规范，“礼”便是其结果之一，在中国古代大学精神不甚明晰的源头中，尚礼和尚武似乎有意无意地成为两个源点，“孝”是这一精神的原始内核。

西周时期有史可考的中国大学形态产生，中华民族精神的核心内容也已形成，《周易·乾卦·象传》“天行健，君子以自强不息；地势坤，君子以厚德载物”成了它的核心内容，也为中国大学精神提供了数千年后仍难以超越的范畴。西周直至春秋战国是中国大学精神发育与定型的关键期，形成了中国历代大学精神的原点。这一判断的具体依据主要为：中国大学精神的第一种实践形态——德治和彝教的成型；论述中国大学精神的第一部著作——《大学》产生，开篇即道“大学之道，在明明德，在亲民，在止于至善”；中国历史上第一个各家学派共同体——稷下学宫兴起；儒、墨、道等多家大学精神境界生成；中国大学精神的早期主体——“士”出现；中国大学精神价值体系的最高范畴——“道”形成。

“士志于道”这一延续两千年的模式出现更证明了中国古代大学精神已完整系统地生成。中国大学精神原点的基本内容与结构即“士”与“道”，“士”是中国古代大学精神的主体，“道”是其内涵，“志”是由“士”内心出发指向“道”的内在追求状态。中国古代大学精神就是“士志于道”的精神。“士”虽千差万别，其以“道”为任则一。其基本内容与结构可图示如图 6。

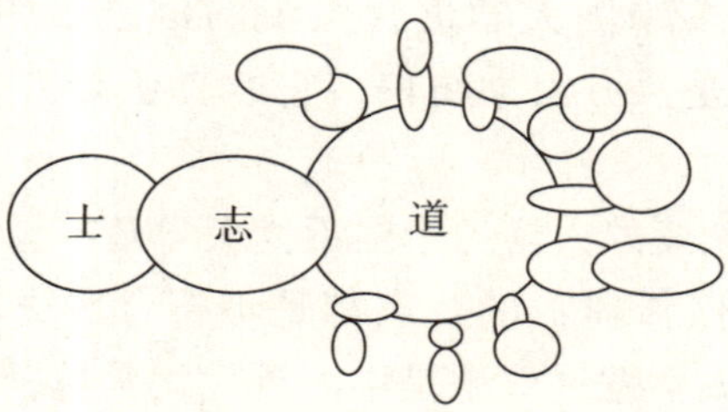

图 6　中国大学精神原点的基本内容与结构

中国大学精神自其原点始，虽历经朝代更迭，大学形体官、私，兴、衰沧桑多变，其连续性一直保持不易。其间经儒学独尊、玄学对“独尊”的反叛、理学兴起、实学转换、对西学的自主融合等曲折，生成以自由、民主、科学为主旋律的近代中国大学精神。如图 7 所示。

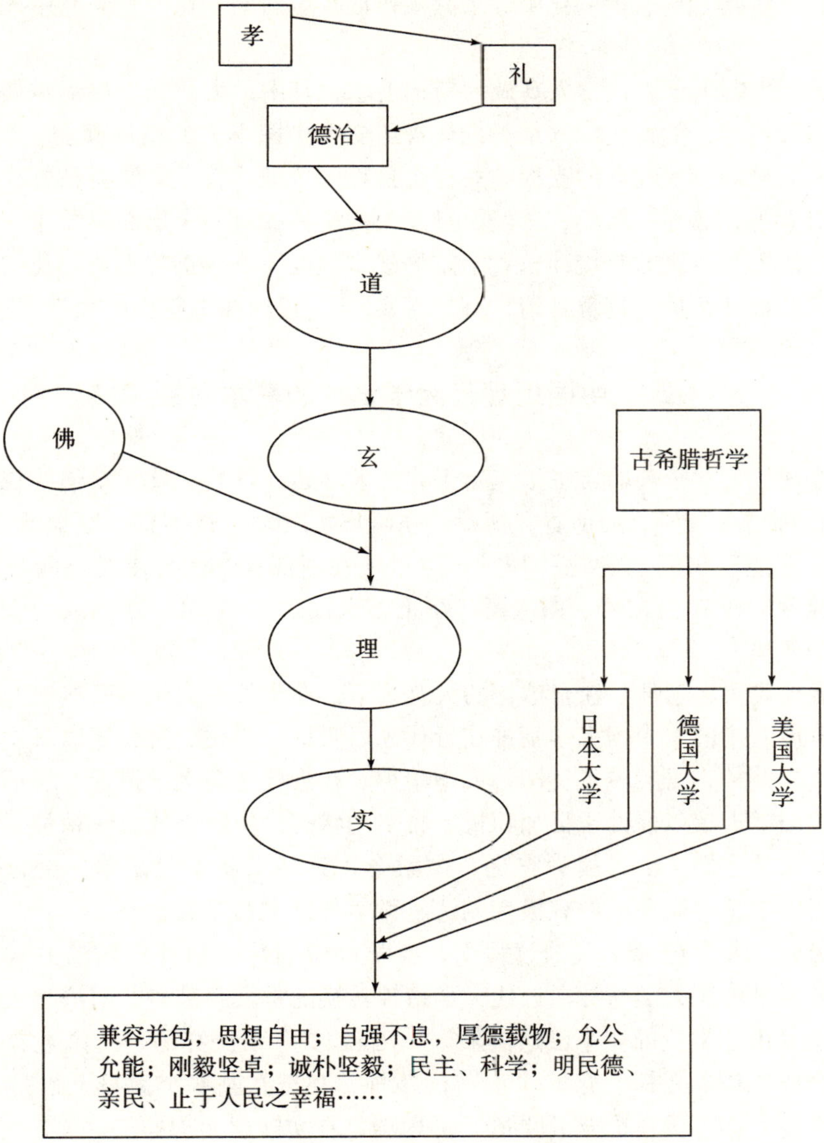

图7　中国大学精神发展源流图示

上图表明，其一，中国大学精神确实是历史久远的存在，不是以文艺复兴后的西方大学理念为源头，而只是受到这种理念的巨大影响；它的真正源头在中国古代春秋战国时代以前原生的“道”。其二，中国大学精神虽然表现为外在一体性的“道”，其内在却是多样性的、兼容性的，不同个体（学人、士）对“道”有着不同的体悟。历史上所出现的将“道”看成是单质性的、固定化的、不变的现象，都是由于特殊的社会政治环境抑制学人思想自由所导致，它本身并不代表“道”的特性。其三，作为大学精神的“道”是可变的，而且必须随着大学人、时代主题及其他各种相关因素的变化而变化。从这种变化中寻求其规律以预测新的变化当是研究中国大学精神的重要目的。

书院的产生起因于古代学人真诚的精神追求，其中最为活跃、最为重要、最为关键的也是一种精神，能比较深入细微地体现历史上中国学人的精神面貌，“为己”之学成为书院倡导的学术独立的支撑，并通过独特的选址、管理来涵养精神，以其学则或章程导引立志、尊师、敬业、读经，触及人的精神的每一个层面以及每一个可以激奋的触点。清末吏治腐败直接冲击着书院的规章制度，一些书院聘请山长“向来多系上官同僚互相推荐，遂至徇情延请，有名无实”①，侵蚀掉书院中的大学精神。

四、中国近现代大学精神的基本图景

中国近现代大学精神的自主生成始于北洋大学建立以后。蔡元培倡导在北大实践“思想自由，兼容并包”，周诒春、梅贻琦在清华实践“自强不息，厚德载物”，南开践行“允公允能”和“土货化”精神，竺可桢在浙江大学倡导求是，陶行知将“大学之道”诠释为“在明民德，在亲民，在止于人民之幸福”②。这些成为中国近现代大学精神的经典。

中国近现代大学精神是在全球化的大背景下，在与外来文化不断接触与影响过程中生成与发展起来的。中国大学精神在近代先后吸纳、消化、融合了以日本和德国为主的欧洲大学精神，再吸纳了美国的大学精神。在近代中美大学形而上层面的交流和碰撞中，中国学人较以前处于更加积极、自主的状态。中国近代大学精神是中西大学精神在中国大学中的交汇，因为它是自主融合，其结果就不会是单一的，而是多元的。虽中西大学精神交融的内容极为宽泛，科学与民主乃是其核心。

在中国近代大学精神生成的过程中，实学以中国传统精神内发的方式启动了变革，士商转换是传统大学精神向近代大学精神转换的重大突破口。明清学人“弃儒就贾”客观上是由于举业的竞争已达极限，“弃儒就贾”所抛弃的是“举业”及直接通向为官的途径，却未必都放弃了“士”的精神，甚至在某些个案身上恰是“士”的精神使其为商。这一转换扩充了“道”的内涵，在实践层面沟通了“义”、“利”，形成新的义利观。中国近代大学精神遵循着从小到大、从边缘到中心、从非内质性部分到内质性部分的次序，以救亡图存为其实践主题逐渐生成。

教会大学是中国近代大学的早期组成，中国近代教会大学是以宗教精神，尤其是以基督教精神为主导的，但任何一所在中国土地和文化背景中的教会学校都不可避免

---

①《大清会典事例》卷三九六。

② 陶行知著：《陶行知全集》第4卷，四川教育出版社1991年版，第623—624页。这里他选用的孔子大学之道的表述出自朱熹注本，其原文为“亲民”，由于古汉语中“亲”、“新”通假，朱熹释为“新民”，也有版本释为“亲民”。

地受到本土文化和民族精神的影响。因此，不同的学校，同一学校的不同时期的精神生态都有所不同。这种精神生态的存在、变化和发展反映出西方的精神与物质需求，反映出基督教坚强而顽固的精神统治，也反映出民族精神在其中的滋生与发扬。简言之，中国教会大学的精神框架是以西方物质利益和宗教狂热为动力，基督教作为最高统帅，中华民族精神融于其中的一种独特的历史存在。依据中国文化在大学精神中的地位，可将中国教会大学存续期分为排斥、融通、繁荣滋长三个阶段，显现出本土化、世俗化、学术化三大趋势。这种变化及发展趋势在登州会馆、圣约翰大学和燕京大学等又有各不相同的特点。中国近代教会大学精神生态变迁本身对当今全球化进程中西方学术话语霸权背景下的中国大学发展有所启示。这种启示主要可归结为以下原理：弱势生长原理，在特定时空中总存在着强弱差别，这并不意味着强者必然成长或永远强盛，弱者不能成长或永远弱小，弱者只要能遵循其成长之道，便能在处于弱势情况下健全生长；异“道”相容原理，不同的“道”之间存在着矛盾，同时又能以一定的方式相容，排他者最终必然受到排斥，寻求相容是为自身的生存和发展准备前提条件，追求你死我活的异端相残是自掘坟墓；合一“共生”原理，从生态学角度看，多元的文化精神构成一个整体，各元之间不仅难以分割，而且构成相互间激励与抑制同时存在、互为条件的共生系统。上述三条原理，对中国当今和未来大学及其精神发展是十分重要的启示。

中国近现代大学精神的主流是以中国文化为根基而内发生成的大学精神。从北洋大学产生至1949年，中国大学精神的发展与变化依据其特征分为初曙、完形和在患难中转生三个阶段。

维新变革为中国学人精神表现提供了新的舞台，京师大学堂为中国学人精神的发挥创造了一个机遇，辛亥革命带来个体与整体精神的显著变化，新文化运动使中国大学里的学人在既有文化基础上确立了新的自我认同，是中国新大学精神的孕育期。北大以五四时期在中国历史舞台上独特的地位担当了中国近代大学精神的“产妇”的角色，它带来了中国近代大学精神的初曙。在中国近代大学精神初曙时期，纵观中国大学精神的整体，它处在一个迅速生成成长阶段，北京大学鹤立鸡群的领导地位相对稳固，其他大学与之相比在精神上的影响还存在较大的差距。“思想自由”、“兼容并包”、“教授治校”、“民主与科学”、“创新与中庸”是描述北大精神的关键词。中国近代大学精神在初曙阶段显现出锋芒锐利、光芒万丈的特征。

1924～1936年，随着清华大学、南开大学、武汉大学、南京地区（含上海）高校的兴起，中国大学精神不再只是北京大学的表现，中国出现了一批有个性的大学精神实体，整体上大学精神经过迅速成长阶段，进入稳重、相对成熟的发展阶段，众多大学精神各具特色，展示出中国大学精神进入相对完形阶段。这段时期对中国大学精神的成长来说是理性发展时期，社会环境对大学精神的成长也相对有利，大学的社会地位较高。当时大学精神生成发展中突出的主题是需要在中西文化间进行自主选择，清华是其中的典型案例，经历了在中西文化间进行认同的抉择。大学精神不是孤立的学人精神，而是反映特定的社会文化环境对学人精神的定向，这一内在机理在中国近现代发挥着显著的作用，这方面南开大学精神是一个典型的案例。在历代文化底蕴深厚的东南地区，近代大学肇始于三江师范学堂、两江师范学堂，发扬于南京高等师范学堂和东南大学，赓续为第四中山大学和中央大学，其间渗入金陵大学和金陵女子大学的精神影响。

1937～1945年，日本侵略与中国人民的反抗是中国社会发展的大背景，这一阶段中国大学精神处于危难中应变的状态。危难时期中国大学精神在后方与沦陷区的环境各不相同，因而表现形式各有差异，但都经历了毁灭中创生、患难中磨砺，其本质是一致的，深层依然是历经数千年的“士”的精神在这一特殊时期的体现。西南联大以其刚毅坚卓、民主治校、兼容并包、自由与竞争并存、严谨治学、通才教育独秀于西南。沦陷区大学经历了摧毁与输入、统制与奴役、同化与顺应、觉醒与反抗的历程，大多数师生体验到弱国被欺的屈辱与无奈，内心充满矛盾、担忧、犹豫和苦闷，因此专心向学，默默持志。

“北大之创新，清华之严谨，南开之笃实，浙大之坚韧”，这些个案为中国大学精神整体研究提供了具体着实的基础。

“北京大学的著名，固由于精神。”① 梁启超起草的《京师大学堂章程》确定其办学方针：“一曰中西并用，观其会通，无得偏废；二曰以西文为学堂之一门，不以西文为学堂之全体。以西文为西学发凡，不以西文为西学究竟。”“本学堂以实事求是为主……所定功课，必当严密切实，乃能收效。”② 辛亥革命后蔡元培出任临时政府教育总长，在他起草并于1912年10月24日正式公布的《大学令》中第一条即规定“大学以教授高深学术，养成硕学闳材，应国家需要为宗旨”③，由于“北大是当时全国唯一的国立大学。因此，实际上这个‘大学令’就成为当时北京大学的基本章程，规定了北大的教育方针和组织原则”④，也在一定意义上确立了北大精神的价值取向。1916年蔡元培任北大校长，他在5月16日北京大学举行的开学典礼上“亲临发表演说，强调指出：‘大学为研究高深学问之地’”⑤，北大之真精神由此形成。此后人们对北大精神有多样化的解读，马寅初强调其五四时期的牺牲主义；蒋梦麟强调其大度包容、思想自由，并将北大校长蔡元培的精神归结为学术自由、宽宏大度、

① 柳存仁：《北大和北大人》，陈平原、夏晓红编：《北大旧事》，生活·读书·新知三联书店1998年版，第343页。

② 军机大臣、总理衙门：《遵筹开办京师大学堂折（附章程清单）》，陈学恂主编：《中国近代教育史教学参考资料》上册，人民教育出版社1986年版，第438、439页。

③ 蔡元培：《大学令》，高平叔编：《蔡元培教育论著选》，人民教育出版社1991年版，第24页。

④⑤ 萧超然等编：《北京大学校史（1898—1949）》，北京大学出版社1988年版，第44—45、52页。

安贫乐道、科学求真①；胡适 1946 年 10 月 10 日在北大开学典礼上以北大校长的身份将北大“精神财产”归结为“自由研究的风气，独立研究的风气”、“不屈不挠的精神”，并尤为强调“独立研究”，“不以他人的思想为思想，他人的信仰为信仰”②；鲁迅认为“第一，北大是常为新的，改进的运动的先锋，要使中国向着好的，往上的道路走。虽然很中了许多暗箭，背了许多谣言；教授和学生也都逐年地有些改换了，而那向上的精神还是始终一贯，不见得弛懈。……第二，北大是常与黑暗抗战的，即使只有自己”③；季羡林认为北大精神是中国“士”精神的传承④。众多人认同的北大精神为：思想自由，兼容并包；教授治校，评议会、教授会是教授治校的组织形式；民主与科学；创新与中庸。北大精神吸纳了西方的大学理念，根本则为中国传统士的“明道救世”精神，是容纳古今中外诸多思潮进行创新的精神结晶。

清华文化有三大源头：“水木清华”的清华园、被老一代清华人自称的“国耻纪念碑”、被闻一多称为“灵芝”的清华早期学子。⑤ 清华是在中西、自主与他主、学术与政治、麻木与觉醒、大师与大楼的争议中发展起来的。20 世纪 20 年代初，随着国内民族思想高涨，清华学校在曹云祥任校长期间继续向“中国式”大学方向转向，1923 年 11 月校务会议通过《清华大学总纲》明确：“希望成一造就中国领袖人才之试验学校。”⑥ 此后清华经历了 1931—1937 年的“中邦三十载，西土一千年”的高速发展黄金时代，这也是清华精神得以充分自主弘扬的时期。“Tsinghua Spirit（清华精神），是二三十年代清华人的口头禅”，主要内涵为“自强不息，厚德载物”的“君子”精神，“实干”、“务实”精神，“Sportsmanship”（运动家气派）精神，“精神独立、思想自由”精神和“知耻”精神。清华精神是西方文明的种子播撒在东方文明的土壤中生长的结果，是根于“明道救世”的东西文化融合的新生精神，是清华人在特定时空及文化背景之中志于道的精神体现。

南开滥觞于家馆，南开精神的直接催生剂便是中国深重的国难。南开从一所家学发展成为驰名中外的大学，与它追求的坚持自力、自强、自治的原则，发扬穷干、苦干、实干的精神及艰苦创业、不断进取、科学严谨、尚真务实等是分不开的。恰恰在当时社会迫切需要这种精神而南开发扬光大了它，逐渐获得了张伯苓所说的“社会信仰”，使人感到“得入南开，便可放心”⑦。它直接反映出中国民间社会对大学精神的选择，只有那些对南开所表现出的精神趋于认同且有财力的人才会给与资助。所以

---

① 曲士培编：《蒋梦麟教育论著选》，人民教育出版社 1995 年版，第 284—285 页。

② 白吉安、刘燕云编：《胡适教育论著选》，人民教育出版社 1994 年版，第 362 页。

③ 鲁迅：《我观北大》，陈平原、夏晓红编：《北大旧事》，生活·读书·新知三联书店 1998 年版，第 288 页。

④ 李宪瑜编：《北大缤纷一百年》，北京大学出版社 1999 年版，第 347—348 页。

⑤ 黄延复著：《二三十年代清华校园文化》，广西师范大学出版社 2000 版，第 1—21 页。

⑥ 齐家莹编撰：《清华大学人文学科年谱》，清华大学出版社 1999 年版，第 2 页。

⑦ 崔国良编：《张伯苓教育论著选》，人民教育出版社 1997 年版，第 317 页。

南开代表着中国社会积蕴的一种精神力量。“社会实南开之保姆，而南开实乃社会之产儿”①，“产儿”受到“保姆”的精神影响，这种精神力量是中国大学精神在此国难之际的表现，社会激励与南开的追求互为因果，从而形成了“允公允能”精神、勤俭创业精神、团体协作精神、严谨治校精神、“土货化”精神。南开创办之初有对美国大学的模仿，本原上却有着在中国传统文化基础上内发而非外铄的中国传统“明道救世”的烙印。1925 年 11 月陶行知就“‘学术独立在中国之重要’、‘大学生应有之精神’”②，宣扬大学生研究学问要有科学的精神，改良社会要有美术之精神，处世应变要有大丈夫的精神③。1927 年梁启超以《论语》中“弘毅”二字恭贺南开校庆并云：“全国教育破产，本校实岿然鲁殿灵光，任重道远，薄海属望，愿以此两字，与多士共勉也。”④

西南联大是中国大学精神得到极至弘扬的典型，是中国大学非反抗即灭亡的应急状态下的产物，由北大、清华、南开经过“长征”后获得中兴。正因为“长征”中与社会底层深入的接触，有这么丰富的积累，才使得西南联大精神与众不同，与史不同。“续中国学术之余脉”成为众多联大人所怀的一种责任，创造了联大众多的奇迹，联大精神常常萦绕于这种责任与奇迹之间。“北大的宽容自由、南开的吃苦耐劳、清华的聪明睿智，当时被人比喻为山、海、云的风格。三校结合，使联大既有海似的博大、山样的坚强、云般的飘逸，又集三校之长为一校之长，特色鲜明”⑤，从而生成了刚毅坚卓、民主治校、兼容并包、自由与竞争并存、严谨治学、“君子不器”的精神。西南联大精神直接来源于北大、清华、南开三校传统，又源于民族精神中的一种浩气。

在中国近现代大学精神的发展和演变过程中，香港是一个特殊的案例。由于香港大学长期处于殖民者紧紧掌握之中，其精神理念几乎是从英国大学复制而来；相对而言，香港中文大学的特色比较真实地反映了中国近代特征的大学精神发展过程。香港中文大学的近代精神传统以书院的形式一直延续到大约 1976 年，香港中文大学的诞生本身就是中国传统精神的体现，定位为香港地区唯一一所由中国学者自己创办并且秉承中国文化和教育理想的大学，是一批中国学人在殖民统治下，抱着“为往圣继绝学”的使命，怀着绝地求生的期望，试图保藏和发扬中华文化而冲破重重束缚建立起来的，这也是它的精神源泉。因此它内含的是关怀、批判、折中、国际人格，是“沟通中西文化，发扬中国文化，为中国人而立”的精神，是“对中国文化的探索、博雅自由学风、淡泊情怀和亲密人际关系”。

---

① 崔国良编：《张伯苓教育论著选》，人民教育出版社 1997 年版，第 319 页。

②④ 南开大学校史编写组编：《南开大学校史（1919—1949）》，南开大学出版社 1989 年版，第 393、397 页。

③《陶知行在校演讲》，王文俊等选编：《南开大学校史资料选（1919—1949）》，南开大学出版社 1989 年版，第 732 页。

⑤ 刘克选、方明东主编：《北大与清华》上册，国家行政学院出版社 1998 年版，第 256 页。

中国近现代大学精神的历史一经明晰便如同多棱镜，人们从不同角度看便会得到不同的启示。它昭示出大学精神文化建设所需具备的的一些外在条件和内在规律：特定时期特定地域乃至特定大学的大学精神形成和传承的机理为文化积淀与认同。大学精神的存在与传承、发展都必须在大学人对文化的认同基础上进行，文化认同是大学精神产生的根基，是大学精神传承和发展的线索和依据。

从上述个案分析得出一些启示：不同的大学其精神外在表现上显出各异的特征，体现出一定程度的多样性；从特质上看却都与那个时代的救亡图存密切相关，带有“明道救世”特征、对世事批判和审视的视角和尊道抑势的心态。即便沪江大学这类教会大学中仍有不少学生毕业后赴美留学深造，“但他们普遍怀抱‘教育救国’、‘科学救国’和‘实业救国’的理想，力图把所学得的科学文化知识用于中华民族的振兴”①。从源流关系上看，每所大学的精神都有深厚的中学渊源，也都受到西学的影响。中学渊源是极深极本质性的部分，西学的影响与中学有相互融合的趋势，就连外国教会在中国所办的燕京、齐鲁及沪江大学也都成为“双重文化”(bicultural)大学。②

五、中国大学精神的构成与原理

中国大学精神是不断融合异域文化扬弃后的产物。中外文化大规模的接触先后有东汉之末印度佛教文化东来、明清特别是清中叶以后西方文化输入两次，除了这两次大规模的接触，总体上中国文化是一个相对独立的系统，同时也伴随着不断的中外文化交流。

佛教经过几百年的交流、冲突、碰撞后，“或援佛入儒，或以儒解佛。至宋明理学的兴起，儒道释三教合流，中国文化与印度佛教文化的结合基本完成”③，中国化了的佛教与中国本土的道教以及儒家文化逐步结合起来，儒释道成为中国传统文化的三个有机组成部分，在这一过程中儒学丰富了其理论体系的哲学和思辨色彩，衍生出宋明理学。

中国古代文化的多源性决定着古代中国在以自身传统的“士”精神为本的同时，不断地兼容着异域的文化。在接受外来精神文化影响时主体没有发生大的变化，发生变化的只是整个精神的局部，影响最大的佛教也未能在较大程度上改变中国学人对“道”的基本认同与理解，更多的时候外来文化被中国学人精神所同化，成为整个中国文化的一种表现形式和一个组成部分。在相当长的时期，中国大学精神以“天下无外”的姿态接纳外来文化，以和合的心态应对外来的文化。

---

①② 王立诚著：《美国文化渗透与近代中国教育——沪江大学的历史》，复旦大学出版社2001年版，第431、138—143页。

③ 马勇著：《近代中国文化诸问题》，上海人民出版社1992年版，第1页。

欧洲文艺复兴或中国明清以降，欧美在全球范围内经济中心地位的确立意味着中国经济被边缘化的历史事实，于是有了西方教育中心的人类教育生态①和史称中国教育近代化的过程。对立与融合逐渐趋于自主是中西大学精神交融的基本过程。其特点可归结为：一是中国学人自主，学人可以在中西大学价值之间进行自主选择，可以相对超脱于政治、经济、军事等决定大学的价值取向；二是以民主与科学为核心；三是全面深刻，几乎涉及大学精神的每一个层面，深入到大学精神的价值核心。

中国大学精神曾发挥通过具有“开明传统主义”② 特征的“士”实现中国社会“内发性发展”（endogenous development），通过维护“道”来制衡“势”，通过批判、凝聚、驱动、熏陶等维系大学自主健全发展的独特功能。

（一）中国大学精神的基本特征

（1）“士”是中国大学精神千年的主体。中国大学精神两千余年都是士的精神，从春秋战国的“士不可不弘毅，任重而道远”，到宋代“先天下之忧而忧，后天下之乐而乐”，“为天地立心，为生民立命，为往圣继绝学，为万世开太平”，到明清之际“天下兴亡，匹夫有责”，再至五四时期对“德先生，赛先生”的深切呼唤，1945 年前后陶行知修改“大学之道”为“在明民德，在亲民，在止于人民之幸福”，都是士的精神所驱动。两千余年来士一直是“群体的批判的主体”存在于中国历史，且“文化和思想的传承与创新自始至终都是士的中心任务”。③

（2）“德治”是中国大学精神久远的根基。孔、墨、孟、荀都有“以‘天下平治’为己任的弘道弘毅精神”④，大学之道的“‘道’相当于一套价值系统。但这套价值系统是必须通过社会实践以求其实现的；惟其如此，‘天下无道’才有可能变为‘天下有道’。所以‘士’在中国史初出现的时候便有了参与‘治天下’的要求。这个要求是普遍的，并不仅限于儒家”⑤。

（3）“做人”是中国大学精神的首要论题。“德治”建立在对德性的不断内求上，这便生成它的另一个特征，重“做人”。中国史上不存在类似基督可资外求的神，中国学人重内在超越，注重个人的内心修养，其重要原因之一是他们所志之“‘道’缺乏具体的形式，知识分子只有通过个人的自爱、自重才能尊显他们所代表的‘道’。此外便别无可靠保证”⑥。曾子所讲的“仁以为己任，不亦重乎？死而后已，不亦远乎？”其中“己”自古就是学人个体而非类似于教会、党派的组织，要依靠个体维护“道”并使之尊于世俗统治的强大的“势”，精神修养就成为关键性的活动，“‘修

---

① 详见田正平主编：《中国教育近代化研究丛书》，广东教育出版社 1996 年版。

② 所谓“开明传统主义”指“虽受传统的约束，但能从新的角度重新解释传统以谋求解决新危机的理论依据的人群”。参见［日］三石善吉著，余项科译：《传统中国的内发性发展》，中央编译出版社 1999 年版，第 13—14 页。

③⑤⑥ 余英时著：《士与中国文化》，上海人民出版社 2003 年版，第 1、5、96 页。

④ 刘耘华著：《诠释学与先秦儒家之意义生成》，上海译文出版社 2002 年版，第 13 页。

身’即成为知识分子的一个必要条件”①。《大学》更明倡：“自天子以至于庶人，一是皆以修身为本。”“志”是中国大学精神在做人上的最高体现，因为将人置于比较高的位置，“做人”又成为十分难的事。

（4）“合一”是中国大学精神的结构特征。中国思想家注重“合一”，它决定着中国历代思想的变革更多地采用了温和方式，没有欧洲文艺复兴式的巨变，也没有马丁·路德式的宗教革命。“整体和谐”、“有序对称”、“和合协同”原则②内嵌于大学精神本体。

中国大学精神即“士志于道”③ 的精神，是“士”的精神、“德治”精神、“做人”精神、“和合”精神。只要不失其自主性，学人就可以自主地调整其资源以适应时代与环境的变化。而在中国历史上学人精神本性中就有与治国治民太多的关联，常常使其失去自主性，受制于封建君主，这往往是中国大学精神存在各种问题的症结之所在。

（二）中国大学精神的变迁规则

中国大学精神在变化中不只有放出灿烂光彩的时候，也有晦暗的时候，其启示如下。

（1）“士志于道”——中国大学精神万变中的不变。“士”的名称或可变④，士的精神也在变，“道”也在不断地变，“士志于道”的结构模式则始终未变。令人担忧的是大学精神的失去完全可能导致“士志于道”模式的消解。

（2）自主与他主——中国大学精神兴衰显隐的主要根源。纵观两千余年中国大学精神发展史，凡能学人自主则盛，凡不能保证学人自主（不管因政治、经济、军事）则必衰无疑，士人依附于封建君主越紧密，科举越盛行，功名思想湮没了士人的自觉意识，都可能导致大学精神衰微。把学与“仕”捆绑在一起成为学人自愿放弃其自主权利与精神追求的诱因，又构成中国大学精神难以彰显的心灵陷阱，大学的行政化显然成为限制中国学人自由、自觉、自主的关键性因素，也成为中国大学精神变化中最关键性的制约。

（3）明道、变道、弘道——中国大学精神发展走向。历史上明道、变道、弘道是中国大学精神已经形成的发展变化轨迹，也应是其未来发展的必然归向。对“道”的认同是历史上不同学术流派选择的结果，“道”的可转换性、包容性使之足以概括人们描述大学精神的一切词汇，“道”具有外在一致性与内在多样性特征。“明道”就是要明了以中国文化积淀为出发点，包括全人类文化积累所揭示的大学发展规律；“道”并不会过时，而应融人类所有思想而自主发明，或简言之“变道”。变本身并

---

① 余英时著：《士与中国文化》，上海人民出版社 2003 年版，第 110 页。

② 左亚文著：《和合思想的当代阐释》，湖北教育出版社 2003 年版，第 111—129 页。

③ 这里的“士志于道”不应仅仅理解为儒家语境的。

④ 例如“知识分子”，这里应将知识分子与“知道分子”做一区分，仅仅掌握些专业知识而不具有士的精神的人只能适用“知道分子”之称。

不难，难的是如何变。对话与融合自然成为“变道”的现实途径，阻碍这种对话的因素是常常被意识形态化的“中国国情论”、“特殊论”，中国大学精神进行“变道”式革新的必要前提无疑是学人的独立性。弘道是中国大学精神发展的必然归向，若不割断两千多年中西文化融合所形成的历史，中国大学精神的发展唯有在明道与变道的基础上大力弘道，舍此别无他途。

中国大学精神的明道、变道、弘道必然要与全人类的精神发展相通，中国古代即有将“道”当成宇宙本原的观点。①“道”即人类公认的知识、规律、真理、终极价值，是世界主义、普遍主义与本土文化相嵌合的“道”，是理性主义与功利主义相融合的“道”，是科学主义与人文主义相融合的“道”。孔多塞在回首人类精神进步历程后道：“人类精神在解脱了所有这些枷锁、摆脱了偶然性的王国以及人类进步之敌的王国以后，就迈着坚定的步伐在真理、德性和幸福的大道上前进。”② 大学精神发展不会越出这一轨道，这一结论与陶行知所得出的“在明民德，在亲民，在止于人民之幸福”何其惊人地相似！

中国大学精神的发展表明，大学精神与大学文化的存在与发展最基本的条件是：

（1）文化素质显精神，中国近代大学精神的独特性及其价值是由于有一批有开创性的学人在其中进行开创性的工作，具有渊博的知识并且尊重所有不同的道路（包括无神论）是至关重要的，没有素养就谈不上大学精神；

（2）危难之世显精神，危难之世，中国大学精神便发挥其独特作用，通过维护“道”来制衡“势”而显示其存在和价值；

（3）自主之士显精神，如果学人不能自主，大学学人随风跟俗，趋炎附势，也就不会存在大学精神和文化；

（4）大学创新显精神，鲁迅认为北大精神就是“常为新”的精神，即便是千年学府，也需要在与时俱进的过程中有新的探索，才能彰显其精神；

（5）承先启后显精神，大学需要担当起自己的责任，才能显示其精神；

（6）大学体制生精神，符合大学特性的大学体制才能产生出真正的大学精神，中国特定的传统决定着必须重视建立现代大学制度，才有可能使大学精神文化建设取得新的成就。

简言之，大学学人如果没有对社会强烈的责任感，或失去自主，或大学中无所创新，无所继承，或大学制度设置不合理，大学精神就无从彰显。

大学精神和大学制度二者是互为表里的，当下大学精神的弘扬必须依赖学人为主

---

① 明代哲学家陈献章即认为：“道至大，天地亦至大，天地与道若可相伴矣。然以天地视道，则道为天地之本；以道视天地，则天地者太仓之一粟，沧海之一勺耳，曾足与道伴哉。天地之大不得与道谋，故至大者道而已。”参见高时良著：《中国古代教育史纲》，人民教育出版社 2003 年版，第 438 页。

②［法］孔多塞著，何兆武、何冰译：《人类精神进步史表纲要》，生活·读书·新知三联书店 1998 年版，第 204 页。

体的现代大学制度的建立，这是一个事情的两个方面。在这方面的历史例证有：清末的大学制度影响了中国大学教育的百年走向，“国批”章程与“国颁”章程所表现出来的制度差异，深层次的是文化差异。“国批”章程吸取的是工业社会的文化内涵，以工业社会所形成的知识体系作为教育内容，以“学术自由与民主”作为制度准则。而“国颁”章程则是以农业社会封建教育为核心，采取以新式教育补救辅助之，因此其构建制度的准则是“中学为体，西学为用”。在实践中反映为“国批”章程的大学采用西式教育，培养出大批国家急需的科学技术型人才，而“国颁”章程院校虽打着大学的牌子，实质是封建教育的延续，直到辛亥革命后才真正办成大学。因此，制度创新要以文化创新为先导，将文化的内涵融于制度的构建，创新出符合时代发展方向的大学制度文化。

制度又制约着大学创新的能力。从“官办”大学与“国办”大学的办学实践中可以看到，京师大学堂虽然形式上引进了西学，但在制度上仍然延续了封建专制的教育制度，因此制约了京师大学堂的发展，而北洋大学堂和山西大学堂由于采取了先进的教育制度，引领了中国高等教育的新风，起到了“为后起者规式”的时代作用。历史说明，制度的科学与进步是大学创新的制约条件。近现代中国大学由“学习移植型”和“传统转化型”两种模式结合建构而成，从而两种文化的融合体现于中国高等教育百年办学的全过程。

六、大学精神研究的未解难题

尽管本人曾将大学精神界定为：“大学精神是关于大学发展的价值取向及其在大学设置与运行中的体现。”① 大学精神的研究已经形成一个比较热门的话题，但深入、系统、全面的研究依然不多，一些领域的论述多为简单重复，一些领域的研究又远远不够，甚至尚属空白。下面提出对大学精神问题尚待深入研究的领域。

（一）大学精神本体论域

大学精神本体论域即讨论大学精神自身要素的各种理论。

大学精神的基本要素是价值、学人、志向、信仰、道。价值论是大学精神本体的基本内核；学人是大学精神的主体，所以士论是大学精神的重要基本内容；学人与大学精神之间的关联是“志”，志论是大学精神的关键；大学精神多样化的表现最终都指向自然和社会规律或普世价值，所以道论成为大学精神的顶层结构。对这几个方面的充分讨论，就能从内涵上基本覆盖大学精神之义。

大学精神的研究者可以选择上述论域中的某个问题进行深入详尽的研究，事实上已有的研究大都属于跨论域的泛化研究，这一特征表明目前对于大学精神的研究尚处在起步粗浅阶段。研究进一步深化的方式就是加强某一问题域的研究。

---

① 储朝晖著：《中国大学精神的历史与省思》，山西教育出版社2006年版，第68页。

在大学价值论范围内，值得讨论的问题有：何为大学价值，大学价值与大学精神之间的关系，大学价值如何选择，大学价值的现实状况，大学价值选择的误区等。

在士论范围内，值得讨论的问题有：大学与人；大学的培养目标；君子与小人，大学的社会价值在于只有小人的社会就会走向崩溃；士的风范，士的传统；批判性思维、使命感；独立之精神，自由之思想；自主性、创造性、挑战性格，追求卓越等众多问题。由于某种特殊的原因，现实中某一学科的不同学人分别担当着守门人、专家和初学者诸类角色，他们以不同角色承载大学精神，对这些问题的讨论也在士论的范围之内。

士论还应该包括士的基本人性研究，人在本性上既是心理的，又是精神的，但在超个人观点看来，精神处于首要地位，正是精神为自我提供支撑性的框架。① 在特定社会环境中，学人会发生变异，既有为威武所屈者，也有从保留话语权考虑为富贵（名利）所淫者，更有大量尚未站稳脚跟忙于谋稻粱者为贫贱所移者，出现“才子加流氓”、“才子加老板”、“才子加帝王气”之类的现象，这些都在士论的范围。

在志论或大学信仰论范围内，志的内涵，学人的持志状况，志的指向，都是一些未能深入探讨的问题。现实中的学人如处于无志状态，大学精神则无处生根。未能对志论有充分认识的大学精神是无根状态虚无飘渺的大学精神。

道论范围值得研究的问题更多：道是衡量学人与否的尺度，当今一些大学确实存在教了知识、丢了文化的问题。遵从大学内在的逻辑是天道运行的一种具体体现，违道则必失去大学精神。孔子说以道事君，孟子说不应“枉道而从彼势”，荀子主张从道不从君，这些是先贤道论的经典表述。现代学者余英时也认为：“知识分子代表道统的观念至少自公元前 4 世纪以来已渐渐取得了政统方面的承认。”②

当下大学已在很大程度上失去“道”，因此有人呼吁“重建知识分子对‘道统’的担当”③。学人要坚守“道”的话语权，自己解放自己，争取人格独立，减少依附性，避免自身流入“颂圣文化”或“颂盛文化”，这方面依然缺少深刻的探讨。

现有的研究对大学精神本体论的研究涉及较多，但深度不够，依然有一些论题无人触及，对相关论题域的拓展空间依然较大。

（二）大学精神环境论域

任何时候大学都不会是处于真空之中，大学精神的环境论是讨论大学精神如何与大学所处的环境相互应对、相互变通、相互促动，以及在具体环境中大学精神的具体状态。

由于大学存在严重官本位现象，官本位垄断着大学的所有资源，歪曲了大学的教

---

① Cortright B. *Psychotherapy and Spirit*. New York：State University of New York Press，Albany，1997，p. 16.

② 余英时著：《士与中国文化》，上海人民出版社 2003 年版，第 93 页。

③ 资中筠：《要重建知识分子对“道统”的担当》，经济观察网 2010 年 7 月 3 日，http：//www. eeo. com. cn/eeo/jjgcb/2010/07/05/174485. shtml.

育理念，驱逐了大学本应有的人文精神，使大学陷入危局，有大楼，无大师；有大学，无灵魂；有权术，无学术；有数量，无质量；有权力，无自由，对大学精神的环境论域的研究显得极为重要。

在大学精神的环境中，最为关键的几个因素是与势、术、世和制度，因而有与之相关的势论、术论、世论、制度论。

大学精神的势论缘起于社会中道与势的关系。在中国文化背景下这一问题域有人讨论，但不够充分，一些问题的讨论还受到限制。尽管历史上一些杰出学人确立了“尊道抑势”的原则，事实上，正是由于世俗权势的压力，大学精神才难以正常发育。大学管理的过度行政化、官本位，客观上成为大学精神丧失的重要原因。

也正因为此，爱因斯坦曾坦言道：（1）我所理解的自由是这样一种社会条件：一个人不会因为他发表了关于知识的一般和特殊问题的意见和主张而遭受危险或者严重的损害；（2）最重要的宽容就是国家和社会对个人的宽容；（3）在真理和认识方面，任何以权威者自居的人，必将在上帝的戏笑中垮台!① 这寥寥数语，点明了大学精神的势论中的若干重要命题。

中世纪西方大学事实上是保护教师利益的学者行会，大学独立在这个基础上逐步发展起来。古代中国知识阶层也有集会结社，但多是诗酒自娱的小团体，除社会危机特别严重时有类似东林书院的政治性或专业的结社外，没有出现行业性的专业团体。从太学、国子监到县学的官学系统一直是统治者的教化工具，民间书院也没有维护自己的权利和改变教学内容的强烈愿望，以大学独立、学术自由为标志的现代大学自然不可能在此基础上生长出来。于是，势论在大学精神的讨论中是一个难以展开的论题，却又是一个不能回避、确能推进大学精神研究深入的论题。

大学精神的“术论”可研究的问题有学与术的关系，为学问而学问曾成为一些学者的价值取向，他们是不甘学沦为术的。而在历史上，在帝王权势的压力下，“道”往往沦落为“术”，两千年的儒学即长期沦为术充斥于学界。保有一种与术无关的学是否有可能？社会变革的先声是思想变革，为学问而学问的社会价值何在？诸如此类的问题不仅纠结，而且足以构成一个值得不断探讨的庞大论域。梁启超、严复等人都在百年以前对学与术作过论述。

中国历史上政权和教化大权是合一的，君师合一，各级统治者都是师。思想和教育没有受保障的独立地位，只剩一个合法职能：做统治者的思想统治工具，把圣贤教导、传统文化特别是皇帝“圣谕”灌输给子民。目的是要百姓“只遵圣教，摈斥异端”。与之相适应，知识阶层也把大一统的观念视若神明。为学自然降格为“术”，它是统治者治民的工具。由此，大学精神中的术论可以说是中国文化背景中大学精神的特有论题，对它的研究同样不充分。

大学精神的世论论域可以讨论的论题包括大学以什么姿态显现于世，出世或入

① 《微言快语》，《中国青年报》2011 年 12 月 8 日。

世、济世或乱世、批判或逢迎等。现实中存在着一些比较怪异的现象，学术刊物上的许多论文根本就与学问无关，甚至根本没有学术可言，如法学教授无“法”的精神，公共管理教授无“公共”精神。当然，也有一些人倡导“学术是一种公共事务参与”的理念，这些都是大学精神的世论论域范围内的问题。

大学精神与大学制度密切相关，“制度论”即对作为大学精神环境的大学管理体制及其相互关系的研究。如有人认为：“我国目前的大学组织，系高度的科层体制；校长是一校的唯一主持人与负责人，集全部的权责于一身。由于校长系由行政机关任命，兼之学校规模日趋庞大，校务更是头绪纷繁，因之校长的工作，日常的例行事务远多于学术的领导活动；有的校长甚至根本忽视其学术领导的功能，经常基于行政上的要求或便利，影响或妨碍学术的活动。此中组织的型态及其运作，亟宜予以调整，使之趋于健全。至于调整的原则与方向，不外加重教育专业人员的权责，使其充分而自由地行使并发挥其能力，一方面确保大学的学术独立（自由），一方面履行其应尽的职责。”①

大学如何处好与外界的关系，既是一个制度问题，又是一个精神问题，在制度尚不完善的时候，精神上需要充分的研究和准备，既有的这一领域研究远远不能满足这一需要。

（三）大学精神目的论域

曾几何时，中国在为学的目的上走了很大的弯路，走了很长时间的歧路。由于在前面设计的势论出了大问题，学而优则仕、读书做官等观念深深植根于中国大学学人心中，在各朝代的官学制度设计中，又使得它成为学人被驱动着可以选择的现实门径。

大学精神的目的论域事实上有多个论题，为学术而学术也属于其中一个，随着对大学目的的认同多样化，可演化出多元的论题。这里选择三个典型的例证加以讨论，即至善论、真理论和幸福论。

《大学》开篇道：“大学之道，在明明德，在亲民，在止于至善”，以此“至善论”成为中国大学学人长期坚守不易的选择，也成为大学精神讨论中不可或缺的问题域。然而，在较长的历史当中，至善的标准如何定、谁来定，在特定文化背景下学人往往是难以自主的，因而目的常常转换为失去真精神的工具。“至善”在不少时候成为奴役学人的桎梏。

真理论相对来说是西方大学比较倚重的大学精神取向，燕京大学也曾将“因真理得自由以服务”（Freedom through truth for service）作为自己的校训，“真理”是其中的关键词。崇尚真理当然是学人的行为准则，探求真理当然可作为为学的目的，但真理能否成为大学终极的目的，依然有讨论的空间。

幸福论则是陶行知提出的，他认为：“大学之道，在明民德，在亲民，在止于人

① 伍振鷟著：《中国大学教育发展史》，台湾三民书局1982年版，第202页。

民之幸福。"① 这一对《大学》原有提法的改变，意在彰显大学不是明了君主或统治者所确立的"明德"，而在于了解大众之德；要亲近百姓；大学学人不应在他主的状态下追求"至善"，而应当追求普罗大众的幸福；探求真理的目的是用真理向人民幸福瞄准，而非其他，彻底实现了学人由忠君、报国向服务人民的转向。

耶鲁大学现任校长莱文2010年5月23日在该校应届毕业生毕业典礼上的讲话也以"我将如何奉献（How can I serve）"为题，并提出"为了克服短浅的意识形态局限，你们必须用你们的思辨能力去考量每一个问题，最终得出全面而科学的结论。为了克服狭隘主义，你们必须把耶鲁赋予你们的道德力量发扬光大，而这道德力量的缘起，就是为人民服务的黄金法则"②，说明了这一目的论已获得越来越多的认同。

在现时大学中，关心社会正义、百姓疾苦、民族前途的人应该越来越多，以形成一种共识和道义的力量；极端民族主义和民粹主义相耦合，为专制主义服务，将会使大学精神稀薄化。

当然，对大学精神的目的论域还可以作更加开放的讨论。如现实中的一些大学成了功利的追逐地，简化为就业服务站，难免精神空虚，这些问题的讨论也属于大学精神的目的论范围。

学术是探索和发现新知识的方法和过程。学术是手段，是为了发现新知识并将获得的知识用于社会，改进公共事务，包括实现人的平等、自由、尊严，以及尊重人的多元、理性、独立、创新。当学术无法实现这些基本价值目标时，学术便不得已变成了它自己的目的。正常的学人心中不仅装着民众，而且要装着全人类的问题，如气候问题、环境问题、核武器问题等等。

不同大学有不同的精神状态，但大学的精神是一致的，至少所有的大学之间的精神具有相通性。现有的对大学精神的研究处于各论域的严重不均衡状态，对大学精神本体的研究比较充分，对大学精神环境论语的研究和目的论域的研究都相对较少。而在对大学精神本体的研究中，对志论的研究几乎被忽视，以致现实中"书面大学精神"很丰富，嵌入学人内心的大学精神依然贫乏，较少学人真正处于持志状态。

"今后大学精神的重建恐怕不是一两代人的真诚努力所能完成……当务之急是两个回归：一是回归大学主体，一是回归教育本性。而关键首先是体制改革，让大学独立自主地按照教育自身规律来办好教育。"③ 因此，对大学精神的研究与弘扬尚待众多的学人有勇气运用自己的理智，不懈努力。

（责任编辑　冯卫斌）

① 陶行知著：《陶行知全集》第4卷，四川教育出版社1991年版，第623—624页。

② http://bbs.rankedu.com/viewthread.php?tid=31862&extra=page%3D1.

③ 章开沅：《谁在"折腾"中国的大学》，《同舟共进》2009第6期。

韩延明　1958年生，山东肥城人。高等教育学博士、教授、博士生导师。1998—2000年于厦门大学师从潘懋元教授，获高等教育学博士学位。2004—2010年任临沂师范学院党委副书记、院长，2010—2013年任临沂大学党委副书记、校长。现任中共山东省委党史研究室巡视员。山东省人大代表，山东省优秀教师，山东省有突出贡献的中青年专家，国家特色专业学术带头人，享受国务院政府特殊津贴。兼任澳大利亚弗林德斯大学客座教授，中国高等教育学会、全国高等教育学研究会常务理事，中国教育学会教育学分会常务理事，山东省高等教育管理科学研究会、山东省教师教育学会副会长等。撰著、主编有《大学理念论纲》、《大学校训论析》、《大学教育现代化》、《高校目标管理导论》、《改革视野中的大学教育》、《高等教育学新论》、《新编教育学》等。在报刊上发表论文300余篇，其中多篇被《新华文摘》、人大复印资料等转载。荣获国家级教学成果二等奖2项，教育部高等学校科学研究优秀成果奖（人文社会科学）二等奖1项，省级教学成果一等奖3项、二等奖4项，省社会科学优秀成果一等奖1项、二等奖7项；省高校优秀教材、省软科学优秀成果一等奖各1项。

徐慷芬　1983年生，山东枣庄人。教育学硕士，枣庄学院心理与教育科学学院讲师。发表大学理念、大学校训相关研究及高校教学管理研究论文5篇，主持校级课题2项，获得校级教学奖2项。

《我国大学校训的历史发展及现实启迪》导读

我国大学校训的历史发展及现实启迪

韩延明　徐愫芬

【摘要】 我国大学校训的历史发展可以分为古代（鸦片战争以前）、近代（清朝末年至新中国成立）、现代（新中国成立至今）三大阶段。我国现代大学校训的发展又可以分为四个阶段，即迷失自我阶段（1949—1978 年）、自我意识苏醒阶段（1978 年至 20 世纪 90 年代初期）、校训文化自觉阶段（20 世纪 90 年代中后期）、校训文化繁荣阶段（进入 21 世纪至今）。梳理我国大学校训的历史发展，厘清我国大学校训的发展阶段，了解我国大学校训文化建设的现状，能让我们更全面、更理性、更深刻地认识我国大学校训，也启迪我国当今大学校训文化建设要做到：大学校训的形式要坚持凝练性与多样化相统一；大学校训的内容要坚持独特性与创新性相统一；大学校训的教育要坚持文本化与实践化相统一。

【关键词】 大学校训；历史发展；现实启迪

校训，是指学校确定的对全体师生员工具有指向和激励意义的、体现学校办学理念和价值追求的高度凝练的词语或名言。就校训本质而言，它是学校历史与传统文化的积淀和传承，是校园精神与育人理念的航标和旗帜，是价值观念与行为规范的凝练和概括，是大学宗旨与社会文明的彰显和体现。

梳理我国大学校训的历史发展，厘清我国大学校训的发展阶段，了解我国大学校训文化建设的现状，能让我们更全面、更理性、更深刻地认识我国大学校训，也给我国当今大学校训文化建设带来诸多现实启迪，能指引我们更好地建设、丰富我国大学校训文化并开展好大学校训教育。

一、我国大学校训的历史发展

我国大学校训的历史发展可以分为古代（鸦片战争以前）、近代（清朝末年至新中国成立）、现代（新中国成立至今）三大阶段。

（一）我国古代书院"院训"（鸦片战争以前）

关于我国学校校训的渊源，华东师范大学博士研究生王彩霞在其博士论文《20 世纪中国学校校训研究》中有详细的考证、论述。她认为，我国古代的家训、对联、碑刻等都对现代学校校训的内容和形式有重要的影响，它们可以视为古代校训的最好原型。中国社会是“家庭本位”的社会，历来有注重家庭教育的风尚，因而“家训”被提到了很高的地位，如流传甚广的颜氏家训、朱子家训、陆游家训、曾国藩家训等。家训着重于训、教，侧重于对家人子弟的教诲和治家教子、为人处世的指导。家训从铭到诗到格言、警句的发展，为校训的形式提供了可资借鉴的样板。对联讲究对仗工整、押韵，尤其一些格言对联，其中对立志、治学、修身、友善等有高度的概括，对校训形式和内容的影响也是至为深远的。如“礼修平等，学贵自由”、“行己有耻，博学于文”、“竹有节，人有志；天无边，智无穷”、“立身以至诚为本，读书以明理为先”等对联，都为校训的制订提供了很好的样板。我国古代有刻石的传统，帝王赐匾后悬挂、张贴、碑刻等形式，对后人把校训张贴、悬挂或镌刻于学校显眼的地方等做法有一定的影响①。

关于我国大学校训的发展历史，有些学者从我国学校形成和发展初期追根溯源，未免有些牵强。我国古代的大学与现代意义的大学不同，其校训亦然。始于唐代、盛于宋代的书院的“院训”，大致可以视为我国古代的大学校训，是我国大学校训的雏形。

书院是我国古代封建社会特有的一种高等教育组织形式和学术研究机构。书院之名始于唐代。唐贞元年间（785—805年），官方设立丽正书院和集贤殿书院，其职责为收集整理、校勘修订图书，供朝廷咨询，兼作皇帝侍读、侍讲，类似于宫廷图书馆。唐末五代，读书士子多隐居避乱、读书山林，后发展为聚书授徒讲学，常以书院命名读书讲学之地，遂演化为一种教育组织形式。而“书院作为一种新的教育制度的确立则是在宋代”②。至宋初，形成了一批颇有影响的著名书院，如白鹿洞、岳麓、嵩阳、应天府、石鼓、茅山等书院。尤其到了南宋，书院更吸收、借鉴佛教禅林讲学的制度，得到进一步发展和完善，办学条件有了很大改善，自身功能也更加齐备，形成了系统的规章制度，所以最终使体现书院风格、地位和办学特色的“院训”得以确立。南宋朱熹的《白鹿洞书院揭示》“遂成天下共遵之学规……它还传至朝鲜、日本，不仅奉为院规、校训，至今尚有高揭吟诵以警学子者，其影响既深且远”③。书院经元、明而不衰，至清末，随着整个封建教育制度的衰败，近代新式学堂的诞生，至光绪二十七年（1901年）全国各省书院均改为“学堂”。“书院在中国大地上存在了一千余年，成为中国文化史和教育史上引人注目的一大奇观。”④

南宋时期书院的兴盛与发达，与朱熹修复江西白鹿洞书院有密切关联。淳熙六年（1179年），朱熹呈报朝廷请求修复白鹿洞书院，次年三月竣工。书院修复后，朱熹自任洞主，亲自掌教，聘学录杨日新为书院堂长；发文各地征求图书，设法筹措置田资金等。清代王昶在《天下书院总志》序中称白鹿洞书院为“天下书院之首”。朱熹

---

① 王彩霞著：《20世纪中国学校校训研究》，华东师范大学2006届研究生博士学位论文。

② 陈谷嘉、邓洪波主编：《中国书院史资料》，浙江教育出版社1998年版，序一。

③ 邓洪波编著：《中国书院学规》，湖南大学出版社2000年版，第174—175页。

④ 王炳照著：《中国古代书院》，中国国际广播出版社2009年版，第2页。

曾为白鹿洞书院题一楹联："日月两轮天地眼，读书万卷圣贤心。"最重要的是他亲自制订《白鹿洞书院揭示》（亦称《白鹿洞书院学规》、《白鹿洞书院教条》）。这是我国书院发展史上一个纲领性学规，不仅对当时及以后的书院教育，而且对于官学教育以及中国周边国家的教育都产生过重大影响。

《白鹿洞书院揭示》① 内容如下：

> 白鹿洞书院揭示
>
> 父子有亲，君臣有义，夫妇有别，长幼有序，朋友有信。
>
> 右五教之目。尧舜使契为司徒，敬敷五教，即此是也。学者学此而已，而其所以学之之序，亦有五焉，其别如左：
>
> 博学之，审问之，慎思之，明辨之，笃行之。
>
> 右为学之序。学问思辨四者，所以穷理也。若夫笃行之事，则自修身以至于处事接物，亦各有要，其别如左：
>
> 言忠信，行笃敬，惩忿窒欲，迁善改过。
>
> 右修身之要。
>
> 正其义，不谋其利，明其道，不计其功。
>
> 右处事之要。
>
> 己所不欲，勿施于人，行有不得，反求诸己。
>
> 右接物之要。

"《白鹿洞书院揭示》对书院教育的目标宗旨、为学之序、修身、处事、接物的基本要求等都作出了明确的规定，是书院建设的纲领性文件。后世许多学校的校训都取材于此揭示，可以说此揭示是一种办学理念、教育宗旨或办学目标，是校训的主导思想。"②

同时期的湖南长沙岳麓书院以"忠孝廉节"为院训。"乾道三年（1168 年），朱熹至岳麓书院访问张栻，亲书'忠孝廉节'四字悬于讲堂，并在书院切磋讲学月余。"③"在岳麓书院讲堂，朱熹亲书的'忠孝廉节'四个大字，成为岳麓书院代代遵行的校训。"④ 这四个字言简意赅，便于学生记忆，与现在的校训并无多大差别，只是当时没有明确冠以"校训"之名而已。这则"忠孝廉节"的院训，集中体现的是对人性的关怀和以德育人的精神，是儒家教育思想的典型代表，强调"仁"，强调"善"，注重德行的修养。

明朝的无锡东林书院独树一帜，具有鲜明的政治色彩。东林书院关心社会现实，抨击政治黑暗、官场腐败，尤其痛恨太监专权，成为当时社会舆论的中心，以致被人称为"东林党"。"两耳不闻窗外事，一心只读圣贤书"的信条，被"风声雨声读书声，声声入耳；国事家事天下事，事事关心"的宗旨代替。

书院是由私人自行管理的教育组织形式，体现了创办者的主观愿望，凸显了书院

---

① 孟宪承选编，孙培青注释：《中国古代教育文选》（第三版），人民教育出版社 2003 年版，第 261 页。

② 王彩霞著：《20 世纪中国学校校训研究》，华东师范大学 2006 届研究生博士学位论文。

③ 李国钧、王炳照总主编，乔卫平著：《中国教育制度通史》第三卷，山东教育出版社 2000 年版，第 243 页。

④ 束景南著：《朱子大传》，商务印书馆 2003 年版，第 270 页。

的办学特色。办学者在办学思想上的不同追求，使得古代校训发轫于书院成为可能。作为中国古代社会特有的培养高层次知识分子的教学机构和学术研究机构，书院在长期的办学实践中，对中国教育发展、文化传承、人才培养、道德净化等方面，均产生过重要影响，其“院训”更是影响深远。除了上述几所书院的院训，其他如南京尊经书院的“立德立言立功士先立志，有猷有为有守学必有师”，湖北长阳书院的“教化行而风俗美，师道立则善人多”，江西南昌有教书院的“志于道据于德依于仁，而后游于艺；修其身齐其家治其国，必先正其心”，四川彭水鹿山书院的“师范岂淡定，本经师为人师，济济一堂，春风入座；学成归实用，由中学兼西学，皇皇大典，夏屋储才”，贵州安顺永宁维风书院的“格致诚正修齐，知所先则近道；孝悌谨信亲爱，行有馀以学文”①，等等，这些都是流传千古的经典院训，它们对仗工整、富有内涵，是我国大学校训的雏形。

（二）我国近代大学校训（清朝末年至新中国成立）

我国近代意义上的校训，是伴随着我国近代教育的开端而出现的，而近代教育则是在西方文化的硬性渗透下被动走上缓慢发展道路的。著名教育家梅贻琦在谈及我国现代大学教育的源头时曾明确提出：“今日中国之大学教育，溯其源流，实自西洋移植而来，故制度为一事，而精神又为一事。”② 我国近代大学并非由我国古代大学突变而来，而是以西方大学为蓝本，同时烙上了我国传统文化的印记。近代我国大学校训可以分为外国人创办的教会大学的校训和中国人自己创办的大学的校训。

1. 外国人创办的教会大学的校训

首先把西方大学移植到中国来的首推教会大学。教会大学，是指 19 世纪末西方基督教会在中国领土上创办的高等教育机构。鸦片战争以后，西方列强开办了很多教会学校，而这些教会学校当时只有中小学水平，真正现代意义上的教会大学是 19 世纪末 20 世纪初出现的，如早期的上海圣约翰大学和苏州东吴大学等一批教会大学。随着教会大学的建立，校训作为学校教育的一种手段也应运而生。1901 年由美国监理公会正式创办的东吴大学（Soochow University），在创办之时就提出了英文校训：“Unto a Full Grown Man”（“为社会造就完美的人格”或“法古今完人”）③。1905 年圣约翰书院（Saint John's College）在更名为圣约翰大学（Saint John's University）的同时，校长卜舫济确定“Light and Truth”（“光与真理”）为该校校训，希望通过培育牧师来教化人民，发展教派，光大教义。他认为：“本校以为德重于学，此基督教之旨，必当发挥而光大之也。”④ 以上两所学校的校训“是在中国本土出现的第一批现代意义的校训，是中国现代学校校训的源头”⑤。在东吴大学和圣约翰大学的影响下，

---

① 陈延斌、刘瑞平：《论大学校训及其主题词的提炼》，《中国矿业大学学报（社会科学版）》2006 年第 2 期。

② 转引自杨东平编：《大学精神》，辽海出版社 2000 年版，第 68 页。

③ 李罄：《我国大学校训的历史演变与发展走势》，《高等教育研究》2005 年第 1 期。

④ 徐以骅著：《教育与宗教：作为传教媒介的圣约翰大学》，珠海出版社 1999 年版，第 16 页。

⑤ 王彩霞：《试探中国近代大学校训的起源》，《高教探索》2006 年第 2 期。

此后的教会大学纷纷确定了各自的校训，例如，金陵女子大学提出校训“Abundant Life”（“厚生”），华南女子大学确立了校训“Saved for Service”（“受当施”）①。

五四运动之后，“反基督教运动”、“收回教育权运动”和教育独立运动在中国递次兴起，民族主义空前高涨，教会大学也面临空前压力。当时的中国政府要求所有的教会学校必须注册立案，否则不准招生，而且立案时必须写明学校的中文校训。

圣约翰大学校长卜舫济认为，教会大学首先是宣教，其次才是教育。他特别推崇孔子的名言“学而不思则罔，思而不学则殆”，认为这句话讲的是学习的方法，是一条中性格言，既无宗教色彩，也无政治色彩，且富含辩证法，对理解基督教教义有所帮助，因而不会影响学校的宣教性。于是，他在1931年第一次申请立案时将“学而不思则罔，思而不学则殆”定为圣约翰大学的中文校训。

燕京大学（Yanching University）是基督教新教在北京设立的一所教会大学，1919年正式成立，司徒雷登为第一任校长。1921年，司徒雷登提出校训“Freedom through Truth for Service”，翻译成中文为“因真理得自由以服务”，此后学校将这一校训分别用中文和英文书写在校门上方。

金陵大学（The University of Nanking）是基督教会在南京设立的一所高等学校，在我国教会大学史上占有重要地位。学校成立之初，并没有制订校训，当时学校的办学宗旨是培养学生的“基督化人格”，即培养“基督牺牲与服务精神”，“以造就健全国民，发展博爱精神，养成职业知能的根本”②。1927年，陈裕光成为金陵大学第一位华人校长。在1942年2月23日的“国父纪念周”上，陈裕光在《校长训词》中，明确将“真、诚、勤、仁”定为金陵大学的校训。此后不久，陈裕光在《赠本届毕业同学》一文中，对校训予以阐释：“忠信谓诚，求是谓真，业广谓勤，博爱谓仁。”他将校训中的“真、诚、勤、仁”前两个字调换了位置，改成了“诚、真、勤、仁”。因为他认为，在办学治校中，“诚”最重要，还可避免“真、诚、勤、仁”中将“真、诚”理解为“真诚”这一歧义的出现③。

以上这些教会大学在制订或修改校训后，在各自校训原则和精神的指导下，其课程、师资、生源、校园生活等方面都发生了很大的变化，普遍表现为：宗教课程改为选修，宗教活动采取自愿的原则，而科学、英语等课程则得以进一步强化，课程设置逐渐体现出中西兼顾的特点；学校越来越重视教师队伍的建设和师资水平的提高，华籍教师所占比例逐渐提高，教师的资质有了明显的提升；学生中基督徒的比例减少，大部分学生来自富家子弟，学生毕业后从事牧师或宗教事业的越来越少；校园文化丰富多彩，师生关系融洽、和谐。

由以上校训及表1所列教会大学校训的来源可以看出，教会大学的校训体现了教

① 王彩霞：《试探中国近代大学校训的起源》，《高教探索》2006年第2期。

② 陈学恂主编：《中国近代教育史教学参考资料》（下册），人民教育出版社1987年版，第151页。

③ 王运来著：《诚真勤仁 光裕金陵：金陵大学校长陈裕光》，山东教育出版社2004年版，第239页。

会大学传播基督福音、服务他人、追求真理的信念，也有个别教会大学的校训“入乡随俗”，吸收了我国传统文化的精华。

表1　我国近代部分大学校训①

分类		大学名称	校训	来源	确定年份
外国人在中国创办的教会大学		东吴大学	为社会造就完美的人格	美国监理公会提出	1901
		圣约翰大学	光与真理	校长卜舫济确定	1905
		燕京大学	因真理得自由以服务	首任校长司徒雷登提出	1921
		金陵女子大学	厚生	《约翰福音》	1928
		华南女子大学	受当施	《圣经·使徒行传》	
		金陵大学	诚、真、勤、仁	首位华人校长陈裕光提出	1942
中国人自己创办的大学	公办大学	南洋公学	勤、俭、敬、信		1910
		清华大学	自强不息，厚德载物	《易经》	1914
		北洋大学	实事求是	《汉书·河间献王刘德传》	1914
		湖南大学	实事求是	《汉书·河间献王刘德传》	1917
		北京大学	博学、审问、慎思、明辨②	《中庸》	1938
		中山大学	博学、审问、慎思、明辨、笃行	《中庸》	1924
		中央大学（南京）	诚朴雄伟		1932
		暨南大学	忠信笃敬	《中庸》	
		西南联合大学	刚毅坚卓		1938
		西北联合大学	公、诚、勤、朴	《论语·卫灵公》	1938
		浙江大学	求是	《汉书·河间献王刘德传》	1938
	私立大学	复旦大学	博学而笃志，切问而近思	《论语·子张》	1915
		厦门大学	自强不息，止于至善	《易经》、《礼记·大学》	1921
		南开大学	允公允能，日新月异	校长张伯苓提出	1934
	解放区大学	中国人民抗日军政大学	团结、紧张、严肃、活泼	毛泽东提出	1937
		陕北公学	忠诚、团结、紧张、活泼		1937
		鲁迅艺术学院	紧张、严肃、刻苦、虚心	毛泽东提出	1938
		华北联合大学	团结、前进、刻苦、坚定		1939
		华北大学	忠诚、团结、朴实、虚心		1948

① 周谷平、陶炳增：《近代中国大学校训——大学理念的追求》，《清华大学教育研究》2005年第4期。此表参考文中“近代中国部分大学校训一览”，并加以修改完善。

② 郭建荣：《北大无校训》，http://www.pkuqd.com/triangle1.asp? id=20. 北京大学青岛校友网。作者为北大校史馆研究员。文中指出：“1938年10月16日，西南联大常委会根据当时教育部的要求制订西南联大校训、校歌，成立了以冯友兰先生为主席，朱自清、罗常培、罗庸、闻一多为委员的编制校歌、校训委员会。为了能够包容北大、清华、南开三校校训的精神，曾将三校校训书写在纸上摆在面前讨论，清华、南开的校训已见前文，写有‘北京大学校训：博学、审问、慎思、明辨’的一张小纸于此第一次见到（现收藏在校档案馆），且为仅见。这八个字，在此之前、之后均未被引用过，更未镌刻在校门、礼堂等处，也未被刊载在校刊、纪念册上。因此，数以万计的北大师生（在校或离校的）几乎没有人知道这八个字。只是近年来由于西南联大被人关注，四校校训并提，这八个字才为一些人所知晓。”

2. 中国人自己创办的大学的校训

1912年，孙中山宣誓就职中华民国临时大总统。中华民国成立之后，教育上的许多改革开始进入探索阶段，校训作为教育手段的重要性被逐步认识。袁世凯上台后推行复古教育，在1915年颁布了《教育要旨》和《教育纲要》。《教育纲要》分为“总纲”、“教育要言”、“教科书”、“建设”、“学位奖励”等项。“教育要言”规定：“明示教育趋向，使人人知求学系造就本身能力，用以开发社会无穷事业，非仅供官吏一部分之用。凡从前入学专以干禄之恶习，切宜破除，以养成国民独立之精神。各学校均用此著为校训。”① 它要求学校制订校训的准则为独立精神的养成。1916年，国民政府教育部确定“诚”为师范学校之校训，“以诚字为全国师范学校共同之校训。校训为训练之标准。各省地方情形不同，当依民性特加注意，得酌加他字样外，诚字当定为全国师范学校共同之校训。”② 于是，各省各类学校根据各自情形制订包含“诚”、“俭”二字或其近义词如“朴”、“勤”、“敬”的校训。例如，1916年江谦出任南京高等师范学校校长，响应教育部的号召，明确校训为“诚”。国民政府也同样重视统一校训内容。1938年，蒋介石下令全国统一校训为“礼义廉耻”，“千校一词”的“国定校训”至此正式形成。统一校训成为政府实现其干预教育、控制学校的政治企图的手段之一，致使校训趋向于政治化、模式化、单一化。

然而，因处于战乱动荡岁月，尽管政府一再倡导校训内容要统一，但很多学校并未严格执行，而是从各自的实际校情出发，提出各具特色的校训，使得校训内容呈现多样化的局面。例如，公办大学中的南洋公学于1910年提出校训“勤、俭、敬、信”，1914年清华大学确立校训为“自强不息，厚德载物”，1914年北洋大学提出校训“实事求是”，厦门大学在1921年创建时即确定校训为“自强不息，止于至善”，1924年中山大学确立校训为“博学、审问、慎思、明辨、笃行”，1932年中央大学提出以“诚朴雄伟”为校训，南开大学于1934年确立校训为“允公允能，日新月异”。至抗日战争时期，在国统区出现了体现时代特点及坚决抗战精神的校训。例如，西南联大于1938年制订校训为“刚毅坚卓”，西北联合大学也明确了其校训为“公、诚、勤、朴”，浙江大学提出以“求是”为校训。在解放区出现了反映团结抗战的校训。例如，毛泽东为中国抗日军政大学提出校训“团结、紧张、严肃、活泼”。这类校训，还有陕北公学校训“忠诚、团结、紧张、活泼”，鲁迅艺术学院校训“紧张、严肃、刻苦、虚心”，华北联合大学校训“团结、前进、刻苦、坚定”，华北大学校训“忠诚、团结、朴实、虚心”等。这些校训的出现，使得该时期的校训出现了以往未曾有过的新气象。

从以上论述及表1可以看出，近代中国人自己创办的大学的校训有以下特点。第

① 熊明安著：《中华民国教育史》，重庆出版社1990年版，第9页。

② 转引自璩鑫圭、童富勇、张守智编：《中国近代教育史资料汇编》（实业、师范教育），上海教育出版社1994年版，第828页。

一，公办大学和私立大学的校训形式上少有重复或雷同，各具特色，可谓是“百花齐放”；解放区大学的校训形式上呈现出单一性的特征。第二，公办大学和私立大学的校训内容上多源于中国古代经典名著中的至理名言，在价值取向上强调个人道德修养；解放区大学的校训多采用通俗易懂的白话文，强调共性的价值取向。第三，都与当时中国的社会现实联系紧密，具有鲜明的时代特征，体现出了当时战争环境下的特殊要求。

（三）我国现代大学校训（新中国成立至今）

南京理工大学学者李罕认为，新中国成立后我国大学校训的发展经历了三个阶段：批判、动乱与迷失自我阶段；自我意识苏醒阶段；文化自觉阶段①。笔者认为，这种划分较为合理。此外，进入 21 世纪后我国大学校训的发展，可以看作是文化自觉的深化、繁荣阶段，这样就形成了我国现代大学校训发展的四个阶段。

1. 迷失自我阶段（1949—1978 年）

新中国成立以后，百废待兴，我国进入了社会主义建设的新时期。为把我国建设成为民主、富强、文明的社会主义国家，赶上中等发达国家水平，实现中华民族的伟大复兴，人民的创业热情空前高涨，团结奋进、开拓创新、勇攀高峰成为时代的要求和倡导的精神。

与此相适应，我国高等教育的发展也进入了一个新的历史时期。新中国成立初期，我国的高等教育一方面继承和发扬革命战争时期的教育经验，以马克思主义为指导，紧密联系实际，“为工农服务，为生产建设服务”；另一方面，在“必须彻底地系统地学习苏联的先进经验”的口号下学习和借鉴苏联的教育模式，主要体现在大量地引进苏联的教学计划、教学大纲和教科书，并于 1952 年下半年对高等学校进行了大规模、大力度的院系调整。1956 年，吹响了“向科学进军”的号角。1957 年，毛泽东在《关于正确处理人民内部矛盾问题》的著名讲话中，提出了指导我国的教育方针，即“应该使受教育者在德育、智育、体育几方面都得到发展，成为有社会主义觉悟的有文化的劳动者”。

1958 年以后，我国开始抛弃苏联的教育模式，探索符合中国国情的教育模式。同年 9 月，中共中央、国务院在《关于教育工作的指示》中又指出：“党的教育工作方针，是教育为无产阶级政治服务，教育与生产劳动结合。为了实现这个方针，教育工作必须由党来领导。”1960 年底，中央文教小组召开全国文教工作会议，教育工作开始贯彻执行“调整、巩固、充实、提高”的八字方针，并总结了新中国成立以来教育工作正反两方面的经验教训而颁布了《教育部直属高等学校暂行工作条例》（简称“高校六十条”）。

在这样的社会政治背景下，教育成为无产阶级专政的工具，成为行政工作的附庸，大学也成为阶级斗争的场所，教学、科研工作受到了很大的冲击，许多人文学科

① 李罕：《我国大学校训的历史演变与发展走势》，《高等教育研究》2005 年第 1 期。

和社会学科被削弱和消除，人文精神几近丧失。这一时期，许多具有丰厚的文化底蕴、体现传统文化的校训被当作封建残余而予以批判和破除。比如，清华大学大礼堂的那个嵌有校训的校徽被一个巨大的五星挡住；东吴大学的校训“养天地正气，法古今完人”遭遇了更严重的破坏，先是1951年学生将校门上的英文校训抹掉，刻上“全心全意为人民服务”的字样，到1952年在东吴大学旧址成立江苏师范学院（今苏州大学前身）时，又将校门上的东吴大学校名与中文校训“养天地正气，法古今完人”用水泥封掉。直到1998年，苏州大学才打开封泥，恢复旧貌作为文物保留。

在这个时期，全国的大学大多在显著位置悬挂“团结、紧张、严肃、活泼”作为师生学习、工作和生活的指针。虽然也产生了一些新的校训，但是由于受到社会政治环境和教育取向的限制，这些校训并不能彰显大学的本质和理念，更不能体现学校的个性特色。校训大多采用“团结、勤奋、刻苦、拼搏、文明、求实、礼貌、严肃、爱国”等内容中几个词语的组合，和当时的政府机关、企业、军队等社会机构所流行的标语口号几乎没有什么区别，政治激励成为其内容的主流。其表达方式也非常单一，一般都是“四词八字”句式。此时，唯有1950年毛泽东为其母校——湖南第一师范学校题写的校训“要做人民的先生，先做人民的学生”，以及周恩来为外交学院提出的十六字校训“站稳立场，掌握政策，熟悉业务，严守纪律”，具有比较鲜明的个性特征。

“文化大革命”时期，学校正常的教育教学秩序被完全打乱，高等教育遭到严重的破坏，几乎陷入瘫痪的境地。高等教育的培养目标变成了“反修、防修，培养革命事业接班人”这句空洞而抽象的政治标语。与此相适应，在课程体系、教学内容等方面，大量突出政治学习、思想改造，学生学习毛主席语录、“老三篇”、“三大纪律八项注意”和“十六条”，学唱革命歌曲；同时，专业知识被压缩至最低程度，大学变成了短训班。“把学校办成无产阶级专政的工具”、“学校培养同走资派作斗争的先锋战士”、“学校只有一个专业，就是斗走资派的专业”、“大海航行靠舵手，干革命靠毛泽东思想”等标语口号遍布校园，一些仅有的原本就苍白、单一的大学校训被淹没其中，一些学校的校训干脆被取消或代之以“文化大革命”之类的标语。可以说，大学校训在“文革”时期不仅没有发展，而且基本处于停滞和消解状态。

2. 自我意识苏醒阶段（1978年至20世纪90年代初期）

“文化大革命”结束之后，我国的各项事业逐渐步入正轨，教育秩序也得到了恢复和纠正，我国的教育发展进入了新的历史阶段。1978年5月11日，《光明日报》刊登《实践是检验真理的唯一标准》的文章，引发了全国关于检验真理的标准问题的大讨论，解放了人们的思想，拓展了人们的思路。同年，恢复了高考制度，重新颁布了《高校六十条》，20世纪60年代初期的教育思想和基本措施得到了恢复。1983年10月，邓小平同志为北京景山学校题词“教育要面向现代化，面向世界，面向未来”，进一步指明了我国教育改革和发展的战略方向。1985年《中共中央关于教育体制改革的决定》又促进了高等学校招生计划和毕业分配制度的改革，扩大了高校的办学自主权。所有这一切，都为高等教育的改革和发展提供了新的契机，奠定了良好的基础。

在“解放思想，实事求是”思想路线指引下，人们的观念发生了翻天覆地的转变，作为学校教育制度重要组成部分的校训被重新予以重视，制订大学校训并以此指导大学办学方向与行动随之盛行起来。然而，改革开放前的政治激励式校训具有很强的生命力和强大的影响力，这一时期的大学校训依然延续其陈式。“四词八字”句式仍为校训主要形式，团结、勤奋、求实、创新、严谨等词语仍是大学制订校训内容的首选，大学校训出现了严重的雷同现象，未能展示出不同高校各自的办学特色。例如，广西师范大学20世纪80年代初确立校训为“团结、勤奋、求实、创新”，北京理工大学20世纪80年代中期确立校训为“团结、勤奋、求实、创新”，山西大学1992年确立校训为“勤奋、严谨、信实、创新”，河南农业大学1993年确立校训为“团结、勤奋、严谨、求实”。应该说，此时的大学校训并没有取得较大的进步，仍然停留在原有的水平，仍然沿用一些标语式口号，校训内容和表现形式也仍然比较单一。这说明此时大学仍然缺乏主体意识和人文精神，高等教育仍然需要更深层次的改革。但是，这一时期毕竟很多高校重新意识到了大学校训的重要作用并提出了各自的校训，自我意识开始觉醒。

3. 校训文化自觉阶段（20世纪90年代中后期）

1992年，在邓小平南方谈话精神的鼓舞下，我国开始了由计划经济体制向社会主义市场经济体制的转变。我国的教育管理体制也开始逐步深化，高等教育开展了进一步扩大高校办学自主权、充分发挥学校主体作用的重大改革。大学有了充分的主体意识，文化自觉也再度复苏，校园文化建设提上了重要议事日程，纷纷以制订或重新确立大学校训为突破口来树立自身的大学文化形象。这样，很多内蕴丰富并体现大学自身办学特色的校训陆续大量出现，并且在形式和内容上都呈现出了多元化的特点。比如，1994年6月，对外经济贸易大学发布了经学校师生员工广泛讨论后通过的新校训“博学、诚信、求索、笃行”，从学业、品德、精神、实践四个方面提出了明确要求；中山大学在1994年纪念建校70周年之际，恢复了孙中山先生题写的校训“博学、审问、慎思、明辨、笃行”；复旦大学也在其90华诞的1995年，树立起了一座“博学而笃志，切问而近思”的校训纪念墙；同年，素有“华侨最高学府”之称的暨南大学也恢复了“忠信笃敬”的校训，注重以中华民族优秀的传统道德文化培养造就人才；1996年，在吉林大学庆祝建校50周年的时候，学校总结吉林大学发展的历史经验，根据改革开放和建设有中国特色社会主义的时代要求，为推动学校的改革和发展，继承发扬学校的光荣传统，提出了“求实创新，励志图强”的校训，动员全校师生员工扎实工作，勇于创新，励志图强，创造吉林大学新的辉煌；同年，扬州大学确立了“求是、求实、求新、求精”的校训，充分表明了其办学理念是“崇真”，并在探求知识、真理的同时注重创新；1997年，北京师范大学为迎接建校95周年，由启功先生倡议并题写了“学为人师，行为世范”的校训，集中概括了北京师范大学的传统和特色，并且在措辞上巧妙地把“师范”二字镶嵌其中；1998 年，云南大学推出校训“立一等品格，求一等学识，成一等事业”，校风“高远、务实、勤勉、卓越”，云大精神“会泽百家，至公天下”，办学指导思想“立足边疆，服务云南，办出特色”等一整套精神文化识别体系，这被视为中国高校在大学文化建设历程中的一个标志性事件。由此开始，大学校训内涵与形式的独特性成为高校明确自身文化形象的首要组成部分。

4. 校训文化繁荣阶段（进入 21 世纪至今）

世纪之交，我国更加重视校训在学校德育和学校文化建设方面的重要作用。2000 年 7 月 7 日，国务院副总理李岚清同志在第九次全国高等学校党的建设工作会议上的讲话中明确指出：“校园文化建设是营造良好育人环境的重要途径。各高校都要从本校的优良传统、学科优势和学校特色着眼，大力开展校园文化建设，在师生员工中强化以校训为核心的校园精神，把思想政治教育的主题渗透到科技、文化、艺术、体育等丰富多彩的群众性精神文明创建活动中去，使师生员工在良好的校园氛围中潜移默化，全面提高素质，从而取得春风化雨、润物无声的效果。”① 李岚清同志的讲话，充分体现了校园文化在大学教育中的重要作用以及校训在高校校园文化建设中的引领作用。2002 年 9 月 1 日，教育部副部长袁贵仁在大学文化研究与发展中心成立大会上，发表了《加强大学文化研究，推进大学文化建设》的讲话。他指出：所谓校训，是一个大学对其文化传统、文化精神的理性抽象和认同；所谓校风，是一个大学对其传统、精神、校训的文化自觉和习惯。“不同的传统、精神，不同的校训、校风，是大学展示的‘文化名片’，是大学绵延的‘文化基因’，它们构成了学生思想和行为的不同‘文化模式。”② 袁贵仁的讲话，高度概括了校训的实质，对于大学的校训建设和文化建设具有指导意义。

进入 21 世纪以来，伴随着高校办学自主权的进一步扩大和文化自觉的进一步深化，以及领导和有关机构的进一步重视，高校重新审视并确立新的校训成为一种趋势，校训文化建设逐步展现出繁荣的局面。国家领导人为高校题写校训，高校在显眼的地方悬挂、镌刻校训，营造校训文化氛围，开展形式多样的校训教育活动，这些也吸引了很多权威媒体的一再关注、报道，一时出现了“大学校训”热。

根据有关资料，仅 2000—2004 年就至少有 48 所高校明确了校训或者提出了新校训，同时至少有 51 所高校公开征集校训或新校训，其中以下事例广受关注③。2001 年 4 月，绝少题词的国务院总理朱镕基在视察上海国家会计学院时为该校题写“不做假账”，让学生永远牢记；同年 10 月，朱镕基在视察北京国家会计学院时又题写了

① 转引自司书忠：《高校新校区校园文化建设的创新思考》，《陕西师范大学学报（哲学社会科学版）》2004 年第 6 期。

② 袁贵仁：《加强大学文化研究，推进大学文化建设》，《中国大学教学》2002 年第 10 期。

③ 李犁：《我国大学校训的历史演变与发展走势》，《高等教育研究》2005 年第 1 期。

"诚信为本，操守为重，坚持准则，不做假账"的训词，随后国家会计学院以"不做假账"为校训。2002 年 1 月，西北大学百年校庆筹备委员会全体会议研究决定沿用 1938 年 10 月西北联合大学第 45 次会议提出的"公诚勤朴"校训为西北大学校训；同年，四川大学正式公布了备受全校师生关注的新校训"海纳百川，有容乃大"、新校风"严谨、勤奋、求是、创新"和校徽。

此外，2002 年江苏省至少有 10 所高校举办校庆纪念活动，南京大学、东南大学等著名学府都在此时确立了校训或推出了新校训。《中国青年报》2002 年 5 月 15 日发表了重要报道：《诚朴雄伟 励学敦行 缘何以"诚"为首——南京大学校长谈新校训》。文中写道："南京大学百年校庆前夕，在广泛征求师生意见的基础上，决定采用'诚朴雄伟，励学敦行'作为新校训。"① 《人民日报》2003 年 8 月 29 日报道："国防科学技术大学建校 50 周年前夕，中央军委主席江泽民为学校题写校训：'厚德博学，强军兴国'。"②《长江日报》2005 年 2 月 1 日报道《武汉高校纷纷刷新校训》："作为一所学校的形象标志和无形资产，近几年来，和湖北大学一样，华中科大、华中师大、武科大、中国地大等高校纷纷掀起了一场更换校训的热潮……在 2003 年华中科大校庆前夕，该校依托《礼》、《易》等古典文献，将'团结求实，严谨进取'的老校训，正式改为'明德厚学，求是创新'；同年，华中师大和武科大也大刀阔斧地对各自老校训进行了一次'外科手术'，并分别将校训确立为'求实创新，立德树人'和'厚德博学，崇实去浮'……据了解，与这场校训更名潮相对应的是，一批像武科大中南分校、华中科大武昌分校等民办高校也分别确立了各自的校训，以完善自己的形象标志……近几年来，武汉乃至全国大多数高校纷纷从古典文献中寻章摘句，或直接将名人亲笔题词作为新校训的做法，在教育界引起了广泛争论。"③ 2005 年 4 月，西安交通大学下发文件，决定沿用本校 1937 年制订的校训"精勤求学，敦笃励志，果毅力行，忠恕任事"；2007 年 1 月，上海外国语大学正式确定新校训为"格高致远，学贯中外"，取代原有校训"文明、团结、求实、奋进"；2007 年 11 月，西南大学公布新校训为"含弘光大，继往开来"；2008 年 6 月 6 日，大连海事大学在百年校庆倒计时一周年之际，在学校礼堂隆重举行校训"学汇百川，德济四海"启用发布仪式。此外，成都大学、中国劳动关系学院、荆楚理工学院于 2008 年，江西理工大学、天津商业大学、邢台学院等多所大学于 2009 年，也纷纷开展了校训的公开征集、评选、确立工作。

近几年，山东省临沂大学对校训等校园精神文化标志的构建颇为引人瞩目。2010 年 11 月 26 日，国家教育部正式发文批准临沂师范学院更名为临沂大学，实现了千万

---

① 郁进东：《诚朴雄伟 励学敦行 缘何以"诚"为首——南京大学校长谈新校训》，《中国青年报》2002 年 5 月 15 日。

② 新华社：《中央军委主席江泽民为国防科大题写校训》，《人民日报》2003 年 8 月 29 日。

③ 柯进：《武汉高校纷纷刷新校训》，《长江日报》2005 年 2 月 1 日。

沂蒙老区人民和三万余名临沂大学师生员工多年来梦寐以求的愿望。同年12月8日，临沂大学揭牌庆典隆重举行，由此揭开了临沂大学在综合性大学办学平台上的崭新篇章。为集思广益“办一所什么样的大学”和“怎样办好这所大学”，临沂大学开展了为期四个月的以“站在新起点，谋划新发展，实现新突破，开创新局面”为主题的解放思想、更新观念大讨论活动。在大讨论过程中，临沂大学根据发展定位、培养目标、办学特色和价值追求，充分吸收各方面的意见建议，于2011年5月6日发布公告，确定了校风“实”、校训“明义、锐思、弘毅、致远”、校歌、校标等校园精神文化标志。新的校园精神文化标识集思广益，体现了临沂大学发展的风雨历程，既映射出学校恢宏的过去，也昭示了学校光明的未来。

为了全面了解我国大学校训文化建设的现状，笔者统计了我国364所大学的校训文化建设情况（只统计“大学”，不包括“学院”），并进行了相关数据的统计（见表2）。统计结果直观、全面地反映了当今我国大学校训文化建设的繁荣与不足。截至2012年7月20日，364所大学中有361所大学有明确的校训，占统计总数的99%。仅有井冈山大学、西交利物浦大学和2012年刚刚加入普通高等学校队伍的南方科技大学没有明确的校训，占统计总数的1%；其中，井冈山大学和西交利物浦大学都正处于校训征集、评选、确立过程之中，均正在构建校训。此外，笔者还统计了当今我国841所普通本科高等学校（包括“大学”和“学院”）的校训，其中，有9所高校目前没有明确的校训，但是，大多也正处于校训构建过程之中。

表2 我国364所大学校训文化建设情况①

序号	统计项目	大学数量（所）	百分比
1	有确定校训	361	99%
2	目前没有确定校训	3	1%
3	学校网站中有校训的相关信息	298	82%
4	学校网站中没有校训的相关信息	66	18%
5	学校网站首页醒目显示校训	208	57%
6	学校网站学校简介中提及校训	162	45%
7	学校网站列专栏介绍校训	121	33%
8	首页醒目显示并在学校简介中提及校训	95	26%
9	首页醒目显示并列专栏介绍校训	79	22%
10	学校简介中提及并列专栏介绍校训	54	15%
11	首页醒目显示、在学校简介中提及并列专栏介绍校训	35	10%

① 根据中华人民共和国教育部网站提供的数据（《教育部批准的高等学校名单、新批准的学校名单（截至2012年4月24日）》），全国共有普通高等学校2 138所，其中本科高校841所，其余为专科高校。在841所本科高校中，有364所“大学”和477所“学院”，这里统计的是364所“大学”校训文化建设情况。

为了进一步了解各高校对于校训文化建设的重视程度，笔者逐一浏览了各高校的网站。由于时间、精力以及财力的限制，实地走访、查看、了解每一所大学的校训文化建设情况很难实现。但是，互联网的发达、高校对于网站建设的重视，使得各高校的网站成为展示大学校训文化建设情况的重要阵地，从而，通过浏览各高校的官方网站来了解大学校训文化建设情况成为切实可行而经济有效的研究方法。

在我国364所大学中，学校网站中有校训相关信息的大学有298所，占统计总数的82%；学校网站中没有校训相关信息的大学有66所，占统计总数的18%。笔者进一步从以下三个方面来了解高校网站对校训的宣传表现方式和途径：①学校网站首页是否醒目显示校训；②学校官方网站在学校简介中是否提及校训；③学校网站是否列专栏介绍校训。统计结果为：①学校网站首页醒目显示校训的高校有208所，占统计总数的57%；②学校网站学校简介中提及校训的高校有162所，占统计总数的45%；③学校网站列专栏介绍校训的高校有121所，占统计总数的33%；④学校网站在首页醒目显示校训并且在学校简介中提及校训的高校有95所，占统计总数的约26%；⑤学校网站在首页醒目显示校训并且列专栏介绍校训的高校有79所，占统计总数的约22%；⑥学校网站在学校简介中提及校训并且列专栏介绍校训的高校有54所，占统计总数的约15%；⑦学校网站在首页醒目显示校训、在学校简介中提及校训，并且列专栏介绍校训的高校有35所，占统计总数的10%。

这些数据说明：一方面，我国正处于大学校训文化建设的繁荣阶段，大多数高校意识到校训的重要作用和功能，校训文化建设已经成为大多数高校的一种文化自觉行为；另一方面，我国大学校训文化建设还有很大的发展空间，很多高校的校训文化建设工作还有待深入开展，尚有很多工作要做。

二、我国大学校训历史发展的现实启迪

纵观我国大学校训的历史发展，分析我国大学校训发展历程中的成就与坎坷，历数我国优秀的、深入人心的大学校训，带给我国当今大学校训文化建设和校训教育活动诸多现实启迪。

（一）大学校训的形式要坚持凝练性与多样化相统一

1. 凝练性

我国古代凝练的家训、对联、书院“院训”对当今我国大学校训的形式有重要的影响作用。大学校训在表现形式上既要严谨大气、寓意深刻、富有哲理，也要直观简洁、朗朗上口、易于传诵、便于宣传，即坚持凝练性。

校训如同一所学校的灵魂，它有别于校规，集中体现一所学校的价值取向，所以校训适宜采用凝练的表述。校训与企业的宣传标语有相似之处，都有宣传的功能，对外宣传学校、扩大学校的声誉，对内宣传学校的办学理念和对师生的要求，自然要求简洁明了。如果校训拖沓冗长，势必会黯然失色。造成校训承载内容较多的主要原

因，是学校把许多应是学校守则的内容纳入到校训中来，原本是想突出这些内容，结果却因为内容太多反而弄巧成拙、舍本逐末。大学校训，是在各种通行的价值原则中，集中体现本校着力建树的一种精神，不求多，但求精。

2. 多样化

大学校训表述的凝练并不等于形式的单调。近代外国人在中国创办的教会大学的校训在表现形式上明显不同于我国大学校训，为我们提供了有益的借鉴。大学校训的表现形式应该多样化，而不应仅限于“四词八字式”或“二词八字式”，也不一定要对仗工整，也不一定是词语的排列，可以是一句话，可以是动词，也可以是名词。校训究竟采用哪种形式来表达，要依据内容而定，选择形式的目的是为了更好地表达内容。

我国已有的大学校训大多陈述规范，讲求对仗工整和押韵，采用传统的对偶成联的短语形式，使得校训言简意赅，或以物喻理、启发自觉，或形象生动、委婉动听，如西南林业大学的校训“树木树人，至真至善”、南京航空航天大学的校训“智周万物，道济天下”、宁夏理工学院的校训“如切如磋，如琢如磨”、长治学院的校训“求真、求实、求善、求美”、成都学院的校训“自爱、自修、自尊、自强”等。

而西方大学校训则不讲求押韵和对仗，也没有陈述规范这方面的要求。西方大学校训多采用句子的形式，即便不是句子，也是名词性短语，它不像我国的校训大多以动词为主。例如，芝加哥大学的校训“让知识充实你的人生”、爱丁堡大学的校训“有知识者既能看到事物的表象，也发现其内涵”等都是一句话；密歇根大学的校训“艺术、科学、真理”、西点军校的校训“责任、荣誉、国家”、莱斯大学的校训“文字、科学、艺术”等都是名词性短语。“这与中西方的民族思维特点和语言习惯有关，中国的动词校训反映了较强的实用理性精神，而西方的名词校训有较多的思辨色彩，它注重对事物的真实状态和理论真理的探索。可见，不同的校训反映风格各异的民族文化。”①

“一句话式”校训是我国大学校训中表现形式灵活多样、特色突出、不拘泥于形式的典型。如南京晓庄学院的校训“教学做合一”、郑州师范学院的校训“与中原一同崛起”、宁夏师范学院的校训“不到长城非好汉”、东莞理工学院的校训“学而知不足”、广西外国语学院的校训“留住中国魂，做好国际人”等，都是表现形式直观、简洁、凝练而又个性鲜明、要求明确的绝好校训。

构建新的大学校训，既要充分吸收我国传统大学校训的优点，也要注重借鉴西方国家大学校训的长处，大学校训的表达要在讲求凝练性原则的基础上，追求形式的多样化，以避免我国大学校训整体的单调、僵化、格式化。

（二）大学校训的内容要坚持独特性与创新性相统一

我国大学校训的发展历史，就像我国高等教育发展历史的一面镜子，照出我国高

① 王彩霞著：《20世纪中国学校校训研究》，华东师范大学2006届研究生博士学位论文，第29页。

等教育发展历程中的成就与缺失。大学校训的停滞与消解阶段正是我国高等教育的迷失时期，教育成为无产阶级专政的工具，成为行政工作的附庸；大学校训的文化自觉、文化繁荣阶段，正是我国高等教育不断扩大高校办学自主权、突出高校办学主体地位的时期。历史告诉我们，政府对高等教育干预过多会消解高校的“活力”，不利于高等教育的发展；保证高校的办学主体地位，坚持学术自由，能极大地激发高校的“正能量”，促进高等教育的多元与繁荣。大学校训内容的独特性与创新性相统一是高等教育多元与繁荣的直接体现。

1. 独特性

大学校训，内涵要丰富，但是切忌面面俱到、包罗万象，而要着重突出学校特色，具有独特性和个性化。每一所大学都有其独特的魅力，“北大的创新、清华的严谨、南开的笃实、浙大的坚韧”，这是别的学校所无法取代的，大学校训也理应是独特的。大学校训是学校的文化名片，与该校的办学理念、办学定位、人才培养目标、历史传统、学术追求、学科设置、地域特征等方面息息相关，因而每所大学的校训都应该体现自身的个性化特点，独树一帜，要使人们一听到校训就能迅速唤起对这所大学的感性认识和理性感悟。

我国大学有很多层面上的定位①：按隶属关系划分，可以分为部属院校和地方院校；按办学主体划分，可以分为国家主办的高校和民办高校；按学科结构划分，可以分为单科性院校、多科性院校和综合性院校；按办学层次划分，可以分为研究型院校、教学科研型院校和职业技术型院校。依据不同的标准会有不同的大学定位，从而会使不同定位的大学有不同的校训构建。2007 年 1 月，上海外国语大学新校训“格高致远，学贯中外”正式确定，取代了原有校训“文明、团结、求实、奋进”。新校训言简意赅，鲜明地体现了上海外国语大学建设高水平、多科性、国际化、研究教学型大学的办学定位，同时规避了宽泛，走出了雷同，克服了僵化，体现了其办学特色。2007 年 10 月，中央民族大学推出新校训“美美与共，知行合一”，同样鲜明地体现了民族大学的与众不同。

学校的专业设置、学科特色也是构建校训的要素。在这一方面，部分专业类院校的校训已经作出了很好的表率。中国海洋大学的校训“海纳百川，取则行远”，是我国著名作家王蒙提议的。校训中的“海”，既是突出海洋大学的强项专业特色，又是指“纳百川”的“海”的精神，反映了中国海洋大学“百川汇海，志存高远”的宽阔胸襟和魄力。中国青年政治学院的校训“实事求是，朝气蓬勃”，充分体现出青年是“朝气蓬勃”的群体，是国家的栋梁和民族的希望，正如毛泽东同志于 1957 年 11 月 17 日在莫斯科向中国留学生讲话时所说的：“世界是你们的，也是我们的，但是归根结底是你们的。你们年轻人朝气蓬勃，正在兴旺时期，好像早晨八九点钟的太阳。

① 郭桂英、姚林：《关于我国高校办学定位的研究》，《江苏高教》2002 年第 1 期。

希望寄托在你们身上。”① 同时，又要求青年研究政治必须坚持“实事求是”的科学态度。

2. 创新性

大学校训内容的创新性，首先体现在大学校训的时代性方面。构建新的大学校训，一方面，要反映学校一贯的文化传统和办学理念，要反对功利化、世俗化思想对大学独立精神的侵蚀；另一方面，又要与时俱进、不断创新，赋予校训一定的社会时代感和责任感。当今社会是一个信息化、多元化、全球化的时代，科技进步日新月异，国际竞争日趋激烈。我国的大学教育要加大对外开放的力度，在继承中华民族优秀文化传统的基础上，积极借鉴世界上先进的办学理念和经验，提高我国教育的国际竞争力。北京工业大学的校训“不息为体，日新为道”、湖南大学的校训“实事求是，敢为人先”和兰州大学的校训“自强不息，独树一帜”、山东工艺美术学院的校训“天工开物，匠心独运”等，都是体现社会时代特征、责任感与使命感的优秀校训。

大学校训内容的创新性，更重要的是体现在大学校训的开放性方面。构建新的大学校训，一方面，要继承我国优秀传统文化，凸显对个体伦理道德、学问修养的要求，正所谓民族的就是世界的，我国的大学校训只有具有我们中华民族的鲜明特色才能在世界大学校训中独树一帜；另一方面，校训的构建也要面向世界、面向未来，借鉴国外著名大学校训，阐扬新的教育理念，弥补已有校训中理念的缺失。构建新的大学校训，要加强对追求真理的表达和对学术自由的呼唤，增强为国家、为社会服务的意识，还要确立“以人为本”的教育哲学观，加强人文关怀，关注个体需求和个性发展。

大学校训的内容要坚持独特性与创新性相统一，既要紧扣自身优良传统与学校特色，又要体现时代精神、汲取国外先进教育理念，这就要求我们在构建大学校训时，要富有包容性和前瞻性。

（三）大学校训的教育要坚持文本化与实践化相统一

由我国大学校训的历史发展可以看出，我国越来越多的高校正日渐重视并重新审视本校的校训。大学校训对师生员工发生作用，一般有两种方式：一种是通过周围的校训精神和气氛潜在地影响师生；另一种是通过有意识的、多种途径的校训教育使其渗透于师生员工的心中，然后师生员工在认同和内化的前提下以校训来指导自身的行为，转化为社会实践。因此，大学校训的教育建设要坚持文本化与实践化相统一。

1. 文本化

高校制订校训后，要将校训的内容、标准字样、出处、内涵解释等作出文本化的公布，充分利用学校文件、宣传橱窗、学校网站、校园广播等途径，宣传校训、解读校训、营造校训文化氛围。此外，也可以将校训置于牌、墙、碑、刻等建筑中，将校

① 杜忠明编著：《毛泽东名言故事》，中央文献出版社2006年版，第234页。

训写入招生简章、学校简介、校园卡表面、新生入学通知书、毕业纪念册等上，这些都是通过文本化的途径使学校师生了解、理解、铭记校训。

苏联著名教育家苏霍姆林斯基主张："让学校的每一面墙壁都会说话。"就此而言，无论是教学区、活动区、生活区的环境布置，还是班级文化、宿舍文化、社团文化、体育文化、科技文化的活动开展，都要充分展现校训文化，积极倡导校训精神。比如，复旦大学、山东大学、南方医科大学、辽宁工程技术大学、长春中医药大学等高校都在学校的显著位置立了醒目的校训墙或校训石，给过往师生员工以视觉和心灵的冲击，使师生员工更易于铭记校训、践行校训。

校园设施及命名，是培育校园文化、提升校园文化品位的重要载体。临沂大学为进一步加强校园文化建设，营造浓厚的校园文化氛围，在公开征集意见的基础上，于2012年6月印发了《临沂大学主要楼宇、广场、修读点命名方案》。"方案"中临沂大学新校区教学楼宇共分四大组群，分别以校训的四个词"明义、锐思、弘毅、致远"命名。学校要求各部门、各单位在今后工作中进一步增强规范意识，加强校园文化精神宣传，自觉使用并广泛推广各主要楼宇、广场、修读点等的规范名称。

当今社会，网络的普及程度已经很高，几乎所有高校都重视通过学校的网站做好自身宣传。如前文所述，我国很多高校都在学校网站的首页突出显示本校的校训，并在学校概况或学校简介等栏目开辟专栏具体介绍校训的出处、内涵等，如清华大学、南开大学、山东大学、湖南大学、中山大学、西南大学等著名学府都在这方面作出了表率。

2. 实践化

大学校训精神作为学校的一种主导意识，其形成不是一蹴而就的，必定要经历一个耐心的反复引导和培育的过程，所以，要坚持不懈地广泛开展校训教育活动，推进校训文化建设。所谓实践化，就是指大学校训不能只是静态的文本化的表达，不能只是将其印在文件里，刻在墙壁上、石碑上，置于学校门前让全校师生观赏，更重要的是要付诸实践，开辟校训教育的多种途径，使校训精神体现在师生员工的言行之中。正如南宋诗人陆游所言："纸上得来终觉浅，绝知此事要躬行。"

开展大学校训教育活动，推进大学校训文化建设，要做好以下几个方面的工作。

第一，在学校管理、人才培养工作中，要把对校训的宣传、教育贯穿其中。在学校开学典礼、新生入学教育、毕业典礼、校庆纪念等重大活动中，都应将校训教育、弘扬校训精神作为重要内容，注重对校训的内涵和学校传统进行详细、深入的阐述，让受教育者知其然，并知其所以然。

例如，临沂大学在2011级新生入学教育中特别开展了新生"唱校歌、知校训"活动。活动以新生军训连为单位，采取学歌、拉歌的形式，《临沂大学校歌》是必唱曲目；以团支部为单位组织学习学校精神，了解校训"明义、锐思、弘毅、致远"，解读校训。活动要求各学院团委学办高度重视，精心组织，将唱校歌、知校训作为新生军训、新生入学教育的重要内容。

第二，围绕校训或者以校训为主题开展相关系列活动。要设立校训、校风等校园文化的活动节日，组织专题讨论、答疑、竞赛、评选、演讲、校训主题征文、文艺演出等各种形式的活动，让师生员工在具体活动中深化对校训的理解和认同，进而自觉以校训作为自身做人做事的标准。

例如，2012 年 1 月，为繁荣校园文化，彰显北外精神，展现师生精神风貌，北京外国语大学举办了 2012 年摄影作文大赛。在大赛活动中，摄影作品的指定主题之一即为北外精神："展示北外人在教育教学、学术科研、学习生活、社会实践等方面表现出的独特的精神风貌，树立北外精神的风向标"；参赛作文内容的首要主题即为北外校训，"围绕 2011 年校庆年新确立的'兼容并蓄，博学笃行'校训，结合学校办学传统和人才培养，阐释和讨论新校训的主要内涵。"①

第三，要在部分课程教学中渗透校训教育。要将校训教育与《思想道德修养与法律基础》、《形势与政策》、《中国近现代史纲要》等有关课程的讲授和实践活动结合起来。那些历史长、规模大的大学，本身就拥有丰富的思想教育资源，如校史陈列馆、纪念碑、博物馆、档案馆等，可以充分利用这些资源开展校训教育。此外，还可以通过领导、辅导员、老教师、知名校友、相关专家等人士举行故事宣讲或专题讲座，在全校进行校训教育。

校训宣传、教育活动，要融入其他校园文化活动之中。只有广泛吸引全体师生员工参与，唤起师生员工的情感共鸣，才能使教育活动产生最佳效应。

校训文化建设不是简单的"就校训谈校训"，而是一个综合性、全方位的系统工程，要使校训文化建设与校园文化建设融为一体，使校训文化成为校园文化的重要组成部分。

（责任编辑　刘　捷）

① 北京外国语大学党委宣传部、校工会：《关于举办北京外国语大学 2012 年摄影作文大赛的通知》，http：//portal. bfsu. edu. cn：9090/eapdomain/static/component/cms/cmp_ cms_ sns/notice/noticedetail. jsp? info_ id = 1003601. 2012-01-12.

何克抗　1937年生，广东省大埔县人。1963年北京师范大学物理系研究生毕业，现任北京师范大学现代教育技术研究所所长，东北师范大学荣誉教授（终身教授）。1993年12月被国务院学位委员会批准为我国第一位教育技术学博士生导师。自1978年以来，先后六次获国家教委和北京市科技进步奖。2011年荣获第四届全国教育科学研究优秀成果一等奖，同年荣获中国教育技术协会颁发的“教育技术杰出贡献奖”。

1992年被国家人事部授予有突出贡献专家称号，1993年被评为北京市优秀教师，2006年被评为北京市高校名师，2007年被评为全国宝钢优秀教师。2001年6月至2006年5月任教育部高等学校教育技术学专业教学指导委员会主任。目前担任全国教师教育信息化专家委员会主任，中国教育技术协会学术委员会主任，全球华人计算机教育应用学会（GCICE）第一副主席，国际著名刊物JCAL（Journal of Computer Assisted Learning，计算机辅助学习）编委。

多年来，其领导的团队一直在“教育信息化工程”、“中小学的教学改革试验”和“教育创新理论”三个领域开展研究与探索，不仅研发出一大批国内领先的教育信息化解决方案和教育软件产品，而且率先倡导并大力推动信息技术与各学科课程的整合，并在“信息技术与课程整合”的理论与实践方面引领国内的方向与潮流。在担任全国教师教育信息化专家委员会主任期间，负责主持制定了全国第一个教师专业能力标准——“全国中小学教师教育技术能力标准”。

《教育信息化成败的关键在哪里——如何认识信息技术对教育发展具有革命性影响》导读

教育信息化成败的关键在哪里

——如何认识信息技术对教育发展具有革命性影响

何克抗

【摘要】“为什么信息技术对教育发展有革命性影响”和“如何使信息技术对教育发展真正产生革命性影响”是决定教育信息化成败的两个关键问题。在借鉴西方先进经验的同时，也需要批判地吸取。结合我们自身多年来从事教育信息化理论研究与实践探索的丰富经验，中国学者关于“信息技术对教育发展有革命性影响”的科学认识和有效应对举措是：“要在根本改变传统课堂教学结构的基础上，实现各级各类教育在质量提升方面的跨越式发展。”

【关键词】教育信息化；美国2010国家教育技术计划（NETP）；教育系统结构性变革；课堂教学结构

2010年，我国颁布了《国家中长期教育改革和发展规划纲要（2010—2020年）》，明确提出：“信息技术对教育发展有革命性影响，必须高度重视。”由于是在国家级的政策性文件中提出这一命题，无疑具有异乎寻常的重要性，尤其是在教育技术领域，对今后事业的发展、工作的开展有直接的关系。但是到目前为止，还有很多人对这一命题不太理解，甚至有些专家都认为：技术对于教育来说只不过是一种工具、手段，怎么可能对教育发展产生革命性影响呢？为了能全面、深入地认识和贯彻这一命题，我想从以下两方面谈谈个人的看法：1. 为什么“信息技术对教育发展有革命性影响”；2. 如何使信息技术对教育发展真正产生“革命性影响”。

一、为什么“信息技术对教育发展有革命性影响”

对这个问题可以从不同的角度给出不同的回答，但从本质上看，最有说服力的答案应来自以下两个方面。

（一）从“马克思主义哲学”高度认识这个问题

马克思主义哲学认为，生产力是社会发展的决定性因素，生产力的发展必然引起生产关系的变革，生产关系的总和，即经济基础的改变将引起整个上层建筑的改变。信息技术在当前的信息时代，其意义与作用绝不仅仅是作为某种手段、程式与方法以改善和提高工作与生产的效率，它还是当代最先进、最活跃、最伟大生产力的代表和具体体现，因而将引起生产关系乃至经济基础的变革从而导致整个上层建筑的改变。正是因为信息技术具有如此巨大的作用，人们才认为，自20世纪（下文如无说明，均指20世纪）90年代信息技术日渐普及以来，人类正在进入“信息社会”（就像随着农耕技术的出现与发展形成“农业社会”，随着机械与电力技术的出现与发展形成“工业社会”一样）。可见，在当前如果有人仍然坚持认为，信息技术只不过是一种工具、手段，可以肯定：不是他浅薄无知，就是有偏见。

关于因信息技术的发展而导致经济基础和整个上层建筑发生变革的事实，可通过下面几个实例作简要的说明。

以信息技术变革经济基础为例。在信息技术尚在萌芽和起步的70年代和80年代，美国企业部门在“技术将有助于使他们的工作完成得更快、更好”，即“技术能够提高生产力”信念的支持下，迅速地采用了新技术。但是，由于那时的信息技术还不完善、不成熟，当经济学家们想寻找确凿的数据来证明经济的单位投资的产出是在增加时，只能两手空空而归。① 到了90年代情况就完全不同了，随着以多媒体计算机和网络通信为标志的信息技术应用的日益普及，经济学家们已能到处找到运用信息技术使有关生产力得到显著提升的证据。到2000年前后，经济学家们已得出如下结论：只要运用信息技术实现企业部门业务流程的重新设计，使经济系统内部的结构创新（structural innovations）成为可能，就可以使生产力显著提高。②

再以军事领域为例。众所周知，传统战争的胜负取决于消灭敌人有生力量的多少，但是，随着信息时代的到来，卫星通信、遥控遥测、远程打击、网络进攻等信息技术在战争中的应用，决定战争胜负的因素及观念已完全改变。以90年代末进行的“科索沃战争”为例，美国在这场战争中并未杀伤对方多少士兵，战争进行的时间也很短（不到一个月），但由于科索沃的整个经济系统和军事指挥系统，已在这场信息战中陷于瘫痪，所以尽管科索沃军队的有生力量还几乎完好无损，也只能乞求投降。——这是信息技术改变战争观念的典型案例。

就拿日常的医疗保健来说，也不乏这方面的例子。随着以计算机和网络通信为标志的信息技术的日益广泛应用，现在要到医院看病，如果遇到电脑或网络出现故障的话，不仅心电图、B超、微创手术这类技术要求较高的医疗、诊断无法实施，就连门诊挂号、大夫开处方这类最基本的操作也难以进行，整个医院只好暂停运营，病人也只好无奈地转往其他医院。我们中的很多人都有这样的经历。——这是信息技术正在改变当前医疗保健系统运行环境与工作模式的真实写照。

---

① Brynjolfsson E, Hitt L M. Beyond the Productivity Paradox: Computers are the Catalyst for Bigger Changes, Communications of the ACM, 1998.

② Black S E, Lynch L M. The New Economy and the Organization of Work, *The Handbook of the New Economy*, New York: Academic Press, 2003.

（二）从“人类的认知方式”角度探讨这个问题

“人类有哪几种认知方式”以及“技术对人类认知方式和人类认知能力的发展有怎样的影响”，这历来是“学习科学”领域的热点问题，多年来（尤其是90年代以来）国内外都有一批学者在从事这方面的研究。但是，能够从信息技术与人类认知方式以及人类认知能力发展的关系，特别是能够从“信息技术对教育发展有革命性影响”的高度来探讨、研究这类问题的学者则寥寥无几。就目前国内而言，我认为在这方面作了较全面深入的探索，而且具有代表性的学者是中科院的戴汝为和北师大的余胜泉。

戴汝为认为，“在信息时代，人—机结合的思维将会取代我们个人为主的思维方式”，他指出：“人脑和计算机都是信息处理的工具，人脑通过经验积累与形象思维，擅长不精确的、定性的把握，而计算机则以极快的速度，擅长准确的、定量的计算，两者充分发挥各自的优势，又互相结合，既能达到集智慧之大成，又由于通过反馈的作用，来提高人的思维效率，从而增强人的智慧。”①

余胜泉则对信息技术与人类认知方式以及人类认知能力发展的关系，特别是信息技术对教育发展有怎样的革命性影响，作了较深入的探讨。他认为，“信息时代基本的认知方式，正在发生意义深远的改变，正从个体认知转变为分布式认知，应对知识与信息膨胀的根本途径要依赖于人和电脑的协同的分布式认知，这是信息时代人适应复杂性的基本思维方式……分布式认知认为认知的本性是分布式的，认知不仅仅发生在我们的头脑之中，还发生在人和工具之间的交互过程之中。分布式认知超越了认知是个体级别上的信息加工过程的传统的认知观点，认为认知的本性是分布式的，认知现象不仅包括个人头脑中所发生的认知活动，还涉及人与人之间以及人与技术工具之间通过交互实现某一活动（比如计算）的过程”。所以，他强调：“当基本认知方式都发生改变的时候，在此基础上建立的教育大厦必然发生意义深远的改变。”——这正是他关于“信息技术对教育发展有革命性影响”的主要立论依据。②

二、如何使信息技术对教育发展真正产生“革命性影响”

能够正确认识信息技术为何对教育发展有“革命性影响”是一回事，能够使信息技术对教育发展真正产生“革命性影响”是另一回事。事实上，迄今为止，世界上还没有一个国家（包括美国在内）能够使信息技术对教育发展真正产生“革命性影响”。

以美国为例，早在1966年，费城学校委员会就曾对计算机在费城公立学校教育

① 戴汝为著：《社会智能科学》，上海交通大学出版社2007年版。

② 余胜泉：《技术何以革新教育——在第三届佛山教育博览会“智能教育与学习的革命”论坛上的演讲》，《中国电化教育》2011年第7期。

中的作用作过评估。当时的结论是:“计算机将提高学校教学质量，并引起学校教育的变革。”但是四十多年过去了，人们看到的是，新技术并没有产生预期的效果。不仅早年的案例说明了这个问题，21 世纪以来的新事例也让人记忆犹新。

2009 年 5 月，美国教育部发表了其下属评估机构对全美各地 2.1 万名中学生所作的抽样测试结果。令人沮丧的是，该测试结果显示。“当前中学生的阅读能力与计算能力和 30 年前相比没有明显的差异”（而 1979 年，微型电脑才刚刚问世，信息技术的发展尚处于起步阶段）。

这里应当指出的是，自 90 年代以来，美国已在中小学建立了良好的信息技术环境（例如：1999 年就已经是美国中小学基本实现网络化的“网络年”；到 2001 年美国中小学（包括所有小学）已有 99% 联网；2003 年美国中小学生与电脑比率已达到 5:1），这就为实现信息技术与学科教学的整合创造了良好条件。但是，正如上述有关资料所表明的，他们的基础教育质量和实现教育信息化之前相比，并未有明显的差异，即未能使信息技术真正对教育发展产生“革命性影响”。不仅美国如此，其他国家也一样。到目前为止，国际上还没有一个国家能够真正通过信息技术运用来实现教育质量的显著提升，即未能使信息技术对教育发展真正产生“革命性影响”。根本原因在哪里呢？我们不妨从国际上教育信息化理论与实践的最新发展去寻找。

（一）信息技术未能对教育发展产生革命性影响的根本原因

2010 年 11 月，在国际教育技术界（乃至整个国际教育界）发生了一件具有较大影响力的事件：美国制定并颁布了最新一轮的《国家教育技术计划》，该计划的标题为“改革美国教育：技术支持的学习”（Transforming American Education : Learning Powered by Technology——National Educational Technology Plan 2010，可称之为“美国 2010 国家教育技术计划”，简称 2010 教育计划）。① 美国曾先后在 2000 年、2004 年制定并颁布过“国家教育技术计划”。2010 年 11 月所颁布的，是在奥巴马总统任期内的最新一轮“国家教育技术计划”。从历次颁布的美国国家教育技术计划的内容看，它不只是关于教育系统中某一个领域的发展计划，也不是某一个组成要素的改革与提高计划，而是关于教育系统中的每一个领域，涉及教育系统中所有组成要素的最全面、最系统的教育发展计划。显然，这样的全国性教育发展计划，其丰富内涵、重大意义与深远影响，在我国只有《国家中长期教育改革和发展规划纲要（2010—2020 年）》能与之相比。

由于 2010 教育计划的制定集中了美国当代教育信息化领域最具影响力和最有代表性的领军人物，所以应当能体现当前国际上教育信息化理论与实践的最新发展，对其进行认真分析与考察，将有可能找到“信息技术未能对教育发展产生革命性影响的根本原因”以及可供借鉴的举措与经验。

① http://www.ed.gov/technology/netp-2010。

综观全部内容，我们认为，2010 教育计划所提出的教育领域意义最为重大的命题，是在第 7 部分“生产力：重新设计和改造”中。通过回顾、总结近三十年来企业部门应用技术的经验与教训，并和教育部门应用技术的实际状况进行对比，引出了一个全新的命题。这一命题的完整表述是：

“教育部门可以从企业部门学习的经验是，如果想要看到教育生产力的显著提高，就需要进行由技术支持的重大结构性变革（fundamental structural changes），而不是渐进式的修修补补（evolutionary tinkering）”（下面简称之为“教育系统结构性变革”命题）。①

由于这一命题与信息技术能否对教育发展产生革命性影响密切相关——事实上，能否运用信息技术实现教育系统的重大结构性变革，正是信息技术能否对教育发展产生革命性影响的根本原因所在，所以，这一命题应当引起我们的高度关注。那么，到底“什么是教育系统的重大结构性变革”以及“应如何才能实现这种结构性变革”呢？

（二）对“教育系统结构性变革”的认识及应对举措

1. 对“教育系统结构性变革”的认识

在第 7 部分的“目标”中已经隐含地指出：所谓教育系统的重大结构性变革就是要“重新设计各级教育系统的工作流程和体系结构”，以便在此基础上运用技术来提高学习成果，使时间、金钱和人力得到更有效的利用。这表明，“重新设计各级教育系统的工作流程和体系结构”，就是对“什么是教育系统的重大结构性变革”这一命题作出的回答。

2. 为实现“教育系统结构性变革”的应对举措

为实现教育系统的上述重大结构性变革而提出的应对举措，体现在第 3 至第 7 部分的有关论述中。从全文的整体结构看，其基本框架由八个部分组成。第 1、2 部分的“概要”和“前言”是提出的背景、到 2020 年之前应达到的目标、对整体框架和各部分内容的简要介绍，第 8 部分“研发：创新与规模”则是为了设计、实施有更高效率和更好效果的教育系统而提出的一种新型研发模式，其余五个部分（第 3 至第 7 部分）才是核心内容。我们不妨先看看第 3 至第 7 部分的标题：

第 3 部分—— 学习：从事与授权；

第 4 部分—— 评估：测量有关事项；

第 5 部分—— 教学：准备与连接；

第 6 部分—— 基础设施：随时随地都可使用；

第 7 部分—— 生产力：重新设计和改造。

这五个部分都围绕同一个主题展开，这个主题就是“用技术支持的学习模型”（“用技术支持的学习模型”涉及“学习、评估、教学、基础设施和生产力”五个关

① http://www.ed.gov/technology/netp－2010。

键领域，或者说，包含五个组成要素）。其中第3部分涉及两个方面：其一，关于“用技术支持的学习模型”的基本结构图式及操作流程；其二，对“用技术支持的学习模型”所涉及的第一个关键领域（第一个组成要素）——“学习”的目标表述、为达到这一目标所应采取行动的具体建议，以及与“学习”有关问题的认真思考。

第4至第7部分则依次对“用技术支持的学习模型”的第2至第5个关键领域（“评估”、“教学”、“基础设施”和“生产力”）分别从各个关键领域（组成要素）的目标、为达到这一目标所应采取行动的具体建议，以及与各个关键领域有关的若干问题进行的思考进行具体阐述。

2010教育计划的核心内容之所以会围绕“用技术支持的学习模型”而展开，与其基本观点——“要想显著提高教育的生产力，就必须显著提高学习的效果”直接相关。正是因为2010教育计划把学习效果的提高完全等同于教育生产力的提高，所以其全部关注点就是“学习”和“学习效果的提高”；其整体框架自然要从建构用技术支持的全新学习模型的基本结构图式及操作流程开始；其主要内容也就必须围绕关于“用技术支持的学习模型”五个组成要素的内涵与实质、作用与功能以及和各个要素有关的若干问题，来依次展开论述。

以上分析清楚地表明，对“教育系统结构性变革”的应对举措，就是力图通过倡导，实施一种全新的“用技术支持的学习模型”来达到显著提高学习效果（也就是显著提高教育生产力）的目标。而要想使这一目标能够真正落到实处，就要对“用技术支持的学习模型”的五个组成要素逐个进行认真的分析，并设法将每个要素贯彻落实过程中所涉及的各种问题逐一加以解决才有可能。这正是在第3至第7部分对“用技术支持的学习模型”的五个组成要素依次展开论述的过程中，不仅要涉及每个要素的目标，还要涉及为达到这一目标所应采取行动的具体建议以及与各个要素有关的若干问题进行认真分析和思考的依据所在。

（三）对“教育系统结构性变革”的应对举措是否有效

对“教育系统结构性变革”的应对举措是否科学、有效，按说要到2020年（实施结束时）才能判定。但是，如上所述，由于这一轮的《国家教育技术计划》是由美国当代教育信息化领域最具影响力和最有代表性的领军人物制定的，这些人物的思想观点，能充分体现和代表当前美国（乃至整个西方）教育信息化理论与实践方面的研究现状及未来发展，所以我们无需等到2020年，只需看看美国近年来开展教育信息化理论与实践研究的现状——“信息技术与课程整合”的实际状况及效果，就可以一清二楚。这是因为“信息技术与课程整合”（或称“信息技术与学科教学的整合”），实际上是“教育信息化”在教育、教学领域最具体也是最深刻的体现，而“信息技术与课程整合理论”则是教育信息化理论的核心内容。

下面我们就从美国关于“信息技术与课程整合”的理论与实践这两个方面的研究现状及实际效果来阐明这一问题。

1. 美国关于信息技术与课程整合的理论研究

自20世纪90年代以来，有关信息技术与课程整合的文章、论著在国际会议和有关出版物上有大量的发表，但是真正具有一定理论深度的研究却不多见。通过广泛的文献调研，我们发现，目前美国进行有关“整合”研究的众多论著中，能够对信息技术与课程整合问题作出比较系统、全面论述的文献大概有三部：一是“美国教育技术CEO论坛的第3个年度（2000年）报告”①（以下简称第3个年度报告）；二是“罗布耶（Roblyer, M. D.）于2003年出版的专著《教育技术整合于教学》（*Integrating Educational Technology into Teaching*）”②；三是“国际教育技术协会（International Society for Technology in Education，简称ISTE）于2000年为美国修订的《国家教育技术标准（第三版）》中的有关论述”。③ 这三部文献不仅理论体系较完整、论述较深入，而且就其撰写人的研究水准与资历来看，在美国乃至国际上都具有一定的代表性与权威性（罗布耶的专著已于2005年被我国教育部高教司作为优秀原版教材引进，让高校有关专业直接采用）。

（1）第3个年度报告

第3个年度报告指出：“数字化学习的关键是将数字化内容整合的范围日益增加，直至整合于全课程，并应用于课堂教学。当具有明确教育目标且训练有素的教师把具有动态性质的数字内容运用于教学的时候，它将提高学生探索与研究的水平，从而有可能达到数字化学习的目标。……为了创造生动的数字化学习环境，培养21世纪的能力素质，学校必须将数字化内容与各学科课程相整合。”

这里所说的“将数字化内容与学科课程相整合”，就是我们通常所说的“信息技术与学科教学相整合”。这是迄今为止国际上关于“信息技术与学科教学相整合”最为系统而权威的论述。它阐明了整合的目标——培养具有21世纪能力素质的创新人才，也揭示了整合的内涵——创造生动的数字化学习环境。能从培养具有21世纪能力素质的创新人才的高度来认识信息技术与课程整合的目标及意义（而不是像传统观念那样，把信息技术教育应用的意义局限于改进教与学过程的某个环节或者只是为了提高信息素养），这种观点是很有见地的，表明作者对整合的目标具有科学而客观的认识；能从创建数字化学习环境的角度（环境论的角度）来界定整合的内涵，而不是像传统计算机辅助教学（CAI）或计算机辅助学习（CAL）学者那样从工具论的角度，只是把计算机为核心的信息技术看作是辅助教或辅助学的一种工具、手段，这种看法也非常正确，并且难能可贵。

众所周知，在20世纪80年代初，著名的计算机教育应用学者罗伯特·泰勒

① http://www.ceoforum.org。

② Roblyer M D. *Integrating Educational Technology into Teaching* (*Third edition*), Pearson Education Asia Limited and Shaanxi Normal University Press, 2005.

③ http://www.cnets.org, National Educational Technology Standards for Teachers, 2000.

(Robert Taylor) 曾把计算机应用于教育的基本形式概括为三种：计算机作为辅导教师(tutor)、计算机作为学习者(tutee)和计算机作为工具(tool)，简称 3T 模式。由于在那时计算机程序设计语言曾被推崇为人类的第二语言和第二文化（不少学者曾主张把计算机程序设计语言作为中小学的必修课程），所以计算机作为学习者模式在当时占据了主导地位。但随着计算机教育应用的深入，过分夸大程序设计语言作用的观点很快被否定，计算机教育应用的主要模式也就随之转向第一和第三种模式。

到了 20 世纪 90 年代，随着多媒体计算机和网络通信技术的普及，传统的计算机教育逐渐被含义更广的信息技术教育所取代（信息技术是以多媒体计算机和网络通信为标志的技术）。与此同时，建构主义开始广泛流行，强调通过自主学习、自主探究达到意义建构的思想日益深入人心。加上网络教学环境具有很强的交互性（便于人机交互、师生交互、生生交互），并有丰富的信息资源可以共享，所以到 90 年代以后，信息技术应用于教育的基本形式，在国际上也普遍采用第一和第三种模式（尤其是后者）——特别强调要把以多媒体和网络通信为标志的信息技术作为学习者自主学习、自主探究的认知工具。换句话说，90 年代以后，信息技术与学科教学相整合的基本形式，或者说整合的主要内涵，国际上的绝大多数学者都是从“工具论”去论述，而不是从“环境论”（从创设数字化学习环境或数字化教学环境的角度）去论述。但这个年度报告，却能够在国际上首次从营造或创建数字化学习环境的角度去界定整合的内涵（而不是像传统观念那样，只是从工具利用的角度去认识其内涵），确实非常难能可贵。由于“环境”这一概念含义较广（凡是主体以外的一切人力因素与非人力因素都属于环境的范畴），所以这个年度报告所定义的上述整合内涵，就信息技术在教育领域的应用而言，和把多媒体计算机和网络通信为核心的信息技术仅仅看成工具的传统观念相比，显然要更深、更广，其实际意义也要重大得多。

不过，上述年度报告关于整合内涵的论述还显得比较笼统、尚未展开。尽管如此，该报告还是非常值得我们借鉴的。(事实上，后面介绍的关于中国学者对信息技术与课程整合内涵的界定，就是在上述年度报告观点的基础上，结合我国的国情和中国学者自己多年的教改实践经验，加以补充、深化与拓展而形成的。)

为了帮助广大教师解决如何有效实施信息技术与课程整合的问题，第 3 个年度报告还为此开出了“处方”——提出进行有效整合的步骤与方法①：

步骤 1：确定教育目标，并将数字化内容与该目标联系起来；

步骤 2：确定课程整合应当达到的、可以被测量与评价的结果和标准；

步骤 3：依据步骤 2 所确定的标准进行测量与评价，然后按评价结果对整合的方式作出相应的调整，以便更有效地达到目标。

通过上面的介绍可以看到，这个年度报告，对信息技术与课程整合理论所面对的“整合的目标、整合的内涵、整合的方法”三大问题，都作出了明确的回答。对第一

---

① http://www.ceoforum.org.

个问题（整合目标）的回答相当中肯，甚至切中要害；对第二个问题（整合内涵）的论述也基本正确；但令人感到遗憾的是对第三个问题的回答（整合的途径与方法）似乎还缺乏深入的研究。因为上述的步骤、方法既未涉及“整合”的指导思想，又不涉及“整合”的教学设计，以及教学资源与教学模式的运用，还比较笼统（只是提供几个原则性步骤），所以对大家不会有太大的帮助。

（2）罗布耶的专著《教育技术整合于教学》

进入21世纪以后，随着教育信息化的深入发展，美国学者关于信息技术与课程整合“途径与方法”的认识，应该说和第3个年度报告所开出的“处方”相比，有较大程度的提高。这主要表现在：他们开始重视整合的指导思想（理论基础）、整合中的教学设计和相关软件及工具（教学资源）的运用与开发问题，而不是停留在这个年度报告所开处方的笼统的原则性步骤上。罗布耶的《教育技术整合于教学》，关于如何有效实施信息技术与课程整合，首先强调各种教与学理论（包括支持教师“讲授为主”的教与学理论和支持学生“自主探究为主”的教与学理论）对信息技术与各学科教学相整合的意义与作用。接着介绍并分析不同教育思想指引下的三种主要整合模式（以教师讲授为主的“主导型模式”、以学生自主探究自主建构为主的“建构型模式”，以及教师讲授与学生探究相结合的“混合型模式”）所使用的原则与策略。最后再给出不同学科运用各种原则与策略实施有效整合的具体案例。由此可见，书中对于信息技术与课程整合“途径与方法”的认识，和第3个年度报告所开出的“处方”相比，确实有了实质性的提高与发展。但令人感到遗憾的是，罗布耶的立论依据却还是基本按照计算机作为工具模式（从工具论角度）去描述信息技术与学科教学相整合的过程及作用。（在关于整合原理和策略的论述中，罗布耶对各种计算机软件和多媒体技术应用于学科教学虽然不仅谈到计算机作为工具模式也谈到了计算机作为辅导教师模式，但是从该书的总体论述及其倾向性来看，作者更为强调前者。）

除此以外，罗布耶关于信息技术与课程整合“途径与方法”的研究，尽管取得了实质性的进展，也还存在以下三方面的问题：

◆ 专门针对以教师讲授为主的“主导型”整合模式而设计的实施原则与策略还有较大的缺陷；

◆ 专门针对以学生自主探究为主的“建构型”整合模式而设计的实施原则与策略尚缺乏相关教学设计方法的支持；

◆ 对于最为重要、最为关键的“混合型整合模式”的研究（尤其是混合型整合模式实施原则与策略的研究）还很薄弱，更不深入。

众所周知，自90年代数字化学习（e-learning）逐渐流行以来，国际教育界占统治地位的教育思想是以学生为中心，主要的教学观念是强调学生的自主探究与合作学习，教师的主导作用则被视为束缚学生主动性、积极性的消极因素而遭到排斥。然而，经过90年代将近十年的网络教育实践，人们逐渐认识到数字化学习（e-learning）由于具有无限丰富的信息资源，可实现不受时空限制的资源共享，并有很强的交互性

（便于人机交互、师生交互、生生交互），有利于学生的自主学习与合作探究，所以对于培养创新型人才具有无可比拟的优越性。而传统教学方式尽管存在种种缺陷，但是教师的言传身教、优秀教师的人格魅力、传统校园的人文氛围等优势，也是数字化学习以及其他学习方式所无法取代的。因此，进入21世纪以后，一种新的、被称为Blended Learning（或Blending Learning，一般简称为b-learning）的概念逐渐流行。严格说来，它不能算是一个新概念，因为这种说法多年以前就已经有了。Blended一词的意义是混合或结合，Blended Learning的原有含义就是“混合式学习”或“结合式学习”，即各种学习方式的结合，本文暂称为混合式学习。例如：运用视听媒体（幻灯投影、录音录像）与运用粉笔黑板的传统方式相结合；计算机辅助学习方式与传统学习方式相结合；自主学习与协作学习相结合；等等。不过，近年来它之所以受到关注并日益流行，却是因为被赋予了一种新的内涵。这一新内涵是指：要把传统教学方式的优势和数字化学习的优势结合起来。也就是说，既要发挥教师引导、启发、监控教学过程的主导作用，又要充分发挥学生作为学习过程主体的主动性、积极性与创造性。目前国际教育界的共识是，只有将这二者有机结合起来，使二者优势互补，才能获得最佳的教学效果。

应该说，在罗布耶的专著中已经注意到了国际教育界在教育思想、教学观念上的这种转变，并且也想在该书中加以贯彻。如上所述，该书着重论述的关于不同教育思想指引下的三种主要整合模式是：以教师讲授为主的“主导型模式”、以学生自主探究为主的“建构型模式”，以及教师讲授与学生探究相结合的“混合型模式”。显然，主导型模式体现的是传统教学方式的优势，建构型模式体现的是数字化学习的优势，而混合型模式正是上述二者的有机结合与优势互补。但令人惋惜的是，罗布耶本人尚未能对混合式学习思想和与此相关的、至关重要的混合型模式作出认真、深入的研究。诚如作者自己所坦露的：“关于如何将主导型模式和建构型模式的方法、策略结合起来，并整合于同一门课程，目前教师们在这方面还很难找到有效的指导方针；要将这两种模式完全结合起来，在当前仍处于探索阶段。尽管全国的教师们或许正在课堂教学活动中进行这种结合，但有关这类整合模式有效应用的正式文献还很稀少，也不详细。”（见该书第76页。）从作者自己所说的这段话可以清楚地看出：目前在美国（乃至整个西方）对于“混合型整合模式”的研究（特别是混合型整合模式实施原则与策略的研究）还很薄弱、更不深入（相关的“文献还很稀少，也不详细”）；而是否贯彻混合式学习思想和实施混合型整合模式（能否把传统教学方式的优势和数字化学习的优势结合起来），正是信息技术与课程整合能否取得实质性成效的关键所在（如上所述，只有将这二者有机结合起来，使二者优势互补，才能获得最佳的教学效果）。这就表明，尽管是研究信息技术与学科教学整合的专著，但是并未能真正解决各个学科与信息技术的有效整合问题——因为该书对于最为重要、最为关键的“混合型整合模式”的研究（尤其是混合型整合模式实施原则与策略的研究）还很薄弱、更不深入。

(3)《国家教育技术标准（第三版)》中的有关论述

由以上分析可见，上述两种文献关于整合内涵和整合方法的论述都还存在一定的缺陷，那么，是否还有更权威的学术机构能给出关于整合内涵和整合方法的更深刻论述呢？更权威的学术机构是有的，但对于“整合”的论述却未见得深刻。例如，美国国际教育技术学会就是一个很有学术声望的机构，它在2000年为美国修订的《国家教育技术标准（第三版)》中，关于什么是“信息技术与课程整合”，是这样界定的①：

“课程整合是把技术作为一种工具融进课程，以促进学生对某一知识范围或多学科领域的学习。技术允许学生以前所未有的方法进行学习。只有当学生能够选择工具帮助自己及时地获取信息、分析综合信息并很正确地表达出来时，技术和课程的整合才是有效的。技术应该像其他所有可能获得的课堂教具一样成为课堂的内在组成部分。”

这段话只是强调要把技术作为一种工具（课堂教具）融进课程，仍然是只把信息技术看成一种工具或教具，而完全没有涉及理想学习环境的营造和新型教与学方式的创建这类更深层次的问题。可见，与第3个年度报告相比，这段论述不是更深刻，而是更肤浅、更倒退了。

下面我们再来看看，在上述几种代表性理论的指引下，美国近十年来在信息技术与课程整合方面的实施状况和取得的实际效果。

2. 美国实施信息技术与课程整合的现状及效果

(1) 美国的信息技术教育应用主要强调课前与课后

美国从事信息技术教育应用的学者普遍认为，信息技术应用于教学主要应在课前与课后——包括资料查询以及在学生与教师之间、学生与学生之间进行交流与合作，而在课堂教学过程的几十分钟内，还是主要依靠教师去言传身教②。在这种主流观念的指引下，多年来美国（乃至整个西方）教育界关于信息技术与课程整合，一直是在课前及课后下功夫，而较少在课堂上进行认真探索（直到2008年以后，这种状况才开始有所改变)。从美国2008年以前实施的信息技术与课程整合的主要教学模式上看，也确实可以看到上述主流观念所起的作用。自90年代中期以来，美国实施信息技术与课程整合的常用教学模式不外乎以下几种：适时教学模式（just-in-time teaching，简称JiTT)、基于网络的探究（Webquest)、基于问题的学习（ploblem-based learning)、基于项目的学习（Project-based Learning）和基于资源的学习（resources-based learning)。

适时教学模式主要应用于课前与课后——教师利用这种模式在课前将讲授内容、

---

① http://www.cnets.org，National Educational Technology Standards for Teachers，2000.

②《中国电脑教育报》2004年8月16日的教育信息化专刊，其中有关美国著名信息技术教育专家观点的报道。

相关资料、重点难点以及预习要求，事先通过网络发布，使学生在上课前能作好充分准备，并要求学生将预习情况与存在问题在上课前反馈给任课教师，以便教师及时调整下一节课的授课内容、教学方法及进度；这一模式还要求教师布置疑难问题让学生在课后进行网上探究。基于问题的学习、基于项目的学习与基于资源的学习，若从本质上看，则和基于网络的探究一样，属于同一类模式（这类模式都离不开网络的支持）。由于这类模式都是选择自然界或社会生活中的某个实际问题作为探究主题而展开，所以往往是多个学科的交叉，多种知识的综合运用（或是一个学科内若干知识点的综合运用），需要通过网络进行大量的文献调研和小组合作探究，要花费较多的课外活动时间。因此一般不适宜作为课内（课堂教学的几十分钟内）的常规教学模式。在2003年12月由美国 *Teaching & Learning* 杂志评选出的全美十佳“教育技术应用项目”中，无一例外都是属于基于网络的探究模式，由此可以看出上述主流观念的深刻影响。

（2）《教育媒体与技术》2004年发布的报告所反映的应用状况

据美国《教育媒体与技术》2004年发布的教育技术报告，信息技术对于绝大多数教师来说，只是用来作为查寻资料准备教案，或是与同事和家长沟通以及保存和管理数据的工具（前者属于课前应用，后者属于课后应用），很少将信息技术直接应用于或整合于课堂教学。对于少数能将信息技术整合于课堂教学的教师来说，他们最常用的两类整合方式是：第一，利用技术提高学生的计算机操作技能和作为奖励的游戏活动；第二，利用技术进行巩固性操练、练习和文字处理。可见，这一报告也证实，在21世纪初，美国（乃至整个西方）的信息技术与课程整合主要关注的还是课前与课后，在课堂教学过程中虽然也有少数教师进行整合的探索，但从他们最常用的两类整合方式看，显然还停留在比较低的层次。

（3）“美国亚洲协会”关于中学生数学与理科学习情况的研究报告

“美国亚洲协会”（该机构宗旨是专门研究美国与亚洲的关系）的教育专家在2006年上半年发表的一项关于美国中学生2001—2005年数学与理科学习情况的研究报告显示，美国学生的数学与理科分数大大落后于亚太地区主要国家（如韩国、新加坡以及我国台湾地区）的学生。为此，“美国国内对美国中学的数学和理科教育水平深感担忧”。

（4）经合组织公布的测试结果

2010年12月7日，经济合作与发展组织（OECD）发布了每三年进行一次的国际学生评估项目（PISA）报告，在这个报告中，介绍了对世界上比较发达的65个国家和地区的47万名中学生进行的测试。其结果表明：美国在全球教育水平排行中只居中等地位——阅读成绩排名第14位，科学成绩排名第17位，数学成绩排名第25位。

（5）美国教育部下属评估机构的抽样测试结果

在本文第二部分的开头曾经提到，2009年5月美国教育部发表了其下属评估机构对全美各地2.1万名中学生所作的抽样测试结果："当前中学生的阅读能力与计算能力和30年前相比没有明显的差异。"

以上种种事例表明，尽管美国早在90年代中后期就在中小学建立了良好的信息化教学环境，但是正如上述有关资料所揭示的，它们的基础教育质量和实现教育信息化之前相比，并未有明显的差异（极端建构主义理论的影响固然难辞其咎，信息技术与学科教学未能在科学理论的指导下实现有效的整合，从而使信息化教学环境未能真正发挥作用也是重要原因之一）。这就证明上面介绍的以第3个年度报告和罗布耶的专著等为代表的信息技术与课程整合理论，以及美国当前有代表性的教育信息化理论还存在较大的缺陷（前已指出，信息技术与课程整合理论正是教育信息化理论的核心内容），还未能有效地解决实际问题。因此，在这样的教育信息化理论基础上所形成的"教育系统结构性变革"的应对举措是否真正科学、有效？确实值得我们认真分析与思考。

（四）对2010教育计划的应对举措是否科学、有效的分析与思考

1. 2010教育计划为解决"信息技术在教育领域的应用成效不显"问题所作出的贡献与存在的遗憾

"教育系统结构性变革"命题的意义之所以重大，是因为人类社会自90年代初逐渐进入信息时代以来，以多媒体计算机与网络通信为标志的信息技术日益广泛地应用于人们的工作、学习与生活的方方面面，并在经济、军事、医疗等领域显著地提高了生产力，从而在这些领域产生了重大的革命性影响。但令人遗憾的是，在信息技术应用于其他领域或部门（尤其是在工商企业部门）取得显著成效的同时，它在教育领域的应用却成效不显——大多数仍是只停留在手段、方法的应用上，对于教育生产力的提升（大批优质人才的培养），信息技术似乎成了可有可无、锦上添花的东西（而非必不可少的因素，更谈不上对教育发展产生革命性影响）。原因在哪里呢？

自90年代以来，国际上有许多专家学者对此进行了研究与探讨，大多数不得要领，或是无功而还。迄今为止，以美国为代表的西方学者，对于信息技术在教育领域的应用（或信息技术与学科教学的整合），往往都只从改变"教与学环境"或改变"教与学方式"的角度（最多也只是同时从改变"教与学环境"和"教与学方式"的角度）去强调信息技术在教育领域的应用（或者去定义整合的内涵、实质），因而都未能抓住问题的本质与关键。只有2010教育计划通过回顾、总结近三十年来企业部门应用技术的经验与教训，并和教育部门应用技术的实际状况进行对比，才最终认识到，信息技术在教育领域的应用之所以成效不显，其问题是出在：教育领域没有实施由信息技术支持的重大结构性变革（只是将信息技术应用于改进教学手段、方法这类"渐进式的修修补补"上，或者是只关注了如何运用技术去改善"教与学环境"或"教与学方式"。总之，都没有触及教育系统的结构性变革），从而第一次提出了上述关于教育系统的"结构性变革"命题。

"信息技术在教育领域的应用成效不显"这个问题，近二十年来一直困扰着国际

教育技术界（乃至整个国际教育界）。因为抓不住问题的本质与关键，所以始终找不到解决这个问题的正确途径与方法，从而造成世界各国多年来在教育信息化领域的成百上千亿资金投入，得不到适当的回报，甚至付诸东流，成千上万的教师未能在信息化教学环境下实现有效的整合，甚至成为浪费时间的盲目实践。由此可见，2010教育计划能发现并提出上述“教育系统结构性变革”命题，从而为解决“信息技术在教育领域的应用成效不显”这个难题（也就是解决“如何使信息技术真正对教育发展产生革命性影响”这个难题）找到明确的方向，其意义是何等重大！其影响将会何等深远!!

然而，明确了解决问题的方向，还不等于找到解决问题的途径与方法。2010教育计划虽然发现并提出了上述具有重大意义与影响的“教育系统结构性变革”命题，有很大贡献，但是，客观地说，目前还没有能够正确认识“教育系统结构性变革”的真正内涵，更未能找到关于“教育系统结构性变革”的应对举措，即实现“教育系统结构性变革”的有效途径与方法。

2. 2010教育计划未能正确认识“教育系统结构性变革”的真正内涵也未能找到实现相关变革的途径与方法的文化、思想根源

按理说，2010教育计划由美国当代著名的教育心理学家与教育技术专家起草，对于“什么是教育系统的结构性变革”以及“如何实现这种结构性变革”应当有比较科学的认识、理解与判断。但是，由于这是前所未有，又是多年来未能解决的国际性难题，再加上西方传统文化的影响，使得其在对这两个问题的认识与解决上出现偏差，也在情理之中。我认为，2010教育计划未能正确认识“教育系统结构性变革”的真正内涵、也未能找到实现“教育系统结构性变革”途径与方法的文化、思想根源在于：过分夸大“学习”的作用，以学习取代了“教育”。

认为学习是教育的上位概念，其内涵可以涵盖整个教育，这是西方学者历来的通病。这与西方历来“重学轻教”的传统文化有关。基于这种认识，目前西方教育界往往把学习抬到高于一切（乃至超越教育）的位置，我们觉得是不科学、不可取的，必须予以澄清。

对这种认识的典型描述如图1（见下页）所示（教学过程是被包含在学习过程之中，是属于学习过程的子过程）。由于“教学”是有教师参与并有特定组织形式的教育活动，通常也称之为“学校教育”，“教学过程”即是“学校教育过程”。这样，就可以将图1改画成图2（见下页）。

由图2可见，对于学校教育来说，学习就是它的上位概念，学校教育只是学习的子范畴，因而可以合理地推断出以下结论：“学校教育的全部目的、全部功能都是为了学生的学习”。

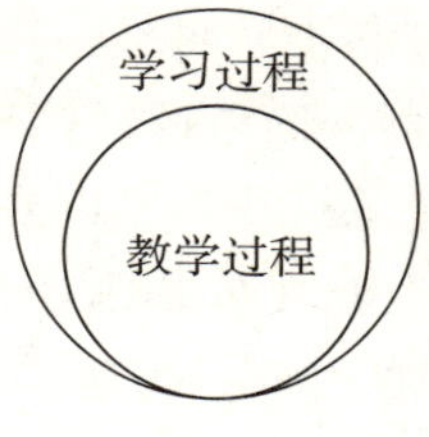

图 1

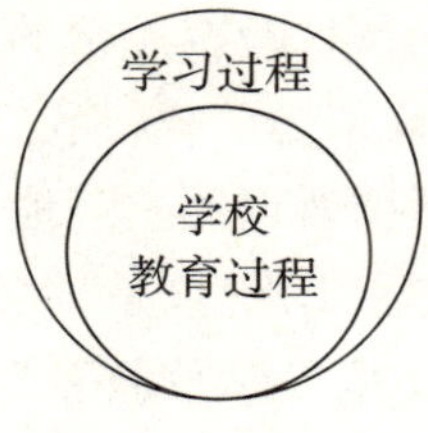

图 2

正是基于这种认识，2010 教育计划确认，“要想显著提高教育的生产力，就必须显著提高学习的效果”（这一点从第 7 部分“生产力：重新设计和改造”的具体内容，即可一目了然地看出来）。

那么，“学校教育的全部目的、全部功能都是为了学生的学习”（以“学习”完全取代“教育”）这种观点对不对呢？表面看似乎有理，实际上却存在很大问题。

将学习的内涵与教育的内涵作一比较，不难发现，二者的差异有两个方面。第一，学习活动与教育活动的性质不完全相同——教育纯粹是社会性活动，而学习则可以是个体化活动，也可以是社会性活动。第二，两种活动的内容不完全相同——学习活动的内容是获取知识和经验（主要涉及认知活动），而教育活动（有“教”和“育”两种方式）从“教”的内容来说，是传递知识与经验（这一点和学习活动内容基本相同），但从“育”的内容（更多地涉及情感、态度、价值观）来看，要通过生活情境的创设和学习活动的组织让学生亲身去体验、去感悟，从而有效地促进学生的身心发展。显然这种“育”的内容是一般学习活动中不可能具有的（因为有关的情境是教师根据情感、态度、价值观的培育需要创设的，有关的学习活动是由教师根据情感类教学目标的要求设计和组织的，而不是由学生自己创设和组织的），这正是“教育”和“学习”的不同之处，是二者的主要区别所在。

以上分析表明，2010 教育计划过分夸大“学习”的作用，甚至以学习完全取代“教育”是片面的，是没有根据的。这样做的结果，更不可能涉及教育系统自身的结构性变革问题。这正是其未能正确认识“教育系统结构性变革”的真正内涵、也未能找到实现这种“结构性变革”途径与方法的文化思想根源，也是信息技术在教育领域应用成效不显的根本原因所在。

（五）中国学者对“教育系统结构性变革”的认识及应对举措

1. 中国学者对“教育系统结构性变革”内涵的认识与理解

那么，“教育系统结构性变革”的真正内涵到底应该是什么呢？众所周知，教育系统包括“学校教育”、“家庭教育”、“社会教育”、“终身教育”等多个组成部分，但其最重要、最核心的部分是“学校教育”（广大青少年的知识技能与情感、态度、价值观主要靠学校教育来培养，而青少年正是我们民族的希望、祖国的未来）。所以我们认为，教育系统结构性变革的主要内容应该是指“学校教育系统的结构性变革”。我们再来看看学校教育系统的结构性变革又是指什么。众所周知，教育生产力的显著提高，必须体现在对具有 21 世纪能力素质的大批优质人才的培养上，而人才的培养最终必须落实到学校教育质量的提高上（各个学科教学质量与学生综合素质的提高上）。以这一基本认识为前提，我们来看下面的简单逻辑推理：

由于课堂教学是学校教育的主阵地（这也是除远程教育以外，各级各类教育的主阵地），所以，“课堂教学”应该是“学校教育”最主要的内容；

既然“课堂教学”是“学校教育”的最主要内容，那么“课堂教学结构”自然就应当是“学校教育系统的主要结构”；

既然“课堂教学结构”是“学校教育系统的主要结构”，那么，实现了“课堂教学结构的变革”自然就等同于实现了学校教育系统的最主要的“结构性变革”。

——这应是合乎逻辑的结论。

上述简单的逻辑推理表明，“学校教育系统结构性变革”的确切内涵就是要实现课堂教学结构的根本变革。

那么，“课堂教学结构的变革”又是指什么呢？在中国学者创立的“信息技术与课程深层次整合理论”中，为“信息技术与课程整合（也称信息技术与学科教学的整合）”给出的定义是：

所谓信息技术与课程整合（或信息技术与学科教学整合），就是通过将信息技术有效地融合于各学科的教学过程来营造一种信息化教学环境，实现一种既能发挥教师主导作用又能充分体现学生主体地位的以“自主、探究、合作”为特征的教与学方式，从而把学生的主动性、积极性、创造性较充分地发挥出来，使传统的以教师为中心的课堂教学结构发生根本性变革——由教师为中心的教学结构转变为“主导—主体相结合”的教学结构。①

这一定义包含三个基本属性：营造信息化教学环境、实现新型教与学方式、变革传统教学结构。只有紧紧抓住这三个基本属性才有可能正确理解信息技术与课程整合的内涵，才能真正把握信息技术与课程整合的实质。这三个基本属性并非平行、并列。

营造信息化教学环境是信息技术与课程整合的基本内容（所谓信息化教学环境是指能够支持真实的情境创设、启发思考、信息获取、资源共享、多重交互、自主探究、协作学习等多方面要求的教与学方式的新型教学环境）。

整合的具体目标是要实现以“自主、探究、合作”为特征的新型教与学方式。

整合的最终目标是要变革传统课堂教学结构——将教师主宰课堂的“以教师为中心”的传统教学结构，改变为既充分发挥教师主导作用，又能突出体现学生主体地位的“主导—主体相结合”教学结构。而教学结构的变革不是抽象的、空洞的，它要实际体现在课堂教学系统四个要素（教师、学生、教学内容和教学媒体四个要素②）

---

① 何克抗：《信息技术与课程深层次整合的理论与方法》，《电化教育研究》2005年第1期。何克抗著：《信息技术与课程深层次整合理论》，北京师范大学出版社2008年第5页。

② 顾明远：《教育技术学与二十一世纪的教育》，中国电化教育1995年第8期。

的地位和作用的改变上（所谓课堂教学结构就是教师、学生、教学内容和教学媒体这四个要素相互联系、相互作用的具体体现），从而使创新人才培养的目标真正落到实处。

由此可见，“整合”的实质与落脚点是要变革传统课堂教学结构——将教师主宰课堂的“以教师为中心”的传统教学结构，改变为既充分发挥教师主导作用，又能突出体现学生主体地位的“主导—主体相结合”教学结构。国内外的经验告诉我们：信息技术与课程整合若不紧紧抓住“改变传统教学结构和建构新型教学结构”这个中心，是不会有成效的，是要付出代价的。这是一条“铁”律，是中国人在教育信息化领域发现的一条重要规律。不管是个人、是社会、是国家，谁要是忽视了或违背了这一规律，都要付出代价，而且是非常沉重、高昂的代价。

2. 中国学者实施“教育系统结构性变革”的基本思路——实现课堂教学结构的变革

以上分析表明，“课堂教学结构的变革”就是“学校教育系统的结构性变革”。如上所述，“教育系统结构性变革”的主要内容又是指“学校教育系统的结构性变革”，因而我们实施“教育系统结构性变革”的基本思路就可定位在实现“课堂教学结构的变革”上。

事实上，前面已经提到，迄今为止，国际上关于信息技术与课程整合的理论往往都是只从改变“教与学环境”或改变“教与学方式”的角度去定义整合的内涵（顶多是同时从改变“教与学环境”和“教与学方式”的角度去定义整合的内涵）。只有我们中国学者的整合理论才从改变“课堂教学结构”的高度去定义整合的内涵，并以此作为我们实施教育信息化的核心指导思想。

简而言之，按照中国学者的观点，“课堂教学结构的变革”就是“学校教育系统的结构性变革”。对于中国的国情而言，这种结构性变革的具体内涵就是—— 要将教师主宰课堂的“以教师为中心”的传统教学结构，改变为既充分发挥教师主导作用，又能突出体现学生主体地位的“主导—主体相结合”教学结构。

对于美国的国情而言，这种结构性变革的具体内涵有所不同—— 要将片面强调“以学生为中心”而忽视教师主导作用的传统教学结构，改变为既充分发挥教师主导作用，又能突出体现学生主体地位的“主导—主体相结合”教学结构。这正是问题的本质与关键所在。我们认为，这才是2010 教育计划最为关注且强烈希望实施的“教育系统结构性变革”的真正内涵及其变革的具体途径与方法。但是，由于西方传统文化的影响，使西方学者在当前还难以认识到这种“结构性变革”的真正内涵，更未能找到这种实施这种“结构性变革”的途径与方法。这又是令人感到非常遗憾之处。

3. 中国学者实施“教育系统结构性变革”的应对举措——在改变课堂教学结构基础上实现教育质量提升的跨越式发展

对“教育系统结构性变革”的确切内涵有了较清晰的认识与理解以后，就能顺理成章地找到实施“教育系统结构性变革”的应对举措（也就是使信息技术能够对教育发展真正产生出革命性影响的应对举措）。这个应对举措就是“要在根本改变传统课堂教学结构的基础上，实现各级各类教育在质量提升方面的跨越式发展”。

（1）课堂教学结构变革的具体内容

如上所述，所谓课堂教学结构就是教师、学生、教学内容和教学媒体这四个要素相互联系、相互作用的具体体现，所以教学结构的变革不是抽象的、空洞的，它要实际体现在课堂教学系统四个要素的地位和作用的改变上，也就是——

教师要由课堂教学的主宰和知识的灌输者，转变为课堂教学组织者、指导者，学生建构意义的帮助者、促进者，学生良好情操的培育者；

学生要由知识灌输的对象和外部刺激的被动接受者，转变为信息加工的主体，知识意义的主动建构者，和情感体验与培育的主体；

教学内容要由只是依赖一本教材，转变为以教材为主并有丰富的信息化教学资源（例如学科专题网站、资源库、光盘等）相配合；

教学媒体要由只是辅助教师突破重点、难点的形象化教学工具，转变为既是辅助教的工具，又是促进学生自主学习的认知工具、协作交流工具与情感体验与内化的工具。

（2）实现各级各类教育在质量提升方面的跨越式发展（以基础教育为例）

要根本改变传统的课堂教学结构，需要运用我们多年研究探索形成的信息化教学创新理论，以及在此理论指导下开发出的丰富教学资源和一整套有效的教学模式与教学方法，并把这套理论、模式、方法与教学资源切实运用于课堂教学过程。大量的实践证明，只要能真正做到这几点，就完全有可能改变传统的课堂教学结构，从而实现各级各类教育在质量提升方面的跨越式发展。

由于课堂教学结构的变革，要通过一定的教学模式与教学方法、策略才能实现，这就离不开先进的“学教并重”教学设计的支持。

此外，如前所述，为了能达到显着提高教育生产力的目标（也就是使信息技术对教育发展能真正产生“革命性影响”），教育系统要实施的结构性变革应当是由信息技术支持的重大结构性变革。换句话说，上述结构性变革应当是在有信息技术支持的教学环境下实现，这就涉及信息技术如何与课程有效整合以及在“信息化环境下的学科教学理论”能否与时俱进等问题。

考虑到这些因素，我们不难明白：要想使信息技术对教育发展能真正产生“革命性影响”，应当要有先进的“学教并重”教学设计理论的指导，和科学的“信息技术与课程整合理论”（特别是“信息技术与课程深层次整合理论”）以及信息技术环境下的创新学科教学论（例如信息技术环境下的创新“语文学科教学论”、“数学学科教学论”、“英语学科教学论”）的支撑，才有可能。

以基础教育为例，自进入21世纪以来，我们在全国范围的二十多个教改试验区内（其中多半是在中西部较贫困的农村地区）开展了旨在大幅提高中小学的学科教学质量与学生综合素质的“基础教育跨越式发展创新试验研究”。经过将近十三年的实践、探索，现已取得显著成效，从而在国内外（国外如新加坡的华文教学）产生愈来愈大的影响。

事实上，这种能达到基础教育质量大幅提升目标（也就是能够让信息技术对教育发展真正产生“革命性影响”）的“跨越式发展”试验，只有在信息化教学创新理论的指导下，通过根本变革课堂教学结构才有可能实施与达到。

（责任编辑　李　冰）

《中国教育科学》2013 年第 2 辑目录

张铁道 1956年生，甘肃兰州人。教育学博士。北京开放大学副校长、北京市教育学会副会长、西北师范大学兼职教授。曾担任甘肃省教科所所长、北京教科院副院长，先后兼任全国教育科学规划领导小组成员和基础教育、民族教育、教育发展战略等学科组成员、日本广岛大学客座教授、联合国教科文组织终身学习研究所监事会成员。主要研究领域与成果："甘肃省全面提高小学教育质量综合革新实验"（课题组长）（1988—1996），获"联合国教科文组织辛格奖"（1992）、"第二届全国教育科学研究优秀成果二等奖"（1999）；全国哲学社会科学"九五"重点课题"农村女童教育的现状、问题与对策研究"（第一副组长），获"第二届全国教育科学研究优秀成果一等奖"（1999）；联合国教科文组织"中国最佳职业技术教育案例研究"（2000—2001），获第二届北京市哲学社会科学优秀成果二等奖（2002）；"教师研修的课程规划与实践策略"（系列研究），获"第四届全国教育科学研究优秀成果二等奖"（2011）。

朱传世 1971年生，湖南临澧人。北京教育科学研究院教研员，中学高级教师，北京市学科带头人。主要研究方向为课程教材教法、语文教育教学、国学教育、中高考、学习性评价等。组织、参与了多项国家级、市区级课题研究工作，十多项成果分获国家级、市级一等奖；发表文章、论文百余篇，主编、参编著作百余部。

《国学教育的重要使命》导读

国学教育的重要使命

张铁道　朱传世

【摘要】 课程模式上以“文选式”为主，知识教学范式上以“讲授”、“背诵”等为主要特征，这是国学教育长期以来的基本事实。国学教育改革应该以培养中华民族美德和行为特征为教育目标，以系列价值观与行为主题为课程结构，以“感知—内化—行为化”为教学过程，以“知、行、意”统合发展为教学目标，以学生价值观养成和实际行为习惯培养为评价依据。

【关键词】 国学教育；中华美德；主题课程；体验教学

一、问题的提出

改革开放30余年来，我国综合实力持续增强，人民生活显著改善，取得了令国际社会惊叹的发展成就。但由于过去政治运动的阴影和现在新兴市场经济的不完善，我国社会风尚和国民人格没有像经济发展那样得到国际社会的认可。我国与国际市场经济体制接轨的努力，让国民充分感受到依靠勤奋生产和廉价劳动能够带来巨大物质财富，也付出了社会诚信缺失和道德滑坡愈演愈烈的惨痛代价。“苏丹红事件”、“三聚氰胺事件”惊魂未了，又上演“瘦肉精事件”；幼儿园疯狂砍人的恶性事件，让校门成了重点保安区域；随着富裕起来的中国人出境游的人潮，法国、德国、日本、泰国、新加坡等国的公共场所出现了中文简体提示语“中国人，便后请冲水”、“请安静”、“请不要随地吐痰”① ……在2011年4月1日举行的斯诺克中国赛上，英国选手墨菲发出这样的抱怨：中国观众的行为非常没有礼貌，这种情况七年里从未改善。②

然而，与之形成鲜明反差的是：一个英国人当起了长城的“洋管家”，常年在长城捡拾垃圾；德国总理默克尔来华访问，拒绝总统套房，入住普通标间，和普通人一起吃自助餐，甚至弯腰捡食掉在地上的面包；被称为“日本治沙之父”的远山正瑛

---

① 石岩、马捷宁：《中国游人，你丑陋吗?》，《南方周末》2006年9月28日。

②《球迷素质低下根源在公民精神 好文化制造不出来》，http://sports.ifeng.com/zonghe/detail_2011_04/03/5542389_0.shtml.

到中国西部腹地的库布其沙漠种树治沙，一种 14 年，直到逝世，被人们尊称为来自日本的“治沙愚公”……这一切，带给国人深深的感叹！

早在 1997 年 10 月 20 日，《人民日报》就发过一篇《着力提高国民素质》的社论，该社论发出警告：“我国的国民素质远不能适应现代化建设的要求，已经成为国家经济和社会发展的严重制约。”时至今日，不良的社会风气仍然没有得到有效遏制。2011 年 4 月 14 日国务院总理温家宝在同国务院参事和中央文史研究馆馆员座谈时指出：“必须清醒地看到，当前文化建设特别是道德文化建设，同经济发展相比仍然是一条短腿……这些恶性的食品安全事件足以表明，诚信的缺失、道德的滑坡已经到了何等严重的地步。一个国家，如果没有国民素质的提高和道德的力量，绝不可能成为一个真正强大的国家、一个受人尊敬的国家。”① 如此看来，培育具有中华民族精神和传统美德的新一代国民，已经成为全社会的共识。该是我们检讨国民教育的时候了！检讨什么呢？东方网特约评论专家汪长纬先生总结了两点：“一是没有充分地运用民族的优秀文化和传统美德作为国民教育的基本内容，因而没能使国民素质深深扎根于传统文化之中……二是我们的许多教育往往大而无当，不着边际，而对影响和塑造国民素质起潜移默化作用的日常养成教育，比如做人的起码社会公德、伦理道德、人际关系等，就缺乏足够的重视和系统的训练。”②

纵观历史，在 19 世纪和 20 世纪之交，国家积贫积弱，西学东渐，一部分有识之士力图弘扬国学来振兴民族。他们开展了沟通新旧之学、中西之学的许多有益尝试，为国学的延续和民族精神的传承作出了巨大贡献。国学大师章太炎说：“夫国学者，国家所以成立之源泉也。吾闻处竞争之世，徒恃国学固不足以立国矣，而吾未闻国学不兴而国自立者也。吾闻有国亡而国学不亡者矣，而吾未闻国学先亡而国仍立者也。故今日国学之无人兴起，即将影响于国家之存灭。”③ 显然，弘扬中华民族精神和继承优秀文化精髓就成为新世纪国学教育的重大历史使命。

国学在引导社会风尚、塑造国民精神、培育人格力量等方面有其特别的价值。许多人看到了这种价值，纷纷开展了各式各样的国学教育，于是便形成今天的国学热。如何审视当下的国学热，基础教育阶段在未来的国学教育中应当怎样完成培育具有中国民族精神的新一代国民的历史使命，就成为了我们考察的着力点。

2010 年中共中央、国务院印发的《国家中长期教育改革和发展规划纲要(2010—2020 年)》强调，要加强中华民族优秀文化传统教育和革命传统教育。而国学是数千年来中国人思维方式、行为方式、生活方式的高度总结，凝结着中华民族优秀的传统文化、民族精神和核心价值观。中小学承担着国民基本素质和民族精神培养

---

① 温家宝：《讲真话 察实情——同国务院参事和中央文史研究馆馆员座谈时的讲话（2011 年 4 月 14 日)》，《人民日报》2011 年 4 月 18 日。

② 汪长纬：《检讨我们的国民教育》，http://news.eastday.com/eastday/node127047/node127048/node127092/node127111/node127113/userobject1ai2173236.html.

③ 章太炎讲演，曹聚仁整理：《国学概论》，上海古籍出版社 1997 年版，第 6 页。

的任务，中小学教育应该自觉承担起传承中华民族优秀传统，培育中国国民基本素质的重任。

语文学科是国学教育的重要载体。《义务教育语文课程标准（2011 年版）》提出，语文课程在全面提高学生语文素养方面“还应通过优秀文化的熏陶感染，促进学生和谐发展，使他们提高思想道德修养和审美情趣，逐步形成良好的个性和健全的人格”；语文课程的“总体目标与内容”之一在于引导学生“认识中华文化的丰厚博大，汲取民族文化智慧”。①《普通高中语文课程标准（实验）》也重申，“高中语文课程必须充分发挥自身的优势，弘扬和培育民族精神，使学生受到优秀文化的熏陶，塑造热爱祖国和中华文明、献身人类进步事业的精神品格，形成健康美好的情感和奋发向上的人生态度”。② 其他如历史、地理、音乐、美术等学科也都对承继优秀传统文化、发扬民族精神提出了学科育人的目标要求。

二、当前的国学教育实践

新课程改革背景下的中小学教育已经着手开展基于国学教育的重塑新一代中国人的行动。首先，从我国现行的国家课程教材体系看，语言与文学、数学、人文与社会、科学、技术、体育与健康、艺术、综合实践活动八大学习领域都从不同侧面涉及到了国学教育的内容。其中，在语言与文学、人文与社会、艺术这三大领域涉及面更广。以语文学科为例，2000 年的古诗文选文比例比 1990 年提高了 7.2%，达到 37.2%；③ 现行的人教版的高中语文新课程教材，15 本选修教材中有 3 本几乎全是古代文化经典，它们是《中国古代诗歌散文欣赏》、《先秦诸子选读》、《中国文化经典研读》。其次，国学经典也成为地方课程和校本课程的重要内容。如山东省曲阜市编写了《中华古诗文经典读本》，推动中华优秀传统文化进校园、进班级、进课堂、进学生心中；安徽省宿州市三铺中学等一批学校编写了“国学经典读本”的校本教材。再次，围绕国学教学的需要，一些地区和学校也做出了有益的探索。比如，北京四中的“抄—诵—谈—背”的教学流程和人文游学活动、石家庄市庄园小学“知礼励志—国乐熏陶—引经据典—诵读升华—积累运用（明理力行）”的五步骤课堂教学模式、郑州二七区春晖小学编演的大型团体舞《中华神韵》、承德博骏双语学校“饭前”、“课前”、“操前”、“会前”、“寝前”的校园“五前”国学文化、成都市双眼井小学编写的全国首套小学“国学操”等。

但从整体上看，国学教育的主要内容仍然局限在选编圣贤经典，学生学习则以教

① 中华人民共和国教育部：《义务教育语文课程标准（2011 年版）》，北京师范大学出版社 2012 年版，第 6 页。

② 中华人民共和国教育部：《普通高中语文课程标准（实验）》，人民教育出版社 2003 年版，第 2 页。

③ 顾之川：《中小学经典教育的现状与思考》，《新疆教育学院学报》2010 年第 3 期。

师讲授、学生诵读以及背诵为主，评估则以知识记忆多少及准确程度为主要依据。实践表明，单一乏味的知识教学模式，使得不少学生刚开始热情很高，后来渐渐地失去了兴趣，许多地方一时赶“潮流”开展的国学教育很快陷入枯燥乏味、难以为继的境地。

据我们了解，当前中小学开展的国学教育主要面临以下五个方面的问题。

1. 精华与糟粕互现。“仁义礼智信”、“温良恭俭让”中的优秀品质毫无疑问需要我们继承弘扬。然而，那些存在于《三字经》、《弟子规》、《千字文》、《增广贤文》、《论语》等典籍中的“三纲五常”、“因果报应”、“命运天定”等消极意识由于没有得到批判性分析，悄然成为学生的“知识”。例如，《千字文》中“乐殊贵贱”、“礼别尊卑”的句子，原本讲的是古人在欣赏音乐方面的高下之分，在待人接物方面的尊卑之别。这些内容如果不加辨析地死背硬记，潜移默化中会对学生思想的形成产生负面作用。又如，“仁义礼智信”中一些奠定人生修养的为人处事准则固然要继承，但对于不注重原则的“愚忠”、“愚孝”、“忍让”等观念不加摒弃，则会使人淡化社会价值原则和行为准则。

2. 用继承代替发展。有的做法没有处理好优秀传统与现代精神的关系，用继承代替发展，那些已经明显不合时宜的思想不加以正确引导便全盘接收。比如《劝学诗》有“书中自有黄金屋，书中自有颜如玉”的语录，其“六经勤向窗前读”的劝学初衷固然不容质疑，但它所崇尚的为个人名利而学习的价值导向，却与培养国民自立自强、服务社会、造福民族的现代精神根本相悖。

3. 学生消化不良。现行教学缺乏合理的内容结构，教学重点、难度和梯度不尽合理，学生消化不良。从横向看，重点不突出，良莠不分，有的甚至还将迷信色彩的内容当成经典。比如有的地方设立《风水地理课程》，但对于其中迷信的成分却不置可否，这就可能使学生产生误读。从纵向看，对学生的年龄特征以及相应的学习能力估计不足，违反了学生身心发展的基本规律，教师讲得云山雾罩，学生学得不知所云。有的地方编写的国学读本，学生难以理解，比如出自《论语·为政》的“为政以德，譬如北辰，居其所而众星共之”，对于小学生来说，理解起来就非常困难了。①

4. 师生负担重，疑惑多。由于没有找到与国学相适应的教学方法，教师普遍面临困惑。我们访谈中了解到来自教师的纠结主要集中在三个方面：一是知识结构的问题，比如有教师反映，国学内容丰富，而我们在大学所学的内容仅仅只是皮毛，参加工作以后，好多知识渐渐淡忘。二是教学实施难度把握的问题，有教师感叹，国学博大精深，针对不同年龄段的孩子要深浅适度，但这个度很难把握，很多时候都是感觉自己在深一脚浅一脚地教，心里没什么底儿。三是单一诵读教学方式的成效难以显现。有教师如是说：“学生学国学，总让他们背诵，实在很难，特别是比较贪玩的孩子，不太愿意接受背诵这种方式。”来自学生的反映也印证了教师的困惑，比如有学

① 《成都国学读本有点难 小学生伤脑筋》，《成都商报》2010年8月27日。

生说："整天背啊背的，比较烦，老师似乎除了要我们读和背，就没有别的招了，还不如看看动画呢!"还有的说："有的时候，我们问一些不懂的问题，老师自己也不知道怎么回答，就说等我们长大了就明白了。"有学生开玩笑说："国学内容和我们的生活方式好像很远，人和人的关系好像不冷不热，那个时候的人是不是很无聊啊!"还有的学生说："学一点儿国学，能让我们的行为更加符合规范，特别是对行为存在偏差的学生是有帮助的，但对于很淘气的学生似乎不管用。"

5. 国学成了鸡肋。由于国学教育缺乏科学的学习成绩测评指标与方法，结果评价仅仅停留在文本知识的理解、记忆层面。一些学校热热闹闹搞了一阵国学之后，最终发现升学考试才是硬道理，便难以持久，甚至渐渐偃旗息鼓。家长也对国学多有微词，认为"低年级玩玩还可以，但上了高年级，又要学英语，又要读奥数，哪有时间读'之乎者也'"。① 国学成为许多学校课程改革中的"鸡肋"，难以成为学生受益的教育体验。

三、关于国学教育的改革建议

长期以来，国学教材大多因循选文、文选、释义集注的传统；教学则多采用阅读、讲解、记诵的方法，缺乏应有的讨论、质疑、批判；因袭"万般皆下品，惟有读书高"、"劳心者治人"的知识价值观，奉行灌输式、记诵式教学方式，不顾少年儿童学习需求，一味主张"寒窗苦读"，忽视学习者在其社会日常生活中对所学价值观和行为方式的践行，最终导致知行脱离的教学结果。实践表明，以知识传承为基本特点的国学（或蒙学）教育难以唤起中小学生的学习兴趣，缺乏有效的内化和实践能力培养，因而难以实现有效培育具有中华美德和民族精神新一代国民的目的。因此，怎样寻找适合新时代儿童学习与能力发展的国学课程与教学已然成为一个急需解决的重要实践课题。

通过对现行教学实际的考察，我们提出以下改革国学教育的实践探索建议，即：以青少年成长发展所需要的基本价值观和行为能力为主题选择并组织国学内容，以"学习—修身—践行"为课程与教学线索，规划并组织学习者开展有益的体验式学习，以其人格养成、日常行为习惯培养和社会实践能力发展为评价标准拟定国学教育教学制度。

我们的具体构想是：在教育目标方面，借助国学教育赋予少年儿童以中华美德和民族精神，从而实现国学课程的育人价值；在教材建设方面，改变"文选"汇编模式，尝试"主题先行，文选支撑"的教材结构；教学主题为模块框架，将优秀传统文化与社会主义核心价值观相结合，具体涉及八个方面的主题，包括立志与爱国、为学与敬业、成事与诚信、修身养性与友爱合群、善待资源与文明发展、国富民强与公

① 胡键，谢苗枫：《"国学小博客"突出国学教学的尴尬》，《南方日报》2007年8月17日。

平和谐、民主自由与平等法治、为师与为父母等方面；在教学实施中，注重学生的自主学习和多重体验，追求“知、行、意”连贯一体，引导学习者将价值观学习、技能习得与日常行为养成密切结合；教学评价力求从学习者在知识掌握、行为训练和日常表现三方面的发展水平综合考核。在课程实施方式上，学校可以结合本校实际，以校本课程形态进行，在课程建构和教学实践中不断积累成功经验；作为专业机构，要在改革创意、课程规划与主题课程研发、校长教师培训、实践案例研究、教学评价标准研制、成功经验推广等方面发挥引领和支撑作用。

我们的具体实践建议简述如下。

(一) 学习主题框架

主题一：立志与爱国

这一主题强调少年儿童应当尽早确立人生志向，主张人生发展从学习国民基本价值观和日常行为做起，体现人生发展的阶段性特征以及自立自主、由己推人、造福社会和国家的发展过程。孔子所谓“吾十有五而志于学，三十而立，四十而不惑，五十而知天命，六十而耳顺，七十而从心随欲，不逾矩”（《论语·为政》)，可以视为个体不同阶段人生感悟的参照，在孔子看来人生的起点很明确，即始于学，志于学。当然，学习是要有方向的，所以王阳明说：“故立志者，为学之心也；为学者，立志之事也。”不仅如此，在古人看来，立志还要尚远、慎终、不为身处的环境所动摇。“燕雀安知鸿鹄之志哉”（《史记·陈涉世家》)，一代农民起义领袖陈涉从小就有远大的志向，“燕雀”与“鸿鹄”的对比设喻足以看出年少的陈涉穿透云层的远大理想。透过“老骥伏枥，志在千里；烈士暮年，壮心不已”（曹操）的诗句，一位自强不息、矢志不渝的形象穿越而来，可谓壮怀激烈。“穷且益坚，不坠青云之志”（王勃)，则道出了有志向的人不为艰难困苦所动摇的坚定意志；“古之立大事者，不惟有超世之才，亦必有坚忍不拔之志”（苏轼)，传达出要想成就大事业，坚定的志向比卓越的才能更重要。作为中小学生，还要将立志与家国社会联系起来。《礼记·大学》里讲到“修身齐家治国平天下”的人生抱负和发展过程，就可以用来引导少年儿童了解自我修养与立人、兴家、治国、造福社会的内在联系。这方面的例子在国学典籍中有很多，名言警句类的，比如：“三军可夺帅也，匹夫不可夺志也”（《论语·子罕》)，激励青少年堂堂正正挺立在人世间，成就中华民族威武不屈的民族精神；故事类的，比如“志向远大的宗悫、勤学上进的吕蒙、闻鸡起舞的祖逖、代父从军的花木兰等。他们的事迹都生动地阐释了立志与爱国密不可分的关系。典籍类的励志教育素材也有不少，比如《菜根谭》、《养正遗规》、《少年中国说》等作品中，许多生动的例子、精辟的言辞都激励着一代代的学子为自身的宏大志向而学习。

主题二：为学与敬业

积极的学习态度、良好的学习习惯、正确的学习方法、合理的学习内容，是促成有效学习的重要因素。我国丰富的国学典籍中有着深邃的学习智慧。《论语》倡导“三人行，必有我师焉”的学习资源意识。实际上，孔子自己就身体力行地问礼于老子，学乐于苌弘，习琴于师襄。《论语》强调要有持久而又良好的学与教的态度，即“学而不厌，诲而不倦”；教育弟子要“不耻下问”；重视求学治学的方法，教导学子“学而时习之，不亦说乎”，“温故而知新，可以为师矣”，“学而不思则罔，思而不学则殆”，“默而知之”，“举一隅而不以三隅反，则不复也”；还将学习分为三种境界，提出“知之者不如好之者，好之者不如乐之者”，引领学子做知之者、好之者、乐之者。对于为学之道不仅圣人和大家有论述，有实践，在诸多其他典籍中，对此也广有涉及。《中庸》中提到增进学业要靠“博学之，审问之，慎思之，明辨之，笃行之”，意思是学习要有广博的识见、仔细的探究、谨慎的思考、明确的辨别，最后还要切实地去实行。《增广贤文》强调努力学习是非常重要的，提出“为学始知道，不学亦枉然”，还把汉乐府古辞《长歌行》中的“少壮不努力，老大徒伤悲”作为警世名言编入其中。清代文学家彭端淑在《为学》一文中以讲故事的方式，鲜明地提出“人之为学有难易乎？学之，则难者亦易矣；不学，则易者亦难矣”的观点，强调选定学习目标和主观努力对于学习的决定性作用。中国古代教育在学习内容的选取上也颇有讲究。比如，学习有小学、大学之分，小学主要教“洒扫、应对、进退之节，礼乐、射御、书数之文”，大学则主要“教之以穷理、正心、修己、治人之道”（朱熹《大学章句序》），这些关注的主要是做人的道理。

对学业的正确态度也是将来对待事业的良好基础，敬重学业也会推及到敬重事业，学业所积累的智慧必将作用于未来的事业。孔子所言“素其位而行，不愿乎其外”，庄子所述“用志不分，乃凝于神”，韩愈所言“业精于勤荒于嬉，行成于思毁于随”，可以理解为对学业和学问的基本态度和做法，对事业而言又何尝不是如此呢？在对待个人事业的态度上，曾国藩“坐这山，望那山，一事无成”的忠告给多少后人以警示从而善始善终，成就事业；在对待国家事业的态度上，诸葛亮“鞠躬尽瘁，死而后已”的忠心与决绝给出了另一种阐释，令多少后人追慕往圣而忠于职守。从这个层面看，当代中小学生首先要继承优良传统，“为学始敬”。只有如此，在未来职场上才有可能“为职当守”。

主题三：成事与诚信

如何让教育更贴近现实，让学生将所学在日常生活中进行体验、感悟、实践，让“知”、“行”、“意”合一，这是成事之道。《弟子规》中讲：“不力行，但学文，长浮华，成何人。但力行，不学文，任己见，昧理真。”这里强调的是“力行”和“学文”要结合起来。学习的内容要能在生活中用起来，这样才让人感觉到“实诚”，才能相信学习是有用的，有价值的，否则就会产生虚空感，讨厌学习，甚至认为学习内容是不可信的。“学习无用论”、“学习至上论”这两种极端思潮的产生与“学而不用”有很大关联。这里面其实就有一个“诚”与“信”的问题，即因对学习内容的“不诚”而产生“不信”。如果学生认为学习不诚不信了，将来就会迁移到成事上，表现为做事浮躁，不切实际，夸夸其谈而无结果，自然是成不了事的。在古代，有的地方将这样的学习者贬斥为“腐儒”和“道学”。而现实的国学教育大多缺乏知行合一的行动，是那种“述而不作”的“君子”教育。当然，也有做得好的，比如台湾国学教材所配的《教师手册》，在谈及学习“四书”的意义时提到：“四书为中国文化的宝典，儒家学说的精粹，非口耳之学，乃身心之学。应教导学生由此学到做人做事的基本原则，进而在生活中身体力行，以有助于个人的立身处世。”① 又如，河北承德四中把优秀的国学教材作为德育课本，师生们将《弟子规》的内容与自己的生活实际相对照，确立班级国学践行点，由班主任指导学生把每天的践行点当成一项作业来完成，帮助学生改掉不良习惯。

除了学习过程要“以诚教”外，诚信教育还需要在学习内容上“教以诚”。传统文化这方面的内容都是很好的教育素材，成语中的“抱诚守真”、“赤诚相待”、“诚至金开”、“言必信，行必果”、“一言既出，驷马难追”是至今让人仰慕的高尚品行；故事中的“曾子杀猪教子”、“晏殊殿试换题”、“商鞅立木为信”、“季布一诺千金”、“尾生抱柱履约”现在仍是诚信的典范。相反，践约违誓，背信弃义，骂名千古，周幽王烽火戏诸侯，落得身死国亡的下场，便是最好的反例。在荀子看来，这类“言无常信，行无常贞，惟利所在，无所不倾”的，“若是则可谓小人矣”。当今实行的是市场经济体制，规则意识中最重要的一点就是诚信，正因为逐利失信，才导致了文章开头所举的诸多道德问题，国学教育从中小学抓起，可为市场体制下的国民的道德重塑与道德成熟奠基。

主题四：修身养性与友爱合群

崇尚自省意识和自我教育，追求不断人格完善是我国优秀人才成长的传统，“正人先正己”讲的就是这个道理。国学典籍中不乏这类体现中华民族核心价值观的修身之道，比如：反映严以律己的格言警句：“彼之理是，我之理非，我让之；彼之理非，我之理是，我容之”（《格言联璧·接物》），意在引导人们正确对待是非，即：要有容让之心，不能无理搅三分，也不要得理不饶人。“不能胜寸心，安能胜苍穹”（龚自珍）则告诫世人，律己是行事的基本前提，如果连自己的心都抑制不住，怎么能战胜客观世界？“待人要丰，自奉要约；责己要厚，责人要薄”（《养正遗规》卷下），宣示“严以律己，宽以待人”的处事态度。新的历史时期我们还可以通过继承民族优秀文化服务于我们的工作，重塑良好形象。为此，习近平总书记在政治局深入学习贯彻党的十八大精神第一次集体学习说到反腐问题时表示，“物必先腐，而后虫生”，借用古人的精辟名言，用事物中蕴含的哲理形象地揭示了腐败的根源，劝诫各位领导守身如玉，防腐拒变；② 在十八届中央纪委二次全会上发表重要讲话时习近平总书记强调“善禁者，先禁其身而后人”，借用汉代历史学家刘向之言要求各级领导

① 叶匡政：《从台湾教育实践谈加强中小学的国学教育》，http://www.edu.cn/ghgy_7788/20090218/t20090218_359523.shtml.

② 崔鹤同：《物必先腐，而后虫生》，http://www.zzdjw.com/n/2012/1217/c178455-19923054.html.

以身作则，率先垂范，改变工作作风。①

反映勤劳俭朴的格言警句。《增广贤文》里有“一生之计在于勤”的句子，说明勤劳、勤勉、勤奋对于人的一生都很重要；韩愈在《劝学解》中提出“业精于勤荒于嬉”，概括了事业进步与勤劳的关系。李商隐总结前人勤俭的经验，认为“历览前贤国与家，成由勤俭败由奢”，至今仍然堪为至理名言。

反映社会责任感的格言警句。“士不可以不弘毅。任重而道远，仁以为己任，不亦重乎？死而后已，不亦远乎”（《论语・泰伯》），用来激励志向远大的人，要以实现“仁”为己任，一息尚存，奋斗不止。孟子倡导“穷则独善其身，达则兼善天下”（《孟子・尽心上》），强调的是在不同的境遇中，人要做到的基本标准，即：即使穷困，也要对自己负责，对自己负责也是对社会负责；一旦显达，要胸怀天下，对社会、他人负责。《孟子・梁惠王下》中有“乐民之乐者，民亦乐其乐；忧民之忧者，民亦忧其忧”的句子，提倡的是一种关乎民生的忧乐观；顾炎武一句“天下兴亡，匹夫有责”不知激励了多少后人为天下抛头颅，洒热血；而近代著名的政治活动家、启蒙思想家梁启超的“人生须知负责任的苦处，才能知道尽责任的乐趣”，则将尽责上升到一种辩证的苦乐观，提升了人生的境界。

反映内外兼修的格言警句。“君子有三戒：少之时，血气未定，戒之在色；及其壮也，血气方刚，戒之在斗；及其老也，血气即衰，戒之在得”（《论语・季氏》），告诉人们不同的时期，要顺应生理，避锋芒，补不足，修行，养正气。“夫志，气之帅也，气，体之充也……吾善养吾浩然之正气……其为气也，至大至刚，以直养而无害，则塞于天地之间。其为气也，配义与道；无是，馁也”（《孟子・公孙丑上》），则告诉人们只要内心充满正气，就会变得无比强大。

在正身正己、学会做人的基础上，我们还要教育学生学会合作，友善合群，因为这是促成学生和谐相处、有效参与社会生活的重要能力目标。《论语》、《弟子规》、《礼记》等典籍中涉及大量人际交往的礼仪。比如：“有朋自远方来，不亦乐乎”（《论语・学而》）；“己所不欲，勿施于人”（《论语・卫灵公》）；“君子之交淡若水，小人之交甘若醴。君子淡以亲，小人甘以绝”（《庄子・山木》）；“二人同心，其力断金”（《易经》）；“良言一句三冬暖，恶语伤人六月寒”（明代谚语）；“静坐常思己过，闲谈莫论人非”（言联壁・接物》）；“爱人者，人恒爱之；敬人者，人恒敬之”（《孟子・离娄下》）；“天时不如地利，地利不如人和”（《孟子・公孙丑下》）。不仅如此，在中国传统的民间文化中，也不乏劝人团结合作的俗谚，比如“人心齐，泰山移”、“众人拾柴火焰高”、“单丝不成线，独木不成林”，等等。关于这方面的故事更是不少，赵国名将廉颇和宰相肚里能撑船的蔺相如“将相和”的故事，让赵国没有屈服于强大的秦国；五胡内迁、土尔扈特部回归更是谱写了民族团结的颂歌。

---

① 习近平：《科学有效防治腐败　把反腐倡廉引向深入》，http://www.china.com.cn/news/2013-01/23/content_27768285.htm.

主题五：善待资源与文明发展

资源是人类赖以为生的共有物质基础，一定要取用有度，适于时节，促成再生，循环不竭，这是中国古代的传统资源观。早在《国语·鲁语上》中就有“里革断罟匡君”的故事。讲的是春秋时期，鲁宣公在鱼类繁殖的夏天到泗水撒网捕鱼，臣子里革将他的网割断，并用“古训”教育他适时休渔的故事。《孟子·梁惠王上》中所载“不违农时，谷不可胜食也。数罟不入洿池，鱼鳖不可胜食也。斧斤以时入山林，材木不可胜用也”，讲的也是人类在利用自然的时候首先要顺应自然规律的道理。《易经·乾》中把这种道理说得更为凝练而全面，“夫大人者，与天地合其德，与日月合其明，与四时合其序，与鬼神合其吉凶。先天而天弗违，后天而奉天时”。庄子则将这种人与自然的和谐共存描述得美轮美奂，“万物群生，连属其乡，禽兽成群，草木遂长。故其禽兽可系羁而游，鸟鹊之巢可攀援而窥”，这也反映出了古人崇高而美好的境界。至于那种“刳胎杀夭”、“竭泽涸渔”、“覆巢毁卵”的毁灭性做法更是为君子所不齿。《周礼》提到在当时代还有“泽虞”、“兽人”、“迹人”、“山师”、“川师”等管理自然资源的职官。

同时，在资源利用方面，古人一直主张节约，反对浪费。荀子早就提出，“明主必谨养其和，节其流，开其源，而时斟酌焉”（《荀子·富国》），这便是人们常说的“开源节流”。《吕氏春秋》还详细地规划了各个季节人们取舍的法度。明代朱柏庐在《治家格言》中劝导人们，“一粥一饭，当思来之不易；半丝半缕，恒念物力维艰”。实际上，在物质条件发生显著改观的当今中国社会，我们的确需要深刻反思许多公共场合普遍存在的浪费行为。

应该说，在处理人与自然的关系中，孕育了中国的传统资源观，善待资源不是今人的专利，古人的“量入为出”、“类万物之情”、“推爱及物”，早就把这种资源观发展到了天人合一的境界。为了推动中华民族的永续发展，我们有必要延续传统文化中关于资源保护的理念，合理利用和开发资源。善待资源即便是建成小康社会也应该是中华民族继续保持的共有价值观。

主题六：国富民强与公平和谐

国富民强，是国家和社会建设的基本目标。在管仲看来，“凡治国之道，必先富民”，他曾明确提出“仓廪实而知礼节，衣食足而知荣辱”的观点。孔子说：“百姓足，君孰不足？百姓不足，君孰与足？”（《论语·颜渊》）中华民族百余年来，历经劫难无数，民族复兴之路摆在大家面前，建设一个国富民强的国家是每一个中国人的梦想。在基础教育阶段为学生埋下报效祖国的种子，是国学教育义不容辞的职责。范仲淹“先天下之忧而忧，后天下之乐而乐”的胸襟，林则徐“苟利国家生死以，岂因祸福避趋之”的死国节义，文天祥在“山河破碎风飘絮”之际不顾“身世浮沉雨打萍”而奋力一搏的爱国精神，近现代史上无数仁人志士为寻求救国、强国、富民道理而奔走呼号、献策献身的勇毅，都是激励一代代学子的难得素材。

今天我们生活在一个相对安定的环境里，更是要将中华传统文化中“公平和谐”

的理念一以贯之。历史的经验证明，公平和谐观念深入民心的时代，国家稳定，百姓生活富足。《论语·季氏》有言“丘也闻有国有家者，不患寡而患不均，不患贫而患不安”；《吕氏春秋》提到了“平出于公，公出于道”的观点；《三国志·蜀志·李严传》有一句话，“夫水至平而邪者取法，镜至明而丑者无怒，水镜之所以能穷物而无怨者，以其无私也”，作者格物致知，以事物中蕴含的道理阐述公平的人理；唐代著名历史学家、谏臣吴兢说得更直接，“理国要道，在于公平正直”。近代资产阶级改良主义者何启更是将公平提高到了国家根基的地位，他说：“公与平者，即国之基址也。”一个社会若无公平，和平和秩序的基座就没有了。由此看来，用平等和谐观念教育现在的学生，就是为持久安定富足的社会奠基。以“和为贵”为核心的“和”文化本身是中华传统文化的重要组成部分，这里面有丰富的教育资源可以挖掘。

主题七：民主自由与平等法治

中国古代早期的民主自由思想主要表现在氏族部落内部大事的决断上，具体表现是：问计于民，选贤任能。“禅让制”就是一个典型，由此“天下为公，选贤与能”一直成为历史的佳话被人们传颂，也成为历代有志之士变革社会的动因之一。周朝从商朝的灭亡中懂得了民本思想的重要，周公曾说，“天惟时求民主”（《尚书·多方》），“民之所欲，天必从之”（《国语·郑语》）。孔子“要求统治者对人民施‘仁政’，主张爱民、养民、利民、惠民、教民、安民、博施于民，反对统治者对人民过分压迫与剥削”。① 继承孔子而来的是孟子的“民贵君轻”思想，荀子的“民为君本”的思想，贾谊的“民为国本”的思想，黄宗羲的“君主为天下”的思想，尽管他们的出发点是为了君主专制的长治久安，但都从不同侧面为人民拥有权利提供了思想武器。至于追求自由思想，在中国古代有两种主要途径：一是以道家的“逍遥说”为代表，以出世的心态成就自在人生，主张安然自适，追求个人“随心所欲不逾规”的高境界；一是以屈原为代表，以入世的心态积极争取自由的权力，表现出“路曼曼其修远兮，吾将上下而求索”的坚韧精神。这两种途径从不同角度表现出了人们对于自由的向往，历史上都有典型的代表，比如“不为五斗米折腰”而“采菊东篱下”的陶渊明，为争取自由而发动农民起义的领袖。同时，还可以通过文学作品复原古代社会人们对自由的追求，比如中国古代《白蛇传》、《孟姜女》、《牛郎织女》、《梁山伯与祝英台》四大传说，隐含着追求婚姻自由的思想；《西游记》里的孙悟空，则是追求自由、反抗压迫的典型文学形象。西方民主自由思想自近代传入中国后，迅速在各个层面得到了广泛的传播与践行。严复、梁启超、胡适、陈独秀、李大钊等都非常重视自由的理论探讨。严复第一个将资产阶级自由主义自由思想较为系统地介绍进中国；梁启超认为“民主制度，天下之公理”；何启则直言“天下之权，惟民主是主”。更有一大批有志之士为缔造明主自由的新中国而献出了宝贵的生命。在改革开放的新

---

① 刘青：《中国古代民主思想简论》，《辽宁师范大学学报（社科版）》1996 年第 3 期，第 62—64 页。

时代，民主自由思想显得尤为重要，因为它关乎国家的前途、人民的利益。

与民主自由思想相伴生的平等法治观念，是维系社会长治久安，抵制极端民主化、极端自由主义思想，保证市场机制正常运行的重要思想武器。孟子所持的“人人皆可为尧舜”，“不以规矩，不成方圆”的思想，就是平等法治观念的最好阐释。所谓平等，主要表现在社会平等，人格平等方面。社会平等方面，老子的“小国寡民”社会倡导的就是一种人人平等的社会，儒家的“大同社会”主张“大道之行也，天下为公”，《太平经》则集中阐述了封建社会的平等思想并对农民起义产生了深远影响，及至后来孙中山领导的民主革命也是以“天下为公”为己任。人格平等方面，中国素有礼贤下士的传统。燕昭王筑黄金台，尊郭槐为师，礼贤下士，“士争凑燕”，最终破齐复国；齐桓公不记前仇，拜管仲为相，争霸中原；刘备三顾茅庐，请诸葛亮出山，奠定魏蜀吴三足鼎立之势；唐代宰相李勉被朝廷上下称为礼贤下士的好官，历代传颂；李世民任用直言忠谏之臣魏徵，成就伟业。所谓法治，主要表现在治乱以法，尊重法律，执法必严等方面。中国古代关于以法治乱、以法安国的论述相当丰富。《管子·明法解》里将法律提到了“天下之程式”、“万事之仪表”的高度；韩非子说“家有常业，虽饥不饿；国有常法，虽危不乱”，强调了法治的维稳作用；《吕氏春秋·察今》提及“治国无法则乱，守法而弗变则悖，悖乱不可以持国”，不仅强调了依法治乱的重要，还强调了法律也要与时俱进的问题。执法方面，《战国策·秦策》中有“法令至行，公正无私”的句子，强调了执法的公平性；商鞅变法更是法制史上的典范，“王子犯法，庶民同罪”的法律条例深得民心；《韩非子·有度》中的“刑过不避大臣，赏善不遗匹夫”也表达了同样的意思；诸葛亮在《出师表》中对后主刘禅所担心的首先就是“内外异法”，所以他诚挚地规劝后主“不宜偏私，使内外异法也”。当今市场经济体制下的法治意识、规则意识显得尤为重要，国学教育可以循此教育中小学生从小树立法律法规意识。

主题八：为师与为父母

讲求为师之道、为父母之道也是中华国学极为突出的特点。古人的为师之道，表现在诸多方面。

首先它教人向善。《吕氏春秋·巫徒》鲜明地提出了“教”作用于学生的六项基本原则，即“达师之教也，使弟子安焉、乐焉、休焉、游焉、肃焉、严焉”；并毫不客气地对教师施教中的四种现象提出了批评，即“志气不和，取舍数变，固无恒心，若晏阴喜怒无处；言谈日易，以恣自行，失之在己，不肯自非，愎过自用，不可证移；见权亲势及有富厚者，不论其材，不察其行，欧而教之，阿而谄之，若恐弗及；弟子居处修洁，身壮出伦，闻识疏达，就学敏疾，本业几终者，则从而抑之，难而悬之，妒而恶之”；最后还以解决问题的方式提出了“反己以教”的观点，即对待学生就像对待自己一样。宋代李觏所说“师者虽非人君之位，必有人君之德也”，要求教师成为道德的楷模；宋代还以“八行”作为添置教师的标准，即“孝悌、睦姻、任恤、忠和”（《宋会要辑稿·选举》），强调作为教师要善待父母、兄弟、内亲、外亲，要取信于朋友、州里，要知道君臣之义，要通晓义利之分。

其次，它导人向学。韩愈在《师说》中用“师者，所以传道授业解惑也”充分概括了作为教师的职业职能。此后，韩愈还针对师道尊严提出了自己的辩证主张，即“是故弟子不必不如师，师不必贤于弟子。闻道有先后，术业有专攻，如是而已”，强调师生长幼各有所长，应当相互学习。与韩愈同时代的柳宗元主张“交以为师”，力主变师生关系为师友关系。明代哲学家王阳明则将师生关系发展了一步，提出“谏师”的主张，即学生也可以给教师提意见。

再次，它导人善学。古语所谓“授人以鱼，不如授之以渔，授人以鱼只救一时之及，授人以渔则可解一生之需”，是非常受用的教学方法；宋代程颐评论，“孔子教人，各因其材，有以政事入者，有以言语入者，有以德行入者”，充分肯定了孔子因材施教的教学原则，而孔子在教学实践中一直践行“不愤不启，不悱不发”的启发式教学方式。孔子主张“教学相长”，一部《论语》实际上就是孔子和弟子们互动交流的结晶。当然，为学之道的基本前提当是尊师，荀子曰：“国将兴，必贵师而重傅；贵师而重傅，则法度存。国将衰，必贱师而轻傅；贱师而轻傅，则人有快，人有快则法度坏。”（《荀子·大略篇》）

父母之道，即怎样为人父母，怎样教育子女，这是中国传统文化中的重要内容之一。现存最早的家教著作是北齐颜之推的《颜氏家训》，被誉为“家教之祖”，广为流传。宋人司马光著有《家范》，提出“为人母者，不患不慈，患于知爱而不知教也”。《三字经》开篇就讲“人之初，性本善，性相近，习相远”，强调的是“习”的重要性，而“习”的很重要的一点就是家教。“昔孟母，择邻处，子不学，断机杼”则是举孟母三迁的例子，树立教子的典型，也传授了教子的方法。“窦燕山，有义方，教五子，名俱扬”讲的是五代后晋幽州窦禹钧教子成功的案例。明代朱柏庐著有《朱子家训》，劝人尊敬师长、勤俭持家、邻里和睦，被誉为家庭教育教科书。此外，在很多典籍中大量存有家教方面的观点、方法和故事，比如“蒙以养正”（《易经》）、“量资循序”（崔学古《幼训》）、“以童子之典教童子”（林之望《养蒙全鉴序》）的观点，“易子而教”（《孟子注疏》）、“诱之以诗歌”（王阳明）的方法，画荻教子、王昶起名教子的故事，等等。

（二）国学教学的若干原则

我们认为，国学课程内容的选择至关重要，但在国学课程具体的实施过程中，还需遵循一些重要的教学原则。

1. 恪守古为今用

古代的思想、文化、道德等，在当时代有其存在的必要性和相对的合理性，世易时移，有些经典历时不衰，甚至历久弥新，今天我们要善于“拿来”。比如：“天下为公”的理念，“天行健，君子以自强不息”的意志，“地势坤，君子以厚德载物”的抱负，“无为而无不为”的智慧，“见贤思齐”的胸怀，“无欲则刚”的境界，“位卑未敢忘忧国”的精神，“不与民争利”的为政原则，“富贵不能淫，威武不能屈，贫贱不能移”的操守等都是历久弥新的精神财富。

2. 遵从儿童友好

《国家中长期教育改革和发展规划纲要（2010—2020 年）》提出，要尊重教育规律和学生身心发展规律，为每个学生提供适合的教育。中小学教育应该充分尊重儿童的心理、生理和学习特点，以他们喜闻乐见的体验式学习情景和方式获得对于经典和美德的深刻感知和行为内化。深受少年儿童喜爱的孙敬修先生善于从中国优秀文化中汲取故事素材，影响了几代人的成长。儿童喜欢的故事会、角色扮演、课外活动和社区服务都可以成为实施符合儿童特点的国学教育的重要方式。

3. 教学方式多样化

在教学方式方法方面，要寻求适合少年儿童获得深刻感知和行为内化的有益方法。许多学校都创造了鲜活的实践经验，比如：北京文汇中学实践探索了“诗词导入，走近情和美；配乐范读，体会情和美；品味语言，读出情和美；配乐诵读，展示情和美；学生晨读，延续情和美”的“五环节”诵读模式；一些学校将“诵读化、情境化、故事化、生活化”和“美读、美思、美写”作为国学课的基本方法。当然，在今后的教学实践中我们还要积极探索游戏教学法、儿歌教学法、表演教学法、批注教学法、资源链接法、动漫生成法等教学方法，使国学的教学形式更加丰富多样。在教学活动的组织方面，要鼓励学校开展了新的探索，比如：结合国学教育主题，采用诵、赏、写、评、吹、拉、弹、唱、舞、画等方式让学生获得深刻体验；结合综合性学习、跨学科学习，开展故事会、诗人词人推介会、读书演讲活动、传统节日习俗展演、誊写经典书法展览等活动。此外，学校还可以结合社会大课堂、研究性学习、综合实践活动等，开展国学传统教育。

4. 培养学生的批判精神

国学教育要与时俱进，在传承优秀文化传统的同时，也要坚持批判精神。教学中要将知识学习与学生自主学习、体验、探究等学习方式相结合，与时代精神接轨，提升学生明辨是非的能力。教师要善于设计引发少年儿童深刻思考的问题，激励他们学会从经典中辨别是非，去粗取精。我国台湾出版的《国学基本教材》在每单元后面都有“问题与讨论”，比如，在论语“言行”篇后，讨论问题是“现代社会讲究‘自我推销’，这和孔子要求的‘讷言敏行’是否矛盾”，而在孟子“存理克欲”篇后，要求学生讨论“孟子主张养心寡欲，但发展经济必须刺激消费，如何在寡欲和消费之间取得平衡呢”。

我们认为，国学教育要引导学生加强国学和现代生活理念、价值、习惯、情感的融合，让学生将“君子风范”和“公民身份”的双重优势融合起来，体现出来。这样才有益于促使学习者将知识学习、个人修养和社会实践能力培养合为一体，才能逐渐形成具有中华民族特色的优秀品质和人格特征。

上述国学教育的认识与主张能否带来基层中小学教与学方式及其成效的积极变化，在很大程度上取决于以弘扬中华民族优秀传统美德教育为宗旨的校本课程实践探索。我们认为，对于一所基层学校而言，至少有三个关键环节可以规划并开展实践改进。首先，校长自身对于充分利用丰富的国学资源开展中华美德和民族精神培养特色课程的规划与实施能力具有至关重要的作用。其次，与上述培养目标相关的不同学科教师（例如语文、数学、历史、社会等）对于此项课程的参与和合作。有了教师群体的跨学科合作和评价导向，才能够为学生创设知行统一的学习环境。第三，学生对于国学主题学习的积极参与以及在他们自身的学校内外社会生活中的自觉实践，则是开展国学教育的根本追求。所以，我们认为新时期基础教育阶段的国学教育唯有基层中小学自主有效地纳入校本课程实践才能进一步焕发其潜在的育人价值。

四、结语

国学教育的根本目的在于弘扬中华美德，培育中国人的民族精神和行为能力。基层学校和教师要引导学生通过国学教育，建立有益于知行统一的评价指标和实施机制，以便促进少年儿童自觉将美德价值的学习和日常行为有机结合起来，并以他们的实际表现评价学习的成效，培育学生勤劳节俭、吃苦耐劳、好学上进、自律自强、坚韧不拔、向善合群的价值观和相应行为。我们鼓励中小学参考以上建议的八个主题（但并不拘泥于八个）结合本校实际以校本课程方式开展教学实践，或者将此作为学校层面规划和实施社会主义核心价值观教育的借鉴。

作为国学的课程编制与教学实施，需要教材编写者和施教者结合教育培养目标和学习者学习与能力发展规律，依据特定主题选择相应国学素材，组织少年儿童开展有意义的学习与实践，并侧重从学习者的知识积累、人格完善与行为表现等方面去考察国学教育对于学习者的影响。

需要强调的是，中小学教师在开展国学教育培育少年儿童中华美德及相应行为方式方面肩负非常重要的责任。他们自身的国学素养、他们开展国学教学活动的设计与实施能力水平高低都决定着中小学生国学教育的成效。所以，革新国学教育不仅需要有符合时代要求的课程观、教学观和评价观，更需要有大批能够将上述理念转化为让儿童受益的学习体验过程的专业化教师。从实践层面看，我们建议认同本文所倡导国学教育实践建议的中小学可以依据各自条件借助校本课程机制开展实践探索。

我们认为，基础教育阶段国学教育适应新的历史时期的重要使命在于把过去单一的“经典选编”、“死背硬记”转化成为新一代中国人赋予人格品德与行为规范，学校可以借助校本课程方式，引导学生通过专题学习和实践体验，有效内化中华民族优秀品质和时代精神，从而为中华民族的伟大复兴奠定国民文化和人格力量的基础。

（责任编辑　周国华）

EDUCATION SCIENCES IN CHINA

Vol. 3, 2013

Contents

Abstracts

Implementing Chinese Cultural Education in Primary and Secondary Schools

Huang Ji

(*Faculty of Education*, *Beijing Normal University*, *Beijing* 100875, *China*)

Abstract: Implementing Chinese cultural education in primary and secondary schools is an important issue that should be carefully considered against the current background of "Chinese culture fever". In order to implement Chinese cultural education in primary and secondary schools, two questions need to be carefully considered. First, what can be considered Chinese culture? Second, how should that culture be taught? This paper explores the authors' view that Chinese culture is rich and sophisticated, including the Confucian classics, historical records, thoughts of various schools and Taoist, collections of ancient poetry and literature review. It is not possible to comprehensively cover or teach all this content in primary and secondary education stages. The main purpose, therefore, is to introduce students to the basic content, current state and changes in Chinese culture. The classic viewpoints of Chinese culture on destiny, human nature, history, politics and education should be studied and analyzed. Such education should also include patriotic education and work to establish a sense of national pride. Students should also be taught to establish a sense of responsibility for cultivating themselves and getting along harmoniously with others. When teachers are teaching Chinese culture, they should confine themselves to original intentions and not indulge in random conjecture. Teachers play the leading role in teaching and the culture cannot be passed on without teachers. Teachers should choose a teaching approach that is suitable for the features of primary and secondary school students, balancing the relation between Chinese culture teaching and current teaching plan.

Key words: Chinese culture; primary and secondary schools; Chinese cultural education; return

Mr. Huang Ji's Contribution to Education Research in China

Shi Zhongying

(*Faculty of Education*, *Beijing Normal University*, *Beijing* 100875, *China*)

Abstract: Mr. Huang Ji is a distinguished professor of education in modern China. This paper analyzes his personal and social background and its influences on his educational life. In fact, there are many factors, including individual and social factors, which stimulate and lead his educational life, such as learning and teaching in one classical school at his home town, learning and working in Huabei University, the reform and opening policy after 1978 and his passionate faith to our country. Secondly, this paper articulates some of Professor Huang Ji's favorite topics, such as the nature of educational research, the conception of educational philosophy, ideas of educational essence, educational aims and modern education and classical education as well as pointing out his distinctive contributions on these significant topics. Finally, this paper explains his overall contribution to education research as follows: he is one of the pioneers in studying, teaching and researching Marxism thoughts on education after 1949; he is the most important initiator and leader concerning with the reconstruction and development of educational philosophy after 1978; he has spent nearly sixty years to construct the foundations of educational disciplines at Beijing Normal University and beyond; he has always been good supervisor and friends with young education researchers and graduate students, and set a good example in teaching and research activities.

Key words: Huang Ji; education research in China; philosophy of education; ethics in teaching and research

On the "Core Categories" of Pedagogy

Zha Youliang

(*Sichuan Province Academy of Social Science*, *Chengdu Sichuan* 610071, *China*)

Abstract: Nine core categories of pedagogy, divided into three different levels, are discussed in this article. At the macro level, the holistic perspectives include education, quality and development. The middle level includes the collective activities of pedagogy: teaching, curriculum and examination. At the micro level, individuality of pedagogy is emphasized, covering learning, knowledge and thinking. Pedagogy is an independent subject and hence has "core categories" of its own. In order to discuss the meaning of each category, the author employs the scientific methodology of dialectics and systems, as well as specific methods for each of them. That other disciplines should be applied to pedagogy by no means implies the marginalization of pedagogy. Along with the development of pedagogy, the number of core categories may increase or decrease. Meanwhile, the structures and connotations of the core categories may change. Different choices of the core categories determine the variety of pedagogical theory.

Key words: pedagogy; core categories

Systemic Thinking on the Research of Basic Theories in Modern Education

Wang Beisheng

(*Institute of Education Science*, *Henan University*, *Kaifeng Henan* 475001, *China*)

Abstract: Research of basic theory of modern education covers not only the basic carding and analysis but also holistic cognition and exploration of problems in modern education theory. According to the three needs of basic theory research in modern education—deepening research, widening research and broadening teaching—this paper discusses five aspects. In the first part, it focuses on how to think systemically by means of logical thinking as well as major problems in research. The second part focuses on the research of meta-problems in education, mainly the attribute of education science, the character of education and the position of education. The third part discusses the basic problem of education, especially six theoretical problems—the meaning of education, the nature of education, the function of education, the value of education, the aim of education and the system of education. The fourth part deals with the four important and basic relationships in educational researches, i. e. the relationship between education and the development of people, the relationship between education and the development of society, the relationship between education and productive labor and the relationship between education and life. The final part discusses the methodology of research in education and advocates paying attention to and applying to new research methods.

Key words: modern education; basic theory; theory research; systemic thinking

The Life Logic of Teaching

He Xuexin[1], Chen Hui[2]

(1. *School of Educational Science*, *Tianjin Normal University*, *Tianjin* 300387, *China*;
2. *Donglai Kindergarten*, *Zhangjiagang Jiangsu* 215600, *China*)

Abstract: Generally speaking, life refers to human life, which has the general aims to survive, develop and enjoy. Modern philosophy believes that life is meaningful and valuable for human beings. Life is the expanded and continual process of meaningful life and is dynamic, active and realistic. Since life covers all kinds of human activities, teaching belongs to life as a special kind of life. Life has teaching value in itself because life is the spiritual home where humans grows, and life is the background of teaching activities. Feeling, inspiration and experience in life have a positive effect on teaching activities. Life is of great significance to the new sail of individuals. Teaching activity is a kind of subjective educational life that serves as the power source to change life and the bridge to communicate present and future life, which is realistic, integrated and constructive. Experience is what one has been through and what one has learned. Which is the interactional result between human and environment. Experience is the psychological mechanism that connects teaching and life. The profound reason why teaching breaks away from life is the bias of educational epistemology. Life epistemology is the epistemological foundation of teaching theory.

Key words: life; teaching; teaching life; teaching theory

Reflection and Construction of Discipline Development in China's Teaching Theory

Li Sen, Zhao Xin

(*Faculty of Education*, *Southwest University*, *Chongqing* 400715, *China*)

Abstract: With unremitting efforts made by several generations of scholars, teaching theory has achieved considerable progress in China. As its disciplinary foundation becomes more and more solid, its branches are blossoming and taking on diverse research paths. However, it still faces challenges such as discipline consciousness, position, function and platform. To deal with these difficulties, teaching theorists should dissect the causes of difficulties, rethink and relocate the new orientation of the Chinese teaching theory by emphasizing seeking out cultural roots in discipline consciousness, highlighting the concern for life in the discipline's position—based on the overall framework in discipline system—attaching great importance to feelings in the discipline's concept as well as stressing the emotional values of the discipline content so as to demonstrate the discourse system and unique charm of Chinese teaching theory.

Key words: teaching theory; discipline development; China; seek cultural roots; concern for life; practice feelings

The Current Research and Unsolved Problems of University Spirit

Chu Zhaohui

(*Research Office of the Basic Theory of Education*, *National Institute of Education Sciences*, *Beijing* 100088, *China*)

Abstract: University spirit has been put forward during the past 20 years in the diagnosis of the developing problems of Chinese universities. In recent years, the concept of university spirit has got clearer as the research gets deeper. The concept of university spirit is similar to university's idea, value, soul or ideal. It's like university's doctrine, principle, will, aspiration, ambition, morale and Tao spirit. Its connotation includes the spirits of criticism, innovation, truth-seeking, research and a gentleman's spirit. Generally, the spirits of universities are the value orientation in the development of universities and embodied in the installation and operation of universities. Tao spirit is the origin of the Chinese university spirit. "Scholars should aspire after and show interest in Tao", and "understanding Tao for the benefit of the society." These are the characteristics of Chinese university spirit, which has lasted for thousands of years. The scholar is the subject of Chinese university spirit, ruling with virtue is the foundation of Chinese university spirit, learning to be a decent man is the focus of Chinese university spirit and unity is the structural characteristic of it. With social development in China, the core idea of the Chinese university spirit has evolved into abstruseness, idealism and realism, but it never goes beyond the idea of Tao. And in Chinese university spirit, Buddhism has been incorporated into Tao. The research of Chinese university spirit is still in a preliminary stage. There are many difficult problems that need to be researched comprehensively, systematically and deeply.

Key words: university spirit; connotation; difficult problem

Historical Development and Realistic Enlightenment of Chinese University Mottos

Han Yanming[1], Xu Sufen[2]

(1. *Party History Research Office of the CPC Shandong Provincial Committee*, *Jinan Shandong* 25000, *China*; 2. *College of Psychology and Education*, *Zaozhuang University*, *Zaozhuang Shandong* 277160, *China*)

Abstract: The history of Chinese university mottos can be divided into three stages: the ancient stage (before the Opium War), the modern stage (from the end of Qing Dynasty to the founding of PRC) and the present stage (from the founding of PRC to now). The development of Chinese university mottos at the present stage can be further divided into four periods: the lost period (from 1949 to reform and opening-up), the wakening period (from 1978 to the early 1990s), the developing period (late 1990s) and the thriving period (from the beginning of 21st century to now). Carding the historical development and developing stages of Chinese university motto and learning the present stage of Chinese university motto cultural construction can help us understand our university mottos roundly, rationally and deeply. During the motto cultural construction, we need to pay attention to the following points: the form of a university motto should combine terseness with diversity, the content of a university motto should combine uniqueness with novelty and the moral of a university motto should combine literature with practice.

Key words: university motto; historical development; realistic enlightenment

Finding the Key to Successful or Failing Education Infromationization
——How to Understand That "the Information Technology Has a Revolutionary Impact on the Educational Development"

He Kekang
(*Institute of Modern Educational Technology*, *Beijing Normal University*, *Beijing* 100875, *China*)

Abstract: "Why information technology has a revolutionary impact on the educational development" and "how to realize the revolutionary impact of information technology on educational development" are two key questions that determine the success or failure of education informationization. Advanced Western experiences are worth learning with critical thinking. Combining with our own experience in the theoretical study on education infromationization and abundant practical explorations, we conclude that the right understanding and practical treatment for Chinese scholars toward the saying "information technology has a revolutionary impact on educational development" is "realizing the leap-forward development in educational quality among all kinds and levels of education on the basis of changing the teaching structure in the traditional class."

Key words: education informationization; the revolutionary impact of information technology on education; National Educational Technology Plan (NETP); structure change in education system; class teaching structure

A Mission for Chinese Cultural Education

Zhang Tiedao[1], Zhu Chuanshi[2]
(1. *Beijing Open University*, *Beijing* 100081, *China*;
2. *Beijing Academy of Educational Sciences*, *Beijing* 100045, *China*)

Abstract: Teachers used to teach Chinese culture with selected passages from ancient classics and the students memorized the information through lectures and recitations. The Chinese cultural education after reform should focus on culturing students with Chinese traditional virtue and conducts. The curriculum structure should be based on a series of themes of values. The teaching process will be perception, internalization and practice. The teaching aim will be uniting and developing "learning", "practicing" and "thinking". The criteria for evaluation will be the result of students' value training and their actual behaviors.

Key words: Chinese cultural education; Chinese virtue; thematic course; experience teaching

(Editor Fu Lei)